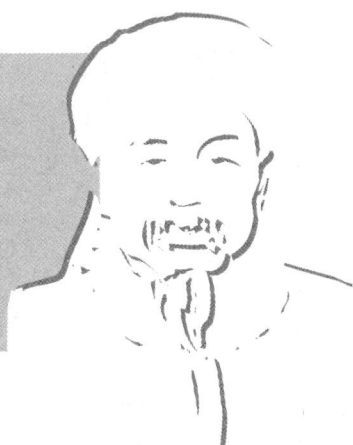

左宗棠

徐志频 著

中国青年出版社
CHINA YOUTH PRESS

中青文传媒

图书在版编目（CIP）数据

左宗棠 / 徐志频著.

—北京：中国青年出版社，2013.8

ISBN 978-7-5153-1832-5

Ⅰ. ①左… Ⅱ. ①徐… Ⅲ. ①左宗棠（1812～1885）–传记 Ⅳ. ①K827=52

中国版本图书馆CIP数据核字（2013）第176879号

左宗棠

作　　者：徐志频

审　　定：杨东梁

责任编辑：周　红

美术编辑：　　　　　夏　蕊

出　　版：中国青年出版社

发　　行：北京中青文文化传媒有限公司

电　　话：010-65511272/65516873

公司网址：www.cyb.com.cn

购书网址：zqwts.tmall.com

印　　刷：大厂回族自治县益利印刷有限公司

版　　次：2014年1月第1版

印　　次：2024年12月第16次印刷

开　　本：787mm×1092mm　　1/16

字　　数：368千字

印　　张：27

书　　号：ISBN 978-7-5153-1832-5

定　　价：58.00元

引子

一个留名却被遗忘的伟人

2006年9月5日，温家宝总理访问欧洲前夕，中南海紫光阁里有芬兰《赫尔辛基新闻报》、英国路透社和《泰晤士报》、德国德新社和《法兰克福汇报》五家媒体联合采访。

《泰晤士报》记者问：你晚上经常读什么书？掩卷以后，什么事情让你难以入睡？

温家宝说：你实际上是在问我，经常读什么书，思考什么问题，是个怎样的人。我引用六句诗章，来回答你的问题。第一句是晚清名臣左宗棠22岁在结婚后的新房门口写的对联："身无半亩，心忧天下；读破万卷，神交古人。"

1996年2月至2001年5月，左宗棠玄孙女左焕琛出任上海市副市长。离任后，她成为全国政协委员，担任农工党中央副主席，做复旦大学上海医学院教授。她在一次政协提案里这样写道：一个社会总是有弱势群体值得大家帮助，值得大家同情，因此为官的人应该多考虑平民百姓，鼓励富人帮助穷人，最终实现"公平可及，人人享有"的目标。她今天用这种观点，来诠释五世祖父左宗棠"身无半亩，心忧天下"的名言。

2000年，美国最著名的权威杂志《时代》周刊评出"近一千年全世界40位智慧名人"，中国只有三位，其中一位是左宗棠。

谁都听过左宗棠很伟大，但少有人知道，他凭什么伟大？

太多的密码，留待我们今天来破解。

目录

中部　战龙出湖

第七章 ｜ 牛刀大试 ………… 137

左宗棠与骆秉章联手，将曾国藩和湘勇从死亡线上拉回，猛龙过江，他一腔热血来挑战官场利益集团，触痛失势者灵魂。

第八章 ｜ 刀下留人 ………… 168

显规则与潜规则、合法与非法手段交替运用，左宗棠从官文举起的大刀下脱险。他进体制内去建立功业，要做"当代诸葛亮"。

第九章 ｜ 三品京堂 ………… 192

楚军独树一帜，左宗棠凭它"围点打援"，解祁门危机，挽救了湘勇。再挺兵浙江，开始了"天下不可一日无左宗棠"的局面。

下部 飞龙在天

第十四章 | 抬棺收地 ………… 302

楚军靠胆魄打垮过多少敌人?！俄国人也来玩这套，叫班门弄斧！左宗棠决定给俄国佬一点颜色：抬着红光透亮棺材上阵。

第十五章 | 军机之谜 ………… 323

左宗棠像雍正一样来挑战官场"陋规"，争得局部胜利；他正面发起对官僚第二轮冲击，被李鸿藻做了个打油诗来嘲笑。

第十六章 | 粪土千金 ………… 348

倒左必先倒胡，胡雪岩被李鸿章搞垮，"商督商办"模式全盘失败。左宗棠凭独特名利观处理天下事，谋"一艺一伎之名"。

第十七章 | 挂剑枝头 ………… 366

恪靖定边军将法军打得兵残将败，灰头土脸，士气全丧，中国却因胜而败。左宗棠规划海防蓝图，告诉后人：中国的未来在海洋。

第十八章 | 奋激千秋 ………… 388

左宗棠自出山后仕途畅达，平步青云，每到一处被人欣赏、重用，恰恰得益于他的个性实干，真人有个性，肯实干，求幸福。

序

为"中国梦"注入正能量

湖南籍作家徐志频先生的新作《左宗棠》杀青了。作者和责任编辑都希望我能为这部新著写一篇序言。之前，中国青年出版社的编辑将书稿寄给我，征求意见。此后，作者又直接与我沟通，盛情可感！

志频先生是位作家，也是自学成才的青年文化学者。他多年在媒体工作，博览群书，勤于写作，以不足四十岁的年龄，竟出版了十一部作品，真可谓孜孜不倦、笔耕不辍，这种勤奋好学的精神是令人敬佩的。另外，志频先生也是一位很有社会责任感的作家，他深信一个国家要有国格，一个民族要有精神支柱，一个公民要有社会责任感。他自述创作这部《左宗棠》的初衷之一，就是想把"社会正义"激活起来。那么，左宗棠到底是一个什么样的历史人物？他的所作所为与激活"社会正义"又有什么关联呢？

左宗棠（1812~1885），字季高，一字朴存，湖南湘阴人。是我国近代杰出的政治家、军事家、思想家，同时也是一位在半封建、半殖民地时代没有奴颜媚骨，敢于坚决抵御外辱的杰出爱国者。鲁迅先生把我国历史上那些埋头苦干、拼命硬干、为民请命、舍身求法的人称之为"中国的脊梁"（见《中国人失掉自信力了吗？》），把左宗棠列入"中国脊梁"式的人物之一，应不为过。

左宗棠生活的时代是中国最后一个封建王朝——清王朝急骤走下坡路并濒临崩溃的时代。同时也是西方资本主义列强用鸦片和炮舰敲开中国大门，并一步步把中国变成半封建半殖民地社会的时代。内忧外患纷至沓来，民族危机日益加剧的形势，给左宗棠的思想打上了深深的时代印记。

除时代影响外，家庭与社会的熏陶对左宗棠个人的成长、思想观念的形成也起着非常重要的作用。左宗棠出生在一个社会地位不高、经济状况不佳的"耕读之家"，过着"非脩脯无从得食"的清苦日子。他早年就读长沙城南书院，生活相当窘迫，竟至"日食不给，赖书院膏火之资以佐食"（左孝同：《先考事略》）。艰辛的生活使青年时代的左宗棠有机会接触下层社会，了解社会弊端、民间疾苦，遂使"经世致用"思潮在他胸中激起无法平静的波澜。

在接受"经世致用"思想，探讨改革社会的过程中，左宗棠是幸运的，因为他得到了当时著名经世派官员的赏识、指导和帮助。陶澍、贺氏兄弟（贺长龄、贺熙龄）、林则徐等都对他赞赏有加，待以"国士"，目为"奇才"，寄以厚望。他们的爱国思想、务实精神对左宗棠的启迪和成长是不言而喻的，林则徐在左宗棠心目中被视为"天人"；另一位著名的经世学者魏源，也深受左氏推崇，其著作被誉为"伟为不可及"（《左宗棠全集》书信三，第596页，以下简称《全集》）。林、魏的忧患意识与时代精神为左宗棠增添了丰富的思想营养，对其爱国及"师长"思想的形成产生了深刻影响。

左宗棠一生主要做了三件大事，即：镇压太平军、捻军及陕甘回军；在"师夷长技以制夷"的思想指导下，创办了近代军用和民用企业；坚决抵抗外侮，捍卫国家领土完整，出兵收复新疆，并在东南抗法。纵观其一生，我们应该如何来认识、评价这位历史人物呢？

历史人物是复杂、多样的，也是充满个性的，并且是处在动态的变化中。因此，研究、评价、描述历史人物，就不能简单化、静止化、模式化。回顾几十年来对左宗棠的评价，因时代不同，观点各异，往往是起伏不定，高低有别。二十世纪五、六十年代，因政治气候的影响，思想方法的片面，左宗棠被视为"刽子手"和法国在华的"代理人"；二十世纪七十年代末和八十年代初，随着解放思想、拨乱反正之风吹拂学术界，对左宗棠的研究取得了很大进展，对这位历史人物的评价终能实事求是，更趋公正。如果把左宗棠放到整个中国近代历史过程中去审视，我们可以看到，他的确对于近代中国，对于中华民族做出了突出的历史贡献，其表现主要有三个方面：

第一、他是近代中国统一、领土主权完整的坚决捍卫者。1840年（清道光二十年），鸦片战争爆发，时为"山野之民"的左宗棠就密切关注时局的发展，以保国卫民为己任，并提出具体御敌的措施。第二次鸦片战争时，他也曾表达要与敌"决死战"的信念。左宗棠为捍卫祖国领土完整做出的最大贡献，是他在十九世纪七十年代以边防艰巨为己任，力排众议，率师西征，一举收复占我国领土六分之一的新疆，为子孙后代保住了一片大好河山。又以壮士之豪情，拼死一战的信念，"舆榇出关"，以武力为后盾，收复了被沙俄霸占的伊犁地区。在1883年—1885年的中法战争中，面对气势汹汹的法国侵略者，左宗棠"决计议战"，最终病逝于福州前线，临终还口授遗言说："臣督师南下，迄未大伸挞伐，张我国威，怀恨生平，不能瞑目！"（《全集》奏稿八，第604页）

纵观左宗棠一生，其最大特点就是在民族危机严重、国家饱受欺凌的时代，仍能"锋颖凛凛向敌"（《清史稿·左宗棠传》）。正如有人在一首挽诗中所赞扬的："绝口不谈和议事，千秋独有左文襄！"（《全集》附册，第783页）

其二，他是中国近代化的先驱者之一。十九世纪中叶近代化的潮流席卷着世界，其标志是科学技术的蓬勃发展，机器生产代替手工劳动。而中国早期的近代化则是从军事层面开始的。有识之士审时度势，提出了"师夷之长技以制夷"。左宗棠不仅充分肯定魏源等人"师长"的主张，而且决心把这一主张付诸实践。他于清同治五年（1866）勾画出近代化造船厂的蓝图，随即创办了我国第一家真正意义上的近代化造船厂——福州马尾船政局。总督陕甘后，又在兰州开办了我国第一家机器毛纺厂—兰州机器制呢局，成为我国近代开发大西北的先声。

其三，他是中国优秀文化传统的承继者、发展者和践行者。左宗棠不仅为捍卫国家领土主权，推进中国近代化事业做出了贡献，同时，也是中国近代一位杰出的思想家。他发扬光大了中国传统文化中的优秀思想和精神。

中华民族不仅以勤劳朴素、刻苦耐劳著称于世，也以酷爱自由、坚决反对外来压迫而卓立于世界民族之林。中国自古即提倡"富贵不能淫，威武不能屈"的斗争精神和"成仁"、"取义"的献身精神。历史上众多铁骨铮铮的人物中，左宗棠是其中之一。在近代反侵略战争中，左宗棠始终高扬爱国旗帜，坚决抗击外侮，反对妥协、投降，他振臂高呼："和戎自昔非长算，为尔豺狼不可驯！"（《全集》"诗文·家书"，第459页）在中国历史上，"杀身成仁，舍生取义"的信念曾激励着无数仁人志士为捍卫正义事业而前赴后继，呼啸前进！与先贤相比，左宗棠毫不逊色，当沙俄侵占伊犁的消息传来，他当即表示"西顾正殷，断难遽萌退志，当与此虏周旋！"（《全集》书信二，第246页）在伊犁交涉处于紧要关头时，年近古稀的左宗棠毅然站在抗俄的斗争第一线，出屯哈密，表示"至马革桐棺，则固非所计矣！"（《全集》书信三，第583页）在中法战争中，左宗棠任两江总督兼南洋通商大臣，不但积极备战，而且表示如遇"寇警"，"防所即是死所，当即捐躯以殉"（《全集》奏稿八，第263页）。

左宗棠还继承和发扬了中华民族自强、自立的精神。《易传》云："天行健，君子自强不息"，左宗棠则从救国救民的目的出发，表达了对自强精神的追求，他说："我能自强，则英、俄如我何！不能自强，则受英之欺侮，亦受俄之欺侮，何以为国？"（《全集》书信二，第570页）

在中国传统思想中，民本思想是一大特点。儒家坚持"民为贵"的理念，左宗棠承继这一思想，并加以发挥，他强调"为政先求利民，民既利矣，国必与焉！""欲知民事，必先亲民"，"一片心肠都在百姓身上"（《全集》札件第427页、第270页、第139页）。正是从这一点出发，左宗棠提出并实施了"兴利除弊"，为民造福的诸多举措，不但兴屯田，修水利，植桑养蚕，造林制茶，而且设厂开矿，创办近代企业，誓要"不夺民间固有之利，收回洋人夺取之利，更尽民间未尽之利"（《全集》秦稿八，第539页）。

当然，如同一切历史人物一样，左宗棠不是"完人"，他必然受到历史时代、阶级地位和个人思想认识的种种局限。作为一个封建时代的政治家、军事家、思想家，他不可能跳出封建旧垒，他的思想和行为必然会打上时代和阶级的烙印，这是毋庸讳言的，但不应苛求于前人。

去年是左宗棠诞生200周年，在这位历史伟人的故乡——湖南湘阴举行了盛大的纪念活动和学术活动。今年，湖南籍作家、学者徐志频又经过自己辛勤的耕耘，出版《左宗棠》一书。我细读了一遍书稿，感到这是一部用力颇勤、基本尊重史实，且具有一定时代感的历史传记文学作品。作者在讲史中穿插传闻、故事，偶尔联系现实，拉近历史人物、历史环境与今人的距离。语言流畅，娓娓道来，饶有趣味，适合当今人们的阅读要求，也能起到"鉴古知今，以史育人"的作用。

当然，作家并非以历史为专业，对左宗棠这位历史人物也许还缺乏深入研究，因此在历史事实和时代分寸感的把握上会有一些欠缺和瑕疵，这是不足为怪的。但瑕不掩瑜，志频先生献给广大读者的这部新作必将给人以启迪，给人以激励，用一句当下时髦语说：这部书为今天我们实现"中国梦"注入了正能量。

杨东梁

（中国人民大学清史研究所教授、博士生导师，

国家清史编委会传记组专家）

左宗棠

上部 卧龙惊梦

梦断科举

【第一章】

自命今亮

公元1812年，按黄帝纪元是4510年，在中国十二生肖中属猴年。这一年，全球发生了三件看似无关联的大事：一，法国统帅拿破仑率领65万大军入侵俄国，俄法战争爆发；二，美国纽约花旗银行的前身纽约城市银行宣告诞生；三，中国的嘉庆皇帝因祈雨灵验，又给龙神加了个"广润灵雨祠沛泽广生"封号，并命令全国从此每年春秋两季都要派遣官员前去祭祀。

没有谁注意到，在全球化大幕撕开一角的时代，一个叫左宗棠的男孩，像一条野龙，在天朝已经做了17年皇帝的嘉庆的祈祷声外悄悄诞生了。

1812年11月10日，左宗棠在湖南湘阴出生。一个"牵牛星降世"的传说，伴随着新生儿的第一声啼哭，穿透深山暮色，越过愁雾浓云，游进星空天河。

传说源于左宗棠出生当夜的一个惊人大梦。做梦人是左宗棠奶奶。

《晚清名将左宗棠》一书还原了现场：左宗棠3岁那年某天夜里，奶奶突然给他一个精致的锦囊。左宗棠拿到后，奶奶当夜仙逝。家人打开锦囊一看，都吓了一跳：锦囊里居然藏了奶奶一个守了三年的秘密：左宗棠出生当夜，天气异常，母亲反常。奶奶出门看天象，神情恍惚，心头纳闷。回房后闭目凝神，梦见一个神人从空中飘进自家庭院，告诉她：牵牛星正在降世，孩子将来必成大器。说完闪身即逝，房屋中突然有光如白昼，灯光已缩成豆大的火苗。再过了好一段时间，天才蒙蒙发亮。

故事比较离奇，但《左宗棠年谱》居然收录了。奶奶当夜产生了幻觉，或者说心思入梦，与真实混在一起，不是没有可能。但神人与白光，科学证明不可能。

梦境到底有无，只有奶奶知道。但梦幻的故事，无疑流传下来了，而且也入了左宗棠的心。他终生都以牵牛星自比，潜意识中将自身一些特征，往牛的形象上靠近。

左宗棠小时候长什么模样？跟牛还真有几分形似："燕颔虎颈"。颔就是下巴颏，"燕颔"指像燕子那样，下巴的肉比较丰满；颈就是脖子，"虎颈"指脖子像老虎一样，短而粗壮。燕颔虎颈，旧时专门用来形容王侯神态富贵，或武将相貌威武。

这看上去有点奇特：一介书生，却生就一副武人相。

传说被传得知道的人多了，就成了事实。4岁那年，二姐左寿贞写诗祝贺他："余家季高弟，天遣牛郎星"。没有疑问，牛郎星的传说，通过亲人间的口碑传播，逐渐让左宗棠似灵魂附体。

小时候的左宗棠，体形确实有点奇特：从头顶顺着脖子往下看，"肚大脐凸"。肚子很大，肚脐往外凸出来。

这种特别的身形，倒不是天生的，是后天造成的。

母亲生左宗棠那年，38岁。前面五个孩子，吃空了左母的奶水。穷苦里的孩子，会哭也没奶吃，只能喝米汤。这自然营养不够，也吃不饱。常年饥饿的小宗棠因此经常闹哭，日夜不停地哭，肚子不知不觉哭得鼓了起来，肚脐自然跟着凸了出来。骨粗皮薄，身体看上去也就赢弱了。

左家很穷苦吗？

左家多代书香门第，开头并不算穷。宋朝时从江西搬迁到湘阴左家塅，已居数百年，日子平静，岁月祥和，家境宽裕。

富裕的左家，有个家风，好施慈善。

祖父左人锦，曾是国子监生。他很有善心，对公益事业终生有着特别的兴趣。他曾专门写过一本《族仓条约》，仿效古代"社仓法"①，提议乡里一道设一座"义仓"②，劝乡民们拿出一些收割的稻谷，收积起来，名为"族仓"。他自己带头捐谷，碰上荒年，就开仓赈济，解决族人温饱之不足。

父亲左观澜，做过县学廪（lǐn）生，是名列一等的秀才。他延续慈善家风，不但捐谷，还捐钱，在县里修建了一所宗祠。1816年，祖父左人锦将全家老少全部迁居长沙，设馆授徒。左宗棠随父亲左观澜迁往长沙。

但打左宗棠出生后，左家日子变得拮据。晚清中国家庭，只要不是名门望族，家庭一大，吃饭人多，碰上灾荒年岁，坐吃山空，生活自然紧巴。

尤其大哥一死，父母相继故去，姐姐陆续出嫁，家道开始衰落，寅吃卯粮，入不敷出。

左宗棠因穷苦造成的这种奇特的体貌特征，吸引了一些民间高人的注意。这些有根有据的流传，则是现实版的"牵牛星降世"：

左宗棠幼年时代，父亲带着他与大哥左宗棫（yù）、二哥左宗植一起到橘子洲边游泳，顺着湘江游到了牛头洲。父子四人，开心谈笑着回长沙贡院东街，迎面碰到一个叫张半仙的道人。

张半仙瞧见了左宗棠，盯了好一会儿，向左父表示，他愿意免费帮左宗棠看相。

张道人这次看相，具体说了什么，我们不得而知。左宗棠还小，他懵懵懂懂，好奇全记心里了。

让左宗棠后来感到惊奇的是，张半仙当年预言的那些大得没边的话，什么"王侯将相命"，都应验了。这弄得左宗棠一度对命相将信将疑。正因为这样，68岁那年，他命令士兵帮自己抬着棺材去收复新疆，以为这次必死无疑。原因之一，是想起张半仙半个世纪前给自己看相，算定他性命多舛，熬不过这把年纪。左宗棠真信了，他给妻子写信，说"料定此生不能生还矣"。

没想到张道人看走眼了，左宗棠活到73岁。

真有看相算命这回事吗？不然，张道人为什么猜对了左宗棠不少日后的命运呢？

科学地说，看相算的，依据医学的一些原理，对人的性格、气质、才能，做一个基本的判断，虽是猜测，有一定的准确性。

左宗棠天生骨骼清奇，既"燕颔虎颈"，又体弱多病，有事功的天才气质。

这无疑打破了人们的思维惯性。从小体弱多病，对一个人智慧开发非常有利。智慧本是阴性的，体弱的人智慧偏高。古人发明一词，叫"智叟"，智慧的老头。叟就是"瘦弱的小老头"，既老又瘦，绝对弱者，反倒是智慧的化身。

"燕颔虎颈"，是体魄强，即是"骨强"。体弱多病，造成精神强，也叫"神强"。骨强的人有力，有力拔山兮的行动力；神强的人智慧高，有神游四海的思考力。"文明其精神，野蛮其体魄"，说的就是这种人。

从小体弱多病，首先带给了左宗棠超人的感受力。这造就他的特点，"于事敏感，做事诚实"。在《湘绮楼日记》里，王闿运用故事诠释了这个特点：左宗棠9岁那年，父亲养了缸金鱼。父亲有点迷信，就悄悄躲起来，用数鱼子的方式，来占卜预测自己学生、门徒该收多少，如果谁应当入学，但没数到就不能入学。他数一个鱼子，念一个名字，数完了还没念到左宗棠。小宗棠不知道通过什么方式，觉察出来了。他愤愤不平，趁父亲没注意，发泄他的不满，直接将缸里的金鱼全弄死了。父亲问责，他则如实相告：是我做的。

敏感的特性，敢作敢当的风格，9岁时就显露出来了。

敏感给左宗棠带来智慧。对自己智慧自信的人，一般会狂放，自视也会很高。比方诸葛亮，小时侯常常以管仲、乐毅自比，自称可以成为辅佐君王的宰相，弄得刘备闻声寻英雄，反反复复光顾茅庐。后来诸葛亮是真实现了：26岁出山，54岁崩于五丈原，短短28年，以出神入化的谋略，横空造出一个蜀国，成为中国人心目中的"智圣"。

自信智慧的左宗棠，开始模仿诸葛亮。他觉得自己能力、理想，跟诸葛亮差不多，便自称"当代诸葛亮"，即"今亮"。

湖南古属楚地。楚狂接舆"凤歌笑孔丘"，嘲笑孔子脱毛的凤凰不如鸡。直率、狂放而高傲的个性，经过民间两千多年的沉淀，已经在湖南土地上养成。

左宗棠书法

到左宗棠成长那段日子，率直、狂傲风气，已经在湖南成为普遍风气。

湖南境内自比诸葛亮的，当时不乏其人，一时"三亮"鼎立：在湘乡练勇的罗泽南，自称"老亮"；以处士居于湘乡的刘蓉，自称"小亮"；左宗棠则当仁不让，以"今亮"自居。

字号的含义，可以看出一个人的追求。

"老亮"什么意思？将自己学成古代的诸葛亮。诸葛亮早已身归棺土，变成冢中枯骨。况且古代与当代，物非人非事不同，需要的方法也不同，诸葛亮名气倒还在，那就有点借古人来炫耀自己。借人自炫是一大忌讳。

"小亮"呢？一看就是底气不够，自信不足：诸葛亮叫大亮，我刘蓉叫小亮。中国有句成语，取法乎中，仅得其下。刘蓉"取法乎小，仅得其微"，小亮成了"微亮"，看上去蒙蒙亮，稍微有那么一丁点儿诸葛亮的意思。

左宗棠则大不同了，以"今亮"自号，让人眼前一亮。意思很明白：我左宗棠是以古代诸葛亮的智慧来解决当代中国社会问题的。既避开了借诸葛亮自炫，很务实地重事不重名，又不担心才能比不上。

偶像一旦定下，既决定了方向，也决定了路径。

出身于家道中落的乡绅家庭，被"牵牛星降世"的故事激励，以"当代诸葛亮"自勉的左宗棠，要成就"当代诸葛亮"的大梦，在当时最佳的方式，是通过科举考试。

目标如此之大，自视如此之高，我们开始有点关心：千军万马的科举独木桥，左宗棠能顺利闯过去吗？

考场惊魂

一开始，左宗棠的科举考试非常顺利。

1826年，14岁的左宗棠，参加人生第一场科举考试：湘阴县试。县试是最初的童子试，录取者只是获得了参加府一级考试的资格。结果出来，全县第一。

1827年阴历五月，15岁的左宗棠正式参加府一级的秀才考试，这次要考三场，最后合格才算秀才。开场一考，左宗棠名列第一，但这次不巧，同县刚好有个老人家参加。为了照顾长者，左宗棠被知府做思想工作，发榜屈列第二名。

这个小插曲，对后面没影响。

左宗棠的秀才初试成绩优异。要拿到秀才文凭，只等10月去府里复试。节骨眼上，坏消息传来，母亲病危，他放弃参考。5个月后，母亲病故。古代的规矩，随后三年，他得专心为母亲守孝③。守孝期间，朝廷规定，一律不许参加考试。

晃眼到18岁，守孝期满。1830年正月，左宗棠踌躇满志，正准备再考，不料父亲又去世了。他不但要弃考再为父亲守孝三年，还要开始自谋生路。

1832年，为父亲守孝三年期满，一心梦想在科举场上一展身手的左宗棠，终于可以再次登场。

这次机遇凑巧：一边是秀才考试，一边有举人考试。年少气盛的左宗棠，面临这样一个选择：如果去考秀才，那么下次举人考试，还得再等三年。但如果选择直接考举人，却得先花钱买个文凭。

世上事情，往往你缺少什么，就要用到什么。大哥病死，父母相继而亡，家里积蓄，早花空了。自己吃了上顿还得要找下顿，哪里还有钱买文凭？

天无绝人之路。情急之下，事情总会有办法。左宗棠求亲告友，东挪西借，总算凑到108两银子，买了个监生的功名，可以直接参加乡试。

在古代有"纳资为监生"，翻译成白话，就是"花钱买文凭"。当时买文凭也不算太丢人，既无法回避，也无须回避，在当时有捐纳的规定，也不犯法。

这样，左宗棠就取得了去长沙参加乡试的资格。这次，他和二哥左宗植同时参加本省乡试，结果让人喜出望外，哥俩双双中了举人。

但左宗棠的举人，取得十分惊险。利好结果背后，内情叫人步步惊心。

湖南省乡试共分三场，时间定为三天，考生约有5000人，考卷在25天内批完，选出举人48名。主考官只有一人，叫徐法绩，陕西人，嘉庆朝的进士，做过御史。左宗棠的卷子最先落到胡鉴手中。胡鉴是翰林院的编修，学问比徐法绩大，但是资历比他浅，在本场考试，相当于是徐法绩的助理。

卷子第一批全部阅完，左宗棠榜上无名。

什么原因呢？胡鉴认为，左宗棠文理不通。也就是逻辑推论有大问题，叫人看不懂，所以批了个"欠通顺"。评价很委婉，其实就是"狗屁不通"。古人讲究中庸，批评要含蓄，即使彻底否定，也只是和风吹湖面，点到为止。

左宗棠后来怎么又上榜了呢？这就完全靠运气了。发榜之前，道光皇帝临时下旨：湖南增选六名举人。

原来，考试刚好碰上道光皇帝五十大寿。为显皇恩浩荡，道光皇帝特别开科考试，叫"万寿恩科"④，就是皇帝对一般读书人额外开恩。于是主考官徐法绩赶紧自查"遗卷"。

遗卷就是没有考中的学生余留下来的试卷。根据规定，如果皇帝不额外开恩，将不再重新翻阅，也就是要作为废弃之物，丢进垃圾桶。

但左宗棠的遗卷一经翻起，又惹来一场小风波。

徐法绩仔细一读，觉得还可以。小伙子人不错，虽然写得叫人看不太明白，但口气似乎很大，思维很活跃，年轻人谁料得到呢？于是再推荐给助手胡鉴，要他考虑补荐。但胡鉴刚好是个牛脾气，他坚决认定，就是不行。

这一下，左宗棠在城南书院的老师贺熙龄被惊动了。老师不好当着外人表扬学生，他看后避开"通顺"话题，另持观点：文章写得好是好，就是没有套路，不合八股文规矩，所以才弄得考官们都看不大懂。（"文虽佳，惜不中程式，帘中人无能辨此者。"）这就让人不知道他是在说好呢，还是说不好？

关键时候，每个人都较真起来，争议越来越大，但相对越来越集中，都倾向于"补荐"。胡鉴还是死扛不放，他对徐法绩说："中不中，你说了算，荐不荐，我说了算。"其他考官当然都坚持自己的意见，胡鉴势单力薄，压力很大。众命难抗，迫于无奈，他略做妥协，将"欠"改成"尚"："尚通顺"。

胡鉴死死卡着，改得这么勉强，距离补录，基本看不到希望。

但运气说来就来。就在胡鉴最牛钉子户一样死死卡住左宗棠做举人梦时，突然暴病身亡。人死不能说话，意见马上作废。这下轮到徐法绩一个人说了算，他当即将左宗棠的试卷列为"遗首"，也就是补录第一候选对象。

拿着"候补举人"左宗棠的试卷，考官们组织了一场大讨论：这篇文章到底好不好？

徐法绩拿出左宗棠这篇《选士厉兵，简练杰俊，专在有功》，首先表态：

左宗棠的铁哥们胡林翼

这篇文章不但很好，简直算得上全部考卷中最出色的一篇。湖南巡抚吴荣光这次也专门来听意见，他叫人打开密封条看考生。现出左宗棠的名字，他很高兴，回忆说：我在湘水校经堂讲学时，这个学生七次考了第一，写出这篇好文章，绝对不是偶然。

省长回忆历史，以多次成败论英雄，当场表态了，这事也就一锤子定音了。

结果出来，左宗棠被录为第十八名。二哥左宗植居然高中榜首，成了"解元"。

左宗棠的举人身份，得来如此惊险，出人意料：如果不是皇帝恩科，不是胡鉴突然暴死，不是省长吴荣光在座，任何一个环节掉链子，他都要榜上无名。

险中举人，左宗棠当然不知内情，看到榜单，他万分高兴。兄弟同中，回家祭祖，举杯同庆。

他开始雄心万丈地计划做"当代诸葛亮"的大梦了。

花钱买文凭欠下债，家里已经一贫如洗，肚子跟锅里一样空。饿着肚子谈理想没有未来，得先解决生计问题。

等待发榜期间，左宗棠还做了一件人生大事：当年八月与湘潭女子周诒端"闪婚"。他是"入赘"周家的，也就是人们常说的"倒插门"。倒嫁女方，在古代是很没面子的事。活人要紧，左宗棠已经没能力顾及这廉价的面子。

生计的问题解决了，余下事情，是聚精会神破万卷，一心一意考进士。

1833年正月，会试大考到了。21岁的左宗棠，已经获得举人出身，他与二哥左宗植再度踌躇满志，从湖南湘阴挑书北上，坐船荡过洞庭湖，进京求取功名。

冒险漂过茫茫洞庭湖，头一次踏上中原大地，沿路各省见闻，让他眼界大开。

这次考试虽然没中，收获不是没有。他沿路思考国家天下事，一路琢磨着，写下了一些开发与建设边疆的诗句，思考着中国怎么办。

这次赶考最大的收获，是偶然结识了胡林翼。

胡林翼这次也是进京来考进士的。两个湖南老乡碰面，一问同是21岁，胡林翼还大四个月。北京要地，人分五湖四海，老乡见老乡，有话好商量。两人一聊开来，一面如故，一见定交。

这两个不知天高地厚的湖南学生，越谈越投机，考场出来后干脆同住一屋。两人不再讨论考试内容，点灯夜话，论古今大政，评施政得失。说着说着，越聊越大胆，两人同时预测：国内将乱。相互间便不停地叹息，像干着急的好事者。

旁人听到了十分惊诧，这两个年少轻狂的考生，疯子一样指天论地，谈东论西，脑袋是不是已经被考出问题来了？

中国官学从宋朝起，就颁定了对学生的罚规，第一等为"谤讪朝政"。用今天话说，知识分子议论国家政策好坏、得失，提出批评意见，要惩罚。清朝官学试图继续通过限制、责罚的方式，来维持帝国集权。但书院的教育与管理，却反其道而行，强调引导学生独立思考，激发学生对国家政策提出自己的看法。

湘水校经堂属于书院讲堂。左宗棠与胡林翼"谤讪朝政"，在校时已成习惯，他俩对旁人的惊诧，同样感到莫名其妙。

旁人当然更不知道，从明末起，湖南的读书人，爱讨论天下事，已成习惯。那些跟自己八竿子打不着的事情，他们谈得津津有味，衡阳王船山当年办"匡社"、"行社"⑤，就聚了这么一帮子读书人。

这次两人考得都没对考官的味，榜上无名。但第二次会试，胡林翼鱼跃龙门，一跃成了进士。

左宗棠的会试又变得惊险而戏剧性起来。

1835年，23岁的左宗棠满怀信心参加第二次会试。这次考得本来确实不错，主考官已经拟好，以第15名录取。但考得好不如运气坏：主考官最后一统计录取名单，出问题了：湖南多出一人，湖北少了一人。

清朝考试录取跟今天差不多，要注意省与省之间的平衡，不能单以成绩定结果。如果早生一百多年，赶在"两湖分闱"前，湖南湖北同属湖广地区，不用担心被"调剂"。但既然两湖分家，榜上写好的"左宗棠"，只好被"啪"地一把叉掉，勾上湖北考生。

虽然没有考取进士，左宗棠还是被录取为"眷录"。眷（téng）录专作抄写人员来用，相当于今天政府办秘书，虽然比不上进士，但不算很差，在位上干得好，有机会保举做县令。但左宗棠想都没想，顺手就将"誊录"通知丢了。他正醉心于梦想做"当代诸葛亮"，做个小县令，小看人么？！

心还在，梦也在，他决定重头再来。

1838年，26岁的左宗棠抖擞精神，第三次到北京参加会试。这次没有任何原因，反正没中。机会不好不止他一个，与他同来的湘阴老乡郭嵩焘也没中。但急人的是，秀才屡考不中的曾国藩，这次意外中了。这对好胜心强的左宗棠，无疑是个比较大的刺激。他平时的考试成绩可比曾国藩不知道好到哪里去了。但刺激只会伤到自己，不能改变落榜命运。

这次赶考，左宗棠准备工作其实做得很充分，自信心也很足。沿路上他还在意气风发，激扬文字。过洞庭湖时，他即兴做了一副《题洞庭君祠》对联：

迢遥旅路三千，我原过客；管领重湖八百，君亦书生。

"迢遥"化用自"迢迢牵牛星"，他潜意识中确实已将自己看作"牵牛星降世"了。后一句很有气魄：洞庭君不过是个书生，却能管理八百里湖区。意思很明白：别小看我左宗棠这个穷苦书生，将来也是可以干出一番大事业的。

干大事业固然需要自信与实力，但在封建大一统的大清帝国，文凭硬通货才是通行证。即使文凭也说明不了什么，但国家有规定，它就比自信与实力更加重要。现在好了，三考三败，空有一腔热血，满怀抱负。

左宗棠自尊心受打击的程度与失败的次数成正比。情绪与意气，在左右他的判断，干扰他的理性。一怒之下，他干脆发誓，不考了。

以读书取功求名之路，在这里骤然画上休止符。

带着名落孙山的惆怅，回路上心灰意冷地想，从14岁参加科考，12年来的挫折历历在目，他心中泛酸。他感觉自己凭实力完全可以。尤其第二次会试。香喷喷的桌上鸭肉原来真的会变作野鸭子飞掉！

他感觉命运在捉弄自己。

这些年，左宗棠内心实在太在意中进士。第一次会试落第那次，忧愤的情绪在胸中起伏、翻滚，率真与狂傲，将他的胸气逼了出来，浩荡汹涌，有如洞庭春潮。左宗棠抓起墨笔，以撼人心魂的气魄，在家门上题下一副惊天动地的对联：

身无半亩，心忧天下；读破万卷，神交古人。

写下这副对联，他22岁。

第三次会试失败，锐气再度受挫，在热血沸腾中想，在心冷如冰时也想，想来想去，他决定再做一件惊世骇俗的事，提前给自己写好挽联。

慨此日骑鲸西去，七尺躯委残芳草，满腔血洒向空林。问谁来歌薤歌蕹(xiè，野蒜），鼓琵琶冢畔，挂宝剑枝头，凭吊松楸（qiū，梓桐）魂魄，奋激千秋。纵教黄土埋予，应呼雄鬼；

倘他年化鹤东归，一瓣香祝成本性，十分月现出金身。愿从此为樵为渔，访鹿友山中，订鸥盟水上，消磨锦绣心肠，逍遥半世。惟恐苍天负我，再作劳人。

大意是，像我这样的天才，即使朝廷不用，也是一世大雄。我来到这个世上，本意是今生来做个自由自在的自由人，没想过去干什么读书做官的事。只怕中国缺不了我，到时又要来打扰我。

这似牢骚，又像预言。儒家的积极，道家的超脱，在这里相互交融，意境悠远。

这副对联，今天读出忧愤，也读出洒脱。左宗棠心情正矛盾纠结。26岁，年纪轻轻，出世的门敞开着，入世的门紧闭着。他怎么做到冷静呢？像一头被堵在胡同里的斗牛，进退失据。

人生每段路，起伏峰谷间。

左宗棠少年天才，却三考不中，背后到底有什么原因？

落榜之谜

左宗棠本来可以有一个很好的科举前途。

出身"秀才世家"，一出生，家庭就在按"科考取官"的模式对他进行培养。4岁那年，祖父开始教他学《三字经》、《百家姓》、《千字文》。5岁时，他正式读儒家经典的基本课程，包括《论语》、《孟子》、《大学》、《中庸》，兼读书中的大注，接着读《诗经》、《尚书》、《礼记》、《易经》和《春秋》。8岁起，他按正规教育，学作八股文。他的悟性很高，反应敏捷，记忆力超人，因此八股文做得比别人都好，对联常常脱口而出。

但他的求学兴趣，却因为转学长沙，而发生了转移。这一转移，直接改变了他以后的人生轨迹。

18岁这年，左宗棠来到长沙城南书院就读。一年后，湘水校经堂成立，左宗棠又转入学习。

湘水校经堂最早由成德堂改建而来，由湖南巡抚吴荣光1831年在长沙创办，地点就设在今天的船山祠。

湘水校经堂是一所特别的学校。与专门为考试而设置的学校不同，它是一家以研习汉学为主的学校。汉学即研究与中国汉民族有关的经史、名物、训诂考据的学问，研究内容以经学为中心展开，治学方法遵循"实事求是"。吴荣光为什么要创办它？是为了矫正当时中国书院教育专重"科举仕进"的陋习。

吴荣光，广东南海人，1799年的进士。广东人的性格是敢为天下先，吴荣光将这种性格带进湖南。他尝试第一个在湖南吃螃蟹，一反专门培养学生作八股文的教育模式，侧重培养人才经世致用的能力，要求学生"通经史、识时务"。求索学问真理上，以朱熹、张栻为榜样，兼容各派不同观点，完全打破门户之见。

吴荣光苦心开创的这种学校，避免了之前应试教育弊病，侧重培养学生实际能力。这无形中为青年左宗棠凿开了一扇素质教育的窗。这里不看重作八股文，左宗棠的兴趣从此也不再在作八股文上。左宗棠天资不错，接受能力强，适应能力好，学起来如鱼得水，遥遥领先，这也就有了曾7次名列全校第一的好成绩。

更让人意想不到的是，这扇素质教育小窗透过来的光，对左宗棠诱惑力实在太大，沿着这束光，他好奇跟去，终于翻窗出墙，越走越远。

课余时间，左宗棠放下科考必背的四书五经，经常穿越长沙贫民杂居的棚户区，在古书摊破旧的席子上淘书。某次，他突然发现一本线装版的《读史方舆纪要》，作者是清初的地理学家顾祖禹，130卷本的。左宗棠拿起来就翻，越看越喜欢，他想着要买下来。价格谈好了，八块铜板。他忘记自己很穷，口袋里只有5个铜板，4枚制钱。卖书的老汉见他确实没带足钱，便告诉他：自己也是家道中落，被逼将祖传之书卖掉换饭钱的，家里还有顾炎武的《天下郡国利病书》和齐召南的《水道提纲》，问他想不想要？左宗棠当然连口说要。他们约好，老汉将书先留着，等左宗棠借到钱，下次专门来，全买了去。

老汉乐得将书一并卖给左宗棠，固然有货卖于识家的道理。读书人最开心自己的藏书被人喜欢，这不是钱多钱少的事。

就在这年（1830），左宗棠长沙城南书院老师贺熙龄的兄长贺长龄，因为母亲过世而回家守孝，以江宁布政使的身份回湖南了。

左宗棠马上顶着风雪，踏着冰路，前去拜见。见后先借书，贺长龄爬着楼梯去取，将自己主编的《皇朝经世文编》送给他。

这些在当时都是最时新的书了。里面谈地理、水利、军事、农业、海事，全是些经世致用的学问。

经世致用，就是经国济世，学用结合，学以致用。中国自隋朝科举以来，完全不顾经世致用，读书就为了背诵四书、五经之类，脱离现实，不关怀世事，侧重单一传承古人学问，即所谓述而不作，既不鼓励学生创新，也不需要学生发挥，至于学问能不能解决现实问题，能不能推动科学发展，更加不管。

那些真正关注天下兴亡、社会安危的读书人，这时起，开始从科举的锁链中挣脱出来，像英国哲学家罗素所说，用独立的眼光，对社会科学"保持长盛不衰的好奇心以及热烈而不带偏见的探索"。

这种独立眼光、好奇心、探索精神，在明末思想家王船山、顾炎武第一次提出"经世致用"时开始萌芽。经过近两百年的孕育，在湖南开始养成了相对成熟的经世致用的学风。一些有远见的官方人士也开始全力研究与实践。与左宗棠同时而年龄长他一辈的两江总督陶澍，以及陶澍的幕僚魏源，就是经世致用派的代表。贺长龄也是长沙著名务实派官员和经世致用学者的代表。

大环境造就小环境。王船山影响过陶澍，陶澍影响到吴荣光，吴荣光影响进民间。贺长龄、贺熙龄，则直接改变左宗棠。

经世致用思想在当时成为一股激越澎湃的思想潮流，漫溢进民间，于是民间的小书摊上，也开始卖起这些书来。

　　左宗棠就是在这样渐成气候的大环境与小环境里，在湘水校经堂的课堂里，在棚户区的书摊上，读到了这类书。他听从内心的兴趣，通过买书、借书读的方式，开始系统而全面地接触这些在当时科考看来还完全是离经叛道的学问。

　　像一头饿牛闯进菜园，左宗棠贪婪地从这些"杂书"中吸取知识。

　　杂书的思想，开始逐渐融进了他的头脑，改变着他的知识结构。

　　左宗棠第一次去见贺长龄，贺长龄"以国士见待"。一个18岁的青年，受到时任江宁布政使（相当于今天副省长兼民政厅长）的贺长龄如此厚待，多因贺熙龄的推介和褒奖。贺熙龄是左宗棠在城南书院的老师，他当时评价左宗棠"卓然能自立，叩其学则确然有所得"。用今天话说，能"独立思考，自由思想"，这在当时已属罕见。自己思考能得出什么新发现？贺长龄想当面考一考，左宗棠自学得到底怎么样。

　　一来二去，跟贺长龄熟悉后，左宗棠开始找他聊天。一次，贺长龄问到《读史方舆纪要》等书中不少观点的疑问，他本来没想到左宗棠能回答上来，他自己有些困惑还没来得及想清呢。没想到，左宗棠接过话题，评论起来：我认为顾祖禹的这本书，关于考证的事实方面，太粗糙了，也太简略了，许多立论的观点，并不成熟。（"考据颇多疏略，议论亦间欠酌。"）而魏源的书呢，总是在谈向外进取，却很少谈守势，总是在谈进攻而不关心防卫，这更像是谋士在浑水摸鱼、强词夺理。（"多言取而罕言守，言攻而不言防，乃抢攘策士之谈。"）

　　这个评价让贺长龄着着实实吓了一大跳。一个18岁的青年，记下书中观点不稀奇；能独立思考，批判书中不对，需要勇气。左宗棠小小年纪，怎么这么有主见？看问题怎么可以这么稳、这么准、这么深？这些可都不是他课堂上学的，老师也不会教，科场不会考。课外书看到这个水平，不是天才还能是什么？他一眼认定，左宗棠是个成大事的苗子，是国家未来稀缺的人才。

　　他鼓励左宗棠说，你这么好的苗子，今后小事就算了，要干就干大事，不要自己将自己框死了。（"幸无苟且小就，自限其成。"）这句话从副省长口中说出来，对左宗棠像"牵牛星降世"梦一样，是个巨大的鼓舞，对他后来放弃"誊录"，有较大影响。

左宗棠就读时的城南书院结构布局

左宗棠当年读的这些书，相当于毛泽东在"六年孔夫子"的儒家课堂上偷偷摸摸看的《三国演义》、《水浒传》、《西游记》等书。考试不会考到，读来全凭兴趣。

左宗棠被这些"旁门左道"的书深深迷住了。兴趣与执着，从这时起，定下了他终生关注的两个方面：舆地学、农学。"舆地学"即是地理学，"农学"也就是农业实践的学问。一个古代的读书人，放下"四书"、"五经"，读地、农学，其荒唐程度，相当于今天网易总裁丁磊开个农场专门养猪。

兴趣点既然与科举已经大异其趣，左宗棠的兴奋点从此自然会总与别人不同。

第三次进京会试时，同行的考生，都在紧张地复习功课备考，念叨什么"秩秩斯干，幽幽南山，如竹苞矣，如松茂矣"，背的人乏味，听的人头疼。左宗棠才不管，全不将经书当回事。经过河北栾城，他在街上看到知县桂超万张贴布告，劝老百姓耕种备荒，对如何栽种棉花、白薯，讲得十分详尽，他比考进士还来精神，连走带跑，将书担放下，拿出本子，将内容一字不落、原原本本全抄下来，准备留到回湘阴老家来试种。

都来科考了，还坚持这种离经叛道的学习，科场很鄙视，后果很严重。从皇帝到考官，对这些种红薯、摘棉花的事情，一不关心，二不感兴趣，三也搞不懂。这事多下贱啊，弄明白了是耻辱。虽然这些搞不懂，但有一点他们搞得清清楚楚：你左宗棠不是对种田种地的事情感兴趣吗？还考什么考，早点挑起你的鸟儿书担，回湘阴老家当农民去吧！

19世纪初叶，在中国经世致用的思想潮流中，左宗棠在湖南读书人中，算反叛得最醒目的一个。这样的科场遭遇，他不是第一个，也不是最后一个。在左宗棠之前，湖南考生魏源，以几乎同样的方式，碰得头破血流。

魏源是少年天才，15岁时考中邵阳隆回的县学生员，20岁举为拔贡；29岁时，去顺天府乡试得第二名，被誉为"南元"。但随后20年，魏源像走夜路碰了鬼，每考必不顺，一直考考考，考到51岁，才在礼部会试中考中第十九名进士。却因卷面涂抹，罚停殿试一年。52岁才在殿试中考中第九十三名进士，差强人意地了却了一桩科举残梦。

魏源是"近代中国开眼看世界第一人"。"屡考屡败",什么道理？一是他思想开放，笔锋犀利，专讲经世致用，属思想危险的激进分子，主考官既怕他，又讨厌他；二是他知道的太多了，知识面太宽了，时而天上地下，时而大海小溪，写得太好太深刻，内容常超出范围，主考官知识不够，看后如坠云里，不敢对他放心；三是他不拘小节，卷面写完后像一副油画，要认出字来基本靠猜。

魏源深受科举八股之害，反应最为激烈，在《默觚（gū）下·治篇一》中，他讥讽科举考试是"专以无益之画饼，无用之雕虫，不识兵农礼乐工虞士师为何事的'科举兔册'"。"科举兔册"就是"梦想通过科举考试可以得到月亮上的玉兔"，讽刺朝廷臆想。

魏源的科举路，可以看作左宗棠的"科场前传"。只是左宗棠更加率真、狂放、孤傲。老左我不考了，你还能怎么样？朝廷当然不能将他怎么样。

左宗棠选择放弃考试，以行动抗议科举制度，看上去很英雄意气，却是一条风险路。对封建帝国里的读书人，断了"科考取官"途径，基本上也就断绝了成功的希望之路。

弃考绝仕的左宗棠，以举人身份，如果选择做个教书匠、农民，距离他的"当代诸葛亮"大梦，已经遥不可及。

居家、种地、读书，中国即使什么人都缺，也不缺这种人。

左宗棠第一次跌到人生低谷。他怎么从低谷中走出来，一步一步，去实现自己的"当代诸葛亮"梦？

注：

① 社仓法主要为应对水灾与旱灾。系宋朝朱熹所创，在中国各地推行。社仓的米一般来自官府和富人，由乡绅、保正等人主持社仓事务，并且还规定：借粮的人每十家为一甲，每五十家推选一个社首，逃兵、无业的游民等不得入甲。社仓法对社会救荒，曾一度产生过良好的积极效果。

② 义仓又称义廪。隋朝开创的仓储制度民办粮仓的一种，官督绅办，储

粮备荒。与社仓同属民办粮仓，义仓在县一级政府所在地设置仓廪，与社仓比较，社仓普及范围较大，一般在村镇都设有仓。

③ 尊亲死后，服满以前，居住在家，断绝娱乐和交际，以示哀思，称"守孝"。儒家有"三年之孝"，但守母孝实际时间一般为27个月，因为母亲用母乳哺育孩子要27个月，即满三个年头。

④ 科举制度每三年举行乡试、会试，叫正科。遇到皇帝亲试，可别立名册呈奏，特许附试，称为特奏名，一般都能得中，故称"恩科"。恩科始于宋，明、清仍用。清代于寻常例试外，逢朝廷庆典，特别开科考试，也称"恩科"。如果正科与恩科合并举行，则称"恩正并科"。

⑤ 1638年，受岳麓书院经世致用传统学风的影响，王船山与几个志同道合的学友创立了行社，宗旨是崇尚实干，拒绝空谈，关注社会，切于实行；1639年，王船山乡试落第，和管嗣裘、文之勇等人又创立了"匡社"，宗旨是在学术上纠正谬误，在社会上匡扶正义。

倚妻窝龙

【第二章】

入赘之痛

左宗棠自己也没有想到，从湘水校经堂学来经世致用的读书方法，让自己与科举，从此隔了一层膜。这直接造成他"学非所考"，难以高中。

刚参加完乡试那阵，情况已经糟糕透顶：功名一无所获，虚名流传江湖；身上已无分文，脚下无立锥地。

养活自己，居然成了当务之急。左家，到了最危险的时候。

大哥先亡，父母离世，三个姐姐相继出嫁，8口之家，转眼只剩二哥与自己，形单影只。家底已花空，买文凭花掉108两银子，欠下了一笔大债，进京考进士，更需以钱铺路。左家从大户人家，几经摇晃，中落成一个岌岌可危、眼看要断香绝火之家。

如今左宗棠，不但不可以"将泰山作枕头，以东海作龙床"，在朝廷小庙也求不到一块居身地，甚至连在小小湘阴也找不到一个可以藏身的小土茅屋。"胶囊公寓"固然没有，胶囊大的小茅屋，也难得寻，成了名副其实的古代版"蜗居族"。

男大当婚，又碰上要考虑终生大事了。没钱养身，当然更没钱娶老婆。"不孝有三，无后为大"，成家生子，在古代是比考取科名更要紧的事。高傲的左宗棠，不得不低下头来，为生存计，考虑将自己反嫁出去。

先将"蜗居"变成"寄居"再说。

与富家女周诒端结婚，是左宗棠选择"寄居"的方式。

左宗棠跟周诒端到底怎么走到一起的？正史编派，野史演义，真假搅合，流传几个版本。

一个版本，周诒端晚上做了个梦，梦见自己将要嫁给一条龙，于是按梦的指引去找，找到了左宗棠这条卧龙。

这就是隐山当地人至今仍口耳相传的"黄龙盘柱说"。

故事说，1827年的一个雪夜，周衡的正妻王慈云带着两个豆蔻年华的女儿，和侄女们以"雪"为题，吟诗唱和。

夜深了，周诒端带着美妙的诗意入梦。

梦中，她来到隐山龙王洞。突然，一道白光闪来，一条小黄龙从天而降。小黄龙飞过白云庵，掠过莲花池、洗笔池，直奔流叶桥。小黄龙看见一个小水池。池边火光闪烁，池中水气蒸腾，旁边立了一石碑，上面写着："化龙池"。小黄龙非常生气，骂道："吾本真龙，何化之有？！"翻身入水，顺流而下，直抵龙王桥。龙王桥水深浪阔，小黄龙大喜："此吾所爱也！"栖居下来。

偏巧龙王桥下住着"雷神"，它见小黄龙到此，马上报告大龙王，大龙王恼怒，派了一只神犬来驱逐。小黄龙一个翻身，飞到桥旁桂在堂周府的伞柱之上。周诒端猛然一惊，醒来才知是梦。

第二天，桂在堂家丁起来开大门，发现一个十五六岁的小乞丐，因躲狗咬，爬上了伞柱。好心的家丁将他领进屋，得知小青年姓左名宗棠，湘阴人氏。

这故事说得过于神奇，有唐代传奇味道，听起来像文人事后编的。中国民间有个习惯，一旦某人日后飞黄腾达，后人一定会想方设法给他编故事，总得高出自己一头，心里才踏实。

有点靠谱的版本说，1831年春天，左宗棠在长沙城南学院就读，乡试投考前不久，好友罗泽南、丁叙忠、邓显鹤，跑来告诉他一个消息：湘潭有一周姓大户，现正为周小姐"比诗招亲"。大家齐力劝他：左季高才高八斗，实力雄厚，你不去应擂谁去？好友欧阳兆熊、张声玠也来极力鼓动，左宗棠一冲动，去了。

周母王慈云当时是湖南知名的女诗人，她亲自出题把关，双方开展一场对联擂台。王慈云出联：胸藏万卷圣贤书，希圣也，希贤也。左宗棠答：手执两杯文武酒，饮文乎，饮武乎。王慈云一听很对味，又出上联：鸿是江边鸟。左宗棠应声对：蚕为天下虫。王慈云见他口气很大，再出上联试探：凤凰遍体文章。左宗棠从容对道：螃蟹一身甲胄。

两人对答，你来我往，机锋暗藏。周诒端一直在另室偷偷观看。她自己写得一手好诗，用今天眼光，算骨灰级文艺女青年，鉴赏能力高。见左宗棠才华横溢，对答如流，春心顿动，婚事就这么定下来了。

周家在湘潭隐山东麓的紫山，三进五开，占地近一万平方米，盖了一所大院，取名"桂在堂"①。周家是名副其实的大户人家，家道厚实，方圆百里内千里挑一。但世间好事难得圆满，堂主周衡在40岁前，生了两个女儿，没男孩。没生男孩叫绝后，这可犯了"第一大不孝"之罪。按这个版本的说法，为了撑起门第，挽回门面，周衡想通过招女婿倒插门方式，来挽救家族断后的事实。

设擂招婿，比文招亲，既找到由头，又显出了本事，将倒插门的尴尬，轻松掩盖了，明眼人可以看出，有文过饰非的痕迹。

最靠谱的版本，是周衡跟左观澜曾在岳麓书院同过窗，周衡当年提过亲，左观澜口头答应过，有伏笔，现在是兑现诺言。但这也有个问题：左观澜虽然生有三子，但家境还过得去，难道一开始就想让左宗棠倒插门②？那也太没面子。

推断起来，最贴近逻辑的事实，应该是左观澜与周衡先前只是定亲，最初说好是左宗棠娶周小姐，没想到左宗棠没钱娶不起老婆，只好改成倒插门。③

最终确定倒插门，还有关键的一点：凭什么？古人谈婚论嫁，格外讲究门当户对。周家在当地是名门望族，祖父辈曾当过户部左侍郎，相当于今天的财政部副部长。左家呢，祖辈出的多是些秀才，基本谈不上显赫。女家强于男家，门不当，户不对，男方入赘，顺理成章。

湘潭桂在堂布局结构图　　　　　　　　　　（刘德钦供图）

周诒端本人条件，也是个原因。史书记述，她"容貌端庄，聪慧贤淑"，属于"皇帝的女儿不愁嫁"型。因为自身条件好，家庭背景高，她不肯随便嫁人，挑来选去，不觉已过二十。古代女子出嫁，一般在13岁到18岁，20岁已经算大龄女青年。用今天话说，叫"剩女"。诗人生性敏感，何况"剩女"。顾及体面，她接受了倒插门。④

可想而知，反嫁周家，对左宗棠来说，是件十分不光彩的事。但却是一个实实在在将他从困境中解脱出来的好事。

今天再看，两家还真是鱼水互需，天作之合。

左家正处于急剧衰落中，周家正处在蓬勃兴旺时。打个形象的比方，左家已干渴成一口小水塘，而且眼看就要蒸发完了，左宗棠这条卧龙，卧在那里，已经被晒得气息奄奄。周家呢，后花园有一个被闲置的大清湖，以卧龙自居的左宗棠，如及时从小水塘爬进大清湖，湖水虽然不能多到让龙腾挪自如，乘云驾雾，但至少让他免却了生存危机，不至于活活被暴晒成"干龙条"。

选择从来有利有弊，倒插门触及自尊。这对左宗棠的内心历练，还真不小。倔强的牛脾气，在逐渐强化。他出山后的自我意识、独立意识、自尊心都十分强，跟这段屈辱经历，也不无关系。

左宗棠从湘阴移居湘潭，与周诒端之间，到底有没有真感情？

古人没有自由恋爱，都是父母之命、媒妁之言，所以没有"违心"还是"自愿"一说。但就历史记载来看，周诒端的社会评价十分不错，"知书达理，性情贤淑，容貌端庄"。才华在女性中算很高的了，有仪态，气质好。

娶老婆要端庄而不要漂亮，古人信为传统。中国古人有不成文的规定，"娶妻娶德，纳妾纳色"。正妻人品好就可以了，周诒端做左宗棠的正妻，无疑是天赐姻缘，她的才德都很高，姿色平常，符合贤妻良母标准。

文艺女青年周诒端成长于"诗人窝"：母亲王慈云，姊妹及堂姊妹，慈云老人的孙女、侄孙女、外孙女等13人，个个长于作诗。当年，湖南闺阁流行"家族女诗人群"，郭家瓦屋的"郭氏女诗人群"排第一，桂在堂就是湖南第二大女诗人群。⑤

从小饱读诗书，知书达礼，周诒端具备好妻子的要素：母性、慈爱、包容、体谅。她的这些性格，对左宗棠事业，有着难以估量的积极作用。

有了好妻子，左宗棠也就有了精神支柱。婚后，他一面忙考试，一面要去渌江书院教书。周诒端担心丈夫一个人时寂寞，就悄悄给他做了一个枕头，绣的是《渔村夕照图》，上面她自写了一首七绝：

小网轻舠（dāo，小船）系绿烟，潇湘暮景个中传。

君如乡梦依稀候，应喜家山在眼前。

"应喜家山在眼前"，就是暗示左宗棠，湘潭这里就是他的家，醴陵渌江书院也是他的家，不要有寄人篱下的感觉。她这么细腻地处理情感，借这个温馨的小枕，给左宗棠以温柔的提醒，伴着他夜夜安眠，可以想见，左宗棠也在夫人寄寓的诗情画意中，消解掉一天接一天的失意、困顿和疲惫。

婚后接连生了三个女儿，周诒端感到愧疚，便主动提出要左宗棠纳自己的丫环张茹做小老婆。左宗棠有点难为情，拒绝了。周诒端便找来父亲游说，让左宗棠答应下来。张茹很争气，在柳庄接连生出三个儿子，最后还生下一个女儿。当然，这是后话。

与左宗棠同时倒插门的，还有落魄书生张声玠（jiè，大圭，古代一种礼器）。他娶了周诒端的妹妹周诒蘩（fán，白蒿）。张声玠是左宗棠在京参加第二次会试时同时落榜的难兄难弟。两人同病相怜，左宗棠跟他谈得来，就给张声玠做了这个媒，将姨妹介绍给他。

在没有成为英雄的时候，每个人首先都是一普通人。英雄在作为普通人时不自我沉沦，要经住琐碎的世俗考验。

寻常百姓人家，日常生活内容，多攀比谁家多子多福。周诒蘩很给力，一口气给张声玠生下三个儿子，而周诒端其时刚好接连生了两个女儿。没有儿子意味着断子绝孙，香火熄灭，既是罪过，也低人一头。这种比较，让好强的左宗棠很没面子，风言风语灌得他难受。人家招你左宗棠来倒插门，可是为了传宗接代的。你怎么可以占着位置，给人来个断子绝孙？

给张声玠做介绍，将他介上去了，将自己给介下来了，左宗棠自己给自己找气受。当然，后来情况发生了逆转，张声玠虽然做了县令，但晚景非常凄惨，儿子病的病，死的死，唯一长到19岁的儿子，托付给左宗棠照顾，最后还是自杀了，张声玠从此绝后。附带述及。

此时，对左宗棠来说，无后为大的阴影，时刻盘旋头顶。但烦恼远不止这个。一个大老爷们，倒插门将自己嫁掉，在古代湖南乡间，是大失体面的事。因此，左宗棠常听到各种流言碎语。

村人羡慕嫉妒恨者有之，为了嘲笑他，编出了一个顺口溜：

桂在堂，讨个郎，呷掉一仓谷，睡烂一张床。

这是讽刺左宗棠无能无用，好吃懒做。这些闲言碎语，还是对左宗棠产生了不可磨灭的心理刺激。他想起来就感到羞耻，自述"余居妇家，耻不能自食"。

自卑感萦绕心怀，难以排遣，29岁那年，他自题小像，这样自嘲：

九年寄春住湘潭，庑（wǔ，走廊）下栖迟赘客残。

他将这9年来的生活，当成寄人篱下，而且自称"赘客"。这首诗是对倒插门生活真实体味后的一种交代。对左宗棠这样一个抱负远大，心气高傲，才华高超，又狼狈之极的人，当时的遭遇，可用一句古话："龙入浅滩遭虾戏"。

人会随机应变，到什么山唱什么歌，进什么水做什么龙。不能做卧龙，那就做蜗龙。但蜗龙并不好做，这不单是"蜗居之龙"，更是"窝囊之龙"。

"穷困潦倒之时，不被人欺；飞黄腾达之日，不被人嫉"，左宗棠用这个标准要求自己，此时的他，在努力争取做到前面一句。

左宗棠还不奋起，各种压力再迎头盖来，会让他活不下去。要知道，中国民间社会，群体意识超强，攀比意识超重，自发构造了一个公平法则：每个人最后能得到的，必然是你凭自己的能力，通过努力付出换来的。舆论就是个江湖。江湖规矩，欠下的，总是要还的。

但左宗棠这样有长远眼光的人，不可能被生活中的小烦恼困死。

第一次科举考试失败后，他不去关注考试成绩，反倒忧虑国家天下事，写下《燕台杂感》诗八首，惋叹"报国空惭书剑在"，"谁将儒术策治安"。

21岁这年，左宗棠继续在经世致用的求学路上奔忙。会试考完，他自述说，"春榜既放，点检南归"，从北京返回湖南的路上，沿路专门考察了各地的"时务"，惊讶地发现，"睹时务之艰棘，莫如荒政及盐、漕、河诸务。"左宗棠第一次萌发了花上十多年时间专门去调查研究这些事情的想法。他写信给朋友说："将求其书与其掌故讲明而切究之，求副国家养士之意，与吾夫子期许之殷，十余年外，或者稍有所得乎？"

26岁这年，左宗棠宣布彻底放弃科考，终于可以放开手脚来实现21岁时的想法。从此他自号"湘上农人"，打算潜心下来，做真学问。

这种自觉潜身民间的做法，有点像隐士。诸葛亮出山前就做过这种隐士。但他现在比不上他向往的"南阳农人"诸葛亮。诸葛亮当年隐居南阳，亲手种田，苟全性命于乱世，从隐士到"显士"，一气呵成。26岁起，开始手握重兵，随即闻达于诸侯，一手实现"三分天下有其一"的大梦，从卧龙摇身一跃变成飞龙。

左宗棠这条卧龙，26岁前醉心科考。

但左宗棠21岁走出洞庭湖，从北京到湖南，路见大半个中国，已经是见过大世面的人，他知道中国除了湖南，还有一片很宽广很宽广的天地。他的精神，一直游走在中国天地。

左宗棠因为做了科考路上的叛逆，导致人生开头不顺，跌入低谷，但他是一个执着的人，是始终心存大梦的读书人。他很清醒地知道，湘潭周家，既不是温柔富贵乡，也不是落魄流浪地，而是人生路上的加油站、中转地。

在这个加油站、中转地，左宗棠呆得有点长。

从1832年到1843年，从21岁到31岁。

倒插门12年，除了居家过日子，他到底还做了些什么？

无用之学

从湘阴到湘潭，12年的寄居生活，左宗棠主要做了三件事：一是应湖南巡抚吴荣光的邀请，去醴陵县的渌江书院主持教学；二是埋头潜心研究科学种田方法，作《广区田图说》；三是继续研究舆地学，自己在家里绘制中国地图。

今天看这三件事，教书的事情，读书人多会做，只有教得好与坏的分别，可以略过。但科学种田与自绘地图，就让人感到意外。

尤其是左宗棠科学种田的故事，以及自绘地图的经历，他的方法与精神，

渌江书院正门 　　　　　　　　　　　　（醴陵市文物局袁婉玲供图）

对今天的我们，却很有启发性。

左宗棠研究种田时，首先一点，不迷信古人，只相信实践。他认真又细心，细致到亲自计算每亩田的总穗数，怀疑前人"稀禾结大谷"的说法，施行密植。为此他还与帮他做事的长工姜志美吵了起来，逼着姜志美改掉老规矩，按自己的新办法来做。后来他将种田的经验总结出来，专门写了本《朴存阁农书》。

他自绘地图的方式也很特别：先制作一张皇舆图，纵横各为九尺。图上画成方格，假定每格纵横各为一百里，并用五种颜色来区分各地主产的农作物。根据这张总图，再来制作各省分图，各省又分析为府，都做了说明。古为重险现为散地，从前的边陲现在变成腹地的疆域沿革，这些变化，他都逐一阐述出来，由此再上溯明、元、宋、唐……严谨而专业。夫妻俩花上整整一年时间，不分昼夜地努力，全新的"皇舆图"终于画成。⑥

他画地图时，夫人就在边上端茶、摇扇、磨墨，他画好初稿，夫人就帮助他影绘、誊清。左宗棠后来给二哥左宗植写信，生动再现了当时场景："日来已着手画稿，每一稿成，则弟妇（指周诒端）为影绘之。遇有未审，则共取架上书翻查之，十得八九，其助我殊不浅也。"两人忙碌成一团。这对神秘的夫妻，这种执着的态度，这个专业的精神，这样怪异的举动，在当时的中国，绝无仅有。

一个落榜举人，会试考生，放着"四书"、"五经"不读，八股不作，却研究起种田，已完全违背孔门教条。儒家规定，读书人只能研究仁、礼等意识形态问题，关心社会与天下怎么治理，而具体的农业问题，劈柴放马，粮食和蔬菜，不能研究。孔子的学生樊须向他请教这些问题，被孔子破口大骂："小人哉，樊须也！"

庆幸左宗棠没有全信孔子的。

左宗棠研究农业与地理，当时看来，确实都是无用之学。

他当时花费大量时间，耗费掉全部心血来研究的这些东西，不但看不到前景，也找不到任何出路。一味只知道相信他的夫人，居然也帮着一起钻了进去，无怨无悔。这跟牛顿、爱迪生搞科学研究差不多，废寝忘食，将手表当鸡蛋煮来吃。

渌江书院山长室　　　　　　　　　　　　（醴陵市文物局袁婉玲供图）

左宗棠研究的学问，在当时确实无用。但问题是，无用之学，就一定没有用吗？

这就是经世致用读书方法玄妙的地方。

左宗棠所接受的文化，儒家是用，道家是体；儒家为表，道家是根。道家是鼓吹无为的。道家思想认为，无为者无用，此其一；其次，无用者大用；其三，以其无为，故无不为。老子充分论证过。这一思想的集大成者庄子，在《逍遥游》里以"宋国人善于制造不龟裂手的药物"的故事作比方，说出了这个道理：看似小用、无用的东西，其实都有大用。这是道家证明"无用者大用"最生动的一个事例。庄子还例证说，椿树有什么用？没有。当有用的树都被砍了，无用的椿树活着，醒悟过来就明白，无用可以保证生命安全，这才是大用。

有用与无用，会相互转化。

左宗棠在落榜后这些怪异而无用的研究，对"科考取官"确实没有一点帮助。但不等于永远没有用处。如果将历史镜头快速推后，我们会发现：三十年后，正是左宗棠当年这些看似毫无用处的研究，决定了中国边防的命运。

左宗棠后来在陕西、甘肃、新疆带兵打仗，所有的军粮在当地如何解决的学问，都是他年轻时闲在农村种田摸索出来的。而他对中国新疆版图、地理了如指掌，又完全得益于他早年在家里自绘地图的记忆。他的地图知识，不但超过国内其他先进的记载，一旦派上用场，连精通的俄罗斯人也难以望其项背。这些需要数十年的积累，不是靠临阵磨枪、临时抱佛脚可以得来的。

无心插柳柳成荫。左宗棠此时没想过这些有什么用，闲散中读来格外专心，几乎是全神贯注。这种非功利的读书方法，事实决定了他日后的事功。

左宗棠自己怎么看这种学问方法？1865年，身为闽浙总督的左宗棠给大儿子信中说："古人经济学问，都在萧闲寂寞中练习出来。积之既久，一旦事权到手，随时举而措之，有一二桩大节目事办得妥当，便足名世。"

闲得无聊时漫无目的地专心看书，看得多了，时间长了，积累厚了，就有了真学问，一旦要用到，可以派上大用场。这印证了他在湘水校经堂看杂书与闲书的收获。

这12年，左宗棠过得不错。一方面，他有充裕的时间，充足的金钱，去参加科考。同时，他有更优裕的闲暇，扎实地钻研那些真正的学问。至于考不考得上，他可以在意，但也有底气宣布弃考。如果说有过程中第一个要感激的人，自然是夫人周诒端。

文艺女青年周诒端很懂得相夫的技巧：对左宗棠的科考取官执支持态度，对他的处世做法取信任态度。一则小故事：1833年左宗棠进京参加会试，她拿出自己陪嫁的一百多两银子给他作路费。然而，左宗棠无故突生波折，他将银子全部拿去赞助给自己一个家里穷得揭不开锅的大姐。周诒端知道后，没有按常理发脾气，反而积极想办法，再从自家亲戚那里借来一百多两银子，资助左宗棠与兄长左宗植北上赶考。⑦

周诒端不仅仅在经济上支撑了左宗棠，还给左宗棠打下手，秘书、助理、妻子角色一肩挑。

生活上，她也时刻对左宗棠有格外细致的关照。婚后第二年，周诒端为照顾左宗棠的感受，专门从桂在堂里分居"西屋"，等于另外开一个小家庭，目的是让左宗棠不再生出无"家"之感。左宗棠总算有了自己的栖身之窝，失落中也有点兴奋。"身无半亩，心忧天下；读破万卷，神交古人"对联，也正是在这时作出。他认真写了出来，张贴在"西屋"书斋壁上，以示心志。

对左宗棠影响最深，也让他反省看清楚自己，进而自我反思的，还是夫人周诒端。左宗棠自述说，我以前的老师蔗农（贺熙龄）告诫我，说我"气质粗驳，失之矜傲"。跟你在一起，我自己也发现了，正努力在改。我的病根是性情"乖戾"，救治的方法是"涵养须用敬"，现在我每天都在下定决心，痛改前非，"先从寡言、养静二条做起"，期待自己性格气质能有所变化。⑧

性情刚烈得像左宗棠这样的男人，愿意为周诒端去改变自己，这是女人行不言之教的最大成功。年轻时左宗棠心气高傲，脾气火爆，情绪难免大起大落。如果不遇到这么一位慈爱、包容、体谅的女子，他可能会激进得疯狂，进而自暴自弃。但妻子总像他的知己，很懂得怎么去化解他心中的郁闷，给他前进的动力。

左宗棠绝望时，她会作诗鼓励："书生报国心常在，未应渔樵了此生"。老公你是一个有天下大抱负的人，你不会一辈子就只干打渔砍柴的农活，机会还

左宗棠手书："身无半亩，心忧天下；读破万卷，神交古人。"

没到来而已，你将来一定会成为伟大的统帅。身边有这样的知心爱人鼓励，他的精神压力、思想负担就化解了。内心再刚强，信念再执着的男人，碰到巨大的人生挫折，都会有绝望的时候。如果妻子不但毫不埋怨、泄气，反给他支持、打气，男人还有什么理由说放弃，有什么理由不一心奋进呢？

在湘潭的漫长岁月里，左宗棠因坚持经世致用，放弃八股学习，直接导致会试三次落榜，虽然依旧自信，仍不免偶尔会嗟叹岁月蹉跎。周诒端不但没有埋怨，反而作诗来慰勉他："清时贤俊无遗逸，此日溪山好退藏。树艺养蚕皆远略，由来王道重农桑。"左宗棠读后，深受启发，坚定了信心，写下"不向科举讨前程"7个字，贴到书案前，正式与科考诀别。

今天看左宗棠在湘潭的12年，一介寒士，身无半亩，而终能取得显赫功名，彪炳史册，固然有时势造英雄、有个人的天分与主观的努力，但与他背后站有一位贤惠的夫人分不开。

周诒端的美好名声不只在后来，事实上早在同代名人间流传开了。胡林翼给左宗棠写信，干脆称周诒端是"闺中圣人"。翻译成今天白话，就是"模范妻子、妇女榜样"。这是左宗棠一生最好的朋友根据事实做出的最恰当的评价，这算得上是那个时代对做妻子的最高评价了。

因为周家的富足，左宗棠解决了生计之忧。因为妻子近乎迷信的信任与支持，左宗棠沉迷于"无用之学"，在经世致用的叛逆道路上走得更远了。

未来的路还长着呢。家庭幸福的男人，只是一个好宅男，还不算伟丈夫。左宗棠当然知道，湘潭不是温柔富贵乡，"齐家"是做男人的起点，男人应该还有更高的追求，去实现大梦。

老婆孩子热被窝的生活，只是让"蜗龙"无家庭后顾之忧，他要自强不息，升级为卧龙。龙的宿命是游，是飞，而不是蜗。

这时的左宗棠，窝在湘潭，还没有找到龙的出湖口。

他如何先腾出一生中关键的第一步？

注：

①　桂在堂，早年叫亭子屋场，建年待考。"I"形结构。居中三栋，是八卦中的首卦——乾卦。左右两侧各有一栋横屋相抱，横屋结构与正屋相似，为东楼与西楼，三者连为一体，有分有连。前栋大门居厅中，厅屋两边为门房，左门房旁边为厢房，右门房旁边为厨房。前栋后有一甬墀，甬墀内一边一棵桂花树，每年农历八月，香飘全院。有甬道入中栋，"桂在堂"镏金大字横匾高悬于中栋大门之上。中栋鼓壁大门前后对开，厅两边分别为放置器物的八方屋，开的八角门。再两边为厢房。中栋栋梁下藏有历书。后栋正中为厅屋，厅屋两边各有两间厢房。全院有天井48座，均按八卦图形排列，两边横屋亦有甬墀、甬道和天井。宅前有池，池前有坪，入坪有墙，墙开三槽门。中槽门入正厅，左右槽门入左右横屋。这座大型古建筑，曲折逶迤，横竖交错，难辨方向，生人入内，必须有人引导。一块钦赐之青石碑刻，碑文曰："皇清荣禄大夫、内阁学士兼礼部侍郎周公干岩府君之神道。"清代时，凡来桂在堂的文官武将，见此石碑，都要落轿或下马叩拜。

②　倒插门在古时称"入赘"。《汉书·贾谊传》有"家贫子壮则出赘"一说，明确告诉我们，倒插门是中国古代穷苦人家孩子的一种不得已的出路。根据古代规矩，男的入赘女家，多要改为女姓，生子生女也随女姓。左宗棠子女虽然仍随父姓，但他寄人篱下感很强烈，自称"身无半亩"，可见他自始至终没有将岳父的家产看作有自己的一份，他除了知识，真正一无所有。

③　左宗棠在给妻子周诒端撰写的墓志铭上有两段话可以印证：一、"夫人湘潭周氏，名诒端，字筠心，年十九，令兄中书君以赠光禄公遗命，聘为余室，盖议婚有年矣。"二、"道光十二年八月（1832年农历八月），余以贫故，赘于周，与夫齐年生，至是皆二十一岁（虚岁）"。

④　倒插门典故，源于农村习俗。古代的门，旁边都有个插栓的孔，用来锁门。现在倒过来，外面人来开，这是一件会被人笑的事，笑做门的师傅技术太差。暗喻男方入住女方家里，自己不行惹人笑话。

⑤　周家是书香门第，世宦人家，是明朝时方上（桥）"湘潭六周"之一的周之命后裔，几百年来延续了诗书传家的传统。1948年由湘潭正山印务馆刊、

长沙绥靖公署主任兼湖南省主席程潜题字《方上（桥）周氏诗词集》里，就刊有13人的诗作近400首，足见一斑。

⑥　地图具体画法，见《左宗棠家书·与左宗植书》。左宗棠自述："近颇用力于方舆家言，以为欲知往古形似，当先据目前可据之图籍，先成一图，然后辨今之某地，即先朝之某地，又溯而上之以至经史言地之始。亦犹历家推步之法，必先取近年节令气候逆而数之，乃为有据，故千岁之日至，可坐而定也。欲知方位之实，当先知道里之数；欲知道里之数，当先审水道经由之乡。凡夫行旅典程之记，村驿关口之名，山冈起伏之迹，参伍错综以审之，直曲围径以准之，以志绳史，以史印志，其失实也寡矣。现拟先作皇舆一图，计程画方，方以百里，别以五色，色以五物，纵横九尺。俟其成，分图各省，又析为府，各为之说，再由明而元而宋，上至《禹贡》九州，以此图为之本，以诸史为之证，或可一洗牵凿附会之失。"

周诒端协助一事，见左宗棠第三个儿子左孝同《先考事略》："周氏有新楼，公止其上，详阅方舆书，手画其图，易稿则先妣为影绘之，历岁乃成。"1838年，又抄录了《畿辅通志》《西域图志》和各省通志，"于山川关隘、驿道远近，分门记录，为数十巨册。"

⑦　事见左宗棠第三个儿子左孝同《先考事略》："时贫乏不能与计，偕先妣出奁百余金助装。会姑母朱孺人贫不能举火，府君即悉举以赠。""亲党有赆（读jìn，临别时赠送给远行人的路费、礼物）者得百金，与仲父（左宗植）启行北上。"

⑧　见《左宗棠家书·与周人丁酉》，原话是：蔗农师尝戒吾：气质粗驳，失之矜傲。近来熟玩朱儒书，颇思力为克治，然而习染既深，消融不易，既或稍有觉察，而随觉随忘，依然乖戾，此吾病根之最大者，夫人知之深矣。比始觉先儒"涵养须用敬"五字，真是对症之药。现已痛自刻责，誓改前非，先从寡言、养静二条做起，实下工夫，强勉用力，或可望气质之少有变化耳。

天降机遇 【第三章】

闻联识人

1836年，24岁的举人左宗棠应湖南巡抚吴荣光的邀请，来到今天的湖南醴陵，担任渌江书院山长。[①]

不能做官，便去教书。

现在，他一介书生，手无寸权，无法直接去改变国家，那么就先来改变学生。

左宗棠经历后已经懂得，科考取官对芸芸学子大部分都很遥远，而湘水校经堂的经验又让他明白，传统的经史子集不是培养人才的唯一出路。当下中国的乡村社会，最缺的不是会背诵、善空谈的书生，而是能实干、懂科学的建设性人才。

渌江书院有住读生60多个，算是英才荟萃，他们之前朗朗的背诵声，让左宗棠闻出了"寻章摘句"的酸腐味。左宗棠现在来做山长，首先对教学内容进行了大刀阔斧的改革：大量删减四书五经中大而无当的说教，新增自己原创的舆地、兵法和农经等课程。为了避免所学与所用脱节，他还带领学生走出书斋，在田间山林亲身体验。

他将自己22岁作出的"身无半亩，心忧天下；读破万卷，神交古人"写成对联，挂在书院内，作为校训。

古陋的渌江学风，被左宗棠几下点化，学风为之一新，初露"经世致用"、"内圣外王"的锋芒。②

学生们对生动可感的实践教学都很感兴趣，左宗棠自己也十分满意。夜深时分，他在学校写信给远在湘潭的妻子分享：近来学生个个在好好学习、努力向上，并不怨我管得太苛刻。古代读书人有句"制外所以养中，养中始能制外"，我就是用这句话来要求学生的，自己也"时时省察，不敢怠肆"，很有一番教学相长的乐趣。

但左宗棠的梦想，不是当个好山长，而是做"今亮"。

诸葛亮26岁前避战祸而隐，卧居南阳茅庐，自吟自唱："大梦谁先觉？平生我自知。草堂春睡足，窗外日迟迟。"说得委婉含蓄、内里自信满满。

左宗棠没有诸葛亮那样贵族气熏染出来的优裕与自如。

主要是他没有诸葛亮那样过硬的社会关系。中国传统社会，培育出来的本质上是一种"关系文化"。一个人的社会关系，很大程度上左右了一个人的命运。诸葛亮早年通过岳父黄承彦，在刘表的荆州士族圈里，构造了一个显赫的社会关系网。左宗棠的岳父周衡顶多是个有钱的地主，也就是土财主，无社会关系可仰仗。

依然功名心切的左宗棠，草根一个，朝中无人，如何靠自己单打独斗，依靠真本事出人头地？在宗法的姻亲关系社会，在关系远远重要于本事的社会，实现梦想比在当时坐上飞机还难。尤其当他没有得到科举考试认证，却又痴迷于建功立业，比坐天官一号梦想登月计划更难实现了。

这段时期，左宗棠内心有着强烈的焦虑。一方面，他还在痴迷梦想一夜之间金榜题名，另一方面，他又不得不接受屡考屡败的现实。

但左宗棠一生巧就巧在，事情坏到头，好事也就快来了。

机遇像启明星一样，开始来召唤他。

1837年的秋天，左山长一边教书，一边准备明年第三次会试。

这天，醴陵县令张世法突然登门来拜访他，说一个大官马上要到醴陵来了，令他作几副对联，表祝贺。

左宗棠问：那你告诉我是谁。张世法说，两江总督陶澍（shù，及时雨）。

左宗棠心气高，不会见人就贺，本想了解一下来者何人。他听说是陶澍，眼睛都发直了，开阔的脸膛瞬间激动得通红，满口答应下来！

陶澍到底何方神圣，能让左宗棠如此紧张、兴奋？陶澍是湖南有史以来第一个通过科举考试做上总督的高官。他少年天才，文章名于世，权力盛于时。对当时的湖南人，尤其对了解他身世与文章的读书人来说，陶澍就是学习的榜样，是偶像级的带头大哥。

一个管理着今天江西、江苏、安徽三省地盘的湖南籍封疆大吏[③]，突然衣锦还乡，来到一个小举人的地盘，而这个小举人对这个封疆大吏仰慕已久，钦佩有加，那会带来怎样一种激动与心荡？

仿佛在寻找一个隔年的知音，一个能与自己对话，给自己指点的神人，左宗棠马上面对，不免紧张。古代读书人做美梦，不就渴望能遇见高人么？

张世法作为官僚，正按照官场逻辑，紧锣密鼓准备山珍野味：武昌鱼、君山龟、资江虾、安化笋、醴陵藕、衡州莲、九嶷菇，等等，四处搜来了。为了让陶澍吃到正宗的家乡菜，他特地派人从安化找来烟熏麂肉、云雾芽茶；为了让陶澍喝到正宗的家乡水，他派人专去安化，在陶澍出生地安化小淹石磅溪，打来了清冽的山泉水。

古代森严的官场等级，溜须拍马的讨好伎俩，在此显露无遗。当然，这种接待与以往不同，除了按官僚套路办事，确实还带有乡情。张世法相当于干了今天"两江省驻湖南株洲接待办主任"的事。面子功夫做得越足，陶澍衣锦还乡感越强。

左宗棠这边，激动过后，诗兴、灵感，也如涌泉。他挥笔而就，写下两副对联，交给了张世法。

耐心等到陶澍到来，左宗棠才头一次见识到，什么叫大官，什么叫权力。进县城门的路上，鸣锣的鸣锣，吆喝的吆喝，不是"肃静"，就是"回避"。下轿后去下榻处，县令张世法侧身陪同，负责介绍，陶澍一路走，一路谈，一路

左宗棠与陶澍在渌江书院彻夜长谈 （醴陵市文物局袁婉玲供图）

看。沿路对联像今天楼盘封顶挂的彩球，琳琅满目，热闹地俗气着，像"热烈祝贺"、"热烈欢迎"之类内容空洞、姿态媚俗的广告词。作为读书人，不管好不好，他都会细看，有时略微点了点头，又不经意间摇了摇头。

但走进大厅后，右壁前，一副字体刚劲、雄健，气势豪迈、从容的对联，瞬间锁定了他的眼睛。他先看了一遍，再读，不禁念出声来：

春殿语从容，廿载家山印心石在；

大江流日夜，八州子弟翘首公归。

谁写的？陶澍有点疑惑，忍不住叫了一声：好！有点激动起来。他没有想到，在醴陵偏僻小地方，居然有这等人才，能写出这么绝妙的对联！侧头问张世法：作者是谁？答渌江书院山长左宗棠。陶澍眼前一亮，哦了一声，马上通知张世法：快请左先生来见面。

故事到这里，有两个说法：一说左宗棠刚直、高傲，拒绝来见，是陶澍主动屈尊，去渌江书院见左宗棠；一说左宗棠当即前来。真实的情况是，左宗棠接到邀请，立即赶来了。左宗棠自己后来回忆，"乃蒙激赏，询访姓名，敦迫延见"。"敦迫"就是催逼、催促，"延见"有两个含义，一是召见，二是引见，合起来就是县令催促左宗棠快快跑过去拜见。陶澍其时文名动中国，左宗棠见他，至少像见文化名人。

总之是见面了。两人一见面，陶澍一眼就认定，左宗棠是天下少有的奇才。《左宗棠年谱》的记载是，"目为奇才，纵论古今，至于达旦，竟订忘年之交。"陶澍还留左宗棠跟自己住谈了一晚。

两人相见恨晚，陶澍回乡计划打乱了。他特地推迟一天回安化，第二天专门约左宗棠一起游醴陵。

这是一段过于奇特的遭遇。1779年出生的陶澍，这时已经58岁高龄；而左宗棠呢，不过25岁的毛头小伙子。两个人不但年纪相差33岁，社会地位上，也很悬殊：一个是大总督，一个是小举人。

左宗棠确实激动得不行。他跟周诒端后来说起，称陶澍是中国第一大官，谦虚礼让竟然到了这种地步，我不知道自己何德何能，这事想起来就感到十分惭愧啊。（"督部勋望为近日疆臣第一，而虚心下士至于如此，尤有古大臣之风度，惟吾诚不知何以得此，殊自愧耳！"）

我们难免会纳闷，陶澍这是怎么了？凭一副对联，靠一次见面，就对小青年左宗棠如此推崇、肯定？还打破世俗传统，结为朋友。背后难道有什么别的原委？

说来就话长了。

首先是对联背后的故事。左宗棠这副对联，虽是灵感之作，但实在是神来之笔。他将陶澍一生精华，概括得差不多了。

1835年，陶澍做两江总督兼两淮盐政，开始了为官生涯中大刀阔斧的第一次改革，在两淮取消"纲盐法"，推行"票盐法"。用今天话说，就是打破国家对食盐的垄断，将价格推向市场，获得了空前的成功。陶澍改革大获成功，道光皇帝格外赏识，在养心殿西暖阁高调召见了他。

道光皇帝这次可能过于高兴，就国家大事对话完毕，意外跟陶澍聊起家常。他问到陶澍老家安化有什么特色？陶澍说起一个奇观：在资江流经家乡石门潭的地方，水中凸起一块巨大的方正石头，因形状像一方官印，取名"印心石"，他小时候跟父亲在江边读书，建了一间书屋，就叫"印心石屋"。

湖南人说话方言都很重，道光皇帝听不太懂，于是再次一字一字地问，陶澍一字一字地比画，道光皇帝终于听明白了：哦，印心石屋，这么写。他又继续饶有兴趣地听陶澍谈那些乡村趣事，沉浸其中，心荡神驰。

让陶澍梦想不到的是，第二天一早，军机大臣潘世恩等四人，捧着六寸长宽的专书"印心石屋"的匾额给他，后面写了"御书赐之"，有道光皇帝的签名，还有两方皇帝专用的印文。

满朝臣子知道后，都羡慕得不行。这可是最高褒奖啊！

好事还没完。

过了一段时间，道光皇帝又召见他，专门问起：我给你写的"印心石屋"匾额收到了吗？陶澍赶紧叩谢，一高兴，又跟道光皇帝聊起天来，历数史上那些皇帝给大臣题匾的故事，后世全成了佳话。道光皇帝更加开心了，自己给陶澍题字，现在还只是新闻，将来也要成为历史佳话。他开心了，再问：我题的字，你准备挂到哪里？

陶澍说，准备刻在石上。再问：石门何人所建？答：天生的，非人力可为，有七八丈高。

道光皇帝一听，说：我上次写的太小了，那么大的石壁，要配大字，我另外再给你写幅大字，我大字比小字写得好。

陶澍一听，激动得不行。哪里有皇帝两次给臣子题字，而且还是他主动提出来的？

第二天，陶澍就收到了新题字。幅长九尺多，每个字高宽各在一尺六寸左右。他赶紧收好，不久就刻在家乡的印心石上。随后岳麓山、庐山、金陵等10多处地方，都刊刻上了。

自己两年前人生最得意的大事，居然传到家乡省偏远的醴陵县来了，自然高兴得来不及。陶澍同时想到了，能知道这件事的作者，对自己又如此了解，对时事又如此熟悉，一定是见过大世面的人。关键还是，对联概括得那么好，立意高远，文字大气，气势浩荡，抬人，又不着痕迹。

我们回到对联，就能看出玄机：

"春殿语从容"，有如临其境感，仿佛是现场描画出来的。左宗棠又没看到，却可以凭借想象，活灵活现地赞叹陶澍在道光皇帝面前从容作答，满面春光，如沐春风，这既显得君臣关系亲近，又显得陶澍不亢不卑，春风得意蕴含其中。

"廿载家山印心石在"，陶澍1802年中进士，十年散官，授职编修，后迁御史、给事中。1821年调福建按察使、安徽布政使，1823年授安徽巡抚。离开湖南做官，20多年了，谁帮他记得这么清楚？

印心石本是他个人的自豪，经左宗棠这么一写，成了"家山"的自豪，也就成了所有湖南家乡人的自豪。既像在说事实，也在借事实夸人。

"大江流日夜"，说到了湘江与长江，即湖南与中国。湘江日夜不停地奔流，在出洞庭湖处汇入长江，指陶澍第一个将湖南人带进了全国，也暗指陶澍一生伟业千秋永在，取杜甫名诗"不废江河万古流"之意。

"八州子弟翘首公归"，既是明说现在醴陵代表整个湖南，热切期盼热情欢迎陶澍衣锦还乡、荣归故里，也暗借晋代陶渊明的曾祖父陶侃曾"督八州军事"

的典故④，赞美陶姓远祖光荣的历史。这样将陶澍与陶家的祖先一并都表扬到了，历史纵深感很强，却又不显得突兀。

这么杂的事，这么多用意，简单两句话，要全部融合，高难度。

这副对联妙在，说是夸奖、吹牛拍马吧，又全是事实，看不出奉承痕迹。说是全在道事实、谈历史吧，寄托的情感，却在浩荡奔流，轰隆隐鸣，不可遏止，不像在客观述事。

世界上最难的事情，是评价大活人。对事外人而言，反正两方都完全不知情，全是陌生信息，怎么写都差不多；对被写的人，就完全两样了：你自己怎么样，想要表达成什么样？没有谁比你清楚。自己有时不一定能准确概括出来。别人评价，能说中一半，已经需要超凡功力，算"知人"的高人。能够说得让自己震撼，已近似"天人"。

对高官陶澍来说，左宗棠这副对联，巧就巧在，它像一次最逼真的进士考试，而且是开卷考试，陶澍既出考题，又现场阅卷。这样的考试最靠谱，这种对联，即使想要抄，找不到地方抄，因为现场命题作文，蒙是蒙不过去。考官的水平摆在那里，进门沿路，陶澍看过的劣质对联，还算少吗？

对智慧高超、阅人无数、经事累累的陶澍，不需要更多了，只要凭借这短短26个字，就能够准确地判断，信手写出这样一流对联的人，是个天才。

他再亲眼一见左宗棠这个壮实如牛、满身是劲的青年人，基本就可以判定：这样的人才，只要走对了路，一生会有怎样一个不可限量的前程。而且，他很可能已经在内心里掂量比较了一下，以自己的同龄之事做了比较，感到左宗棠论人比才，在自己之上。爱才是有才能的人的通病，陶澍内心里认定了，高兴是肯定的，只是他不会表现出来。一个经验如此丰富老到的大人物，不会在毛头小伙子前喜怒形于色。

这些，左宗棠自己就不一定知道了。一个25岁的小青年，聪明、有才能是一回事，但人生阅历、生活经验，几乎没有。天分再高，永远不可能代替阅历与经验。他也许只是觉得，遇到大人物了，本能想接近，通过他，带给自己帮助。但他的倔强与叛逆，个性与自尊，让内心里生出一种抵触的情绪，男人得靠本事拼出来，他不想通过任何人扶着自己成功，他只期望有个引路的人。

陶澍看似淡定，其实比他要急。不单因为他预感到身体快撑不住，在世时间不多了，作为湖南在官场上第一个考出去升上官的大人物，他得考虑为湖南留下自己百年后的东西。

从年轻时目睹复杂的官场关系，几十年来逐步经历满清官场争斗，对显规则与潜规则，明权力与隐权力都了然于心的高官大员，他这时有一个梦想，要将湖南一批有才能、有想法、有勇气的青年才俊，带出来，通过让他们抱团的方式，来改变湖南官场两千年来人才全面死寂的萧条状况。

左宗棠无疑是这样的青年才俊。因此，陶澍偶然发现了他，一方面要继续不动声色地考察他；同时，要通过自己的关系网络，一有机会就要适时地提携他，让他尽快地找到用武之地。

这真是一次旷世奇遇，我们或许还有疑惑：陶澍真的就凭一副对联，敢如此全面肯定左宗棠？

事实上，在看到对联之前，陶澍对左宗棠的名字、事迹，已经有了一定的了解。

这一说就有点神了，难道陶澍有专门的情报人员，一直在暗地网罗湖南的年轻士子？

当然不是。

这一切，全因左宗棠一个同龄朋友的推荐。

朋友名叫胡林翼。

识左托孤

清朝官场，流行推荐。同乡、"同年"、同学、亲戚、朋友相互推荐，成为时尚。

明明有科举制度，全国人才全都被考试筛了又筛，朋友再推荐，岂不是画蛇添足？

原因在于科举考八股，选拔上的考生，不一定有办事能力。会背书、善空谈的官员，有几个无所谓，多了国家就头痛。管理国家，事情大，责任重，毕竟需要大批真正有才能、懂实干的人。那些被考试误筛掉的人才，要再被选上来，最好的途径，就是推荐。

推荐最有说服力的是"同年"或同乡。"同年"是指那些考取秀才、举人、进士时名字跟自己写在同一张榜上的人。用今天话说，就是跟自己在同一年同一科"高中"的哥们。官场上最铁的关系是"同年"，科甲出身的官员，一般都有几百个"同年"。

左宗棠与胡林翼，是同乡、校友、朋友。同一年参加进士考试，但左宗棠没中，算不上"同年"。胡林翼推荐，多因他个人特别讲"哥们义气"。

左宗棠的好朋友不多，但铁哥们有。他独立不依，个性鲜明，不仅在清朝官场中十分另类，格外打眼，就是在封建官场两千年中比较，也是特立独行，反感他的人都敬而远之，喜欢他的人才会死心塌地。

一个好汉三个帮，如此孑然立世的人物，离不开朋友支撑。

胡林翼支撑他最铁心、最死心塌地。

胡林翼与左宗棠相同的一点，天分极高。当时湖南人才，论天赋他俩前两名。但就性格而言，他们是两种人。这与他们的家庭出身有关，与他们的成长环境有关。

一个人生在什么样的家庭，长在什么样的环境，基本就定下了他的性格、习惯、偏好，看事情的眼光，做事情的风格。

左宗棠出身贫寒，从祖父起，每代人以耕读为生，都没有什么大成就。曾祖逢圣公只做到了县学生员。⑤祖父左人锦一生也只得了个国子监生头衔，也等于是个秀才，有资格去见县官，但没什么实权。父亲左观澜一生努力，才得了个县学廪（lǐn）生，也就是成绩名列一等的秀才。左观澜起早摸黑，勉强维持一家温饱。

穷人的孩子能吃苦，早当家。毛泽东的家境跟左宗棠差不多，他说"嚼得菜根，百事可做"，感受接近。左宗棠自己形容小时侯的生活，"乾坤忧痛何时毕，忍嘱儿孙咬菜根"。

与"咬菜根"的左宗棠相比，胡林翼生下来就含着"金钥匙"。他家境富饶，有良田数百亩，雇工经常上百人，是真正的大地主家庭。胡林翼祖父以上，都有诗文著作传世，父亲兄弟四人，都是通过科举进入官场，又是书香门第。

　　21岁那年，胡林翼与左宗棠相会在北京。两人年龄同，事情同，但压力不同，气质不同。胡林翼书香世家，以读书为职业，反正是要考的，哪怕考到80岁，只要没中，职业还是考试。所以他一点不急，带足钱在京城花天酒地。

　　左宗棠就不同了，考试需要本钱，他已结婚，要先养家，积足了本钱才能考试。所以1833年，两人同时落榜，一半像书生一半像农民的左宗棠极度失落，花花公子一样的胡林翼根本没当回事：早得很，急什么。他不急左宗棠会急，咬着菜根被含着金钥匙的人邀去一起玩，玩多了胃疼。

　　客观地说，胡林翼是个天才。这样生于富家，既有才气又有浪荡公子哥儿气质的男人，处理社会关系的能力，在各种复杂关系中穿梭自如的灵活性，左宗棠再怎么努力，也学不来了。人天性会追求自己所缺的东西，这样两个人，会本能地相互吸引。两人果然一见如故，一拍即合，一面而定终生之交。

　　但世事往往就这么奇怪，你越不把它当回事，反倒越有那么回事。1836年，24岁的胡林翼，再次上北京参加会试，一笔写下去，中了进士。

　　胡林翼是命运的宠儿，他不但科场得意，情场也得意。嘉庆年间，陶澍以"给事中"（给读jǐ，给事中相当于今天的处级干部）的身份考察川东，经过益阳，偶然发现了7岁的小朋友胡林翼。陶澍看胡林翼小朋友很可爱，手忍不住去摸他脑袋，夸奖几句。没想到小小的林翼非常生气，抗议说：你知不知道，男子的头随便摸不得？！陶澍大为惊讶，觉得小朋友相当有个性，当即相中，收为女婿。⑥18岁那年，胡林翼在桃花江陶氏别墅与陶澍的女儿陶静娟结婚，正式做了陶澍的乘龙快婿。陶澍从娃娃抓起，20年来对他进行系统的教育培养，为他成为名臣打下坚实的基础。

　　胡林翼身上有湖南人鲜明的共性：讲义气，够朋友。跟左宗棠结识后，见识了他的文才，十分佩服。恰好1833年左宗棠在京，一口气写了10多首忧国忧民忧天下的诗，胡林翼都读过。

　　进士虽然没考上，但左宗棠这些诗却在江湖上传开了，圈内人都知道他人牛气，大口气，有才气。1835年，胡林翼带着这些广为流传的江湖诗，第一次向已做两江总督的岳父陶澍推荐左宗棠，"称为奇才"。

　　有了胡林翼这些铺垫，两年后陶澍意外遇见，又亲眼见识了左宗棠的作品，看到了他本人，心目中的判断得到印证。

陶澍认可，对左宗棠意义非同小可：从此他被纳入湖南官场人才梯队。

陶澍培养接班人的方式很特别，依然是前面的"胡林翼模式"——联姻。

但25岁的青年，已不是7岁小孩，陶澍找个什么样的恰当方式，来跟他提？

1838年，26岁的左宗棠在京会试完毕，根据上次见面的约定，绕道去南京两江总督府看望陶澍。

一年不见，再见面陶澍很客气，安排专人招待左宗棠，让他的生活过得安逸又舒服。

但不知是陶澍事情多忘记了，还是他嫌左宗棠年龄太小，反正见面热过后，像再没当回事。一个月，两个月，时间像石上水滴一样漫不经心。左宗棠一直被凉在馆舍里，不被闻，不被问，当空气对待。

左宗棠一天到晚都等着被召见，却不知道什么时候可以去见。时间像千年溶洞里的水滴，不知道还要过多久才会掉下来。那样的干等，多无聊啊。左宗棠心气实在乱了，就偶尔出门透口气。这样，他就结识了陶澍幕府里的一些朋友，其中有个叫陈公銮（luán，铃铛，代指帝王车驾）。

人无聊容易生事，人与人打交道，会发生故事。文人与文人打交道，总会扯上女人的事。野史说，陈公銮约他去玩，常一起游曲院。有天，陈公銮跟一个歌女开玩笑，问如果从良，愿意嫁给谁。歌女看着他们俩，不假思索地说，我愿意嫁给左宗棠。陈公銮大吃一惊，也感到很没面子。他认为自己风度翩翩，而左宗棠怎么看都像个乡巴佬，怎么可以比自己更有女人缘？

但歌女有意，宗棠无情。左宗棠这时正大生陶澍闷气，当然不会有闲心去关心这些。

独自呆等，闲得发狂时，左宗棠忍不住揣测琢磨起来。陶澍为什么不来召见自己？忘记了？应该不是。看不起？有可能。不当回事？不会吧。怎么想都像，又怎么都不像。但肚子里的气，开始鼓胀起来。伤自尊心啊。他内心翻滚着冲动的情绪，情绪慢慢在转化成一股心力，心力又在迅速转化成腿脚上的气力。

管他呢，将行李一打包，负气要回家！

对左宗棠托孤的忘年交、亲家陶澍

仆人见他无故打包，问：为什么？左宗棠说：你要我赖在陶家混饭吃啊？仆人一惊，明白过来，追问：陶大人知道了吗？左宗棠耸了耸鼻子：等我走了，你再跑回去禀报，他不就知道了吗！

左宗棠懒得跟仆人再啰唆，包一扛，气鼓鼓地冲出门，不辞而别。仆人吓了一跳，马上飞跑着去报告。陶澍正在洗脚呢，一听，来不及穿鞋，一只脚穿了袜子，一只脚光着，一路小跑着，追到辕门。因为年事已高，他跑得上气不接下气，总算赶上雄赳赳、气昂昂、一脸怒气冲胸膛的左宗棠。

陶澍喊声：哎呀！赶紧追上，夺过他的包袱，挽住他的手，说：左贤弟怎么走得这么急啊，也不跟我打声招呼！我最近实在杂事太多，没来得及陪你，还请多多见谅了。

左宗棠心中陡然一热。自己本来全是猜测，发的都是无名邪火，道歉来得这么快，他没反应过来。所有的气愤、恼怒、委屈，被陶澍一句话就消掉了。自己的猜疑都错了，还能怎么着？只好老老实实跟着回去。

故事到这里，我们听出一点曹操味。光脚追人，丢下饭碗追人，是曹操常干的事。识人有智，容人有量，用人有术，曹操在三国排第一，而这三点都是成大事的人缺一不可的素质。

陶澍果真是忙吗？不是。看不起人吗？更不是。谁能想到，这是他在不动声色地考察左宗棠：去年在湖南见面，你作一副对联，我是见识了你的文品；这次来南京，我得考考你的人品。

7岁的胡林翼靠摸一次脑袋就能被发现；26岁的左宗棠，考察起来得费些功夫。

陶澍故意冷落，看他的反应。左宗棠以他愤然决绝的态度，让陶澍看出来了，这是一个真人，一个刚直的人，一个顶天立地、敢作敢当的男子汉。

男儿膝下有黄金，陶澍的判断没错。真正自尊而倔强的青年人，是有大出息与大前途的苗子。熟读史书，他知道韩信。韩信布衣时贫而无行，跟着讨饭还被人嫌弃。淮安漂母免费供他吃了10多天。韩信说：我将来一定会重重地报答您。没想到漂母怒骂："大丈夫不能自食，吾哀王孙而进食，岂望报乎？"这声痛骂激发了他的自尊，韩信告别要饭，走上将军之路。

　　汜上老人当年考察张良，用的也是这种激将法。张良是个文人，所以耐住了委屈，帮老人去拣鞋子，天蒙蒙亮来等。陶澍当然明白，左宗棠属于军事统帅性格，怎么受得了这种严重伤害自尊心的事？他会以最果断的方式，表示拒绝、反抗、离开。

　　现在好了，误会烟消云散。陶澍将他追回，又是陪他吃饭，又是陪他说话，热情得不得了，客气得不得了。左宗棠心里反倒过意不去了，他很不好意思，但都放在心里。

　　饭后，陶澍拉着左宗棠的手，一起走进厅堂。当着手下及众多幕僚的面，他将左宗棠扶上自己的位置，一脸严肃地说：我老了，就到头了，将来左贤弟你当坐这个位置，名位比我还要高。又转身对幕僚们说：这个位置是左先生的，你们只能列两边。

　　左宗棠从冷遇陡然遭遇如此礼遇，内心里如冰在燃，翻江倒海，卷起巨澜，他感动得眼泪差点掉出来。

　　陶澍又屏退下人，与左宗棠单独来谈心。这时，他和盘托出，将自己6岁的独子陶桄（guàng，一种常绿乔木，叶柄纤维柔韧，可制绳）托孤给左宗棠。

　　如此被自己仰慕的人看重，左宗棠当然愿意。但他还是怕耽误人家，嘴上谦虚一句，怕带不好。陶澍说：我看这样最好，你上次不是说有个女儿叫孝瑜吗？小我桄儿一岁，我们就此结为亲家，他们将来结婚的事，就由你来操办，好不好？老夫我就拜托了。说完，陶澍站起身来，对着左宗棠，深深鞠了一躬。

　　左宗棠惊呆了。之前，陶澍将他当空气，忘了两个月，弄得自己一肚子脾气，今天却越讲越客气，左宗棠越想越不对劲。你大我33岁，是亲家；你是总督，我是举人，哪里跟哪里。怎么想怎么对不上头、接不起轨。

　　我这不是高攀吗？搞不得，伤自尊心啊。

　　但叫左宗棠纠结的是，陶澍如此热情，又如此真诚，甚至有点求他的意思，他怎么拒绝也感到不对。

　　左宗棠进退两难时，陶澍进一步推心置腹，打消了他的全部疑虑：我已重病在身，只怕来日不多。万一我们两个无缘再见面，桄儿就是你的亲生儿子，你如果把他培育成才，那也就不辱没我们陶家家风。另外，我老家的藏书很多，对你的将来会有帮助，这些全都托付给你了。说完，眼眶边几滴晶莹的老泪，扑啦一下，掉到左宗棠手上，上面有着来自陶澍心脏的温度。

这一滴眼泪，就将左宗棠内心钢铁般的防线一瞬间彻底冲垮了。左宗棠这么倔强、刚直、固执的人，你一味帮他，让他感到自己寄人篱下，他肯定受不了，哪怕天大的好处，他看都不看。但现在陶澍反过来信任他，有求于他，将他心中那些怎么也迈不过的大坎，跨不过的鸿沟，一下全填平了。这是对等的朋友关系啊。

故事到此，陶澍与左宗棠一生真挚绝妙的交情，在这一刻定格。

中国传统文化的美德，在陶左关系上真正体现出来了。曾子说过，"可以托七尺之孤，可以寄百里之命，临大节而不可夺也。君子人与？君子人也。"这句话在左宗棠身上得到了应验。

为什么他们的故事如此动情，又如此感人？因为他俩是知行合一的书生。

知行合一，源于经世致用。这种读书人看重的是"用书"。他们有行动能力，有文化素养，他们的行动能力可以跟上文化素养，有能力担当。这就是孔子说的"以人载道"。文化与真理，通过嘴巴只能表达出来，只有通过人的行动，才能实现出来。

陶澍的眼光，不会错，也没有错。

这段情感激荡、真情流淌的故事，在历史上曾打动过无数大人物。康有为感奋之下，曾专门写下《敬题陶文毅公遗像》（"文毅"是陶澍去世后的谥号）一诗，还做了跋。跋中说的就是上述情节的描述。诗则这样赞道：

植鳍作而性公忠，手整盐漕有惠风；

最异辕督只袜走，孝廉船上识英雄。

经过这次以心换心的对碰，左宗棠以他鹤立鸡群的文品、卓然独立的人品，入了陶澍设计的湖南官场青年人物培养谱系。

对左宗棠来说，他眼下关注的是个人发展。但对政治家陶澍来说，他在乎的不是一两个有才能的青年，他努力在谋划的、筹建的，是一个更大的湖南籍官员联盟——湘官集团。

左宗棠当时还没有想到，自己在湘水校经堂学的是经世致用，而开启晚清中兴经世致用学风的引领者，正是陶澍。

两人见面，对左宗棠来说，是学问的寻根溯源。

作为嘉庆至道光年间中国"湘系经世派"的领袖，陶澍以他开山祖师的威望、影响力，为在经世致用小路上蜿蜒行走的左宗棠，开出了一条经世致用的大道。

湘官集团

左宗棠因为机缘结识了陶澍，迈出了平生大业的第一步。陶澍的关键步骤，是将"一个人在奋斗"的左宗棠，带进庞大的经世致用人才群。

陶澍组建湖南籍官员联盟——湘官集团，靠最简单也最直接的姻亲关系。被他看中的人才，以儿女结为亲家的方式，将集团成员家族化，各种利益一体化，抱团来夺对国家权力的主导权。

胡林翼因为最早被陶澍看中，做了女婿；而左宗棠最后被陶澍看中，结成了儿女亲家。这就有点小麻烦了：虽然同岁，论年龄胡林翼比左宗棠还大四个月，但左宗棠却成了胡林翼事实上的长辈。胡林翼对左宗棠不得不改口，叫成"季丈"，也就是"季高丈人"，翻译成白话是"老三丈人"。大约胡林翼叫时有点不好意思，就以这个有点调侃而不失真的叫法，来破解两人年龄上的尴尬。

湘系经世派中心人物是曾国藩，因为曾国藩最会搞关系。如何利用清朝的集权体制弊端，来实现自己的政治抱负？这首先得有个人在前面开路搞关系。陶澍与曾国藩、左宗棠三人之间，也有比较绕的姻亲关系。

陶澍带了这个头，后来，左宗棠与曾国藩，左宗棠与郭嵩焘，曾国藩与郭嵩焘，全都发展成了姻亲关系，相互见面亲家来亲家去。而左宗棠在官场里办事最得力的三个人：陶澍、胡林翼、郭嵩焘，都通过这个团体，以这样的方式，固定下来。

这些为左宗棠后来几步登天，埋下了最有力的伏笔。

左宗棠当时并不知道，在他们认识之前，陶澍花了20多年时间，自觉大规模地招集幕僚、使用大吏，大力发现、培养、扶植、举荐大批湖南人才。⑦

陶澍为什么要靠这个落后的封建宗法与地域关系，来发展和培育湘官集团？这不是搞地方政治和帮派团体，将国家政权私人化吗？问题远没有这么简单。

历史作家宗承灏分析，正是因为湘系势力个体之间结成的以同乡、师生、亲友为纽带的庞而杂的人际关系网，在晚清官场上才得以表现出了惊人的凝聚力、战斗力和影响力。

盘根错节的网络关系就等于把权力结构进行一系列的重组和再分配。湘官集团势大力沉，对满官集团无疑造成一个潜在的巨大冲击。

清朝在建立之初，被汉人称为"满清异族"，政权也被认为"非法"。王船山当年反清复明，就是排满。但满人的势力集团，或者说满官集团，始终控制了中国的权力核心。

满人意识到，权力有风险，用官得小心。清廷从建国初期就一直在规避权力风险。他们的方法，是通过部分地分享权力，来拉拢汉人。太平天国运动突然爆发，不可预料地调整了"满、汉"力量对比。也就是说，从那时起，地方势力逐步在清朝官僚体系中得到了重用，地方大员也在形势逼人的历史时刻一跃而上。

以曾国藩为首的湘官集团，不是普通意义上的政治联盟，更不同于一般官场中人在社会权力结构中抱团取暖。而是各自通过独当一面的能力，争取汉人在受到排挤的权力结构中有发展空间。

在湘官集团的影响下，以曾国藩的学生李鸿章为代表，随后崛起淮系集团。这个集团由将领、官僚和幕僚组成，在淮军的基础上不断发展壮大。而且后来居上：1870年，随着李鸿章担任直隶总督兼北洋通商大臣，淮系集团迅速向中国最富庶的东南沿海渗透，成长为晚清史上最有势力和最具影响力的政治集团。他们与湘官集团既团结，又斗争，左宗棠成了斗争的主将，而李鸿章成为他的直接政治对手，相互之间斗得风云变色。这些在后面将述及。

眼下，湘官集团和淮系集团，与满官集团开始竞争。一开始屈服其下，后来正面交锋，最后裂权而二，对峙并立。两虎相争，龙争虎斗，这当然会有一个风起云涌、惊涛拍岸、惊心动魄的过程。

再巧不过的是，左宗棠出山，刚好就碰到了这个正面交锋的节骨眼上。他无可避免地要被推到两大集团短兵相接的刀刃上。

都赶上了。

历史以来，凡打破固有规则者，自身都会大起大落。这预示着，左宗棠"窝龙出湖"，将要经历一次生死起落。

目前谁也无法预测，左宗棠的生死起落，具体什么时候到来。是和平交接，青云直上，还是剑拔弩张，擦枪走火？

注：

①　渌江书院始建于1175年。山长，又称院长、山主、洞主、主洞、掌教等。是对中国古代书院的负责人的称呼，主持教学与行政，类似今天大学校长，或文学院院长。山长之名始于五代，五代时蒋维束隐居街岳，号山长。书院历任山长大多是德高望重，王守仁、王闿运都当过山长，因山长名称过于山野气息，1765年，乾隆下令改称院长。但一般仍习惯称山长，以体现别于官方的独立民间文化立场。

②　《左宗棠全集》中记载有他具体的教学改革方法："宗棠初来，凡诸生进谒，各给引己一本，令其工课，随时注载。日入头门下锁，即查阅功课，如旷废不事，事及虚词掩，着两次将本课膏火除去，加与潜心苦功之人。……因于《小学》撮取八则，订为学规，以诏学者……"

③　整个清朝设有八大总督：直隶总督，管辖直隶省，治保定，地位最高。两江总督，管辖江苏、安徽、江西三省，治南京，地位次之。湖广总督，管辖湖南、湖北，治武昌。两广总督，管辖广东、广西，治广州。闽浙总督，管辖福建、浙江，治福州。四川总督，管辖四川省，治成都。陕甘总督，管辖陕西、甘肃，治西安。云贵总督，管辖云南、贵州，治昆明。清末增设东三省总督，管辖黑龙江、吉林、奉天，治盛京。

④　陶侃是江西鄱阳人，晋朝名将。出身寒门的陶侃，自讨平张昌叛乱开始一直以其战功升迁，最终当上太尉之位，并掌握重兵，都督八州军事（交、广、宁、荆、益、雍、梁、江）并任荆江两州刺史；这在世族垄断高位的东晋开创了一个例外。陶侃因功而升为侍中、太尉，封长沙郡公。陶澍与陶侃同出身微寒，靠个人奋斗而位高人显。

⑤　生员是经本少各级考试入府、州、县学者，习惯的叫法是秀才，也叫诸生。生员常受本地教官（即教授、学正、教谕、训导等）及学政（明为学道）监督考核。

⑥　梅英杰《湘军人物年谱·胡林翼年谱》中如下记载："陶澍取道益阳，馆歧市，往谒乡贤胡律臣。偶然见到胡林翼，惊为伟器，曰：吾已得一快婿！遂以女儿陶静娟妻之，行问名礼，胡林翼方八岁，陶静娟五岁，拜于堂上，彬彬有礼。"这里说的年龄都是虚岁。胡林翼实际年龄是七岁，陶静娟实际年龄四岁。

⑦　陶澍爱才，也善于发现人才，更善于结交和团结人才。他和贺长龄为至交好友，两人在中国首次提倡搞海运，取得了震惊朝野的成功。魏源当年屡败屡考，失落无比，在陶澍手下做幕僚，一做就是14年。李星源曾经做过陶澍幕僚。后来他做上了总督，对陶澍照样当作老师来对待。黄冕被罢官后，陶澍马上对他进行帮助，让他参与海运、盐务、赈灾，最后也成就了一番事业。

泪洒空林 【第四章】

设馆陶家

1838年，第三次会试结果出来，左宗棠再次落榜，落寞回家。分别不到一年，陶澍又病故在任上。

陶澍去世，他的家眷，根据规定，全部迁回湖南安化。

陶澍上次已对左宗棠当面托孤。他一死，7岁儿子陶桄的培养责任，便落到左宗棠肩上。

现在起，左宗棠得担当起来，做"亚父"。反正自己已经负气不考进士，专心在做山长。现在转身来做家教，也不错。

教育总督的儿子，程序还得要走。

首先，左宗棠在城南书院求学时的老师，陶澍的亲家贺熙龄给左宗棠写了封邀请信；其次，当时在江南乡试做副考官的胡林翼，专门赶到安化，正式给"季丈"左宗棠颁发了一纸家庭教师聘书。

就这样，左宗棠从醴陵渌江书院的山长，名正言顺地变身为安化陶家的"师长"。

流程走完，时间转眼已到1839年，这一年，左宗棠27岁。

闲定下来细想，左宗棠沮丧地发现，27岁的诸葛亮已经出山，指挥若定；27岁的自己还藏身名山，执鞭教子。

诸葛亮走进激情燃烧的岁月，左宗棠依然在潜伏。

但左宗棠正在成长变化，从"窝龙"已升级成"潜龙"。《易经》有句话，叫"潜龙勿用"。事业在发展之初，虽然势头比较好，但比较弱小，应该小心谨慎，不可轻动。

做山长的左宗棠实践了这一信条，两耳闻天下事，只清议不行动，一边教书，一边读书充电。

陶澍生前不是交代了吗，我家里有的是藏书，都托付给你了。左宗棠在陶家名义上是家庭教师，事实上是"代理家长"。陶家后代全归他调教，书想怎么看，就怎么看。

自此，除了帮助陶家照顾家庭、处理乡间琐事、钻研仕途学业之外，左宗棠把时间主要放在了研习经世致用的学问上。

他这下不再是"饿牛进菜园"，而像牵牛星直接闯进了蟠桃园。

陶澍家都有些什么书呢？两江总督看的书，当然都是些事情大得不得了，思考深度远得不得了的书。

左宗棠不无兴奋地写信告诉妻子，"唐宋以来史传别录说部，及本朝志乘记载，官私各书，凡有关系海国故事者"，这里一应俱有，是真正的百科全书馆。

陶澍当年从经世致用的角度，开创性地规划两江怎么搞，原稿今天全都可以读到。中国的前途与命运，经营天下的大智慧，里面的每一个思考，让乡下读书人左宗棠大开眼界，有如醍醐灌顶，窥破天机。

教书之余，左宗棠每天翻开的，是清朝的各种"宪章文件"，陶澍收藏的"臣工奏稿"，这些之前可都是国家级的绝密材料。身体潜居安化的困龙，精神一下子游进了比江湖要广阔许多的大海。他通过书，与古人神交；可以通过文字，与清朝的皇帝神交，与故去的陶澍神交。[①]

给皇帝的奏稿怎么写？皇帝到底在想些什么？这些全都是一手材料。

独立学习，自由思考，左宗棠这段时间的学习经历，用今天话说，叫接受了真正的素质教育。每天没有人管着他，可以睡觉，可以接着看，可以任意联想、发挥，也可以找不入流的杂书来比较、思考。想出来新意就记下，想不出新意没人惩罚。没有人来攀比，也没有功利的诱惑，他像古代的庄子一样，"独与天地精神往来"。

与左宗棠同时期但考上进士的胡林翼，却没有他这么幸运了。胡林翼这时最大的苦恼，是被官场关系绊住了手脚。

1839年，考取进士后一年，27岁的胡林翼春风得意，做上江南乡试副主考。主考官是满人文庆，考试期间不巧病倒了，根本无法阅卷。胡林翼得一个人在一个月内阅完14000份卷子。一天要批阅完近500份考卷，这是个不可能完成的任务。怎么办？犯难了。

胡林翼做事向来灵活，会想办法。不可能完成的任务也难不倒他。正大光明肯定不行，他只好动起歪脑筋，冒险将一个叫熊少牧的湖南举人违规带进考场来帮忙。

事情很快暴露，处罚很严重：文庆被革职查办，胡林翼降一级调用。

弄巧成拙，这一跤摔得很惨，他几年都爬不起来。直到1847年，已经35岁的胡林翼费尽心机，左支右绌，才总算爬到贵州安顺知府的位置。好容易熬成了个相当于今天正厅级的领导，他还想继续往上爬。动歪脑筋不行，就踏实卖命干，打算用业绩来说话。

他这一埋头，辛苦了五年多。在任期间，他芒鞋短衣，深入群众摸民情，探匪情，强化团练、保甲，带领官兵与盗匪作战数百次，镇压黄平、台拱、清江、天柱等地苗民起义和湖南李沅发起义，《胡氏兵法》也在这时编成。五年下来，政绩突出，声望日隆。连曾国藩都仰望说："林翼坚持之力，调和诸将之功，综核之才，皆臣所不逮，而尤服其进德之猛。"

但胡林翼哪里想得到，在帝国做官僚，干不如偷，偷不如抢。邻省的督抚大员们平时都一块偷懒，正愁没政绩，日夜犯头疼，不知道怎么跟皇帝交差。眼看胡林翼干得风生水起，都一窝蜂来抢"摘桃功"，将胡林翼的政绩弄成"有你的一半，也有我的一半"。

自己辛苦经营遭此大劫，胡林翼焦头烂额，慨叹防不胜防。

胡林翼本来与左宗棠一样，在长沙城南书院读过书，受过经世致用的影响，不缺实际办事能力。但陷身官场之后，他才发现，这里比想象的还要复杂得多。做老实官，干实在事，反倒会吃亏。

10年宦海沉浮，让胡林翼醒悟，帝国体制原来是个大磨石，自己棱角得赶快磨平。朝廷早已规定，他们只能背诵四书五经，不能解释，更不能发挥。这种教育制度里出来的官员，熬与磨才是正道，阴谋加算计，"稳准忍等狠"一招鲜，可以吃遍官场。

摔过跟头，吃够苦头，他改变策略，不急着忙事，而是忙跑官，忙人事：要懂钩心斗角；为了应付，得作假；为了政绩，要造假。早请示，晚汇报，中间只跑跑龙套。

胡林翼从小公子哥儿习气，谋人与算计人，是他的长项，从此乐得也玩弄别人，日子过得跟拍演电影一样。

让胡林翼纠结的是，自己毕竟还年轻，是体制内正能量，跟玩弄别人的腐朽八旗、绿营又混不到一块。

经历不同带来性格与价值观分歧。胡林翼这次来给左宗棠发聘书时，两人又像第一次去北京参加会试那样，"连床夜话，纵论古今大政，以及古来圣贤豪杰大儒名臣之用心行事"。两人又像回到了21岁，"无所不谈，无所不合"。

越谈越近，话题由大到小，逐渐转到了个人。胡林翼给左宗棠提了个醒，先肯定他为人很好，"能以诚心相与"，再批评他"虑事太密，论事太尽"，"出言着边际"。翻译成白话，就是事情想得总是过于细致，而评价事情偏激，总过于绝对，说话口气大，思维太发散，让人摸不着头脑。左宗棠全部接受了，认为"切中弊病"。

但左宗棠与胡林翼都没料想到，好得跟一个人似的哥俩，这次交流，发生了一个根本分歧。胡林翼以自己这些年来的官场实践体验，私下告诫左宗棠：做人要注意收敛，得学会见人说人话，见鬼说鬼话。左宗棠直通通地看着胡林翼，很不以为然。他说：我民间书生一个，如果也讲究趋利避害，观点模棱两可，那跟官场上投机取巧的那些人，还有什么区别呢？这好像不是一个有血性的男子汉应该做的事啊！（"则未免如官场巧滑者流，趋避为工，模棱两可，似非血性男子所应出也。"）

他们都还没有预料得到，未来发展，正在这时开始玩大翻转：左宗棠貌似在骑驴，其实在骑马；真正在骑驴的，是跟胡林翼一样已"科考取官"的进士。

左宗棠现在这种流落于草野民间、自学自问的提升素质方式，进步到底有多大？我们从后来的自学成材的毛泽东身上可以得到辅证。[②]

毛泽东年轻时的学习经历，与左宗棠几乎完全一样。他们共同关心"舆地学"。毛泽东没有像左宗棠专门研究农学，但他有多年种田经历，专门在广东与湖南办农民运动讲习所。

这种没有官场看得见的名利诱惑，为读书而读书的方式，内容的枯燥程度、需要坚守的毅力，不是一般人可以做到。

左宗棠做到了。

在自学环境里锻炼出来的人，有他固定的特点：实践中去成就大业时，只能做一把手，不能做二号首长。不只是因为这种学习、思想都十分深刻，甚至有点怪异，爱好剑走偏锋，跟他人总合不上。关键是，这种自由散漫环境里熏陶出来的人，已经无法适应条框管制的生活。他会是一个好的开创者，同时又是一个差劲的执行者。思维方式，与科班渠道学出来的人，已经搭不上调。

这是一种高风险与高回报的读书方式，适合做独当一面的职业经理，不适合立志做员工的人。左宗棠与毛泽东做事表现出来的个性，都鲜明地体现出这些特征。

左宗棠自己也很清楚。1856年，他给胡林翼写信说："弟才可大受而不可小知，能用人而必不能为人用。"老弟我的才能可以担当天下大事，但却不能被派去做知县；可以用好天下的人才，但一定无法被别人指挥。

现在，左宗棠还在继续研究他那看上去暂时还毫无用处的舆地学。

进了陶家，他才笑话自己，小巫见大巫了。以前在地摊上买的那些书，怎么可以与两江总督的藏书并论？这里真正是知识太平洋，有大型的《图书集成》，有《康熙舆图》，有《乾隆内府舆图》。这些书，内容庞大，细节繁多，

左宗棠书法

一头扎进去，没有个七八年时间，根本读不懂，搞不透。

也是老天成全，左宗棠在陶家，刚好需要8年。必须要这么久，七岁的小女婿陶桄才能长成人。成全人生得靠偶然，应了俗话"一命二运三风水四积德五努力"。

通过这8年的辛苦阅读，左宗棠发现，自己以前"身无半亩，心忧天下；读破万卷，神交古人"的口气，太狂傲了。真正懂得多了，左宗棠沉默下来，不作声了。

几十年后，他回忆起这段日子，自嘲说："三十以后，读书渐多，阅世渐深，知区区之存于心中，自以为是者，仅足以傲今无足指数之人，而于古之狂狷，实未逮也，则愿力耕读书以自勉其所未至。"

左宗棠晚年还是坚信，年轻人就应该想法大一点，思想超前一点，姿态狂傲一点。为什么呢？他说："小时志趣要远大，高谈阔论固自不妨。但须时时返躬自问：我口边是如此说话，我胸中究有这般道理否？我说人家作的不是，我自己作事时又何如？即如看人家好文章，亦要仔细去寻他思路，摩他笔路，仿他腔调。……若读书不耐苦，则无所用心之人；境遇不耐苦，则无所成就之人。"年轻人志向不怕大，只有牛吹大了，才会感到压力，才会逼迫自己反过来思考自己，检点自己，学习别人，这样的进步速度最快。这样向别人学习，是"骄傲使人进步，谦虚使人落后"。

更有意思的是，晚年位高权重时，有人问起左宗棠，你为什么年轻时总是吹牛，现在反倒好像变得谦虚了呢？他笑笑说，没有啊，我一直是这样，情况不同了而已。你想啊，当年我一个小小的举人，却说要做天下大事，气势不吓人，姿态不站高，怎么做得成？现在呢，国家大事真的全压在我一个人肩上，我正绞尽脑汁想方设法要解决，哪里还有时间、精力、本钱去自高自大呢？

这段话很真实，也很坦率，对后来的年轻人，不无启发。青年毛泽东就专心模仿左宗棠，说"身无分文，心忧天下"。左宗棠自称"湘上农人"，是"身无半亩"，毛泽东则自称"江海客"，是"身无分文"。③

回到眼下，左宗棠一边以家长的身份当家庭教师，一边以小举人的身份自学进士学问。这种奇特的生活，一晃过去三年。

根据胡林翼给"季丈"发聘书时的规定，他每年可得工资300两白银。三年下来，他积足了900两。这绝对是笔大钱。

有了做家教赚来的第一桶金，他决定要利用这笔巨款，改变自己倒插门的形象，结束一段有屈辱感的生活。

1843年，31岁的左宗棠，当机立断，在湘阴柳家冲买下70亩田，建成了一处庄园，取名"柳庄"。

从此，这个"柳"字，继"牵牛星"、"今亮"之后，成为左宗棠的第三个身份标记。

为什么爱柳？"柳"在古代，不是什么好词。寻花问柳，柳陌花巷，眠花卧柳，宠柳娇花。但左宗棠倔强脾气，独立见解，他要以自己的开创，赋予它新的象征意义。

我们看柳树，很特别。不挑剔土地，随便播种下去就可以成活。主干很粗壮，枝干很遒劲，枝条树叶很柔软，迎风一吹，浪漫飘摇，有点像道士衣带。这种特点，跟左宗棠的性格，还有几分近似。

左宗棠书法非常有特色，越看越像"柳树体"。后世与他的书法、性格相近的湖南人，是前总理朱镕基。朱镕基的"百口棺材"论，"一口留给自己，九十九口给贪官"，与左宗棠口气，如出一辙。左宗棠晚年就是安排士兵给自己抬着棺材去收复新疆的。

这时的左宗棠大约也相信风水。从环境学角度看，风水确实存在。人的情绪、思想、性格，会受到环境影响，有时还非常大。

建柳庄前，他请来风水师。风水师早听闻左宗棠"牵牛星降世"的传说，投其所好，说这块叫"仙牛地"。边说边指点：左老师，您看，牛头朝东，东面的山脊低洼处，那就是牛角扼。

左宗棠开心地笑了。从小以"牵牛星降世"而自豪，现在以"当代诸葛亮"而自称，他决定以诸葛亮的标准，来仿造自家的建筑布局。

他安排在后院子里筑了个大花园，当中开凿出一个大池子，养了一群鲤鱼，取名"武侯池"；把开凿池子的土，他用来堆成一座假山，在上面栽些青篁松

湘阴柳庄内至今仍保留的农用水车

柏树，取名"卧龙岗"；又在岗下面盖一间茅屋，屋里摆一张古琴，墙壁上挂起"隆中对"的古画，取名"隐贤庐"。

更有意思的是，他安排在"武侯池"边放了一头雕刻出来的花岗岩石牛，锐利的牛角直指苍天。这种决绝的性格，象征了他无与伦比的心力。

比诸葛亮虽然晚了5年，但今天左宗棠终于可以以卧龙自居了。他再在内门上挂出一副对联："文章西汉两司马，经济南阳一卧龙"。

经过左宗棠这样一番精心的设计，湘阴柳庄倒有了几分南阳隆中气派，就差没摇鹅毛扇子了。凭想象我们几乎可以看见，告别所谓"胶囊族"、"蜗居族"式生活，扬眉吐气的左宗棠，这时多么意气风发。

事业上还没有将自己做成"当代诸葛亮"，生活上他提前过了一把做诸葛亮的瘾。这既是一种自我激励，也是一种心理安慰。左宗棠心气那么高，如果不自我安慰一下，不自己给自己肯定，社会压力那么大，他不是先要怄气死了？

先有自爱，才能爱人。

奇怪的是，自从柳庄建成后，左宗棠的生活就顺了。儿子接连出生四个，事业也畅通了，机会多起来。有人说是风水，其实是环境。一是摆脱了倒插门的心理阴影，他的自我意识、独立意识，有了房子来认可，得到了强化；二是经过前面这么多年的积累，从人脉到知识，已经初步具备做大事的能力。

住进新房，左宗棠感慨万千：从14岁参加科考，回望17年来的坎坷经历，自己31年来的发展轨迹，暗合了《易经》。

《易经》爻辞："初九，潜龙勿用。九二，见龙在田，利见大人。九三，君子终日乾乾，夕惕若，厉无咎。"中秀才、举人，是"初九"；见陶澍，是"九二"；设馆教书，潜心苦读，正是"九三"。

"终日乾乾"就是每天忙忙碌碌，勤力读书做事，这样才有望卧龙出山。

想清楚了这些，他开始气定神闲，不再急于功名。做的第一件事，是将老婆孩子们从湘潭接到湘阴来。他还将岳母娘也接到自己新屋里来住了一段时间，以尽一个名正言顺明媒正娶女婿的孝心，更是通过实际行动，洗刷当年民间流言"桂在堂，讨个郎，呷掉一仓谷，睡烂一张床"的恶意攻击所带来的耻辱。

建好了柳庄，左宗棠又马不停蹄赶往陶家教书。坐在陶家悠哉读书，他并不知道，天下这时开始大变。第一次鸦片战争已经打响。

与外界信息完全隔绝，不无好处。他可以集中精气神，不被时事分散。"管却自家身与心，胸中日月常新美。"佛教的要义，是人要管住自己心。所谓不要执着，"破我执、破法执、破空执"。破除了这"三执"，内心就入定了，世界干扰不到你，你可以直通真理。毛泽东小时候跟母亲拜佛，悟出了这个道理；左宗棠出山前清净地生活，在实践这个道理。④

每天不是在教书，就是在种田，耕读自得其乐，日子走得像小偷一样快。天下大事暂时还不会来"烦劳"左宗棠，他过着悠哉悠哉、安乐逍遥的日子。每天坐椅面对柳庄门前的郁郁葱葱，一路饱受穷苦与挫折的左宗棠也许在想，为什么不好好享受一下、体验一把这阶段性的人生成功呢？

左宗棠当然会享受过程。

这些年，左宗棠"行走山水间"，经常骑着马，爬过峰头，或坐着船，见朗月，闻清风，在安化与湘阴来回奔走。教书、读书、家事交错，一阵子做这个，一阵子做那个，忙得有滋有味。

在陶家设馆，一呆8年。

8年里，左宗棠都收获了什么？

湘上农人

用8年时间，左宗棠不仅读完了当下湖南经世致用学风集大成者陶澍的实践心得，连中国古代诸子百家，三教九流之类的书也全读了一遍，他终于实现了自己22岁时立下的志向，"读破万卷"了。

这些正书与杂书加在一起，左宗棠免费自学成了一个"自由派进士"。

但自读不是空想，而是实干。教书空闲时，他抓紧回到湘阴，继续研究地理，忙农学实践。他规划好时间，教书与农庄，互不耽误。左宗棠自述这段经历，"自移家来柳家冲，署其曰柳庄，每由安化归，即督工耕作，以平日所讲求者试行之。日游陇亩，自号湘上农人"。

画于湘阴今柳庄内墙的"左宗棠农耕图"全景

在陶家读完《康熙舆图》，又读了《乾隆内府舆图》，学问大有长进。他在自绘地图的基础上，对舆地的研究深刻、全面了许多。

在农学的实践上，左宗棠比起入赘湘潭周家时也有了更深入的科学实验。除了前面说到的《广区田图说》被左宗棠用进了实践，他还雇佣了一批农民帮自己干活，自己也亲自参加劳动。每年他从安化往返湘阴，中间有150里路，他就走访农家，观察农田，将别处的好种子、好方法，带回柳庄。亲手耕作，给人家示范。他将这些种稻、种柳、种竹的方法，及时总结下来。

甚至，为了证实"深水插秧，浅水耙田"这句农谚，他挨个问了几十个种田高手，然后自己下到田里去，扶犁掌耙，插田抛秧。

左宗棠潜心研究农学，科学种田，他尝试采用古时候流传下来的耕种方法，非常有效。又种上桑树和茶树、竹子等，来充分挖掘田地的优势，几年之后，单是茶园的收入，差不多就缴清了国家的赋税，其他产出全是纯收入。（"比以古农法耕柳庄之田，甚有效验。又种桑茶，植竹树，以尽地利。而茶园所入，今年差可了清国课。"）

左宗棠自己当然也想不到，这些眼下看来属"无用之学"的知识，为他日后平定陕西、甘肃，收复新疆打下了实践基础。他更加没有事先料到，当他以"湘上农人"自号，说出"长为农夫没世"，一心一意回到柳庄来建设晚清新农村时，他这时学到的农学知识，将为他收复新疆立下汗马功劳。

正是这段时间实践积累了丰富的种田、种树实践经验，20多年后，左宗棠对中国大西北的生态环境的建设，远大于六个英国国土面积的植树造林，给后人带来史无前例的贡献。

眼下，他只是凭一个读书人，一个农民的本能，在做好自己份内的事情。

他将这8年里种稻、种茶、种柳、种桑、种竹的实践研究，总结写成一本书——《朴存阁农书》。

他为什么这么替农民操心？生活经历决定的。左宗棠天天跟农民打交道，既懂他们，也对他们有感情，而作为一个民间知识分子，理性也在告诉他，"农为人生第一要务"。

上次与胡林翼观点发生分歧后，左宗棠越来越深切地感受到，接地气与尚空谈，水火难容，什么原因造成的呢？左思右想，他终于想明白了：官员崇尚搞关系，通过一些手段，往往反倒博得虚名，获得利益，所以他们乐意玩关系与手腕。但农人不能这样，做实事必得扎实，一分投入，一分收获，农民不能欺骗土地。你去骗土地，三脚猫，花架子，土地依葫芦画瓢回报你，弄得你歉收。左宗棠跟朋友张玉夫比较后得出结论："而古今颇少传书，颇思有所著述，且素患近人著书惟择易就而名美者为之，绝无实学可饷后人。弟近阅新书万卷，赏心者数种已耳。学问之荒，人才之敝，可见一斑"。

这段生活经历，对左宗棠的成长，有着重要的作用。一方面强化了左宗棠踏实的办事风格，同时也培养了左宗棠对底层民众的朴素情感。

左宗棠实践后悟出读书与作农之间，有一个共通的道理："足知地利之不可不尽，而人事之不可不修矣。"他说，我最大的体会是，追究问题就要洞察根本，追求学问尤其要穷根究底。（"问之既洞其事，学之尤穷其理"）。

对这种边耕边读、既享受自然真味又求得了学问真知的农家生活，左宗棠十分满意，这也是他一生中最开心的时光。那种开心的劲头，可与他后来被拜相封侯相提并论。他在给朋友的信中，充分流露出那种道家自然的乐趣。他说："兄东作甚忙，日与佣人缘陇亩，秧苗初茁，田水琮琤（cóng chēng，形容像玉石一样的流水声），时鸟变声，草新土润，别有一番乐意。"这种生活，在先秦的《诗经》里才可以找到，在庄子的散文里才可以看到。

看着柳庄里家人越聚越多，左宗棠心花怒放。他甚至操心上了厨艺。岳母来的那天，他亲自迎接，并且动手蒸米酒，为老人家接风。

家里没有酿米酒的工具，他就去邻居那里借来一套。他从仓库里取出自己去年收割的糯米、坚米，找来木香、青藤、地绵、乌药、黄荆配成的曲料，忙得不亦乐乎，一手酿起酒来。

一个星期后，米酒蒸了出来。他舀出第一杯米酒，恭恭敬敬地端到岳母面前。岳母连抿了几口，笑眯眯地说：味道很好，也很正，不错不错，你们自己也快喝。左宗棠哈哈大笑，说："赊八百里洞庭当春酒，韵味无穷啊！"他这一高兴，口气又大了起来。

随后几年，事事顺心。

柳庄正门

1846年，周诒端在连生三女后，给左宗棠生下第一个儿子左孝威。随后几年，张茹又接连给左宗棠生下三个儿子，一个女儿。四子四女，一家十一口，其乐融融。

此外，还有两桩大喜事：

1846年，老师贺熙龄将自己的三女儿许配给了左孝威，两家定下一门娃娃亲。

1847年，大女儿左孝瑜满14岁，左宗棠去安化给陶桄和她举办了盛大的婚礼。

左宗棠跟陶澍正式结成亲家，这种史无前例的姻亲关系，消息传出，在湖南官场产生了巨大震撼。时任陕西巡抚的林则徐在千里之外，也听到了。

陶桄结婚，表示成年。左宗棠的家教生涯，就此结束。从此他不用在安化、湘阴两头奔走，可以安心在柳庄扎下根来。

1848年，陶家搬进长沙城。左宗棠为谋生计，继续在长沙徽国朱文公祠设馆授徒⑤，这次他带了5个学生，陶桄仍跟他学习。

然而，就在左宗棠咂摸品味这种"农夫、山泉，有点田"的小日子，过得还有滋有味，全然忘记了多年来的失落与不快时，一个巨大的劫难，这时悄悄地笼罩到了湘阴上空。

在连续两年大旱之后，1848年，湖南突然遭遇汹涌而来的洪灾。

三湘四水，全部满溢。被两年旱灾已经折磨得骨瘦如柴的老百姓，瞬间被洪水团团围住，遭受折磨。没有吃，没有穿，一边逃命，一边还得乞讨，怎么受得了？

柳庄是逃灾的必经之路。

左家历来有慈善的家风，左宗棠看不得穷人苦。他自己虽然才摆脱穷苦，但当即想到拿积蓄来接济。

他含着泪，吩咐两位夫人，将家里的谷全部舂成了米，用来熬粥，每天接济逃难的苦民。碰上有病痛的，他还学会了中医，给他们做药丸治疗。

但这次洪灾大得出奇。个人家底再厚，面对人头攒动、黑压压涌来的难民，无疑杯水车薪，眨眼见底。左宗棠自己才脱贫，家里转眼又空了。半饿着肚子，他学父亲当年，跑到县城里，发动族人来捐谷。他发起建立了一个"仁风团"义仓，选举出经理，订立规章制度，到官方备案，作为一个组织，向外县扩张。很快，长沙、善化、湘阴、湘潭、宁乡等地的地主、乡绅，都跟着左宗棠来救灾，捐出了价值5000两白银的谷和米。

左宗棠作为乡绅，利用个人强势的能力，利用自己的名望和威信，就这样组织了中国早期的民间社会自治组织。

然而，在晚清封建专制里，湘上农人左宗棠这种过好自己日子，帮助湘阴人、湖南人过好日子的社会自治，只能在自然灾害肆虐时发挥一点作用。灾害一过，马上被当作潜在的暴力组织，被朝廷以各种名义摧毁。

难道做一个安分的老百姓一旦遇上天灾就没活路了吗？是的。但这个事情你不能问朝廷，强权政治既然不会给你活路，当然也不会给你发问的机会。

左宗棠自己当时肯定想不到这些。在19世纪末，在闭塞的湖南湘阴，他也不可能凭空生出民主、自由、自治的观念，想着做一个好公民。

那真是一场要命的灾难。"淫雨不止，大水为灾，柳庄之田，各尽发芽，收成已绝望矣。"左宗棠自己住的房子，房顶一直在不断地渗水，墙壁不久就轰然坍塌了，田里的青蛙，湘江里的小鱼，都爬到他的卧室里来，畅游嬉戏，周围所有的平地，全部都成了江河，家里能典当的东西，全部都当光了，锅里灶里找不出一颗粮食，全部空空如也。左家12口人（包括岳母与侄子左世延），每个人都患了病。（"而所居屋漏壁坍，蛙游鱼戏，平陆成江，直无一片干净土。典质既尽，悬釜无炊，加以一家十二口无不病者。"）

左家，又到了最危险的时候。

这次天灾对左宗棠的刺激，比进士落榜还要大。他后来回忆，这比他在收复新疆的战斗还要痛苦、难忘。两位夫人在救助难民时，首饰都卖光了，要救的人还在源源不断涌来，而自己一家都要等人来救了。

痛苦万般时，左宗棠就只能以玩笑来转移注意力自救。他说：杜甫有首《同谷歌》，有句"男呻女吟四壁静"。现在对我来说，是名副其实的"男呻女吟四壁空"了！

这句诗，貌似乐呵呵，其实苦哈哈，心里气哼哼。以痛苦自嘲，是强者的举重若轻。但灾难还在继续，泪眼问天天不语，泪河流过空山去，欲哭无泪。

山雨欲来风满楼。

自然的灾害，追根溯源，可以归结到人祸。

左宗棠当然不会想到，是帝国的高度集权，导致社会自治脆弱，一遭天灾，抵御能力低下，弄得自己连"湘上农人"也做不成。

左宗棠短暂的幸福生活梦，就这样，被洪水几个波浪就轻易打碎了。

卧龙栖居山林，生死关头，进退失据，前路迷茫。

第二步他应朝哪里迈去？

注：

①　《左宗棠家书·与妻书》中自述原话："吾在此所最快意者，以第中藏书至富，因得饱读国朝宪章掌故有用之书。自海上事起，凡唐宋以来史传别录说部，及本朝志乘记载，官私各书，凡有关系海国故事者，无不涉猎及之，颇能知其梗概，道其原委，此亦有益之大者。"

②　斯诺著的《毛泽东传》中，毛泽东有段回忆，今天读来很有启发：在我读过《御批通鉴辑览》以后，我断定还是单独求学的好。六个月后，我离开学校。自己订立了一个读书的计划，规定每天在湖南省立图书馆中阅书。我十分地有规律和专心，在这个方式下费去的半年，我以为对我是极端可宝贵的。早上图书馆一开门我就进去。在中午只花去买两个米饼来吃的时间，这就算是我每日的午餐。每天我留在图书馆中一直读到闭馆的时候。

在这自修的时期内，我读了许多书籍，读到世界历史和世界地理。在那里我以极大的兴趣第一次阅读了世界的舆图。我读了亚当·斯密士［亚当·斯密］的《原富》和达尔文的《物种原始》[《物种起源》]和约翰·斯陶德·密尔［约翰·穆勒］所著的一本关于伦理学的书。我读了卢骚［卢梭］的著作，斯宾塞的《逻辑学》和孟德斯鸠所著的一本关于法学的书。

《御批通鉴辑览》是乾隆皇帝亲自参与、清朝官方纂修的一部纲目体编年通史。一百二十卷，记事上起伏羲氏，下迄明亡，是中国古代史籍中记事时间最长的一部史书，由正文和乾隆皇帝的批语两部分构成。"御批"一千九百多条，涵盖政治、经济、军事、文化，朝代更迭的正统与偏安问题、储君的预立、君臣伦理纲常，都有精彩独到的见解。毛泽东不知天高地厚，小青年选择自学皇帝大书，天马行空，没有任何思想束缚。这对没有读过大学，只拿到过中专文凭的毛泽东（见李锐《毛泽东的早期革命活动》），要在思想资源上、行动的深度上超越当时北大的教授们，起到了决定性的作用。

③　1923年毛泽东作《贺新郎·别友》："我自欲为江海客，更不为昵昵女儿语。山欲堕，云横翥。"这四句后来自改为："要似昆仑崩绝壁，又恰像台风扫寰宇。重比翼，和云翥。"毛泽东比左宗棠从性格到做法更彻底：左宗棠晚年位极人臣，被朝廷封为二等恪靖侯。毛泽东却不想要，他32岁那年就声称"粪土当年万户侯"。结果自己42岁就已位极主席。此后，他也不再说"粪土当年万户侯"或"万户主"，因为自己就是"主"，人不能自己打倒自己。人的思想是一段一段的，主张会随着身份、地位发生改变。

④　总结历史可以发现一个规律：成大事的人，在积累蓄势期间，必定有一个安宁心境的处所。淡泊明志，宁静致远，才能培养出"每临大事有静气"的修养，这也是为什么大人物初入职场叫"出山"。意思是说，入职前潜伏在深山老林，像和尚一样在清心寡欲地习读、悟世。

⑤　徽国朱文公祠是两个名称的合称：徽国，指安徽会馆，在上东长街（今长沙蔡锷路北段），今天已无。朱文公祠在原贡院东街（今长沙教育街），今天已无。朱文公指宋代著名学者朱熹，徽州府婺源县人，曾讲授于岳麓书院。朱熹住在安徽会馆，教书在贡院东街，后人纪念的祠堂就设在安徽会馆内，左宗棠教书就在这里。

天人突现 【第五章】

天下危亡

就在左宗棠卧龙蓄势，准备轰轰烈烈出湖时，19世纪40年代湘阴接连几年的大旱灾与大水灾相继频发，让他个人与家庭如遇灭顶之灾，前途几乎全部断送。

左宗棠看到，个人的、群体的灾难，比起国家、社会、天下的灾难，小得已不起眼。但天下再大的灾难，都是由一个一个家庭的不幸小灾难聚积成。不能救自己、家人、族人、乡人，则国家、社会、天下也就无从挽救。

因天灾的意外裹袭，他个人的思想与行动轨迹开始过渡：由个人到家庭、到社会、到国家，逐渐融进时代的洪流。

第一次从陶家休假回来，左宗棠知道了第一次鸦片战争。这一下子不得了，他拍桌子骂娘。国破山河在，百姓不安生。"问天下头颅几许？看老夫手段如何！"据刚过世的南怀瑾先生考证，正是左宗棠的名言。

左宗棠怎么这么冲动？湘水校经堂早年"通经史、识时务"的教育，让直率的左宗棠遇事常常直言不讳地评施政得失，口无遮掩地"谤讪朝政"。22岁时，他已有话在先，并且单方面发布了宣言："身无半亩，心忧天下！"①

面对中华五千年来未遭遇过的西夷入侵，他心急如烧。全面了解后，他评价当下说：去年林则徐在广东发起禁烟，是一件大快民心的好事，英国人借口前来"启衅"，昏庸的朝廷不去反击，居然反将林则徐革职查办，充军新疆，"是非颠倒如此，可为太息！"

国家已被撕开一道伤口，他很难做到冷静，越说越愤怒：朝廷等到听说英国人已经霸占了香港，反对林则徐而主和的琦善也被拿下问罪，才慌了手脚，不知道战好还是和好，"而夷船且逼广州矣"，这些都是什么原因造成的？

一气之下，左宗棠一口气写下四首"感事诗"，以抒愤懑，思考国事为什么变坏，左宗棠认为，根源在于朝廷"上下相蒙，贤奸不辨"。

他用一个辛辣的比喻，讽刺朝廷说：就好比有户人家，家里的仆人与侍从相互勾结，合伙来欺骗主人。汪洋大盗都进门了，主人才慌张问，什么情况？仆人与侍从联合起来撒谎说，是邻居家的夜狗在叫，哪里有什么盗贼？主人信了，又放心继续睡大觉，听凭汪洋大盗洗劫。这个主人真是蠢到家了啊！他借比喻骂当政者。（"譬之人家仆婢相通，蒙蔽主人，大盗及门，犹诿为邻犬夜吠，彼主翁主妇固惛然罔知也。"）

这段时间，危机从小到大，已经发生转移。由"左家，到了最危险的时候"，转变成"国家，到了最危险的时候"。

左宗棠格外留意中国时事与发展动向。但一介书生，手无寸权，知道得越多，痛苦越深，却苦于无力，"世局已极颓靡，惟闭户私忧，仰天长叹已耳！"

夜深时分，星光寒微。忧坐在柳庄门前，对着前面那口水塘，见鳞光忽闪，有如波涛。左宗棠内心为之奔腾，看着看着，眼前仿佛变成一片海，对海隔岸的山上，高低黑树，像英国兵。有那么一阵，左宗棠真想冲过去，但一起身，发现椅子不能当船。

他只有按捺住冲动，继续陷入深思：

为什么天下的兴亡，老百姓也有责任？因为朝廷、政府，可能是个混账朝廷，混账政府，国家也可能使坏，帝王相信"我死之后，哪管它洪水滔天"。②

左宗棠终生箴言："天地正气。"

面对这样无能、无赖、无良的朝廷、政府，社会可能崩溃，国家可能灭亡，黄色人种可能灭种，天下老百姓可能会跟着朝廷，无辜被葬送。

这时怎么办？

正确的做法，将朝廷、政府、国家、社会，划清界线，该谁谁的。哪些是我们的义务，哪些是我们的权利？是你的，你不能推脱；不是你的，你不能抢。

因为不愿陪着无能、无赖、无良的"三无朝廷"一起快快变老，更不能跟着它一起陪葬送死，所以，天下需要民间能人站出来，鼓动起来，组织起来，联合起来，寻找自救。

左宗棠就是按照这个逻辑，做这种寻找。

1841年，他设想用明朝抵御西班牙、葡萄牙、荷兰的方法，来对抗英国人。也就从这时起，他对待西方入侵，定下一生稳如泰山的调子：主张坚决抵抗，反对和议。他用一首诗来表达：

一怒永维天下祜，三年终靖鬼方人。

和戎自昔非长算，为尔豺狼不可驯。

诗的大意是：我一旦愤怒了，那就要坚决抵抗。成功了，就可以维持天下老百姓永远的福利，得靠这争来的和平，再努力培育社会，才可以将鬼重新变回人。战争一旦来了，不要怕，不要有丁点跟敌人谈和的打算，你想都不要想，有谁看到过豺狼被驯化成好狗了？我们要打到底，侵略者从哪里来，我们将他打回到哪里去。

但这时的左宗棠，势单力薄，也就"书生牢骚"。1842年《南京条约》又签，中华利益不断沦丧，左宗棠气得吐血。

左宗棠对时事了解如接电报一样快捷。他说，"英入犯浙，又掠吴淞，直抵江宁，而五口通商之和议成矣。"他预判后果严重，中国将亡的阴影，幽灵一样在他头顶盘旋。这种史无前例的威胁，真是"梦想所不到，古今所未有"。生活在这样一个内忧外患的国家，自己只有眼睁睁地看着痛苦的份，真正生不如死！置身无助之中，他甚至想过跳海自杀，说"吾既不能蹈海而亡，则惟有买山而隐耳。"

痛定下来后，他终于想到找朝廷问罪。"时局如斯，彼谋国者之肉，宁足食乎？"国家被你们那些当官主政的人弄成了这样子，我恨不得将他们活活生吃掉，只怕这些人的肉太少了，饱不了我愤怒的肚子！怒极之下，他已经动了心思，打算与满清这个混账朝廷，彻底决裂。具体怎么去决裂？他一时又想不好。

这就是左宗棠当下的矛盾：想去救天下吧，又赤手空拳，无兵无权；不去救吧，看着"三无朝廷"，想死的心情都有。躲开不看吧，做不到；不管吧，自己本来就是局外人，牢骚管管而已；去管吧，有如拔自己头发上天那样的无助。

中国有句俗话，时势造英雄。道光皇帝的时运与清廷的国运已经跌成这样，国家眼看着要灭亡了，天下眼看着要崩溃于一旦了，中国的土地，必然在强烈呼唤产生一个双手能撑起民族主权的英雄人物。

这不是个人英雄主义。

在侵略战争吞噬一切的时代，在国家、民族命运生存遭遇挑战的时候，必须有个人，可以引领民意，凭个人之智，运筹天下力量，以挽天下危局。只是天下一旦太平，社会就应该立即松绑，个人英雄主义得马上退出，个体的自由权利得发展。用今天的话说，叫社会转型。

危机时分，谁也不知道，那个英雄在哪里？左宗棠当然也想不到，那个人就是后来他自己。

要想不被"三无朝廷"活活气死，自己怄气死，左宗棠唯一的途径，是怎么去让自己变得有力量，或者先获取权力。一朝权在手，我把令来行。心忧天下、救天下，就有本钱了。

无巧不成书，机会说来就来。

林则徐在关键时刻，将左宗棠朝历史的权力舞台上再奋力推了一把。

1849年冬天，林则徐因病开缺回乡，从昆明回福建，沿途经过贵州、湖南。他计划好了，经过湖南时，点名要专门会见左宗棠。

浓雾愁云中，一叶扁舟，经湖南辰州，泛沅江，溯湘水，向长沙划来。1850年1月3日早晨，在岳麓山下、橘子洲头东岸的湘江边，船晃荡了几下，停泊下来。

对左宗棠"事业托孤"的英雄林则徐

选择暂停长沙，完全是为了晤见左宗棠。

林则徐是带着累累心伤来约见左宗棠的。

近十年来，林则徐的官宦沉浮，比好莱坞大片还惊心动魄。1840年，他在广东虎门销毁鸦片，鸦片战争爆发。双方一开战，中国惨败。道光皇帝将气全撒到林则徐身上，将他"遣戍新疆"。遣戍指"放逐罪人至边地、军台戍守"，也就是充军。1845年10月29日，皇帝头脑发热，不知哪根神经接对了，下令释放遣戍在伊犁的林则徐，给五品京堂候补待遇，两个月后，又任命他做陕甘总督。

在宦海的波峰与谷底间来回剧烈颠荡，官场对林则徐来说，像天堂与地狱中间那层真空带。天使与魔鬼同时向他露脸，一个峥嵘，一个狰狞，而皇帝定了他的手脚，封了他的嘴。

英雄无泪，个中滋味，百感交集。

长期劳苦奔波，长年心情压抑，林则徐旧病复发。加上夫人郑淑琴去世，他苦闷至极，只好奏准请假，回乡调治。

趁这次机会，他铁下心来，一定得会见左宗棠。如果不能见到，死有遗憾。

一纸请贴很快写好，林则徐派仆人林忠快马加鞭，加急往柳庄送。

林忠一路上很纳闷，一个快40岁的人了，什么功名都没有，听说还在家赋闲，怎么林老爷子对他这么器重？

正在为天下担忧，为民族发愁的左宗棠接信一看，心脏像战鼓，激动得差点跳出来：林则徐的亲笔！他位高权重，万民景仰，居然想到见自己。

左宗棠对林则徐的仰慕，始于广州虎门销烟。虎门销烟，销出了中国人的骨气，也销出了自己胸中憋的那口闷气，左宗棠对林则徐佩服得五体投地。

像今天的追星族有偶像崇拜心理一样，心高气傲又手无寸权的乡下书生左宗棠，从此很自然将林则徐当成自己政见主张的代表人、行动者。他将自己内心对国家的期待，全部投射到他身上，对他的一举一动，格外关注。

见面之前，左宗棠开始与林则徐进行漫长的神交。左宗棠被林则徐的爱国心感染，觉得他仿佛就在自己身边，产生过"心神依倚，惘惘欲随"的错觉。等到林则徐遭贬，奉调治黄河决口，出关赴新疆，左宗棠比林则徐还悲痛，形容自己"仆之心如日在公左右也，忽而悲，忽而喜，尝自笑耳"。

尤其是林则徐说出那句有名的"苟利国家生死以，岂因祸福避趋之？"，左宗棠像在孤独与黑夜中看到一盏星，从此将它常挂在心头，用来激励自己，度过心理上的困顿、失落与绝望期。

多年来，林则徐像天上的星星一样，可望而不可及。今天，林则徐主动约见，惊喜来得太突然。

因为没有任何心理准备，左宗棠亢奋异常。他接过信，抖着双手，拆开一看，一张纸，八行字。因过于激动，他看了三遍，脑子里还是一片空白。

好在林忠在边上小声提醒他：林老爷子在长沙段湘江边已经约好了船，等你去面谈。

左宗棠佩服林则徐，所以知道林则徐，这没问题。但倒过来一想，有问题了：林则徐怎么知道左宗棠的呢？一个封疆大吏，对一个进士考试三次落榜的小举人，总不可能因为老是落榜而知道的吧？那真成了好事不出门，坏事传千里了。

其实好名也可以传千里。

又是老朋友胡林翼在事前做广告。林则徐做云贵总督时，胡林翼做贵州安顺知府。作为部下，胡林翼开始向林则徐推荐左宗棠，称左宗棠"近日楚才第一"。林则徐听了，心中一震，随之一动。

胡林翼本意想推荐左宗棠去林则徐的帐下做幕僚。但左宗棠自己很明白，他的起步只能在湖南，这是关键。而且家务事确实也多，一是二哥的儿子今年17岁了，嫂子要帮他娶媳妇，左宗棠要主办；二是陶桄还在他手下读书。几个原因加在一起，他只好遥望林公，心中郁结，怅然若失。

官场老友、两江总督陶澍与左宗棠结为"忘年亲家"，林则徐听到后，相信胡林翼没有夸大其辞。再后，越来越多的朋友推崇左宗棠，让林则徐从侧面对左宗棠有了一个比较全面的了解。

一个人在江湖上有了名气，名气也会转化成生产力。

关键还是，林则徐与左宗棠信奉的道相同，都是经世致用派。这样的两个人，就有了谈话的基础。而此时的林则徐，与陶澍在两江总督任上见左宗棠一样，都有"临终托孤"的想法。只不过，陶澍托的是真孤，是自己的独子，而林则徐托的是事业之孤。

林则徐是个踏实办事的人。当年，从销烟英雄贬为流放罪犯，从广州流放伊犁，他依然带一颗踏实办事的心，为巩固中俄边防而绞尽脑汁，走破脚板。

流放伊犁是林则徐一生政治生涯最低谷。但他为了开发建设新疆，不顾政坛失意，年老体衰，抓紧时间，认真翻阅了大量的新疆屯田档案资料，亲自摘抄《喀什噶尔、巴尔楚克等地屯田原案》、《巴尔楚克等城垦田案略》、《哈密厅卷宗》，以及伊犁喀什河史地等。1844年，林则徐主动接过伊犁将军布彦泰的委托工程，垦复阿齐乌苏地亩。这项工程历时4月，用工10万人以上。工程完成，渠道全通，10多万亩土地得到灌溉。布彦泰对老英雄既感动，又敬重，向朝廷奏报林则徐的立功表现。没想到道光皇帝怒气还在，以请君入瓮的心态下旨："著即传谕林则徐，前赴阿克苏、乌什、和阗，周历履勘。""戴罪立功"后的林则徐，凭借这道圣旨，只好从富裕的北疆伊犁去到了贫困的南疆地区。他不但没有怨言，反而感恩朝廷给了他继续在中国边疆办实事的机会。

林公忙活一生，整个身心都献给了国家。晚年在伊犁守边，又总结了许多大想法，全是一手材料的"治边真言"。边疆问题多，隐患大，他还想拼命干上一把，为后人造福，但年岁不饶人，他感到体力不支了。人步进老年，总会不由自主地想后事。预感到自己将不久于人世，满脑子的想法，一肚子的计划，难道就这样眼睁睁地看着跟自己陪葬？

一定得找个事业的后继者。

以林则徐的智慧，物色人不难。虽然远隔千里，但他从部下、朋友的口中，从左宗棠的江湖诗传中，反复斟酌，嗅出了他的兴趣，又发现了他的潜能。他断定：新疆边防与建设，除了左宗棠，中国内找不到第二个更合适的人。

左宗棠就这样被他认定是他事业托孤的对象，在心里打了钩。

左宗棠呢，当然不会知道这点。他只是感觉到，转眼就到不惑的年纪，自己还是个无钱无权无地位的"三无草民"，有大梦想，却找不到平台去发挥与实现。到哪里去找得机会，谋求一个事业发展平台呢？

林则徐无疑是他最盼望见到的人。人家眼下主动派人求见，他怎么会不想到尽快跑去一见？

这次见面，林则徐将给左宗棠带来怎样的转机？

林左夜谋

打发林则徐的信使林忠先回去禀报，左宗棠在家仔细整理衣冠。

在乡下呆久了，他已经草野惯了，现在要去见大人物，他得认真打理一下衣冠。古人讲究着装，是对对方的尊重。

下午骑着马，嘀嘀咚咚，嘀咚嘀咚，从湘阴柳庄往长沙段湘江赶。赶到时，江水瑟瑟，晚霞漫天，一面"林"字大旗，在晚风中自由舒展。湘江的河中小岛，就是水陆洲，也就是毛泽东后来"问苍茫大地，谁主沉浮"的橘子洲。

下江岸，踏滩涂，左宗棠看见，上湘江停船的木桥两旁，站满了等着接见的官员，以及负责安全的卫兵。

左宗棠的心再次激动起来。卫兵和官员，他全像没看见，急冲冲准备上船。将袍带一撩，跃上跳板。他眼睛只看着船，没注意到木板，才迈一步，一脚踏空，踩到湘江里，水深及小腿。一位长者见状，从船头跑过来，拉他。他一用劲，挺了上来。

冬风凛冽，不吹自寒。但心中像烧着一把火，似有早春暖意，他来不及将裤水拧一下，大步流星地往前冲，从怀里抽出"湖南举人左宗棠"的拜见帖，恭敬地说道：湘阴左宗棠特来拜见林宫保大人！

刚才来拉左宗棠的长者，对等待两旁的官员说：林大人今天有要务，请各位大人回。然后转身，邀请左宗棠进去。

几步跨过去，左宗棠终于见到神交已久的英雄偶像林则徐了。

这就是你带给我的见面礼？林则徐看出了他的激动，以这句话做见面开场白，将左宗棠落水一事，用半开玩笑方式，来化解他的紧张。

左宗棠实在太仰慕林则徐了，心中还是有点紧张，说话变得文绉绉的。

林则徐继续笑道：这可不像跟陶公当年见面的那个左宗棠啊！

左宗棠脸一下子赤红，一半因为激动。

林则徐与左宗棠"湘江夜话"

"你去换一下衣服，当心冻着了。"林则徐见他还没有平静，安排长者带他进船内更衣室，缓和一下他亢奋的情绪。

等左宗棠换了衣服出来，林则徐已经坐好在露天船头上。林则徐站起来，做了一个"请坐"的手势，左宗棠在对面落坐下来。

林则徐呵退左右，两人对着拂面吹浪的江风，一边喝酒，一边谈天。

简单问过家世，林则徐开门见山说：左君，我们今天来谈天下大事，谈社稷江山的安危，怎么样？

左宗棠到底在乡下呆得过久，草野惯了，陡然见到林则徐，还是放不松，有点紧张地笑了笑，说：我一介寒儒，哪里懂天下大事呢？不敢谈。

林则徐笑了起来：你就不必谦虚了，左君名动江湖，读破万卷，心忧天下，这哪里难得倒你？况且，润芝（胡林翼）、陶宫保（陶澍）、贺公兄弟（贺长龄、贺熙龄），都跟我说，你才华横溢，有远见卓识，我们今天放开来谈，这里就我们两个在，可以无拘无束。怎么样？

左宗棠一听，有这样多朋友之前保荐过，林公又如此器重，消除顾忌，就放松了。本性中那种舍我其谁的气势，很快就恢复了。

他问：从哪里开始谈？

林则徐说：先谈新疆，再论兵战，如何？

轮到左宗棠意外了。他一路设想谈话的内容，怎么也没想过还要谈兵。在一个实践了一生的军事统帅面前，一个从来没听过军事课的书生，居然要嘴上谈兵，不是班门弄斧吗？

但左宗棠不怕。他让自己先发表观点，那就畅所欲言。他是不懂军事，但他有自己的强项：懂地理呀！从城南书院，到周家，到陶家，亲手画过，仔细研究过。20年了，中国的地图，边疆的地理，他无师自学，烂熟于心，肚子里有货。

他以自己娴熟于心的新疆话题开口：

"新疆地处中亚东部，与中亚和印度接壤，英、俄两国都将新疆视为战略要地。新疆古代称作西域，西汉政府在新疆轮台境内设置西域都护，郑吉担任过首届都护。《汉书·郑吉传》上说：汉之号令班西域矣，始自张骞而成于郑吉。

从此以后，中国有效地行使对西域地方的管辖权。"

左宗棠开口以全球眼光，从历史切入话题，林则徐一下感觉到气势与深度。他侧耳细听，慢慢听得入了神，心里开始暗暗吃惊。他在新疆生活多年，专门应对过军事、复杂民族问题，对地理的见识，对全局的洞察，在某些地方，居然还赶不上这个足不出户的湘阴举人。

林则徐以严苛的标准，一路听着。左宗棠从地理逐渐自然地过渡到了军事。他先抛出一个观点：当前天下言兵事者，其要在将而不在兵。

他举例论证：林公您10年前虎门炮战，朝廷军队80万，英国军队不过数千人，我们败了。为什么？您虽然想作为，但处处有人阻碍，施展不开拳脚。所以陆续造成"广州琦善之辱，南京城下之盟"。③

这一下，说到林则徐心坎里去了。他是这段历史的亲历者、见证者，当然最清楚问题出在哪里。左宗棠又继续拓展开谈，从带兵引到对西方人的抗争。

林则徐征询式地问：你认为当今天下当务之急，在哪里呢？

左宗棠答：防务。道理是，第一，跟洋人谈判，只是形式，战端必然还会起，防务一定需要。第二，今天国防，防务松弛很久了，内乱导致外松。正确的做法，是先修内务，将内部整顿好了，就可以集中力量来对外。

谈完兵、时务，再深入谈怎么解决当下新疆问题。

这得脱离书本与地理分析，在中国内忧外患的基础上，具体谈新疆的保卫和发展。

这个，左宗棠确实是嘴上谈兵了。林则徐亲自率兵保卫伊犁多年，谁能比他更清楚其中的一切？但左宗棠有自画新疆地图的底子，他会结合时局，对新疆与中国，做形势的分析。

林则徐等他谈完了，说：季高，我在西北几年，局势跟你刚才谈的差不多，西北并不是不富裕，吐鲁番、南八城，如果经营得当，将农业普及推广，它将来就是中国第二个东南。但西北地方太偏远了，难得管理，官员也很难都认真努力做好，所以根基一直浮动不稳。我呢，本想一直为新疆效力，但一纸任命，又入关到了西南。新疆事业没做好，我感到终生遗憾啊！

说完，林则徐要大儿子林汝舟将他在新疆整理的资料全部拿来。打开一看，西北的形势图、山川、道路、城镇、桥梁、水井，都是林则徐亲自考察后画上去的。他明确说：将来中国最大的祸患，是俄罗斯。说完，他将自己在新疆整理的资料和绘制的全部地图等亲手重重地放到左宗棠的手上："吾老矣，空有御俄之志，终无成就之日。数年来留心人才，欲将此重任托付！"

几颗老泪掉到地图上，迅速漫开，在地图上荒漠戈壁标记处染下沟渠一样的滋润水色，经夜光照射，像苦汗，像热血。

通过今天的对谈，林则徐对左宗棠已经有了深入了解。他已经可以确定，中国东南方的外敌，将来能够抵挡的人才有的是，但要安定大西北和新疆，除了左君，已经找不出第二个人了。（"东南洋夷，能御之者或有人，西定新疆，舍君莫属。"）

林则徐将一生中最大、最沉重的担子，全托付给了左宗棠。担子压到肩上来，左宗棠也不感到有多沉。这头强壮倔强的牛，已处青年的尾巴，再不是当年那毛躁的小伙子。论年龄与智慧，他都具备担当天下的实力。

这次见面，彼此印象十分深刻。以后，左宗棠与朋友书信，每次必称林则徐是"天人"。这晚的"湘江夜谋"，也就成了徐公事业托孤于左君的历史性佳话。

当年做家教时那些在安化小地方很私人的想法，今天终于与林则徐面对面做了一次畅快的沟通，人生最快意的事情，莫过于此。

有意思的是，林则徐今天也被这个年轻人震撼了。见面后他了解了左宗棠是不错，但他还是没有搞明白，一个乡下人，看上去像头蛮牛，伏在柳庄小屋里，自命当代诸葛亮，却怎么真懂那么多？他这些与真理最为接近的学问，到底从哪里来的？

他很含蓄，将这些疑惑，以褒奖的形式，写到一副送给左宗棠的对联里。

此地有崇山峻岭，茂林修竹；是能读三坟五典，八索九丘。

这副对联是清代大文学家袁枚晚年居住在南京随园时贴在书房里的一副对联。《三坟》《五典》《八索》《九丘》，是传说中的上古四部书籍，早已失传。[④] 林则徐以这副对联，来褒奖左宗棠的学问，夸左宗棠读的都是"天书"，既表达了他的惊叹，也是将左宗棠也当作"天人"来看待。

这样看来，这次湘江晤面，成了两个相互奉为"天人"的陌生朋友在对话。

林则徐约见前既然定调为事业托孤，他当然要留话激励。他当场摊纸，写下"苟利国家生死以，岂因祸福避趋之！"书法联，赠与左宗棠做纪念。落款很低调：愚弟则徐与季高仁兄大人共勉之。林则徐生于1785年，比左宗棠大27岁。"愚弟"是谦称，在近代并不是不可以。"大人"则是君子之意，不是说年纪大，或官位高，也没有什么不对。只是林则徐自谦成这样，是借机来抬高左宗棠。这也是古人抬举朋友的常用手法，自己本已威名四海，却主动降低到尘埃里。

左宗棠则已经完全恢复了他年轻气盛、舍我其谁的气魄。不假思索，提笔写了一副回赠联：

是能养天地正气，实乃法古今完人。

左宗棠这时还是自负。这种自负，随着能力的增强，慢慢地转化成了自信。自负与自信的区别，在于能力与口号的距离：满嘴跑车，叫自负；大致相当，叫自信。

对联写完，左宗棠抬头，船舱外已经露出曙光，湘江在晨霭中渐渐发亮。一个通宵，就在这样推心置腹中度过。

这是一次决定中国历史未来的对话，确切地说，是决定中国160万平方公里边疆去留的历史性见面。

早年自己在地摊上买的"舆地学"，是启蒙，在陶家读的，就是理论，今天从林公这里学到的，全是实践。他经过这三大步，完成了一个质的飞跃。今天的左宗棠，已不是昨天的左宗棠。

但这次见面后发生的变故，与当年陶澍见面后完全一样：时隔一年，即1850年11月22日，林则徐骤然死亡。

一代民族英雄，走完了65年生命历程，神秘去世。

今天流传两大死因：一种说法，林则徐忙于实际事务，操心太重，"力疾在任"，劳累而死；但另一种说法流传更广，林则徐是被人用一种类似巴豆的泻药故意慢慢毒死的。

当时的经过是：1850年11月1日，咸丰皇帝命令林则徐从福州出发，去广西镇压"天地会"的反清活动（"天地会"即太平天国运动的前身），这时林则徐病体已衰危。11月5日，他带病携带三儿子林聪彝和幕僚刘存仁，奔赴广西。不料走到广东普宁县，病体难支，于11月22日辰时在洪阳镇洪新书院病逝。

去世当天，林则徐给咸丰皇帝的《遗折》中描述自己，"吐泄交作，积欠虚劳，心脉已散，百药罔效。"这些症状是什么原因引起的？他没说。

今天对真相深入考证，林则徐完全有可能是被广东普宁新豆栏或别的什么商行毒死，而临死前他已有察觉，三呼"星斗南"去世。福州方言里，"星斗南"与"新豆栏"谐音。"新斗栏"即普宁商行的新豆栏街，这里是洋人走私、贩毒的聚居地。

林则徐从虎门销烟时起，多年来在广东得罪有权有势的中外小人、腐官、奸商，实在太多。

左宗棠得到林则徐逝世的噩耗，仿佛被人闷头敲了一棍。他沉痛地写下一副挽联："附公者不皆君子，间公者必是小人，忧国如家，两百余年遗直在；庙堂倚之为长城，草野望之若时雨，出师未捷，八千里中大星沉。"

这次与林则徐见面后，给左宗棠带来改变，他从书斋理论研究中逐渐走出来，对新疆有了更多感性与实践的认知。而林则徐利用自己的声望与影响，用赠送字画题词的方式，为左宗棠在中国官场里再拓开一条渠道，埋下伏笔。

左宗棠这时还未走进官场，但已经历了又一次心理体验。从林则徐的死亡谜语中，左宗棠已经觉察出，官场险恶，做一个为国为民争利的好人，风险性很大。做坏事固然很难，社会人人喊打；做好人比做坏人其实更难，坏人会随时算计陷害你。

真正的好人，不会面难而退，会迎难而上。正义是靠人努力争取出来的，不是靠躲闪怕事、自扫门前雪得来的。左宗棠要争取不负"天人"重望。在随后20多年，他要用行动与事实证明，林则徐选他做"事业托孤"的传人，不会错。

眼下，林则徐与左宗棠此次夜谋的故事，很快在官场江湖上传开。左宗棠的名气已经大到一发不可收拾。想请他出山，委以重任的人，陆续找上门来。

经过这些年连续的曲折碰撞与偶遇，左宗棠得到了一次接一次机会。

他现在能够马上出山，尽平生之志，轰轰烈烈，大干一场了吗？

万事俱备，只欠机会。

当代卧龙怎么寻找到一个最合适机会，出山入湖，一展身手？

注：

①　天下首先是个社会概念，是独立于政权的社会。比方说，满清的朝廷，这叫政府，他们治下的范围，叫国家。中华则是文化概念，是超越了朝廷、政府、国家，在它们之上。中华民族的老百姓，他们属于天下。朝廷、政府、国家在不断地灭亡、更替、新生，天下还从来没有听说亡过。左宗棠忧的天下，不只是朝廷、国家，准确说是中华民族、社会老百姓、天下苍生。顾炎武有言："天下兴亡，匹夫有责。"这是真理。

②　法国国王路易十五的"名言"。路易十五执政后期奢华暴虐，我们从这句话中可以体味到他的极其冷漠、暴戾、刻毒、残酷与无情。如果说话者是一介草民，可以理解是在心灰意冷、绝望无助的境遇下发出的悲鸣，至多自暴自弃，放浪形骸，了此残生，对国家、民族乃至其他人并无大碍；但此话出自掌握国家命运、权倾一时的一国之君路易十五之口，则永远难逃颟顸无能、专横跋扈、祸国殃民的罪名，遭到世人的唾弃。

③　1840年9月28日—12月4日，琦善奉旨接替林则徐担任两广总督。原先主剿的他在白河口见英军"船坚炮利"，下令撤退炮台守军，并派广东人鲍鹏去广州虎门口向英军求和。1月25日与义律私下约订《穿鼻草约》，割让香港，赔款六百万元。道光皇帝以琦善擅自割让香港为奇耻大辱，令锁拿解京问罪，"革职锁拿，查抄家产"，发军台，后获赦免。

1842年6月，英军集中兵力进犯长江。8月初，英军到达南京下关江面，扬言即刻进攻。29日，清政府派耆英、伊里布和牛鉴为代表在英舰"皋华丽"号上签订《南京条约》，接受了侵略者开列的议和条款。此条约订立，中国开始遭受外国资本主义的奴役，独立主权遭到严重破坏，中国社会性质开始发生根本性的变化。《南京条约》及其附约，被后来史学家看作开启中国近代屈辱命运的"城下之盟"。

④　三坟五典，指中国最古老的书籍。最早见于《左传·昭公十二年》，楚灵王称赞左史倚相：是良史也，子善视之，是能读《三坟》、《五典》、《八索》、《九丘》。《尚书序》称："伏羲、神农、黄帝之书，谓之《三坟》，言大道也。少昊、颛顼、高辛（喾）、唐（尧）、虞（舜）之书，谓之《五典》"。《八索》与《九丘》有两说：一说指"八卦"与"九州之志"；一说是《河图》、《洛书》。

买山深藏

【第六章】

地动天摇

时间到了1850年，左宗棠已经38岁。

再不出山就老了。

1850年的秋天，湖南湘阴玉池山霜寒露白，秋叶落黄。山上，两个书生模样的人，身穿短褐，脚穿麻鞋，手执砍刀，披荆斩棘，动作麻利，神踪诡异：他们时而矗立岩石顶上，四下观望，八方打量，时而钻进洞穴，窸窸窣窣，一探究竟。

他们是何人？来这里干什么？没有第三个人知道。

鸟鸣山幽，人动山惊。到一个千年来无人登临的荒山野岭，是学徐霞客来考察地质？或者，农村的风水师在选择坟地？

都不像。

他们终于说话了。一个说：筠（yún，竹子的青皮）仙，我看这个地方可以，比较隐蔽，又近水源。一个说：季高，我看不错，挨着有两个洞，我们刚好做邻居。

季高是左宗棠的字。筠仙则是郭嵩焘的字，郭嵩焘后来成了中国第一任外交官，与左宗棠是同乡，小6岁。

左宗棠与郭嵩焘这时跑到这深山老林里来干什么？

选择隐居之地。

这太出人意料了！左宗棠不是准备出山了吗，为什么这个时候却选择寻山隐居？

是最近又遭遇什么挫折了吗？没有。是湘阴发生什么大事了吗？也没有。

左宗棠像上知天文，下晓地理的诸葛亮，多年来通达中国社会，遍知天下时事，凭直觉已经预感到：一场席卷一切，让风云为之变色，令天地为之动摇的社会大变动，马上就要到来了！

是天崩地裂吗？会天塌地陷吗？将天翻地覆吗？不知道。

地震前的蛇，可以预知地震强度；卧龙左宗棠，已经预感到社会震荡的烈度。

他不得不沮丧地做最坏的打算，未雨绸缪。

从1841年到1849年，中国各地农民起义，达到110次之多。湖南的武冈、耒阳、新田、新宁，都发生了，规模不小。

全国之内，天灾大到也让人无法承受。从1846到1850年，黄河、长江流域年年都发生水旱灾害，1849年，长江中下游六省水灾史上少见，整个南方饥民遍野，到处可见，数百万人被迫逃亡。

天灾加上之前鸦片战争失败，大量赔款，洋货涌进，手工业大批破产等人祸，社会已经完全崩溃。

灾害造成游民，游民一股股流向湘南和广西，小股的做土匪打家劫舍，大股的则高举反旗攻城割据。

"宁做太平狗，不做乱世人"，民间正盛传这句话。前几年，大旱灾与大水灾将湘阴折腾得千疮百孔，眼下，暴动的人祸又山雨欲来。

左宗棠感到自己处境不妙。10多年来，与陶澍、林则徐先后见面，让左宗棠声名鹊起。作为名人的左宗棠，名声此时对他，不是一条出山的通途，而是

左宗棠书法

一种负担，是一根随时直接招祸的引火线。

名人左宗棠不怕别人知道，但怕手握大权的人忘记，怕手操大刀的人惦记。

左宗棠忧叹一声，龙游浅水遭虾戏，船迟又遇打头风。读书考取功名的打算，26岁那年已经断了；在民间生息繁衍，做个自由自在人，"长为农夫没世"，计划看着又成了泡影；刚想着出山，地在动，山眼看着摇摇欲坠了。

左宗棠唯一能想到的办法，是自救。买一处人荒鬼怕的僻山，将自己完全彻底隐居起来，避过生死劫。

这个选择，让左宗棠郁闷万分。31岁那年，好容易盖起柳庄的大院，也就学学诸葛亮装隐士，以实现出将入相、一步登天的大梦，没想到节骨眼上，会被这样一场正在酝酿与发酵中的，将导致天地易位、玄黄变色的大暴动而逼成真隐士。

还有比弄假成真更倒霉的事情吗？

这次他是做好真隐的打算了。毕竟年龄不饶人，眨眼已经38岁。曾国藩早两年已做上从二品京官，自己落后已经不止千里，心中伤痛，无人知晓。

藏命于深山，也要用学问。

据野史记载，这段时间，左宗棠用他一流军事家的头脑，在玉池山上反复侦察，最后选定一个叫白水洞的地方。

白水洞坐落在湘潭与湘阴中间，地势偏僻，难猜难寻。无论去湘潭，还是回湘阴，路途都最近。左宗棠叹息自己老谋深算，读了那么多书，却先做这么个小谋划，未免大材小用。

左宗棠又帮郭嵩焘选定隔壁一洞，叫梓木洞。

选好后，他们安排人用砍刀将洞内用树木、树叶、藤蔓修理了一番，打造了一个类似野人与猿猴住的洞房。房子原木原石，原始生态，纯手工制作。

刀砍斧伐，立木覆叶，忙碌了几天，房子搞得差不多了，他与郭嵩焘悄悄下山，将沿路痕迹掩盖。

现在，只等社会大暴动，他们就抢在第一时间，搬到山上来。

人算即是天算。白水洞建好后不到4个月，预感得到了可怕的印证：1850年11月4日，洪秀全集结2万多人，在广西金田村正式发动声势浩大的起义。湖南与广西紧邻，惊天动地的太平天国运动，像一声炸雷，让整个湖南陷入惶恐与纷乱。

国事也在发生变化。就在这年的2月25日，中国易主：道光皇帝驾崩，咸丰皇帝登基。

但朝廷像一头笨拙而麻木的老黄牛，太平天国运动事实正在以台风横扫中国的气势席卷而来，中国土地辽阔，号称天朝上国的朝廷已被摇动了，遥远的北京，居然还感觉不到动震，咸丰皇帝没怎么上心。他依然以君临天下的架势，俯视天下臣民。

咸丰皇帝登基，给左宗棠又带来一次出山的机会。

为了显得皇恩浩荡，咸丰一登基就颁发一道诏书，宣布开"孝廉方正科"，声称要搜集乡野遗才，定荐举后赴礼部验看考试，授以知县等官。[1]在这个不是时候的时候，左宗棠成了被搜集的对象。

翰林院庶吉士郭嵩焘推荐左宗棠。[2]

左宗棠一口拒绝了。他心里一肚子火：你这么个破朝廷，弄得我考试不中脸面丢尽也就算了，如今连自己治下的老百姓都保护不了，弄得我左老三假隐要变真隐，我怎么可能出山给你来帮忙？

不说他眼下正忙着要真隐了，就是不隐，他也不去。因为保举"孝廉方正科"即使选上了，也只能得个六品顶戴的芝麻官。左宗棠相信自己跟诸葛亮一样，是拜相封侯的人物，怎么可以起步如此低下？

关键是，一心关注社会变动的左宗棠，这几年通过一个人，看到了自己的希望。这个榜样，就是湘勇（今称湘军）创始人江忠源。

江忠源，湖南新宁人，与左宗棠同岁。但科考比不上左宗棠，1837年才考取举人，其后科考一直不顺。1844年，为镇压农民起义，便在籍办团练，[3]灌输忠孝礼义，教兵法技巧。

江忠源办团练，很快就见成效：一举成功消灭了同乡雷再浩的起义军。

19世纪40年代初，在连年天灾人祸的逼迫下，湖南新宁人雷再浩揭竿而起，组织平民反清，与李辉、李世德共创"帮帮会"。雷再浩、李辉分别于新宁八峒、瑶市、盆溪及县城发展会众。几年后，会员发展到2万多人，雷再浩被推举为总大哥，李辉推为元帅。

1847年10月16日，雷再浩在黄背峒，李世德在广西滑溪正式宣布起义。江忠源组织团练迅速去镇压。

江忠源带的团练，坚持了民间办军事特色，对朝廷，一不要人，二不要钱，三不要粮，但一心帮朝廷办事。对于这样"三不一有"的民间部队，朝廷求之不得，自然大加鼓励，常常奖励。

江忠源凭借这支民兵队，成功镇压了会党起义。朝廷马上赏他做浙江秀水知县。

尝试到办团练的甜头，江忠源又命弟弟江忠淑募选500人，号称"楚勇"，赶到广西。这是湖南乡勇首次出省作战，也是湖南民间第一次搞军事输出，出师大捷。

开局很好，发展很快。其后几年，江忠源节节胜利，他的官位也从举人起步，知县、知府，一路往上升，升升升，升到了按察使和安徽巡抚。

非常之人，以非常手段，办非常之事，取非常官位。江忠源别开生面的起步，让左宗棠豁然开朗：即使江忠源考上进士，发展再快，也无非做个县令、知府，类似胡林翼官场骄子，眼下就是这样。

江忠源后来被奉为湘军创始人，可惜死得太早，事业半路夭折，名气没有曾国藩大。④ 就才能而言，他与曾国藩旗鼓相当，各有所长。北京城里流传着一个说法，京城里只要有人去世，江忠源必定会帮忙买棺材，曾国藩必定会赶过去送挽联。"包送灵柩江忠源，包作挽联曾国藩"，说的就是这个事。当时流传一则笑话：曾国藩帮人写挽联上了瘾，有空就琢磨怎样给人家挽一联。某次有朋友登门拜访，见他正写着，好奇地探头去看。曾国藩拼命捂住，朋友更加好奇，夺过来一看，原来活着的朋友，都被他预先写好了挽联，只等一死就直接送，自己名字竟然也赫然挺立其中。朋友大惊失色，愤怒地甩门而去，从此与曾国藩绝交。

这些江湖传闻，已透露给世人，江忠源长处在实践与行动，曾国藩长处在文采与谋略。左宗棠则兼具两者之才。

江忠源的经历给了左宗棠启发：在当下乱世里，要想做成当代诸葛亮，必

太平军将领萧朝贵攻打长沙纪念雕像

须蓄足势力，一炮打响，扶摇直上。

不做大事，就做隐士。

左宗棠想避世而隐，这一思想苗头最早发生在第一次鸦片战争。他多次写信给贺熙龄，称自己要"买山而隐，为苟全之计"。后来先闹旱灾，后发洪灾，计划全打乱了。

左宗棠"买山而隐"的创意，来自读史的启发。明末战祸乱烧，一个叫孙夏峰的人，带着几千人躲进了易州五公山；一个叫魏敏果的人，带着母亲躲进蔚州德胜岩。他们都躲过了劫难，最后完好地存活下来。左宗棠因此结论：学他们躲进深山，世界再乱也安全。

左宗棠厉害，在于他懂历史。

黑云终于压城而来。1852年7月，太平军将领萧朝贵直奔长沙，带领5万人马，枪炮雷动，兵临城下。紧邻长沙的湘阴土地，在起义的剧烈颠簸中震荡了，随处可见仓皇与逃离。这时的左宗棠，已经带着一家人，带上二哥左宗植、带上周夫人妹妹的两个儿子，加上朋友郭嵩焘，以及他的弟弟郭昆焘、郭仑焘，在白水洞和梓木洞里安然地过起了"不知有汉，无论魏晋"的生活。

这种与世隔绝的世外桃源生活，其实是一种要什么没什么的苦不堪言的生活。但比起随时会被乱军杀头的生活，已经有一种莫大的幸福。左宗棠有点沮丧，但他觉得真安全了，"我无害于贼，贼无所忌于我。"他推断：自己已经弄得江湖名气很大，太平军到了一定会来找，找到封个职位，如果不从就杀掉；但现在自己已经成功躲起来了，没给朝廷做事，对太平军没伤害，他们稍微找一下，没看到就走了，不会专门来找去干掉。

他当时预测，太平军来势凶猛，所向披靡，一路杀敌北上，不可能在湖南呆很长时间。最多也就想占领长沙、岳州这些较大的城市罢了，没时间到农村乡下来抢钱抢人，所以自己真隐下来，倒可以过上庄子所描绘的"上如标枝，民如野鹿"自由自在的生活。他10多年前在自写的挽联中，不正是想过这种生活吗？"愿从此为樵为渔，访鹿友山中，订鸥盟水上，消磨锦绣心肠，逍遥半世"。

在山中消磨岁月，日子过得很慢，光阴变得很长。这时他开始想：太平军什么时候走？他们会推翻朝廷吗？

不可预料，让左宗棠干脆什么都不急了。反正自己早做好了打算，既然活着上山来，就没想过活着下山去。

难道非隐不可吗？

隐山大谜

这时除了隐居，他至少还有两个选择：一是赶紧主动投奔太平军；二是迅速向朝廷靠拢。

第一个选择，还真有这么一种流传。说太平军杀进长沙时，左宗棠偷偷跑去见洪秀全，跟他有一番绝密级对话。

简又文在《太平天国全史》中说："左宗棠尝投奔太平军，劝勿倡上帝教，勿毁儒释，以收人心。"最后为什么又不加盟了呢？因为各自的信仰不同。"唯洪、杨以立国源头及其基础乃在新教，不能自坏之，不听。左乃离去，卒为清廷效力。"

不是左宗棠不想加盟太平军，也不是他没那样做，而是洪秀全、杨秀清不愿意放弃当宝贝用的"上帝教"。左宗棠跟太平天国因为"主义"有分歧，没谈到一块，所以放弃加盟。著名历史学家范文澜在《中国近代史》中，也有类似记载。

更容易让人产生接近联想的，是左宗棠与洪秀全经历相近，推测起来应该气味相投。

洪秀全广东花县人，生于1814年1月1日，比左宗棠小一岁零二个月。他7岁进入村里私塾读书，13岁正式参加科考，一度醉心于"科考取官"。但屡考屡败，晃眼到1836年。他的家境本来穷苦，这时已经穷得揭不开锅。洪秀全还铁心要考，只好一边做乡村塾师赚钱补贴家用，一边继续参加科考。1837年，他打起精神继续参加广东花县县试，总算顺利通过，但府试再次名落孙山。这一年他已经23岁，23岁了连秀才都还没有考取，他差点当场气死。⑤

从死亡线上挣扎着回家，洪秀全大病了一场。病中，他一直处于癫狂状态。家人将他当成"非正常人"，为了防止他外出伤人，派了两个哥哥日夜看护，把他反锁在家里。同村人私下议论，都认为他疯了。这样折腾了一个月，洪秀全竟意外醒了过来。他说自己这一个月里做了一场大梦，梦里到天上去了一趟，面见了耶和华老先生。

"耶和华是谁？"村民不知所云。洪秀全很严肃地告诉他们："上帝，你们听说过吗？耶和华就是上帝。"

自从宣布梦见上帝，洪秀全俨然成了上帝的发言人，他决定不考了，发誓从此"不考清朝试，不穿清朝服"，要自己当皇帝来"开科取士"。唐朝黄巢曾做《不第后赋菊》，"待到秋来九月八，我花开后百花杀。冲天香阵透长安，满城尽带黄金甲"。洪秀全决心以黄巢做榜样，铁下心来造反。

太平天国运动，在洪秀全从癫狂中醒来后，大张旗鼓地发动了起来。

小说家曾以活灵活现的语言，描写了左宗棠夜会洪秀全的情景。不但有谈话内容，还有端茶、送客细节。

事实真相呢？湖南籍历史学者谭伯牛考证，当时确实有那么个人见过洪秀全，此人姓黄，是湘潭的一个落魄书生。他长得很像左宗棠，有人在夜色中看到他进入太平军营，就误传误播，将黄某当成了左宗棠，编出这样一段"替身"故事。

左宗棠自己的说法最有说服力。1854年，他写信给湘潭朋友黎吉云，还在怀疑，"洪秀全不知实有其人否？"又进一步说，"唯杨秀清苍滑异常，贼中一切皆其主持"。左宗棠连到底有没有洪秀全都不肯定，硬说与洪秀全见过面，就属灵异事件了。

其实，左宗棠没参加太平军，从理论上推断，有几点原因：

一是，他虽然考试不中，但他的天分极高，不是洪秀全那类确实因水平原因考不上，看不到上升空间。读过洪秀全文章的人，没有一个人不认为他只会写打油诗，考上了才是奇迹。

二是，他的理想一直是进则有功名，做当代诸葛亮，退则可以做"湘上农人"，没想过造反。而在社会地位上他属于乡绅，乡绅、富农、地主阶级，历史以来，鲜有带头造反的先例。

三是，他的朋友都是体制内主流大员，陶澍、胡林翼、林则徐，他受体制内思维影响不浅，很难在瞬间做出逆天而行的大举动。

这样看来，左宗棠不会有加盟太平军的行动。

那么，左宗棠这时为什么不主动向朝廷靠拢呢？

道理很简单，左宗棠心理上会抗拒。

左宗棠是一个心气很高的人，同时是一个踏实与办事的人，是一个实在的理想主义者。他从不愿意在熟人、朋友面前服输，但会试之败，弄得他很没面子。在曾国藩与胡林翼面前，他被文凭压迫低下头颅。

更何况，鸦片战争以来，他对腐败与卖国的朝廷，已经痛恨入骨。

让左宗棠纠结的是，他恨朝廷不假，但在"朕即国家"的时代，皇帝、朝廷、国家已经完全混同，三位一体。一旦朝廷没有了，太平天国运动成功，自己从头到尾没参与，恐怕也会在将来成为"被革命"的对象。

比较之后，他找到的最好办法，是与自己怨恨的政府合作。妥协与退而求其次，这就需要谈条件。

核心一条，需要授权。左宗棠很清楚自己的性格，刚直率性、固执倔强，"可大受而不可小知，能用人而必不能为人用"。

但怎么样才能保证有权呢？

办法只有一条，就是让对方来请，并且是不厌其烦地请。

左宗棠现在想明白了，诸葛亮当年弄出个三顾茅庐，后人以为是诸葛亮为了给读书人挣面子，这是陋儒的迂腐浅见。诸葛亮精明得很：我现在年纪轻轻，嘴上没毛，办事不牢，什么都还不是，你凭什么请我？可能是随口说说。你邀请我出山，现在越热心，显得越真心，以后越铁心。你越请我越不动，以后你就不得含糊我。你不是充分信任我吗？你不是强邀我下山的吗？信任我，就放权让我做主吧？强邀我下山，我已没有退路，我以后再怎么过分，你总不能一脚踢开，请神容易送神难吧！

左宗棠以"今亮"自比，诸葛亮这点小技巧，他懂得比谁都深。所以干脆不急了，躲进深山，摆出一副架势：世事纷乱，刮风下雨，与我无关。

难道，左宗棠在假隐？

这又不大可能。战乱年代，谁也不知道自己还能活过几秒。而太平天国与满清朝廷，鹿死谁手，谁也不知道。天下明天到底会怎样？谁也不知道。

左宗棠是真隐了。当时心情是真心想隐，隐是内心的自我承诺，而不是公开声明。它会随人的感情、好恶改变。万一朝廷要来麻烦他，让他做个"劳人"，他当然又会抓住机会。

"经世致用"的隐，是宁静致远，是静观其变，而不是伯夷、叔齐式的坚守。"用无常道，唯变所适"，"学有因革，通变为雄"，这门学问的立足之本，是追求用行动改变当下现实，而不能将学问当成孤芳自赏的花瓶。

现在，既远离太平军，又不理会朝廷，表明左宗棠还有一种姿态——观望。在前途未卜时，最好的参与，就是观望。

他这样躲起来，人家找得到吗？

别人找不到，一定是自己还不够好。真正不可或缺的人才，不论在龙宫还是天宫，不管在蛟龙一号还是神州九号，一定可以找到。

左宗棠眼下名动江湖，自从与林则徐见面，官场到处都有他的传说。

躲在这个荒山野岭，通过什么方法，才可以将左宗棠先生请出山呢？

一个叫张亮基的人，正在费尽脑筋，琢磨这个事情。

三顾左庐

真隐于湘阴白水洞时，属于左宗棠建功立业的机会，终于主动找上门来。

左宗棠住进白水洞不到10天，当代的刘备，现任湖南巡抚张亮基，急不可耐地"三顾左庐"了。

张亮基什么背景呢？江苏铜山（今徐州）人，道光年间的举人，胡林翼的朋友，林则徐的部下。这次被调进湖南，主要就为镇压太平天国。

胡林翼向张亮基推荐左宗棠，写了一段长长的评语：

一是"才学、品行，超冠绝伦"；

二是"为人廉洁耿介、刚直方正、性情善良、忠肝义胆"；

三是"胸罗古今地图、兵法、国章、时务"。

最后他还列了一点：不重名利。即使谋划成功，也不愿意受赏。

张亮基一看，这么好，这人不就是专门为我准备的吗？召之即来，来之能

张亮基画像

战，可以独担大任，而且谋划能成。最后一句，也说到张亮基心坎里了：做成了也不会与自己争功。

领导不怕放权，就怕下级与他争功。张亮基可要靠政绩升官啊。

1852年8月22日，张亮基从贵州进入湖南。到常德时，就派人先送礼金，再派人送书信，两拨人马浩浩荡荡，去邀左宗棠出山。派人来请的效果，想都不用想，没用。

稍后，张亮基换了个方法，写信给胡林翼，求胡林翼去邀。诚心不够，自然又不成。

大兵压境，生死关头，张亮基心里急啊。缺了左宗棠不行，还得另想办法。他想起一个人，江忠源。

江忠源这次扮演了《三国演义》中的徐庶。江忠源写信代请，最后二哥左宗植和朋友郭嵩焘也来面劝，内外合力，左宗棠动摇了，同意出山。

这个故事经不起仔细推敲。最明显的是，左宗棠既然以当代诸葛亮自比，对仕途又已经不那么心切，张亮基本人都没出面，左宗棠就这么出山了，跟他自己的定位不符。

于是另一个与"三顾茅庐"可以相媲美的故事，又流传出来了。

唐浩明在《曾国藩》一书中有"计赚左宗棠"一节，叙述了这段起伏跌宕的经历：

某天，陶府的家人陶恭突然前来送信，左宗棠出门亲迎。接信看时，陶恭正在左顾右盼，陡然听到一声怒吼："张亮基真是岂有此理！"

左宗棠本来声音洪亮，这一声吼得屋瓦震动，吓得周诒端和张茹急忙从内室走出。

"季高，什么事发这么大脾气？"夫人周诒端面色惨白，气喘吁吁地问。

"你们看，你们看，这张亮基真是欺人太甚！"

夫人接过信一看，居然是张亮基绑架陶桃的内容！信中称陶家为官宦大家，湖南有难，省府捉拿了他，逼他拿10万两银子来，否则打进牢房。

陶澍一生为官清廉，两袖清风，朝野上下谁人不知？张亮基要陶家捐10万两银子，分明是勒索！左宗棠越说越气，把手一挥，高喊：备马！即和陶家仆人各骑快马，直奔长沙。

左宗棠跨进长沙城的陶公馆，还未进屋，就问："公子呢？"

门房流泪说："昨日下午，一群兵士把公子绑架走了。"

左宗棠立即策马来到巡抚衙门，怒气冲冲地向里面闯，守门的卫兵也不阻挡。

左宗棠径直上了大厅。这时，巡抚张亮基从签押房里踱步出来，拱手说："左先生，鄙人在此恭候已久。"

左宗棠怒气冲冲，大喊一声：陶公子在哪里？快给我放了！张亮基哈哈一笑，说：从何谈起！我昨天请公子来舍下叙谈，公子正在后花园赏花呢。"

江忠源这时出来了，左宗棠见到他，又见到了陶桃，才陡然明白，逼捐10万两银子，并无其事，引诱自己前来自投，才是真的。

这段故事情节生动，引人入胜，但《左宗棠评传》作者杨东梁认为，张亮基扣留陶桃，逼他拿出10万两银子，从而引左宗棠赶赴巡抚衙门，是后继者骆秉章办的事，没张亮基什么事。

正史记录、野史编派、小说演义、众说纷纭。事实到底怎样？读者可以自判。

真实的历史是，在此之前，张亮基已经专程登门，邀请了左宗棠。

张亮基亲顾左庐，是在兵临城下的危局中紧急做出的。

太平军围住长沙后，主营安扎在城南妙高峰，营盘分扎长沙城南、东、西三面。城北是湘江，清军在这里布置了五千余兵力；江对面驻下三个绿营。湘江成了清军守城重点防守区，也是出入长沙城的唯一安全通道。

夜幕中，50多个部下，簇拥着一位身穿便服、身材清瘦的官员，悄悄走出长沙城北门，登上了停泊在江面的一艘官船，轰隆轰隆向湘阴方向驶去。

官员正是新到的湖南巡抚张亮基，他冒险出城，是到湘阴去邀请左宗棠。

见面后，左宗棠被他的诚心打动，但并没有立即来长沙。

完整的故事情节是，先通过胡林翼、林则徐举荐，再江忠源写信力邀，然后张亮基登门拜访，左宗棠终于出山了。

既来之，则安之。左宗棠受命之前，丑话说在前面："宗棠脾气不好，遇事又好专断，恐怕日后不好与群僚相处，亦难与大人做到有始有终。"

张亮基当面承诺："鄙人今后大事一任先生处理，决不掣肘。既以先生为主，群僚亦不会为难，请先生释怀。"

左宗棠一听，这解决了自己关心的"授权"。

但怎么保证"授权"的有效呢？这需要对方保证自己有完整的独立性。如果没有独立性，无论是君臣关系，还是上下级，自己事实都是张亮基的部下。这就让独立成为一句空话：君要臣死，臣不得不死；上级要下级服从，下级都不得不服从，事实还是张亮基一个人说了算。

要保证"授权"不是名义，不是一纸空文，唯一的办法，是自己人身独立，有主宰自我的进退自由。

于是左宗棠再提条件："宗棠乃湘上一农人，不习惯官场生涯，若与大人及诸公同僚相处得好，则在长沙多住几天；若相处不好，宗棠会随时拂袖而去。请大人到时莫见怪。"

张亮基毫不介意，满口答应下来。

既保证了独立性，又得到了"授权"，双方满意，皆大欢喜。左宗棠首次出山，就这样定下了。

1852年10月8日，左宗棠从湘阴赶到长沙，"缒城而入"，谒见张亮基。张亮基"握手如旧，留居幕府，悉以兵事任之，至情推倚，情同骨肉"。这天起，左宗棠正式做起了张亮基的幕僚。受命后第一件事，是打太平军，解长沙之围。

5天后，即1852年10月13日，左宗棠统帅湖南清军，与太平军在长沙天心阁展开了第一场决定湖南政府命运的生死大战。这一战，左宗棠指挥大炮，一炮打死了太平军现场总指挥、西王萧朝贵。太平军群龙无首，逃出湖南，冲向武汉，逼向南京。长沙之围轻易化解。

长期以来，民间野史广泛流传"萧朝贵是左宗棠指挥下打死的"这个版本。但《左宗棠评传》作者杨东梁指出，左宗棠与张亮基于10月7日才从长沙北门登梯入城，而萧朝贵于1852年9月12日在长沙南城已经被城中炮火击中，伤重而亡。左宗棠到长沙时，萧朝贵已阵亡20多天了。

按前一种说法，左宗棠与诸葛亮出山时惊人地相似："受任于败军之际，奉命于危难之间。"按后面一种史实，尊重史家说法，则左宗棠出山时已经略微显得姗姗来迟。

萧朝贵中炮阵亡处，在今长沙市劳动广场正南方

真实的情况是，左宗棠第一次出山的作用，无疑被野史流传夸大了。左宗棠真正发挥的作用，是在张亮基幕府呆了一年，做了两件大事：

一、1853年1月12日，江忠源配合他，用12天时间，将浏阳的农民起义军，周国虞、曾世珍组织的"征义堂"镇压下去，斩首七百，解散万人。

二、1853年2月，在太平军力克汉阳、占领汉口，半个月后，攻克武昌，取得第一座省城。左宗棠入主湖北，经过8个月奋战，将太平军驱逐出武汉。

这段激情燃烧的岁月，战果丰硕，但相对于后来大开大合、风起云涌的大战，更像是左宗棠一生战斗的小演习。

张亮基在1852年调任湖南巡抚，授权左宗棠不到一年，就因左宗棠指挥得力，战功显赫，被提拔署湖广总督。

太平军见攻湖南无望，便将兵力转到湖北。左宗棠在湖南指挥，张亮基便亲自率领清军在黄安（今红安）、麻城夹击太平军，不料大败于田家镇。

1853年10月17日，张亮基被免去署湖广总督，改去山东做巡抚。冠冕堂皇的调任理由是他善于守城，山东济南府需要他才守得住。真正的原因，是他得罪了僧格林沁亲信大将胜保。

太平军在长沙受挫，便从湖南转向江西、湖北、安徽、江苏，一路杀过去，指哪打哪，一路攻城略地。长沙在左宗棠的指挥下，成了当时全国唯一一座没有被太平军攻进的孤城。

这也预示着，左宗棠将要成为太平军的最大克星。

眼下，张亮基要动身，离开湖南去山东赴任了，他有点舍不得左宗棠，力邀同往。左宗棠像上次拒绝做林则徐的幕僚一样，婉言谢绝了。张亮基知道，自己去年被提拔做总督，是左宗棠"防守湖南之功"，自己领了功劳，丢下左宗棠就这么走了，怎么也过意不去。他向皇帝"奏保知县加同知衔"。左宗棠又坚决辞谢。

张亮基终于纳闷起来。与左宗棠合作了一年，他居然还没弄明白，左宗棠这样卖命地帮政府办事，到底图的是什么？

事实上，左宗棠对县官看得很重的。早在1845年10月，妹夫张声玠到河北保定元氏县做县令，左宗棠写信给他说："天下有两官员好作，一宰相，一知县，为其近君而近民也。宰相不可得，得百里之地而君之，可矣！"

县官既然跟做宰相一样，左宗棠为什么不要？"同知衔"即"相当于知府"，已经不低。何况，左宗棠此时已41岁了。经历了世事的困苦，战争的残酷，他不再是"身无半亩，心忧天下"的高调青年书生，而是务实的中年办事人。

根本原因，是左宗棠将自己看得很清楚，在陶家自学成材，自己的才能，"可大受而不可小知，能用人而必不能为人用"。这次合作，他更加看清楚了，自己如果得个"同知衔"，职位权力说大不大，说小不小，卡在中间，以自己的个性，不但办不成事，而且搞不好关系，一时利令智昏，终将一事无成。

左宗棠同时看出官场关系的复杂与微妙，他不愿放弃湖南根基而去山东，于是决定辞归，回老家湘阴。他对张亮基拱手道谢，表示领了心意，说："虽已固辞，然其意则可感矣。"

回想这一年的合作，左宗棠与张亮基配合得天衣无缝。他们都履行第一次见面时的诺言：所有需要批复上报朝廷的奏章，张亮基全部放手交给左宗棠办理，左宗棠跟张亮基谈主意、策略，张亮基全部同意按左宗棠的意见办。左宗棠既感激，又高兴，加班加点，没日没夜地埋头苦干，死气沉沉的清军，被他用激情与智慧盘活了。（"所有批答咨奏，悉委吾手。昼夜劳思，竟无暇晷，委任之专如此，言行计从又如此，虽欲不感激奋发，其可得乎！"）

40岁时第一次出山，比诸葛亮晚了14年。但出山第一年干得不错，比诸葛亮26岁强出不少。

"人生起步四十始"，左宗棠开创了一个先例。他胯下那头慢驴，开始变成一匹骏马。

出山大捷，前路光明；卧龙入湖，鳞爪飞扬。

左宗棠如何从湖南地方小幕僚，出湖入江，将事功迅速做大？

注：

① 举孝廉是汉朝的一种由下向上推选人才为官的制度，孝廉是察举制的主要科目之一。孝廉是功名，可实授官职。孝廉方正科是清朝特设的制科的

一种。仿照汉代的"孝廉"、"贤良方正",将两者合为一科。雍正元年（1723），曾下诏直省每府州县卫各举孝廉方正,高中者赐六品服备用,并规定以后每逢皇帝即位即荐举一次。到乾隆五年（1740），定荐举后赴礼部验看考试,授以知县等官。道光间改在保和殿考试。此科历朝荐举颇多冒滥,汉朝时有童谣讽刺："举秀才,不知书;举孝廉,父别居。"晚清与汉朝类似,完全流于形式。

②　1847年春,郭嵩焘第五次进京会试。这次他一口气接连通过"会试"、"殿试"、"朝试"三关,成绩列最优等一类,道光帝授予翰林院庶吉士。这年农历11月,他离京南归省亲,1848年农历三月抵家。正碰上湘阴洪灾,他随叔父在家救灾,忙乎了一年多。1849年,忙完正准备回京,湘阴再次遭遇洪灾,灾情比去年更严重,城中水深数尺,仅城北一隅不为水侵,郭嵩焘只得继续留家救灾。正当他日夜操劳救济灾民,置个人仕途于不顾之时,父母先后病倒,农历九月母亲张氏先期因病去世。隔半载,父亲相继去世。1850年9月到1852年9月,郭嵩焘一直居家守丧。除为父母寻找葬地,没有离开过湘阴县城,闲时读书著作,静观局势变化。

③　团练源于周朝时的保甲制。是中国古代地方民兵制度,在乡间的民兵,亦称乡兵。唐代设有团练使一职,类似民间的自卫队队长。宋代置诸州团练使,北宋苏轼曾任黄州团练副使。清代团练源于嘉庆时期对分布式暴动的白莲教起义,当时八旗、绿营严重腐化,不足以御敌,合州知州龚景瀚上《坚壁清野并招抚议》,建议设置团练乡勇,令地方绅士训练乡勇,清查保甲,坚壁清野,地方自保。办团经费均来自民间,且由练总、练长掌握。

④　1853年10月,节节胜利的江忠源犯了轻敌的毛病,以为太平军从南昌撤围西上,赶到湖北田家镇（今武穴西北）增防,被太平军击败,退至武汉。12月率部入守庐州（今合肥）,陷入太平军的重围。因兵单粮乏,援兵不至,1854年1月14日被太平军攻破城墙,自己投水自杀。清廷追赠他为总督,谥号忠烈。

⑤　据美国学者石景迁在《天国之子和他的世俗王朝》中描述：这一次落榜,洪秀全彻底绝望,他甚至失去了徒步回家的勇气,雇了两个轿夫抬他回家。等到半个月后回到家,已经气息奄奄。

左宗棠

战龙出湖

中部

牛刀大试

【第七章】

再顾左庐

1853年10月25日，左宗棠回到湘阴，暂时告别幕僚生涯。

从铁骑突出刀枪鸣的战场，再次来到鸟鸣山更幽的白水洞，左宗棠的心态，经历了一次大转换。

总结前段经历，他发现，幕僚的事情，再做不得。

左宗棠给夫人周诒端的弟弟周诒晟写信，说出了内心的想法：这一年我耗尽了心血，不想再出山了，不再参加与太平天国作战的戎幕工作，从此我要藏到深山里，销声匿迹，隐姓埋名。

初出茅庐旗开得胜，仗场场打得顺利，关系也处处融洽，怎么反生撤退念头？难道他已经改变了人生观，放弃了"当代诸葛亮"大梦？

外人无法理解，左宗棠有苦难言。这一年拼命干下来，离开后总结：对满清坚固如磐石的官场，自己这个小举人，始终是个打酱油的。人家需要你，擂鼓你冲锋；杀得遍体是伤，人家鸣金收兵；回去论功行赏，人家排排坐，分果果，自己成了身无分文、心忧天下、任劳任怨的老黄牛。

铁打的官场，流水的官员；一朝诸侯，一任幕僚；巡抚不狠，幕僚不稳。

朝廷的任命与罢免工作，照旧在流水作业线上进行。

1853 年秋天，长沙城头萧瑟，凄冷的天空，弥漫着悲凉的肃杀之气。云贵总督吴文镕坐着一顶轿子，在同样萧瑟凄冷的武昌城，匆忙坐上湖广总督的猩红交椅，接过了张亮基经手的事务。[①]

吴文镕是江苏仪征人，1819年中的进士，随后做上翰林院侍读学士。这个职位，相当于皇帝顾问兼秘书官。[②]

跟皇帝呆在一起，关系亲，提拔机会多。1839年，吴文镕顺利升上福建巡抚。第二年通过干部交流，又到湖北做巡抚，这次不巧，赶上第一次鸦片战争，没去成。随后10年，仕途依然通畅。1852年，朝廷提拔他做闽浙总督，他没去；又改做云贵总督，这次去了。

吴文镕是汉人，学问做得尤其好，用今天话说，是"学究型官员"。他跟湘官集团关系其实不错，是曾国藩的老师，跟胡林翼也有私交。这次到湖广地区来，不知是出于学院派的高傲，还是对自己能力自信，或者别的什么原因，他没有想起左宗棠，连个邀请函都没发。

左宗棠选择再次回湘阴隐居。这固然有张亮基人走茶凉的伤感，内心其实对吴文镕抱有期待。

他在等待一个"请"的仪式。

左宗棠号称隐居，功名心没死。他更加看清了，要做成当代诸葛亮，得站到时代的风口浪尖，做影响天下的大事。湖广地区是太平军西征的必经之路，是太平天国的主战场，北门锁钥，举足轻重，是中国的风口浪尖。

如果离开湖南，做得再好，也只能当一辈子幕僚。他拒绝入林则徐幕府，也放弃跟张亮基去山东，就是基于这个考虑。

左宗棠从来没有想过要做天下第一幕僚。"誊录、县令、同知衔"，他都根本没放在眼里，何况职业幕僚。再次隐居白水洞的时候，他想，新到的吴文镕会不会找上门来？

吴文镕老学究一个，当然猜不到深山老林里左宗棠的心思。

左宗棠书法

科考出身，多年京都体制内生活，奉旨填词，让吴总督擅长诗文，但缺乏底层生活经验，接不上地气。他既看不到这个朝廷体制的弊端，也不明白"人才失而求诸野"，当然更不会想到主动去寻野访贤。

但吴文镕的学究式自信，第一下撞到了一个武举人。

崇纶，武举人出身，一身江湖气。他是满洲正黄旗人，根正苗红有背景，1852年12月被提升做了湖北巡抚，其后清廷改命崇纶"留湖北协防"。

总督吴文镕才进武昌落座，巡抚崇纶明白了，此人从此是直接上级。

学究碰上武举人，真秀才遇到兵，气味严重不投。吴文镕一上任，就与崇纶发生摩擦。等太平军杀进湖北后，矛盾激化了，两人开始扯皮。

崇纶算老二，有吴文镕在前面顶着，胆气壮，装英雄，跟咸丰皇帝打报告说："武汉民迁市绝，饷乏兵单，请移内就外，以剿为先。"臣子主动请缨，咸丰皇帝当即批准。崇纶拿着圣旨当令箭，逼吴文镕说：你的本职工作是负责湖北全省防守，但你得带兵出去进攻，天天待在武昌城里守，这像什么话？

吴文镕看似自信，内心其实惶恐。老学究不通权术，也不知小人，被崇纶一逼，竟然慌乱。他想，自己毫无作战经验，带兵上前线，岂不等于直接去送死？内心十分紧张，只好装聋作哑，死守城内。但心里不无憋屈，心想真是反了，这年头巡抚可以命令总督了。

没想到崇纶自己更怕死，一心想让吴文镕帮他去挡死。小人从来不缺小聪明，他拿起笔又向皇帝告状，说：吴总督一天到晚躲在城里，贪生怕死，不敢出战。（"以闭城株守劾之。"）

咸丰皇帝一听，明白总督跟巡抚合不来。不说崇纶是满人，有背景，就是没有，巡抚都在催促总督应战，吴文镕也该以身作则吧。

于是严厉批评吴文镕。

吴文镕终归学究气，心地直。想反驳，但苦于被崇纶抢占了道德制高点。崇纶戴着为国分忧的高帽子，虽属空谈，但政治正确，谁反驳自己就陷于不义。

吴文镕躲避不得，出战不能，这下真慌了。外有皇帝上压，内有崇纶下逼，自己成了只被人提头拽尾的绵羊。实在扛不住了，只好勉强带兵，出武昌城。

1854年2月7日，进退失据、内心杂乱如麻的吴文镕，冒险亲自带兵，孤注一掷地进攻黄州。学究兵碰上太平军，如羊入狼群，太平军略施小计，在后营放火，吴文镕则方寸大乱。主帅一乱，清兵顿时全线溃败。兵败如山倒，吴文镕魂飞魄散。唉，他早料到自己不禁打，果然不禁打。崇纶你也逼人太甚，我还有什么脸面见圣上？

学究总督只好"扑通"一下，跳进水塘自杀了。

吴文镕一死，轮到崇纶慌了手脚。没有了挡死鬼，推卸给谁呢？只好自请出剿。咸丰皇帝知道，崇纶论水平比吴文镕还不禁打，请战是计，谋求逃跑脱身是实。臣子心中那点小九九，怎么瞒得过皇帝？

不答应。

战不得，逃不掉，崇纶只好心惊胆战地继续死守。熬了半年，武昌还是被太平军攻破。崇纶提前得到探子情报，丢下全城士兵百姓，在沦陷前一天抓紧逃往陕西。曾国藩马上向皇帝打报告，皇帝下令赶快抓回来。崇纶见内有皇帝抓，中间有曾国藩逼，外有太平军攻，条条路通向死胡同，吓得服毒自尽。

总督、巡抚相继自杀，湖广地区一时岌岌可危。

危机关头，骆秉章顶了出来。

骆秉章在1850年3月就已升为湖南巡抚。他长于治理，而短于治乱，小过失不断，经常受到朝廷处分。1852年长沙解围后，骆秉章被调离湖南。但1853年初，清廷又再次任命他做湖南巡抚。

骆秉章受命来湖南镇压太平军，是一件颇有戏剧性的事。

骆秉章，祖籍广东花县，与洪秀全是同县老乡。而且，据说他们还是小学校友。[③]

《清代名人轶事辑览》里有个故事：骆秉章与洪秀全早年在同一个私塾，两人课余时间聊天，洪秀全说：等我将来长大了，一定去造反。骆秉章马上反驳：你如果造反，我一定要来扫平你。洪秀全很轻蔑地说，就你那点水平，扫不平我。骆秉章同样轻蔑地回击，就算我不能，我一定可以找到一个能力超强的人来扫平你。

野史博人一笑，洪秀全是梦见上帝后才想到要造反。骆秉章生于1793年，比洪秀全大21岁，40岁那年已经中了进士，与洪秀全不大可能同校对话。但这个民间小故事，编得倒也凑巧：眼下，骆秉章正在找那个能力超强的人来扫平洪秀全。

在强敌压境中巡抚湖南，骆秉章有何妙方？野史流传这样一则故事。

1854年早春，鸟鸣山静的湘阴白水洞前，一个骑毛驴的老者，带着一个书童，肩背一只袋，正在左顾右看。

老者头戴方巾，衣衫老旧，胡子拉喳，面容清癯，背脊微驼。

老者下了毛驴，念诗道："远上寒山石径斜，白云生处有人家。"

左家仆人左乔闻声而看，进去通报，说：有个老者来化缘了。

左宗棠正在后山喂鸡呢。见有人进山来，猜也是穷苦人，就擦干手，进洞里取钱。按照柳庄规矩，一般打发三五文钱，但见是个老者，左宗棠就数了十二文，放进他手里，随口说：一年十二个月，一天十二个时辰，给你十二文。

没想到老者不接、不谢、不走，狮子大开口，要加钱。他说：孔子弟子三千，孟子门徒三千，请先生再赏三千。

碰到强讨的乞丐，左宗棠纳闷了。此人出口成章，不是一般的人，跑到这深山里来讨钱，必定有缘由。但不知道他有什么事？于是客气地请进洞边茅屋里坐。

老者进屋观望，看到茅屋墙壁挂的林则徐手书的那副"此地有崇山峻岭，茂林修竹；是能读三坟五典，八索九丘"对联，仔细端详了一会，叹息一声，嘲笑说：能让林官保自称"愚弟"的人，是什么样的大人才啊！可惜啊，林公看错了人，重托也要辜负了。

左宗棠一听，不得了，来了个高人。追问他：看错了什么人？

老者摇头说，一个叫作"五画生"的人。此人被誉为今亮，可实际上呢，与古亮差太远了。刘皇叔当年一句"先生不出，如苍生何？"，古亮就出山救天下了；今天强敌压境，湖湘告急，哀鸿遍地，生灵涂炭，可"今亮"呢？只会吹牛，说什么"身无半亩，心忧天下"，就敢纸上写写，门上挂挂而已。这不叫看错人了吗？

左宗棠被羞得满脸通红。他突然想起，哈哈一笑，说，老兄你就别兜圈子了，露出真相吧，中午我们来喝两杯！

骆秉章画像

原来，老者就是新任湖南巡抚骆秉章。

这个故事让人意外，也给左宗棠挣足了面子。诸葛亮当年被三顾茅庐，主子只有刘备。左宗棠这里，张亮基后脚跨出去，骆秉章前脚就跨了进来。

这则故事听起来充满传奇，市井街坊津津乐道。但因为是野史，既无法证实，也无法证伪，严肃的史家不予采信，认为完全是天方夜谭。

可以确证的信史是，左宗棠辞幕才回到湘阴，骆秉章马上派人前去礼聘。左宗棠见信和礼品后十分感动，他说，"骆中丞及方伯、廉访诸公以书币见招，并委郑司马入山敦促，礼意优渥，实为可感"。但左宗棠还是婉言拒绝了。原因是与张亮基合作一年，他对官场已经有点灰心："年来心血耗竭，不欲复参戎幕，已托词谢之，自此匿迹销声，转徙荒谷，不敢复以姓字通于尘界矣。"骆秉章见礼聘无效，又想到用职位来诱惑左宗棠出山，就借上一年左宗棠在浏阳战斗中的功劳显著，向朝廷"保奏其以直隶州升用"，没想到左宗棠得知后又辞谢了（"上书辞之无及"）。

骆秉章第一次礼聘失败，诱惑也无功而返，并不气馁。他的策略是，不断派人前去礼聘。他相信"精诚所至，金石为开"，何况他看清楚了，左宗棠的心不是金石，而是热血心肠。

骆秉章放下身段，不厌其烦地礼聘，能将左宗棠请出山吗？

左宗棠其时正纠结。他心里已经非常清楚：骆秉章是骆秉章，清廷的湖南政府是清廷的湖南政府，他对骆秉章会心生感激，不代表他会对朝廷感动。官场是中国最大的流动江湖，谁也不知道，骆秉章会不会像张亮基那样，随时抽身而走，另有高就。自己呢，随时就会像头孤独的小牛，找不到回家的路。

那左宗棠这次为什么又答应出山了呢？骆秉章单靠礼聘是聘不出来。关键有三点原因。

一是形势所逼，二是退路全封，三是人情难却。

先看形势，湖南新的大战在即。进入1854年后，太平军的枪，像经上帝之手摸过，战无不克，攻无不胜：1月，攻击庐州，江忠源民兵队全军覆没，江忠源自己投水自杀，太平军西征部队全线攻入湖南；2月，湖北黄州被轻取，湖广总督吴文镕战死，太平军攻入汉口、汉阳，再占湖南岳州；3月初，湘阴县城被太平军占领。

3年前，左宗棠考察白水洞，最坏的打算，是太平军占领湘阴，今天果然成了事实。

这逼得左宗棠考虑直面太平军后各种可能的后果。

胡林翼第一次劝说左宗棠出山与张亮基合作，说了句当时他感受并不深，至今想来却直击心脏的话：如果湖南湖北全部被太平军占领，你左宗棠无论是躲在柳庄，还是缩在白水洞，真能保证自己免祸吗？（"设楚地尽沦于贼，柳庄白水其独免乎？"）

一年前，这句话对左宗棠有一种驱使的动力；现在，他才体味到潜台词中的杀伤力。他蓦然记起赤壁大战前，鲁肃劝孙权的典故来。④

左宗棠原本还可以继续中立、观望。但因入过张亮基幕府一年，弄得面临与孙权当年完全一样的选择了。

太平天国本来是官逼民反，具备战争的正义性，但因洪秀全后来昏庸腐朽，没有政治策略，拒绝统一战线，一路只知蛮打蛮杀。

左宗棠隐居，中立立场，没有观点。

但关键时候，太平天国帮了自己大倒忙。太平军杀进湘阴做的第一件事，不是游说左宗棠加盟，分化瓦解朝廷的潜在助手，居然发布通缉告示，要以"清妖坐探"的罪名，捉拿左宗棠杀头。左宗棠只好以"保卫桑梓"的名义，加盟清廷奋起反击。

为躲避太平军的搜查，左宗棠被迫带着女婿陶桄逃到长沙。骆秉章早就派专人在关注左宗棠最近的一举一动，得知后大喜过望，马上派人去请他。这次正史上没有唐浩明在《曾国藩》中提及的"计赚左宗棠"故事记载，与张亮基上次"计赚左宗棠"是否同一件事的演义版？不得而知。但可以确定的是，骆秉章这次出面极力挽留，左宗棠果断答应"入署襄办"。

打草惊蛇，将左宗棠逼成仇人，太平天国为自己找到了最优秀的掘墓人。

明白了何去何从，左宗棠不再犹豫。1854年4月，左宗棠第二次正式进入湖南幕府。

骆秉章长长地松了一口气：左宗棠答应出山，等于救自己一命。

兔死狐悲，骆秉章面对两个既死的前任，充分体验到了乱世做高官的滋味：像被阎王搂着睡觉，随时会被永远带走。

吴文镕用自己的学究做派，做了自己的反面教材；贪生怕死的崇纶，也是一个活生生的教训。

骆秉章分析：吴文镕提笼遛鸟、做诗逗皇帝开心可以，为什么非得带兵上前线，主动去送死？崇纶学南郭先生吹竽可以，为什么要逼垮吴文镕，弄得自己光秃秃地站到前线，畏阵潜逃，服毒自杀？

想到这里，骆秉章在心里笑话他们：放着张亮基的榜样不学，将自己逼进死胡同，蠢宝啊。

论带兵打仗，骆秉章比吴文镕水平高不到哪里去；论胆识魄力，骆秉章比崇纶大不到哪里去。但比较张亮基挖左宗棠，三人命运完全不同，骆秉章从中看出了问题的关键：总督、巡抚该做的事是识才、容才、用才。用好了人才，既不要顶着送死，也不要潜逃找死。

他选择让左宗棠代表自己，将他推到前台。

骆秉章懂得，自古到今，要留住人才，关键是留住他的心。骆秉章表现出一个高超的政治家娴熟的用人才能，他对左宗棠"推诚相与，军事一切专以相付"，左宗棠虽然未被多次礼聘打动，而且来长沙时心思仍放在躲避太平军搜查，入幕后还一门心思在琢磨"保卫桑梓"，无意为保卫湖南政府而战，最后还是被骆秉章大气的人格打动了，觉得自己"不得不留此共相支撑"。

骆秉章以大胆放权，如期达到笼络人才的目的。左宗棠现在来为自己分忧，骆秉章规划借左宗棠来将湖广地区的死局盘活，化解危局。

左宗棠能如骆秉章所愿吗？

出师首捷

左宗棠正式做骆秉章幕僚，面临的第一场大战，是代表湖南政府军，与朝廷团练大臣曾国藩讨论：打长沙，还是打湘潭？

曾国藩手下的团练兵，跟江忠源一个模式。

　　曾国藩是湖南湘乡人，出身地主家庭，1811年11月26日生，比左宗棠大一岁。

　　曾国藩本来是礼部侍郎，大致相当于今天教育部副部长，从二品高官，呆在北京，位高权重。1852年，曾母过世，按古人的规矩，曾国藩得回家守孝三年。不想一回湘乡，官僚、朋友、亲人、熟人，都来找他，怂恿他办团练，打太平天国。

　　"教育部副部长"做文化、管教育是内行，军旅的事情，完全门外汉。打仗要内行，还得有胆，曾国藩文弱体虚，怎么敢答应？

　　最早向朝廷推荐曾国藩办团练的人是左宗棠，那时他正在张亮基幕府。郭嵩焘第一个找上门，他这边不停地劝，那边不断地向朝廷推荐。

　　左宗棠的劝说，并没有起到多少作用，曾国藩明白，自己跟左宗棠不是同一类人。唐浩明的结论是，真正促动曾国藩出山的人，是郭嵩焘。倒不是郭嵩焘多么能说会道，左右曾国藩判断的，基于一个人人都有的最本能的心理：郭嵩焘比曾国藩还要文气。曾国藩曾说："郭筠仙芬芳悱恻"，他眼中郭嵩焘翩翩书生，是个浪漫悲苦的闷骚男。连他都觉得可以，看来真可以，曾国藩动心了。

　　1853年1月25日，曾国藩带郭嵩焘去长沙征求意见，张亮基要求他马上征调1000名练勇来长沙。曾国藩再次返回湘乡，扎实组建了1000个民兵，打好了湘勇班底。

　　毕竟是"教育部副部长"，凡事会先考虑政治正确。自己建地方武装，没皇帝点头，心里总不踏实。第二天，曾国藩马上向朝廷发去加急电报，请求皇帝同意自己剿灭"洪杨发匪"。咸丰皇帝当即特事特批："悉心办理，以资防剿。"

　　有了这句话，曾国藩放心了，便大办起来。

　　湖南古来民风彪悍，会党、土匪林立，民众对打仗的事，有兴趣。曾国藩登高一呼，民众积极响应，发展速度超乎预料。到1854年初，团练兵力超过一万。曾国藩将它分为陆军13个营，由塔齐布和罗泽南率领；水军10个营，由彭玉麟和杨载福率领。两营人数，对半开。

兵力组织起来了，找个什么由头去打？曾国藩饱读理学，看重正名。

1854年2月，湘军准备全部出动。开打之前，曾国藩精心做了篇《讨粤匪檄》。

以卫道自居的曾国藩，洋洋洒洒地阐述他攻打太平军的理由：中国古来是一个以本土正统文化立世的大国，"自唐虞三代以来，历世圣人扶持名教"，而太平天国竟敢吃里扒外，冒天下之大不韪，信仰外国人的落后文化，是所谓"窃外夷之绪，崇天主之教"。

华夏古来是天下中心，清廷是天朝上国。东夷、南蛮、西戎、北狄，都是外人，是不入流、不文明、不开化的小邦。"非我族类，其心必异"，可见，"外夷、天主"全都需要征服、消灭，而不是被供奉起来。

为正本清源，捍卫华夏正统，他郑重宣布：

本部堂奉天子命，统师二万，水陆并进，誓将卧薪尝胆，殄此凶逆，救我被掳之船只，找出被胁之民人。不特纾君父宵旰之勤劳，而且慰孔孟人伦之隐痛。不特为百万生灵报枉杀之仇，而且为上下神祇雪被辱之憾。

曾国藩发布檄文时，湖南情况已经糟糕。因为吴文镕、崇纶的无能，长沙的靖港、宁乡，全部被太平军占领，到这年4月28日，湘潭也被占领。

曾国藩领命于败军之际，坐镇长沙城内，腹背受敌，形势非常紧迫。

到底是先打威胁腹部的敌人呢，还是先打背后的敌人？或者两处同时开打？

举棋不定，于是开会。

湘勇新组建，将士们很新鲜，积极性都很高。一路讨论下来，一致认为，应该先打长沙靖港。只有左宗棠一人坚持应该先打湘潭，史书记录为"独主援湘"。

意见出现分歧，听谁的？听打过胜仗有经验的人的。曾国藩说：打仗我是没经验，但你们比我更没经验。左宗棠有经验，我们听他的。

军事会议上，大家一致同意：放弃靖港，专打湘潭。

曾国藩部署：塔齐布和罗泽南，带去百分之八十左右的步兵，在陆地集中进攻湘潭；彭玉麟和杨载福带去一半的水兵，在水上推进，开往湘潭。这样，他还留了些兵在身边，免得后方空虚。

军事布置全部安排好了，战斗在有条不紊地推进。

想不到，节骨眼上，曾国藩自己先开了小差。

他听到一个机密。几个生意人从靖港过来，告诉一个叫孙观臣的人，那里只有五百太平军。孙观臣一听，这不是天赐良机吗？马上跑去报告曾国藩。

孙观臣是长沙利生绸缎铺的老板，侍读学士孙鼎臣的弟弟。孙鼎臣是1845年的进士，跟曾国藩同在北京做官，关系打得火热。曾国藩放心安排孙观臣做地下党，要他探得消息就向自己报告。没想到一出手，就探得这么大个好消息。

曾国藩听了孙观臣的密报，内心激动得不行。他掐指头算：自己留底的湘勇，还有五千多，是对方的十倍！如果去搞个偷袭，搂草打兔子，顺带将这帮太平军灭了，不是既拣了便宜，又可以减轻湘潭的压力，鼓舞湘潭那边的士气吗？

前面打了两仗，已有岳州之败和宁乡失利，曾国藩脸上无光。他急需尽快创造一个胜利，用来鼓舞军心，为自己挣回面子。

想着飞来横福，越想越激动，曾国藩决定马上行动。他临时安排战斗任务：水师开到靖港上岸，陆勇开到靖港会师，水陆并进，两相夹击，攻杀五百长毛贼。

谁来指挥呢？能用的将领，都派去打湘潭了。自己闲着也是闲着，不如亲自指挥一回，增加点实战经验。曾国藩亲自来导演消灭毛贼的好戏。中午时分，水陆并进，预期在靖港会师。

曾国藩将指挥船停在靖港上游的白沙洲，大队湘军水师顺着他的令旗，开着战船直冲靖港。

战船还没开到，太平军从铜官山上杀出，芦苇荡里冲出来数百条船。

太平军整齐有序，抢先用抬枪鸟铳向湘军水师战船集中射击。来不及散开的湘勇像落叶一样，纷纷扬扬，掉水毙命。

遭遇强大劲敌，湘勇不专业，阵脚大乱，开始后撤。

对方突然一声冲天炮，又杀出两万兵马。两万太平军从铜官山上冲下来，同声高呼"活捉清妖曾国藩！"呐喊声惊得水花四溅。

上当了！

曾国藩站在白沙洲指挥船上，远看着漫山遍野的太平军红巾、黄巾猎猎，风声鹤唳，草木皆兵。小规模偷袭不幸成了大规模的正面遭遇战。

第一次看见这么庞大的战斗场面，曾国藩灵魂都差点吓死了。

手下五千人马，气势此时完全被太平军淹没，开始集体溃逃。

逃跑要过一座桥，曾国藩命令拆桥。逃兵纷纷从曾国藩身边跑，曾国藩仗剑于旗下，大喊："有过此旗者，立斩不赦！"才说完，一个小个子兵就从他边上溜过去。曾国藩奋起一剑，逃兵呜呼。但文弱的曾国藩，震慑力明显不够，即使自斩逃兵，还是没法阻止作鸟兽散的乌合之众全线溃退。

兵败如山倒，场面惊天动地。旧门板和床板临时铺架起的浮桥，数百逃兵蜂拥着挤上去，桥身不堪其重，轰然垮塌，逃兵全部被湍急的水流吞灭。

曾国藩见阻止不住溃逃，急得半死。突然，敌营中有人认出他来，大喊：快射将军旗下那个大胡子！话音刚落，箭贴着曾国藩的左耳飞过一支。

这下轮到曾国藩自己逃命了。部下强行将他拖上船，哪里安全往哪里逃。曾国藩逃到船上，眼睁睁看着自己的兵还在跳的跳，死的死，逃的逃，心如刀绞，泪如雨下。

岸上太平军乘胜追击，一边大喊："活捉清妖曾国藩！"

曾国藩哪里想到，指挥太平军靖港之战的是大将石祥祯。石祥祯是广西贵县人，石达开的从兄。这次他充当"征西军"指挥，与林绍璋各领一军，一个打湘潭，一个守靖港。

石祥祯将湘勇锁定水陆洲（今橘子洲），难以攻打，随便派个间谍诱敌，没想到曾国藩这么轻易就被骗得血本无归。

亲自统帅，大败，哪里还有脸见三湘父老？墨汁未干的《讨粤匪檄》正在流传。败兵之将，何以言讨？败绩一旦流传开了，将是千古笑谈。

曾国藩决心寻死。他望准江心一个旋涡，学着江忠源那样，扑通一下，跳进水里。部下康福突然听到水响，回船一看，没人了，知道曾国藩已跳水。赶紧下水救起。

上船，曾国藩放声痛哭，坚决还要去死。又跳，再被救起。

与左宗棠性格、志趣、价值观大异其趣的朋友曾国藩

部下怕他再跳，派人将他抬进船内，严加防护。

被救回长沙城，看到驻扎在长沙水陆洲中的湘勇大营只剩两百来人，曾国藩万念俱灰。看自己带兵如此不堪一击，想迟早会被太平军消灭，开始后悔听信怂恿，办了团练。

无比懊恼中，曾国藩决定还是不活了。他提笔给咸丰皇帝写了封遗折。一想，还有些后事要安排，再找张纸，给弟弟写了封绝笔书，交代自己死后丧事怎么办理。

正准备一死百了，左宗棠来了。

左宗棠当然不是来安慰曾国藩的。

他见面劈头就骂：曾帅，你这个不忠不孝不仁不义的愚人，你如果就这样死了，我要鞭尸扬灰，劝说伯父大人，不准你入曾家的祖坟！

曾国藩本来已经惭愧得无地自容，陡然再受这巨大刺激，像心脏里被撒了盐。剧痛之后，他反问：你凭什么这样骂我？

左宗棠说：大帅你想想，你27岁就进了翰林院，三十出头就入了礼部侍郎，官居从二品，诰封三代，皇恩对你不薄吧？你呢，朝廷有难，皇上给你重任来平乱，也是期望你为国立功，光宗耀祖。你如今倒好，受这么点小挫折，就想着寻死，这难道不是不忠不孝、不仁不义，懦弱无刚的愚人吗？

左宗棠后来回忆当时痛骂曾国藩的情景，仍然清晰如画："惟涤公进攻靖港失利，回泊南湖港"，他用绳索拴住自己，出城外专门去看望（仆缒城出视之），发现曾国藩"则气息奄然，盖愤而投水两次，皆得救以免，而其志仍在必死"。

左宗棠干脆利落的人，看不得军事统帅娘娘腔寻死觅活，毫不犹豫地对曾国藩采取崩溃疗法，将他往死里骂。

那段时间，左宗棠不止痛骂过这一次（"仆以大义责之"），而且还跑到曾国藩军船上，时时骂，天天骂，重复着骂（"又日日至其舟中絮聒之"）。以毒攻毒，直到骂得曾国藩回心转意了。最后他才替曾国藩开脱：为什么有这次靖港之败呢？老天为了让他成大事，所以偶尔拿这点小挫折来锤炼锤炼他。（"此公忠诚笃实，正灭贼之入，偶遭挫折，殆天之所以玉成耳。"）

左宗棠不留情面，曾国藩脸由红变紫，由紫变乌。但奇怪的是，骂声过后，他突然不想自杀了。

是啊，左宗棠说得对：胜败乃兵家常事。

他当即安排部下，将营里存底的火炮弹药军械，一手托付给左宗棠，由他来指挥。

过了一会儿，曾国藩从床上咕噜爬起来，握着左宗棠的手，很感激地说：听了你这一席话，就像听到世界上最圣明的人讲的道理，我忽然出了一身大汗，现在汗停了，病全部好了。（"若听圣人辩士之言，忽然汗出，霍然病已。"）

故事就效果来看，有点像陈琳骂曹操。⑤人从愤怒转平和很难，需要大胸怀、大气度，曾国藩做到了。

左宗棠心直口快地痛骂，让曾国藩受益不浅。根据左宗棠的责骂，曾国藩将自己的号由"居武"改成"涤生"，意思是感谢左宗棠让他浴水重生，向死新生。

就在这时，快报传来：湘勇在湘潭大捷。据左宗棠后来描述，"水师夹击，烧贼船几尽，遂复县城，杀贼逾万，自军兴以来未有如此大捷者。"

湘潭主战场在左宗棠"独主援湘"的战略指导下，消灭了一万多太平军，取得了湘勇有史以来最大的胜利，曾国藩失败的情绪一扫而光。他马上爬起来给皇帝写奏折报捷，湘潭胜利大书特书，靖港旧败轻轻带过。

咸丰皇帝看后很高兴，对曾国藩从此刮目相看，认为他已经可以独当一面，正式发布一道新命令：湖南除了巡抚，所有文武官员，都可以由曾国藩根据军务需要来调遣。

曾国藩从民间团练首领，升级为国家正规军指挥官了。

湘潭大捷有着历史决定性意义，它奠定了湘军事业第一块基石。在生死攸关的时刻，挽救了曾国藩，挽救了湘勇，也挽救了清廷，成了清军与太平军力量对比的转折点。

左宗棠再次出山，决策开场得胜，心中大喜过望。

但他入官场还不深，要想通过朝廷来做事，与官府来合作，需要一个合作模式，不再是以前，打一枪换一个地方。

因为独立而不依傍的个性，左宗棠无意间开创了一个民间士人与官方政府合作的全新模式。

不妨管它叫"虚官实民"。

大权独断

湘潭大捷，让左宗棠威信大增，自信心倍增。

但问题来了，左宗棠如此能干，与骆秉章怎么合作？

两个能人合作会打架。左宗棠与张亮基是松散合作，各自独立，干得来就干，干不来走人。

对骆秉章来说，最大的担忧，是刚刚进入幕府的左宗棠时常仍萌生去意。原因是骆秉章此时对左宗棠仍未能充分信任（"骆文忠公初犹未能尽信"）。站在骆秉章的角度，能做的都做了，能信任的地方都已经超过了，完全、充分、彻底信任需要时间，毕竟自己托付的一省安危，包括自己全家性命。但左宗棠不会这样想，也不可能站到他这边来考虑。骆秉章怎么想办法尽快留住左宗棠的心？

骆秉章急需解决的现实问题：现在是继续按张亮基模式探索创新，还是要左宗棠全心加盟幕府，做自己的部属？

开新路还是走老路？这是合作的首要问题。

草鞋没样，边打边像。两人心知肚明，相互磨合着，边做边看，逐渐达成了一个折中的方案：左宗棠加盟幕府，但可以随时走人；骆秉章全面授权，左宗棠全权代理。

左宗棠自己说，这样磨合了一年，骆秉章就全面放权了，由他一个人说了算。所有刑名、钱粮、战斗、决策等等，大小事情，他一概不闻不问，"主画诺，行文书，不复检校"。

一则小故事说明了这种合作模式的特色：一天，骆秉章听到巡抚衙门外发炮，他不知缘由，忙问手下人：怎么回事？一问才知道，是左宗棠在发军报折子。清朝有规定，凡是向朝廷发报折子，都要放炮。

骆秉章说，将折子拿过来，给我看看吧。匆匆溜了一眼，信手一丢，任由左宗棠去做。

这是一个重大的突破。在清朝，向朝廷发报折子，是大事，一般由巡抚亲自主持。但骆秉章交给左宗棠去办，左宗棠也不报告一声，自己就办了。这说明，左宗棠已经完全地行使了湖南巡抚的权力，大权独断；同时，也透露出一个明确的信息，骆秉章对左宗棠，完全彻底信任了。

左宗棠因此获得了一个绰号："左都御史"。⑥

这个绰号，明显流露出湖南中下层官员对左宗棠大权独断的严重不满。"飞黄腾达之时，不被人嫉"，左宗棠据切身体验，总结出这句话，但现在他还做不到。

被官场舆论吵得心烦意乱，他开始学会选择信息：对自己不利的话，不听不想，当作不存在，依然故我，想怎么做，还怎么做。

骆秉章也顶住舆论压力，装聋作哑，不将官员的非议当回事。下属来问公事，如果避开了左宗棠，他干脆就说，不要问我！你去问季高先生吧，他说可以就可以；他说不行，那就是不行了。（"公可亦可，公否亦否。"）

这下更不得了，中国官场的显规则，被他俩无情打破了。封建等级社会，官大一级压死人，一个小师爷，眼里还有没有巡抚大人？

更让人不可思议的是，连左宗棠本人也觉得骆秉章这样太软弱，偶尔也拿他开起玩笑，说：骆公啊，我看你就像个傀儡，没有我牵着线告诉你怎么动，你就不晓得怎么动了，你看是不是这样？（"公犹傀儡，无物以牵之，何能动耶？"）

照一般人脾气，被这样激将，肯定不干了，弄不好大发雷霆，当场下令左宗棠卷铺盖走人。但意外的是，骆秉章一点也不生气，对左宗棠的揶揄，既不肯定，也不否定，打着哈哈，干笑几声，事情过去了。

左宗棠当然不是故意来挑战骆秉章的脾气。外界风言风语，让他警觉起来。他不知骆秉章是不是介意？只好冒险用激将法试探，没有试出意外的过激反应，就彻底放心了。

骆秉章自己都能容忍"左都御史"，旁人操什么闲心呢？

骆左的关系越来越好。一次，左宗棠写好奏章，自己觉得很满意，就放肆敲骆秉章的门，叫他起来看。骆秉章赶紧穿好衣服，就灯下细读。看完他一拍大腿，大叫一声：绝了！拉起左宗棠的手，邀他出去喝酒吃夜宵。

这样率性随意，像江湖兄弟。[7]

虽然"幕友当权，捐班用命"的怪论，还在官场舆论中掀起波澜，但骆秉章与左宗棠像心有灵犀，都一笑置之。

这一切不但超出了时人预想，也让今人感到惊异：这样的合作，到底是好是坏？

结果是检验真理的最好标准。

在左宗棠入幕大权独断的6年，湖南全面进入了抵抗太平军的黄金时期。有八个字将这样一个局面做了最生动的描绘，叫"内清四境，外援五省"。不但湖南本土四方的起义军都被扑灭，湖南还搞起军事输出，对广东、广西、江西、湖北、贵州五省进行了大规模的军事援助。"中国不可一日无湖南"的局面，开始出现。

骆秉章与左宗棠这种合作模式，当时是最先进的一种机制。它的优势到底在哪里？

虚官实民。

以骆秉章为代表的官方，拥有实权，但他将权力下放，让独立民间士人左宗棠来全权代理行使，自己只保留最后的"问责权"。

这种模式，带来系列连锁的巨大变化。三国时期的蜀国，实行的是这种模式，叫"虚君实相"：阿斗刘禅拥有最高的权力，但真正行使权力的，是臣相诸葛亮，刘禅只保留对诸葛亮的最终问责权。

这个制度的先进性不是跨世纪，而是跨千年。孙中山成立中华民国，后来设计"总统共和制"，还在参照这个模式：考虑怎么将"能力"与"权力"分开，让行政权与监督权剥离，做中国民主共和的实践。[8]

这样的制度，好处是行使权力的人，可以根据自己的才能，任意发挥，不受牵绊，实现效率最大化。上级掌握最高问责权，执行权力办事的人，内心顾忌感很大：你做好了，没人来问罪；一旦做坏了，要承担起全部责任，上级可以随时问责。

"办事充分灵活化，监管完全严格化"，是这个模式的生动特点。

这个模式从根本上解决了清军不力问题。

清军打太平军所以屡败，主因不在兵太差，不是装备不行，而在内部官员结构、关系复杂，责权利含混不清。

掌握兵权的人，政出多门，相互妒忌、牵制，人人自保，彼此拆台。每个指头各干各的，多个指头握不拢，力量全分散了，该出手时不出手，不该出手乱出手。对刚草创出来、内部关系相对简单的太平军，清兵像一头笨重而乱转的大象，打它只要牵着它的鼻子，顺势绕它几下，它自己就倒了。

左宗棠的到来，扭转了这个颓势。不是左宗棠有先见之明，实在是因为他的个性、他的成长环境，决定他只能这样与骆秉章合作。

左宗棠的独立性到底有多大？有则小故事，同样很能说明问题。

某天，骆秉章的小老婆有个弟弟，想向骆秉章求个差事。骆秉章说，没问题，等季高高兴的时候，我找机会专门跟他提一下。

没想到骆秉章找左宗棠当面一提议，左宗棠一句话都没说。过了好一会，才笑着回答他：今天天气不错，我们一起喝酒去？

左宗棠端起酒杯连喝三杯，起身对骆秉章作了个长揖，说：骆公，左某就此告别了。说完就催促仆人，回湘阴老家去。

骆秉章吃惊不小，他一把抓住左宗棠的胳膊问：为什么？

左宗棠说得既委婉也直接："意见偶然不合，便当割席。君子绝交，不出恶声，何必多言？"骆秉章明白了，马上收回安插小老婆弟弟的话，危机才算化解。

左宗棠在小题大做吗？没有。不是左宗棠小气，容不下骆秉章小老婆的弟弟。关键是分工与原则问题，不能让步。骆秉章的分工，平时养花、种草，陪小老婆玩，开会聊天，对左宗棠主政办事，他只看结果，保留最后问责，而不能干预左宗棠的人事安排。

而一旦如果左宗棠碍于情面答应，口子一开，全乱套了：下次骆秉章小老婆的弟弟的朋友来求差，左宗棠能不能拒绝？再下次，骆秉章小老婆的弟弟的朋友的朋友来求差，左宗棠又能不能拒绝？有了初一，会有十五。社会各色五花八门的人，闻风而动，一旦都来求情，左宗棠还挡得住吗？队伍就乱了。

人情与关系组建起来的乌合之众，跟八旗子弟还有什么区别呢？左宗棠跟清兵将领还能有什么两样？既然彼此一样，左宗棠这个独立民间人士，还有什么存在的必要！

原则问题，口子不能乱开。开错一个蚂蚁大的小口子，会造成千里黄河全线崩堤。原则问题上，必须以斩钉截铁的态度拒绝，这样得罪人只有一次，人家只说左宗棠绝情；口子一开，再拒绝就要在同一个事情上得罪人无数次，人家会举出左宗棠一百个不对。反正要被人骂，左宗棠是愿意被人骂一句呢，还是愿意被人家骂你一百句？谁都免不了要得罪人，如果什么人都不想得罪，就只有容忍别人无数次来得罪你。

左宗棠因为这种刚直、率真、不受束缚的独立个性，居然无意间成就了这样一种在当时最先进的制度。

骆秉章为这样一种创新，承受的压力超乎想象。当对左宗棠大权独断的批评难撼动他，就会对他个人的非议就铺天盖地袭来。评价他"才不胜其德"，"年老平庸"，"廉静寡欲，而乏刚果有为之志"。甚至连肃顺、郭嵩焘这样的明眼人，也看花了眼，干脆说："骆秉章之功，皆左宗棠之功也。"

左宗棠知道，不能再听任这些意见疯长了。他得对骆秉章作出一个中肯评价，以终止谣言伤害。他说：骆秉章的道德品质与政治才干多到写不完，带兵打仗的本领也绝对不弱。（"德政既不胜书，武节亦非所短。"）这下大家才明白过来：原来骆秉章无为而治，表面上不动声色，肚子里尽是才干。

其实骆秉章一点没闲着。兵马未动，粮草先行，开门打仗第一件事，是筹钱。湖南作为中部闭塞省份，政府口袋也没有余钱。骆秉章从"短于治乱"中脱身出来，发挥他"长于治理"的长处，与左宗棠共同策划，在后勤一块，办了两件大事：一，减漕；二，抽厘。用今天话说，就是开创在全省收商业税和流通交易税。

骆秉章这两件事办得怎么样？向来对官员挑刺的王闿运，这样评价："骆秉章用左宗棠议，首减湘潭浮折漕粮，定军需公费，先私取十五者，率改为公

左宗棠长沙司马桥故居遗址

取一，藩司以下大譐（通假字，同"欢"）。时湖南阻乱，事专于巡抚，秉章决行之，遂通改漕章，岁增银二十余万，民乃得减赋数百万。武昌既复，林翼复效行之。及曾国藩在江西，亦效行之"。

骆秉章开创了政府靠税收支撑军费开支的先河，胡林翼和曾国藩后来都仿效他这个办法，解决了湘勇军饷难题，骆巡抚的才干，可见一斑。

为了保持自己完整的独立性，左宗棠这边也不容易。首先一条，他不能受骆秉章"关聘"，自然也没有工资。怎么养活家里12口人？关键时候，胡林翼又来帮忙了。

胡林翼和骆秉章商量，两人各从私人腰包里掏出500两银子，由骆秉章负责寻买宅院。骆秉章相中了城北司马桥的一处宅院。

司马桥宅院买下来后，左宗棠给它取名叫左公馆。

左公馆是个两进院子，有二十多间房子，房前屋后还有一片菜地，几亩池塘，虽近城市，却似山村，远离闹市，又在城里，到巡抚衙门又不算太远，有些柳庄味道，左宗棠住得称心如意。

胡林翼又通过渠道去筹钱，让左宗棠每月可拿到30多两银子，解决家庭后顾之忧。

解决了这些实际问题，骆秉章与左宗棠就可以放开手脚合作了。

这是一种完全双赢的合作，结果是，骆秉章成就了左宗棠，让他找到了做事的平台，实现"身无半亩，心忧天下"的抱负，向榜样诸葛亮看齐，名扬天下；左宗棠也成就了骆秉章，让他既避用自短，免在战场丧命，又取得了政绩，还名垂青史。

有了骆秉章的全面信任与放权，加上曾国藩、胡林翼、郭嵩焘等一班湘籍官员的铁心支持，左宗棠胆子越来越大，步子越迈越快，他决定对清朝官场来一场改革。

猛牛欲斗虎，猛龙必过江。左宗棠凭着一腔热血，以诸葛亮当年冒险过江东的勇气，对满官集团进行清肃整顿。

"倒杨" 阳谋

左宗棠发起对满官集团的挑战，全由清朝的军队制度惹起。

清朝军队，实行的是八旗加绿营制度。[9]

八旗成立之初，都有些骁勇善战的角儿。但到了晚清，他们已彻底失去祖先的锋芒。八旗子弟凭借祖宗福荫，领着月钱，游手好闲，好逸恶劳，沾染恶习。每天打茶围、蓄画眉、玩票、赌博，斗蟋蟀，放风筝，坐茶馆，从早到晚，吃喝嫖赌，成了纨绔子弟的代名词。

绿营呢，在清代中期以前，一直都是精锐部队。但国家久不打仗，营务逐渐废弛，军队逐渐腐败。到嘉庆初年镇压川、楚白莲教起义，本以为他们是马，拿出来一遛，才发现已变成羊。到镇压太平天国，逢战必败，由羊缩成了鼠，弄得皇帝天天揪心。

八旗、绿营百足之虫，死而不僵，还在生息、繁衍。军一代、军二代、军N代，其实都是"坑爹坑祖宗一代"。他们由掌握军事而掌控政治，垄断国家权力资源。

正是能力与权力严重错位，太平天国才有机会起来打翻他们。湘勇崛起，正是八旗、绿营完全无能情况下的产物。如果八旗、绿营都还势大力沉，哪有养兵百万的朝廷，荒唐到要靠"教育部副部长"组织一帮农民用干农活的锄头耙头来挽救的呢？

从湘勇诞生，八旗、绿营就与它对立，像衰弱老年敌视能干少年一样。弱小但充满生机的湘勇，自然不愿意受这种压制，所以胡林翼批评八旗、绿营兵遇敌即溃，说"近年兵将伎俩，久为贼所窃笑"。曾国藩则忧心忡忡地说："经制兵"（国家正规军）即使岳飞再活过来教他们打仗，孔子再活过来教他们文化，也救不过来。（"习气太盛，安能更铸其面目而涤其肠胃？恐岳王复生，半年不可以教成武艺；孔子复生，三年不能变革其恶习"。）

痛恨别人无能，不如做大自己。以曾国藩为核心，湘勇迅速凝聚了国内大批精英人物。

陶澍当年独木支撑湘官集团，饱受了满官集团的排挤，他想到以亲帮亲，以邻带邻的方式，来培养湖南人才，发展速度惊人。短短十余年，湘官集团成了规模。

代表社会中下层士人利益的湘官集团，迅速上升，代表社会上层士人利益的满官集团，日落千丈。错位发展到一个接近高度的时候，不可避免地发生碰撞。上升的湘官集团被跌落的满官集团的天花板罩住了。

要想作为，必然破板。

左宗棠做起总策划师，发起"倒满"运动。第一个拿来开刀的对象，叫杨霈（pèi，大雨，比喻帝王的恩泽）。

杨霈是湖广总督，汉军镶黄旗人，八旗子弟，为人"庸懦畏葸"，就是胆小怕死，跟崇纶一个德性。

杨霈特长，在善于因人成事，就是擅长踩着他人的肩膀往上爬。他带领的湖北清兵，尽是一些败兵散勇，一击就垮。

湘军攻陷武昌后，杨霈借口"武汉空虚，度不可居"，不如乘湘勇锋锐正盛，东下夺取蕲（qí）黄、九江、湖口。于是上奏朝廷，表示愿意率部与曾国藩联兵东下，自任长江北岸战事。

杨霈表面上积极抗战，其实消极避战，想借湘勇做挡箭牌。

曾国藩看破杨霈的用心，迟迟拖延不动。但朝廷来催促了，只好与杨霈联兵东下，临时调来湖北按察使胡林翼的兵，前往参战。

湘勇一鼓作气，顺利攻占武昌。杨霈抢先奏报邀功，拿到奖赏便过河拆桥，而湘勇筹集犒金、粮饷的事，他不闻不问。

湘勇的开销可都是自费的啊！打了胜仗不但没有奖赏，反倒换来饿肚子加疲劳，另加欠一屁股军饷。曾国藩十分懊恼，胡林翼更是气得骂娘。

杨霈如果只让曾国藩讨嫌，还可能只是走进险路；但得罪湘官集团，很快就会被大家齐心协力送上绝路。

湘官集团要继续上升，正好杨霈就成了急需打穿的一块天花板。

曾国藩动起脑筋，对杨霈设局。

首先是全局战略的设置上，曾国藩搞成网络联盟体：胡林翼巡抚湖北后，曾国藩将湖南、湖北、江西三省的湘官，联成一片，形成一片强大的政治军事势力集团。

杨霈进来揩油，正好钻进局中。

1855年春，杨霈驻守黄州，太平军攻势猛烈，打得他像无头苍蝇，先逃到郫水，再逃到汉口，又逃到德安，最后逃到枣阳。

胡林翼刚补署湖北巡抚，也就是代理省长。他带兵在武昌外围转战。杨霈借口"防贼北窜"，走避德安，续退随州、襄阳，再向皇帝提要求，要调在武昌作战的胡林翼移驻汉川。用意很明显：用胡林翼做挡箭牌。

这下再次惹恼了湖南湘官集团一班人。曾国藩打赢了，你代表人家抢先报功；胡林翼很厉害，你要求人家帮你挡箭。不扳倒杨霈，这仗还怎么打得下去？

左宗棠政治判断力最好，他最先看清楚、想明白，决定发起一次系统周密的"倒杨"行动。对"倒杨"流程，做了严谨的部署。

他设计由骆秉章来开头炮。

首先得等待时机。机会说来就来。

咸丰皇帝接到杨霈"防贼北窜"的奏折，就来问骆秉章意见。骆秉章根据左宗棠的意思，一口气质疑了"五个不解"，结论是直接弹劾杨霈。

骆秉章向来温和，这次锋芒毕露，咸丰皇帝看后，很不高兴，懒洋洋地回了句："知道了。"然后就明责实护，说杨霈固然是缩头乌龟，辜负了皇帝我老人家一片心意（"固为退缩，有负朕恩"），话锋陡转，反责怪起骆秉章来：你还好意思举报杨霈，你也不看看自己，在南方做了两任巡抚，皇帝老子我原来还盼望你能有点作为，没想到你却告诉我，你已经老了，倚老卖老，年纪轻轻，居然就为自己退休提前做起准备，缩头乌龟都练到了你这个地步，真是再也没有比你更无耻的人了啊！（"汝两任南抚，朕尚冀汝有为，乃自陈衰老，预为归息地步，无耻已极。"）

骆秉章被骂得面红耳赤，"倒杨"首战告败。

左宗棠不急，他做好了第一步失败的准备。又开始第二步，通知胡林翼去开炮。

咸丰皇帝虽然以骂代堵，封了骆秉章的口，但还是不放心，想听听直接当事人胡林翼的意见。

根据左宗棠的安排，骆秉章可以说观点，胡林翼就只能说事实了。骆秉章是外人，表态不会惹猜疑；胡林翼是当事人，事实胜于雄辩。

1855年5月12日，胡林翼这样向咸丰皇帝陈述：当今国家的形势，最大的事情是赶紧进攻武昌，"乃可内固荆襄"，"时局乃有转机"。这等于完全否定了杨霈"要调武昌作战的胡林翼移驻汉川"观点，也呼应了骆秉章的"五个不解"奏折。

咸丰皇帝有点慌了。怎么这两人不谋而合，想到了一块？他开始重新思考，是不是该听听骆秉章？

还没来得及问，5月16日，曾国藩在江西上奏了一个《湖北兵勇不可复用折》，全篇指责杨霈胡乱治军，还揭发了他在广济大营溃败后，狼狈败逃的事实。

骆秉章、胡林翼、曾国藩，都是封疆大员，他们在不同时间、不同地点，相继指责杨霈问题累累，咸丰皇帝就感到事情严重了。

皇帝号称至高无上，其实不是万能。当官僚集团多数站出来与你对抗，皇帝就真正成了孤家寡人。所以皇帝天不怕地不怕，就怕高官来结盟。

咸丰皇帝心里比谁都清楚，杨霈无能，是个南郭先生。但他不担心杨霈无能，他担心的是杨霈与南方汉官搞不来。当初自己让他做湖广总督，其实是为了玩满官与汉官的平衡。因为南方的汉官掌握了实权，以杨霈这个满官插进来，是为了分化汉官，避免他们结盟，尾大不掉，生出意外。皇帝需要的不是杨霈的能力，而是这个满人身份，以及分化汉官的周旋能力。皇帝思考这类问题，不会凭屁股决定脑袋，全凭血液成分决定脑袋。

三人相继弹劾，表示杨霈得罪了三人。对咸丰皇帝来说，情况严重了。他必须做出抉择：到底是保杨霈让自己来得罪三人，还是讨好三人来开掉杨霈？这次他没有犹豫。

咸丰皇帝算得出来：清朝的江山，假定同时去掉骆秉章、胡林翼、曾国藩，灭亡是可以看得见的事了。杀掉一百个杨霈，会危及清朝江山吗？不会。在关键时候，咸丰皇帝用现实功利取代了血亲情感。正是"血亲诚可贵，满人价更高；若为江山故，杨霈可以倒"。

左宗棠用锦囊妙计，三下就打穿了天花板，湘官集团头顶现出一片蓝天，破板再升空间辽阔，精英汉人的井喷期，即将到来。

以独立身份入幕，没有聘书、没有官衔、没有职位的左宗棠，自己就处在井喷口。

左宗棠当然想不到，改革已经触动利益，这比触及失势者灵魂还痛，必然会引发利益集团争斗。

左宗棠这条踌躇满志的战龙，马上要被卷进官场旋涡。置身滔天骇浪，生命危在旦夕。

左宗棠怎么闯过生死大关？

注：

①　张亮基没有做过正式任命的湖广总督。1853年2月至1853年9月，张亮基"署湖广总督"，署即代理，也就是在考察期。相当于今天做代理省委书记。

②　唐玄宗开始以文学侍从官选充，职责是专草拟内命诏诰，包括起草任免宰相，宣布征伐命令等。唐德宗以后，翰林学士进一步成为皇帝亲近的顾问兼秘书官。经常值宿内廷，参预机务，被称为"内相"。清代废翰林学士，翰林院的职责，包括掌修国史、记载皇帝言行、进讲经史，以及草拟有关典礼的文稿等。长官称掌院学士，以大臣充任，所属职官如侍读学士、侍讲学士，侍读、侍讲、修撰、编修、检讨和庶吉士等，统称翰林。

③　据骆秉章研究会专家研究，洪秀全是新华镇官禄布村人，骆秉章是炭步镇骆村人，两地相距不过二三十里。这一对老乡，一个立志推翻清王朝的太平天国领袖；另一个则为捍卫清王朝的"中兴名臣"。为了各自的利益，两人在政治舞台上互相厮杀争斗了十多年。

④　三国时期，赤壁大战前战云翻滚，曹操大兵南下，说只带了83万兵，跟孙权来吴国打猎玩一玩。孙权一听，内心惊惧，汗不敢出。抵抗还是投降？诸葛亮、周瑜力主抗战，张昭等人力议投降。孙权无动于衷。战又怎么样，不

战又如何？举棋不定。鲁肃拉孙权到一边，问了一句悄悄话，孙权决心瞬间锁定下来。鲁肃说："我们这些做臣子的投降曹操，仍可谋得一官半职，你若投降，可就没有安身之地了。"孙权醒悟，决心抗曹。

⑤　曹操本来有头风病，陈琳做檄文，从曹操祖宗十八代骂起，全面否定。曹操看后，气得不行，头痛居然好了。从此他说，陈琳的文章可以治疗头痛病。弄得在后面排队等着来骂曹操的人目瞪口呆，抓紧自捂嘴巴，以免义务为曹操治病。

⑥　什么叫"左都御史"？帝国集权社会，朝廷设有专门行使监督职权的机构，叫都察院，左都御史即是都察院的长官。清代以"左都御史"掌都察院事，其品级几经变化，定为正二品。左都御史起什么作用？概括地说，就是"钦差大臣加特务"。除"专职纠劾百司"外，还行使两项重要职能：一为天子耳目，即所谓的言官，道听途说即可打小报告上奏；二是重案会审，即重大案件组织由三法司会审。

⑦　这样的场面，古往今来，实在少见。在刘邦草创队伍时有过，在三国刘备刚起家时有过，在清末民初那些起事的英雄好汉们身上发生过。但在任何一个有规章有制度，等级一层压着一层的正规朝代，用放大镜都难得找到。

⑧　孙中山在"三民主义"的阐述中分析，要将"能力"与"权力"分开，就要做到"真正的平等"。

关于平等概念，在现实中有"不平等"、"假平等"、"真平等"三种。

一是不平等：分为"天生的不平等"和"人为的不平等"。

"天生的不平等"是自然界本身没有平等，人类也没见过"天赋的平等"，如人生而有圣、贤、才、智、平、庸、愚、劣之分。

"人为的不平等"是专制帝王造成的，即帝、王、公、侯、伯、子、男阶级制度。

二是假平等，产生的原因有两个：一是产生于打破人为的不平等，而又忽略天生的不平等；二是不分圣、贤、才、智、平、庸、愚、劣，一律求其平等，亦即平头的平等。

三是真平等，是起点的平等，让各人站在同一水平线上，根据各自天赋的聪明、才力，充分地去发展造就，每个人发展造就的机会完全相同，结果却大不相同，这就是真平等。

⑨　八旗由清太祖努尔哈赤在1601年创立，初建时设四旗：黄旗、白旗、红旗、蓝旗。1614年，因归服地盘越来越广，军队花色越来越杂，于是将四旗改为正黄、正白、正红、正蓝，并增设镶黄、镶白、镶红、镶蓝四旗，合称八旗，统率满、蒙、汉三族军队。

绿营则是顺治初年，朝廷在统一全国过程中将收编的明军及其他汉兵，参照明军旧制，以营为基本单位进行组建的。以绿旗为标志，称为绿营，又称绿旗兵。咸丰皇帝以前，数量是八旗四倍。

刀下留人 【第八章】

祸起刚直

左宗棠一手策划，扳倒了满官杨霈：1855年6月，咸丰皇帝临时换人，官文接任湖广总督。

官文是谁？满洲正白旗人。出身军人世家，最初是殿前蓝翎侍卫，后做到荆州将军。

官文来到湖广，取代杨霈，领导八旗、绿营，与曾国藩领导的湘勇共同平定太平天国。

官文其人，不谙政事。比起崇纶、杨霈，一茬不如一茬。他处理事情，不论大小，决于家奴，时人戏称官文的总督府有"三大"：妾大、门丁大、庖人（厨子）大。

咸丰皇帝提拔湖广总督，理想的人选，需要具备两个条件：一是血统上属满人，在能力上可以监督、分化汉官；二要会周旋关系，与汉官、主要是湘官，总体上能保持良好关系，不会崩盘。

官文画像

两条标准一套，官文脱颖而出。

官文本事如此一般，为什么可以快速升迁？全得益于湘勇统帅曾国藩胆小谨慎、八面玲珑。

官文打仗不行，但铁心跟着曾国藩走。

每次报功，曾国藩都主动讨好，将他写到第一名。咸丰皇帝知道，就官文那点水平，打仗他是打不出功劳。但朝廷要的就是曾国藩这个姿态，表示满汉一家，团结精忠，皆大欢喜。

曾国藩变相拍马，目的在尊重朝廷。皇帝虽然知道曾国藩有用心，但要的就是他的姿态。官文因此成了骑在前线流血奋战湘勇头上的不倒翁，是中国绝无仅有的福将。[①]

但左宗棠性格刚直、率真狂放，自称"胸中有天地正气，要做古今第一完人"，对满官就没这么客气了。到他眼皮底下想胡作非为？没门儿。

这段时间，左宗棠代表骆秉章，正在对湖南官场进行整肃。"内清（湖南）四境，外援五省"，不仅要清太平军，也要清湖南官场。

这一清，查出问题来了。

湖南永州镇有个总兵，叫樊燮（xiè，调和），湖北恩施人，虽为汉人，其实是总督官文在湖南布下的一个棋子儿。近墨者黑，此人入了满官集团，染上八旗毛病，无能又懒惰，贪婪又多欲。

左宗棠清查湖南官场，发现樊燮有三大罪状：

一是，永州防兵号称两千，实际常驻城内只有300人，在总兵官署当差的，则只有160人。樊家的厨夫、水夫、花匠、点心匠、剃头匠，都由防兵来做，给樊燮家人煮饭、挑水、养花、做点心、剃头，等等，薪水则全部从军费中支取。更过分的是，防兵的工作，居然还包括给他的姨太太洗衣服。

二是，贪污挪用军饷高达1000多两白银，铜钱3000多串，官米难以计数。

三是，违背"武职骑马"的规定，偏要坐上八人抬的大轿子。[②]

第一、第二条加在一起，叫"以公谋私，贪污受贿"，放到今天同样是渎职罪、腐败分子。

第三条罪状在今天看来没什么，在当时却最严重。叫"非礼"。《论语》有规定："非礼勿视，非礼勿听，非礼勿言，非礼勿动"。《论语》对"非礼"的认定有标准，叫"八佾舞于庭，是可忍？孰不可忍！"，即"僭越"（僭jiàn，超越本分）③。

武官坐轿，是"非礼"、"僭越"。"僭越罪"在封建集权社会，可以定性为死罪，要满门抄斩。

左宗棠最痛恨的，当然是前面两项。他以办事能力立身，以廉洁能干行世，最不能容忍的，是自己长处的反面：业务不通，为官贪婪。

最让左宗棠恼火的，是樊燮仗着官文的后台，将永州百姓与部下的愤怒与怨恨当作儿戏，肆意欺横：管理厨房的人烧煤过多，被他罚数十军棍；管理轿务的兵丁，轿房灯具失修，也被罚军棍；他自己下基层视察，负责沿途招待的一个把总因故迟到，被他指令拖到船边，扒了裤子打屁股。

左宗棠长年生活在社会底层，看不得下层人受欺负，"穷困潦倒之时，不被人欺"，这是普通人的人格底线。樊燮连踩数根红线，是可忍？孰不可忍！

左宗棠大刀出鞘，迎面直指樊燮。

左宗棠将这些举报与罪状收集起来，与骆秉章专门做了沟通。骆秉章趁进京见咸丰皇帝的机会，上了一本弹劾樊燮的奏折。换来的处理是："着交部从严议处，即行开缺"。

但上有官文罩着，樊燮这次安然无恙。

1859年4月，骆秉章再参一折。咸丰皇帝这次认真了，批示："樊燮着即行拿问，交骆秉章提办。"

樊燮这下变乖了，老老实实赶到长沙，面见骆秉章，接受"双规"。

总兵见巡抚，相当于地方军分区司令员见省长，自然卑躬屈膝。骆秉章听完申辩，爱看不看地白了他一眼，说：你去找左宗棠吧，由他来发落你。

樊燮原本想过主动去找左宗棠。他通过关系打听到，左宗棠是个小举人，人卑微，但权力大，"左都御史"名声在外。权大位卑的人好贿赂，塞点钱，帮自己说几句话，麻烦也就过去了。

但巡抚大人骆秉章要他听候左宗棠发落，他反倒不想见了。

心想，自己好歹是一个总兵，朝廷二品武官，虽然永州是小地方，但在那儿是土霸王，作威作福，要下雨天都不敢刮风，要云彩太阳都得躲起来。如今要听候一个据说没有任何级别的小举人来发落，心里迈不过这道坎。官场讲究关系对等，左宗棠地位对不上樊燮，这叫掉面子。不错，求他办事可以，听他处置？不行。

樊燮一路走，一路想。

想法不对，行动就乱。樊燮心情杂乱，左右彷徨，不知不觉，走到了巡抚衙门左宗棠的办公室外。

左宗棠当然知道樊燮来了。在衙门内，他考虑的却是另一回事：樊燮本来就是自己揪出来的，现在送上门来，当然得威严有加地教训他一顿；清理湖南官场陋习，杀鸡骇猴，以儆效尤，先拿他开刀。

樊燮这边却还在为左宗棠品级对等的事纠结，还想着来个什么样的见面礼：跪呢，还是不跪？这是一个问题。他琢磨后坚定认为，堂堂二品武官，不能向小举人下跪。

樊燮进门，双手作揖，算是行礼。

左宗棠本来心气很高，今天居然碰到比他还傲慢的人，而且还是他瞧不起的、正要拿来开刀的人，内心的愤怒，可以想见。

左宗棠大喝一声：武官见我，不论大小，一律要下跪请安，你为什么要搞特殊？快给我请安！

樊燮到底土霸王做久了，不把左宗棠当回事，愤怒地回敬道：我朝哪有二品武官给小举人请安的先例？！我虽然地位不高，但我是朝廷二品大员。

左宗棠一听，脸都气黑了。樊燮已将他的自尊心打得粉碎。他最忌讳的事情，一是没考上进士，二是有权力无品级。樊燮一句话全挑出来，这是存心挑战自己的底线。

左宗棠性情刚直，疾恶如仇，头一次被一个自己将审判的贪官反骂，还真是反了，哪里受得了这种气？

这头倔强的蛮牛，终于发出狮子般的咆哮：

"王八蛋，滚出去！"

故事发生到这里，一场无可挽回的、牵动中国官场命运走向的历史性大较量，重重地打出了第一拳。

左宗棠赶走樊燮，一些版本还有细节：骂完后，打了他几耳光，还想抬脚踢他，有记载说踢中了，有记载说没踢到。

结局可以想见，樊燮一出门，骆秉章下令，将他就地革职。

樊燮一介武夫，从此对左宗棠怀恨在心。

仇恨是世上最大的力量。樊燮开始动用一切手段，寻找机会，对左宗棠进行报复。

樊燮本人摇不动左宗棠，但打狗看主人，他背后有官文。

官文一看形势不对，感受到了威胁，决定出面整左宗棠。

樊燮负责为官文搜集左宗棠的黑材料。搜来搜去搜不到，他换了个办法，就地取材，给左宗棠列出两大罪名：一是"劣幕"，因为左宗棠名气大，叫"著名的劣幕"；二是左宗棠大权独断，越权干政，导致湖南巡抚衙门"一官两印"。

对于第二点，前面详细说了，是晚清官场一种体制内制度创新。但当时不这么看，如果有确定的证据，可以举报。

而"劣幕"就是莫须有罪名了。不用法律的绳墨去度量，举报"坏人"，不讲证据，很容易陷入人身攻击，让所谓的正义，沦落为官场斗争需要的幌子。

这下惊动到咸丰皇帝。

皇帝亲自过问，案件升级为大案。左宗棠当即被隔离出湖南幕府。

谁来处理左宗棠案子？咸丰皇帝指派官文。

让人心惊肉跳的是，咸丰皇帝看过官文的奏折，当即批示：

左某如果有不法情事，即行就地正法。

官文这时只要掌握一点证据，或者能够捕风捉影，编造出一点说得过去的事实，就可以砍掉左宗棠的脑袋，最后向皇帝报告一声即可。

心气很高的左宗棠，在湖南建功立业，大刀阔斧，挽救垂死的朝廷，努力实干，却给自己换来死刑。

左宗棠本人还被蒙在鼓里。他只知道自己出了点问题，以为没什么了不起，不过是开除出幕府，大不了发配边疆。

左宗棠想简单了。

但知道事情不简单的湖南官员越来越多，湘官集团动起来了。大家知道，扳倒杨霈是整个事件的导火索，官文与左宗棠正面冲突，是满官集团与湘官集团势均力敌时的一次关键较量。

为了集团利益、抱团取暖，也为了每个人自己的前途，湘官集团的人越来越多地参与进来。一场牵动面广的隐权力与潜规则的较量，正式拉开了序幕。

中国历史，在这一刻开始摇晃。

皇帝已将生杀大权的尚方宝剑交给官文。此刻，官文又将宝剑高高举起来了。

对着左宗棠的脑袋，官文会顺势砍下，还是刀下留人？

满湘角力

左宗棠与樊燮，无论是意气之争，还是利益之争，或者正义之争，酝酿成生死冲突，实质是满官集团与湘官集团的历史大角力。

满官集团与汉官集团的矛盾日积月累，已经到了不正面冲突一次，就没法打开死结的程度。

左宗棠作为民间寒士，通过个人奋斗，向上层社会挺进，冲击到既得利益的满官集团，他是起是落，决定湘官集团未来发展空间变大还是缩小。

清朝官场内部的利益格局，面临一次打乱再来，重新分配的变局。

左宗棠明查樊燮，打的是官文。樊燮一倒，官文势单力薄，独木难支。湘官集团趁势崛起，则官文的官会越做越小，利益蛋糕也会越切越薄。

左宗棠吃奶油，官文吃蛋糕渣，他会答应吗？

一个乘胜追击，一个绝地反击，一场利益争夺大角斗，打得硝烟滚动，直接冲击到朝廷，波及咸丰皇帝。

咸丰皇帝也很纠结。作为皇帝，他不但要代表满官集团的利益，同时也要代表汉官集团，尤其是湘官集团利益。

这些身份代表，让他做得很辛苦，毕竟手心手背都是肉。满官汉官湘官，都是朝廷的官，嫡长子与庶儿子的区别。皇帝在行动上，顶多只能偏向满官集团一点点。

授权官文只要掌握证据，就可以将左宗棠就地正法，是咸丰皇帝偏向的证明。咸丰皇帝这时高高在上，坐在高墙深院里天天读奏折开朝会，外面世界两眼一抹黑，当然意识不到左宗棠的重要性。

但决定皇帝倒向哪边，关键不在皇帝，靠官僚集团内部争夺。哪边集团势力大，是不可阻挡的未来，皇帝就会被拉向谁。

湘官集团论权力、实力，肯定斗不过满官集团，但它代表着未来。

当前形势对湘官集团开始有利。原因是，湘勇近年来生猛崛起，让满官集团内部出现意见分歧，那些有社会责任感、有正义与良知、能高瞻远瞩的满官，开始倒向湘官集团。

户部尚书、军机大臣肃顺就是其中一员。[④]

肃顺，满族镶蓝旗人。他一直力主重用湘官胡林翼、曾国藩，提拔过他们。眼下，他主政朝廷，当然知道要将左宗棠"就地正法"的事。左宗棠考进士作对联，名气在外，加上胡林翼、陶澍、林则徐、贺长龄等人写奏折向皇帝多次保举，肃顺对他在湖南的业绩，早有所闻。

肃顺认可左宗棠的才能。他很明白：如果湘官集团崛起，可以挽救朝廷，满官集团失去的，只是利益蛋糕被分去一块。但如果打压下去，则无能的满官集团会将这个脆弱的朝廷折腾到灭亡。自己一旦成了俘虏，也会被太平军捉去，千刀万剐，株灭九族。

作为有长远眼光、谋清廷集团大利的肃顺，这时对湘官集团的态度，是扶持，不是打压。作为湘官集团崛起的先锋左宗棠，杀还是留？直接决定朝廷今后对湘官们的态度。肃顺前面有了总体定位，想都不用想，他知道怎么做——当然是大力营救。

但怎么救，得有方法。他自己官居户部尚书、军机大臣，高处不胜寒，不方便出面。一出面，皇帝反倒会猜疑他与左宗棠有什么勾当。

历经宦海大风浪，保住一个幕僚，对肃顺这个级别的官员，处理起来几乎不用动脑筋。他找到手下最信得过的幕僚高心夔（kuí，敬谨恐惧的样子），要他将左宗棠被皇帝下达的"就地正法"指令，赶紧透露给湘官集团里的人。

高心夔谋士出身，精通算计。他不敢直接转，太近了，一旦事漏，容易被查出来。先试着转告给狂士王闿运。

王闿运是湖南湘潭人，比左宗棠小21岁，是个纵横家，正醉心于"帝王学"。他每天以战国苏秦、张仪为榜样，出入官场各大门派、系统，以打探消息，煽风点火为志业。

王闿运是只无脚鸟，来无影，去无踪，走到哪里都像个打酱油的，信息源五花八门。这样的江湖名士，用来做传话筒再合适不过，泄密了，别人也查不出高心夔来。

王闿运其时正在肃顺手下做幕僚，对官场江湖人际网了如指掌。他接到消息，第一个告诉左宗棠的湘阴老乡郭嵩焘。

郭嵩焘就是多年前在玉池山的梓木洞里跟着左宗棠一起买山隐居的朋友。这时郭嵩焘早已经中了进士，担任翰林院编修、南书房行走。

翰林院是皇帝的秘书机构，南书房是清代皇帝文学侍从值班的地方，作用是陪皇帝研讨学问，吟诗作画。"编修"与"行走"，都是一类官职。

郭嵩焘作为皇帝身边的机要秘书，位显而权大。老乡旧友出了这么大的事，他一听，吓出冷汗。

怎么办？郭嵩焘急了。他有湖南人的特点，重情谊。他跟左宗棠是朋友、同乡，乡亲不能互保。

来说是非者，必是是非人。他一下子想到，最好是向王闿运求助。他要通过王闿运，找到信息源头。道理很简单，能知道这么绝密消息的人，一定是大权在握，可以挽救左宗棠的人。

王闿运只好反求高心夔，高心夔又反馈给肃顺。肃顺知道，这下时机成熟了，便发出暗示，也定下了整个救左活动的战略原则：

必俟内外臣工有疏保荐，余方能启齿。

意思明白了，必须有官员写奏折向皇帝来保荐，皇帝向肃顺来求问意见时，肃顺才方便替左宗棠说好话，将他从刀口下救出来。

肃顺对整个事件的处理，熟练、老到、沉稳。

郭嵩焘听肃顺这么一说，马上明白怎么做了。他自己不方便出面，不代表

清·粉彩人物鼻烟壶

他请不到方便的人出面。

他决定找一个最合适的人选。

恰好在这时，胡林翼也知道内幕了。他正在四处活动，也找到了郭嵩焘。两个湘官一合计，找潘祖荫。

潘祖荫是谁？江苏吴县人，咸丰二年的探花，也就是进士考试的第三名。他当时担任南书房侍读学士，与郭嵩焘一样，是皇帝身边的红人。

才子多有怪癖，名人都有爱好。做了高官的才子，还是才子；做了高官的名人，也还是名人。所以他们总会保留怪癖，没忘记爱好。

潘祖荫有个爱好，结交天下名士；也有个怪癖，爱好收藏古玩，尤其爱好鼻烟壶。

鼻烟壶，其实就是盛鼻烟的容器。明末清初，鼻烟传入中国，鼻烟盒渐渐东方化，有人发明了鼻烟壶。后来，人们嗜用鼻烟的习惯几近绝迹，但鼻烟壶作为一种精美艺术品，却流传了下来。在晚清，用鼻烟壶是一种时髦，显得很有名士派头。

郭嵩焘跟潘祖荫算老同事了，太熟悉他这些爱好，也知道他玩的把戏。官员么，不怕他没爱好，就怕他没怪癖。郭嵩焘琢磨着，先从潘祖荫的怪癖来入手。

他先写好保举左宗棠的奏折，揣在怀里，然后用胡林翼赞助出来的3000两银子（有记载说300两，也有说7000两，这里取3000两一说），在北京王府井古董店买下一只明万历年间由传教士利玛窦从意大利带来进贡的镶银玛瑙鼻烟壶。

做好这些准备工作，他直接上门去找潘祖荫。

一敲开门，郭嵩焘就说，哎呀，老朋友，你好久没请我的客了啊！你怎么不想到请我到朱莲芬家吃饭呢？

朱莲芬是谁呢？当时的著名优伶，美人胚子，情人范儿。⑤

潘祖荫一听，皱起眉头笑道：我最近正穷得发愁，老朋友你怎么送上门来请我客了？太好了。郭嵩焘一听，正中下怀，于是赶紧拖他去到朱莲芬家。干什么？不是去泡妞，喝酒。

红袖添酒容易醉，一激动又多喝了一杯。待酒喝得差不多了，郭嵩焘突然拿出鼻烟壶来看。潘祖荫一看，好家伙，最爱啊，赶紧抓过去，反复赏玩，啧啧赞叹。

郭嵩焘见他果然不想还了，就说：伯寅兄啊，你是专家，我看你这么喜欢，我就送给你了。伯寅是潘祖荫的字。他一听，这么好！高兴得不行，口里却说：那怎么好意思？你这个礼物太重了，要我怎么感谢你！

郭嵩焘说，这点小意思，不要感谢，我只求你帮我上个奏折，在皇帝面前保举一个人。

潘祖荫还以为什么难事，一听这么简单，马上将鼻烟壶顺手放进怀里，接口说，这个容易。一想不对，答快了。又问：你要我保举哪个人？

郭嵩焘说，先莫问，折子都已经写好了，你帮我保举，我还得另外感谢你，说着又掏出一张300两的银票。

潘祖荫一看，眼睛都直了。在皇帝身边工作，说起来好听，其实有苦难言，就是个"净坛使者"。没有油水，没有外快，潘才子正穷得发愁，口袋都已经饿得冒汗了。今天居然有钱有壶，像天上掉下馅饼来。他赶紧又抓过银票，藏进怀里，像慢了怕它飞掉。

潘祖荫收获满满，十分高兴地回家了。但人怕琢磨，他回家一想，越想越不对劲：虽然跟郭嵩焘是老朋友，但玩笑也不能这么开，收了人家钱和礼，还不知道保举谁。

第二天他主动找到郭嵩焘，说：老兄老兄，你的钱、礼，我都收了，没有反悔的道理了，但你得告诉我，要我保举哪个人？万一皇帝召见，问起我来，我都不知道谁，那还不哑巴了？会出事的。

郭嵩焘这才从怀里掏出已经写好的奏折递给他。潘祖荫一看，这奏折写得虎虎有生气：

> 楚南一军立功本省，援应江西、湖北、广西、贵州，所向克捷，由骆秉章调度有方，实由左宗棠运筹决胜，……是国家不可一日无湖南，而湖南不可一日无宗棠也。宗棠为人，负性刚直，嫉恶如仇。湖南不肖之员，不遂其私，思有以中伤之，久矣。湖广总督官文惑于浮言，未免有引绳批根之处。

潘祖荫画像

这篇奏折，出自郭嵩焘手笔。郭嵩焘是真正的湖南书生，眼光既有超越性，也有穿透力。以他在皇帝身边工作的经验，怎么将奏折写到位，写到咸丰皇帝心坎里去，让他动摇对左宗棠的固有陈见，举手之劳。

潘祖荫临时抓紧了解左宗棠和左宗棠事迹，以备在皇帝面前对答。不想他了解后居然还真被打动了，前后三次上奏折，替左宗棠辩护。

他自己写的两篇，今人都很陌生，只有郭嵩焘代笔的这篇，流传很广，弄得天下皆知。今天，"是国家不可一日无湖南，而湖南不可一日无宗棠也"一句，依然成了人们知道左宗棠的第一句话。左宗棠一生的名气，事实也被这一句话概括。[⑥]

潘祖荫的保举，撬开了压在左宗棠头顶的巨石一角，让左宗棠可以缓一口气。

而骆秉章以当事人的身份，也在不断地通过奏折向皇帝耳边吹风，替左宗棠申冤。

其实，骆秉章心里十分明白，若按"大权独断"来举报，左宗棠被定为"著名的劣幕"一点不冤。

只是今天我们看清了，大权独断方向是对的，左宗棠应定为"优幕"。

骆秉章凭业绩知道左宗棠"大权独断"干得好，但他不敢这样说，只要稍微透露一点儿那方面的意思，就成了此地无银三百两。所以他只能编故事，瞒细节，用撒谎来挽回正义。

肃顺出面，老乡、朋友集体出动，左宗棠应该可以得救了吧？

福祸之变

但形势发展的比想象的要险恶。

事情一旦升级成了事件，就都遵循一个规律，来得像山崩，去得像抽丝。樊燮举报，已将左宗棠拖进烂泥潭。

郭嵩焘辛苦营救，只算开了个头；后面暗刀密剑，风声鹤唳，没完没了。

官场有显规则，有潜规则；有显权力，有隐权力。有明线，有暗线。事情少有单线发生，往往多线并进。

救左行动，多头并进，多线同行，俨然成了湘官集团的一个工程项目。

肃顺总策划，郭嵩焘做指挥，潘祖荫打先锋，让案件的发展，由潜规则升级为显规则，由隐权力而变作显权力。这是明线。

暗线呢？较量与角力，同样在悄悄进行。

胡林翼大胆来主持一场"救左阴谋"。

胡林翼的直接对手，是官文。

官文正在抓紧霍霍磨刀，准备瞅准时机，一刀砍掉左宗棠的头颅。

说起胡林翼与官文的关系，还真像一个玩笑。

当初，杨霈被湘官集团一班大员，拖脚的拖脚，打拳的打拳，抬尸的抬尸，活活给扳倒运走了。官文接替杨霈做总督，成了巡抚胡林翼身边的上级。

想都不用想，胡林翼态度能好到哪里去？

但胡林翼这个人，一生有个绝招，正史的说法，叫"喜任术，善牢笼"。翻译成今天白话，他擅长用一些计谋，设计一些圈套，将别人悄悄套进，猛地拉紧封口线，套死在里面。

这样性格的人，对待朋友像绵羊一样温暖，对待敌人像灰狼一样残酷。

这种特性，与胡林翼出身有关。他出身地主知识分子家庭，少年天才，智慧别人跟不上。但因为没有像左宗棠那样经历湘阴农村生活的锤炼，也没有经历过苦难的历程，所以没法具有厚道、固执、淳朴性格。少年得志的天分，在文字来文字去中就显得轻飘，在"道"的层次上难以持久，在"术"的层次上津津乐道，很容易从大聪明里另枝生出无数小聪明，在捉弄人上尽显功夫。

胡林翼本来是有大智慧的人。他的智慧与实践一结合，创出《胡氏兵法》，时代无人能及。但他的实践能力很快被逼放弃。在贵州安顺做知府那几年，还平调到镇远、黎平做知府，不幸遭遇"抢桃功"事件。在官场勾斗中磨久了，他逼得学关系、用关系，再次激活了凌空蹈虚的才华。

胡林翼不再研究兵法，转身爱上搞恶作剧，专心研究关系学，像高射炮不打老鹰，调转头来打麻雀。

大聪明的本领，小聪明的潜质，胡林翼全部被开发出来，别人哪里还是他的对手？

胡林翼这种独门绝技，当然都上不得台面。但在晚清那样昏聩的朝廷里，逼得胡林翼经常使这些小聪明。左宗棠只知一味刚直正义、正大光明，胡林翼从反面弥补左宗棠的缺失。

胡林翼出手了。

在显规则上，他一本正经，通过奏折的方式，向咸丰皇帝申辩。因为是同乡，不能申辩事情，他就换了个手法。一面夸奖左宗棠的才能，叫"精熟方舆，晓畅兵略"，暗示不要杀大能人。另一方面，他又煞有介事地帮皇帝分析原因，说左宗棠由原告变成被告，为什么呢？是"名满天下，谤亦随之"。等于说，左宗棠为什么弄得被别人举报？因为他名气太大了。

这自然是瞎掰。名气大的人当时多了去，为什么只有左宗棠惹祸上身了？胡林翼当然知道，满汉矛盾比梅雨季节的疮疤还敏感，真相不能真说穿，底细更不能说破，得含蓄、绕圈子，皇帝听得开心就行。中国古代传统，凡事先拿道德做保护伞，充分考虑听者的情绪，不能讲事实与道理，哪怕真理全在你手里。

胡林翼不敢和盘托出，旁敲侧击，蜻蜓点水，以图歪打正着。

堂堂巡抚，只要表态，就有作用。其实也就起个表态的作用。你以为皇帝会看完折子，其实他只看一句，知道你站的队。

如果就会这点台面上的本事，他就不叫胡林翼了。他当然还要设计圈套，有这方面的天分，不用白不用，用了不白用。

胡林翼的圈套，在官文一到任，就已经拿他当小白鼠，做过一次实验了。

官文刚做上湖广总督任那阵，胡林翼很看不惯他，竟然想去弹劾。

但胡林翼不像左宗棠，顶撞人一顶就顶到底。他出身书香门第，天赋聪明过人，碰到困难脑子就闪，灵活性大于原则性。

正当他想去冲撞官文，手下幕僚及时进言：即便把官文赶走，朝廷也不会任用一个汉官来坐镇战略地位极为重要的武昌，再换个新满人总督来，说不定会更差，这官文不就比杨霈差吗？还不如将就一下算了，和他处理好关系，可以利用。胡林翼一听，有道理，马上改变方向，不想扳倒官文之事，反而马上备轿去拜见，还带上3000两白银做见面礼，见面亲密得不得了，当天竟然结拜为异姓兄弟。

胡林翼这种瞬息间改变原则与立场的事，历史上大约也只有刘邦做得出来。[⑦]

拜把之后，胡林翼要做第一件事，是怎么设局，将官文套进手心。

机会很快来了。

官文有一个小妾要过生日，官文为讨她的欢心，便四下给同僚发请贴，撒谎说是"夫人寿辰"。

生日这天，百官来贺。大家一看，什么夫人，原来是个没名分的小老婆，上当受骗了。一位高官当场发作："我是朝廷二品大员，岂能屈膝于贱妾裙带之下？"其他大员跟着骂骂咧咧，都准备打道回府。

这个时候，胡林翼到了。

胡林翼一到，装作很惊讶，拉住高官的手问：来了怎么就走？多坐会儿。不等对方回答，自己若无其事地送上寿礼，笑容满面地走进总督府道喜。巡抚大人已经带头屈尊，为没名分的人"祝寿"了，其他人还能怎么样？只好都坐下来捧场。

胡林翼这次救场，让官文小妾大大地长了一回面子，心里无比感激。胡林翼知道官文好色，对小妾言听计从，就嘱咐妻子经常邀请小妾游宴。这小妾也有点才气，能吟诗作对，胡林翼的母亲善诗能对，打心眼喜欢，就认她作"义女"。

这样苦心孤诣绕下来，巡抚与总督结上"干亲"。胡林翼通过母亲，控制住官文小妾。小妾爱吹耳边风，官文耳根软，禁不起香柔风，言听计从。

这样一环套一环，处处不着痕迹，胡林翼从幕后牢牢控制住了官文。

湖北官场，事无巨细，从此决于巡抚。

左宗棠现在已落入官文手中，胡林翼担心意外，这次抓紧先稳住他：总督绝不能先杀了左宗棠。

官文禁不起小妾吹香风，手里那把刀就定住了。

身边的危机才解决，北京又陆传坏消息：朝廷刚派出钦差大臣富阿吉，专门来调查左宗棠的案子。

胡林翼消息比别人都灵通，闻风后脑袋一转，马上想出对策。

富阿吉代表咸丰皇帝，从北京出发，才走到山东，胡林翼派出家人胡汉，已经截到。

胡汉根据计谋安排，出大价钱，在山东德州雇了艘超豪华游轮，趁着富阿吉上码头，就发出邀请：富大人，我这船又大又舒服，免费护送你去湖南，好不好啊？富阿吉一看，船上有美食、有美酒，还有美女。唱歌的美女排成队，个个身材苗条，让他眼睛都直了，总觉得该与自己发生点什么才好，满口答应。

上船后，胡汉将船开得像海盗船，颠三倒四，神出鬼没，今天进五十里，明天又退二十里。这种磨洋功的船，一年半载也到不了，富阿吉天天跟美女泡在一起，打情骂俏，忘情忘时间，一点不急。

美女的诱惑最难挡，时间一久，他控制不住了，充分享受起水上恩爱的美妙滋味，日子过得比皇帝还逍遥。

外有湖光山色，里有歌舞声色，富阿吉躺在船上，活在云里，心在雾里。这样晃荡着，不知过了多久，船总算荡到湖北。富阿吉想起正事，清醒过来，问：这船是谁安排我坐的？

仆人说：是湖北巡抚胡林翼大人专门为您精心安排的。

富阿吉一听奇怪。我去办湖南的案子，他在湖北做官，扯不上啊。为什么对我这么好？我们又不认识。

船一到武昌，湖北总督官文、巡抚胡林翼带队，率团出来设宴，为他接风洗尘。

酒后，胡林翼单独找到富阿吉，做交易。

他先说了左宗棠一番好话，表明"著名的劣幕"是诽谤，然后塞了份自己代写好的调查报告，说：你现在赶紧回北京去，跟皇帝说，状告左宗棠的事，告错了，没那回事儿。（"中止湘复奏稿为之辩诬，公若谓然，可拜发而回京也。"）

虽说吃人嘴软，拿人手短，但富阿吉这个钦差大臣还没走到湖南，就被叫回去复命，再大胆的谎也不是这么撒的。欺骗皇帝可是要掉脑袋的。于是，他很严肃地说：我是代表皇帝来查案子的，还没到湖南，哪里能够被你一说就打发回去？你这不是要害我做个不忠的人吗？

富阿吉居然义正词严，一本正经教训起自己来，胡林翼勃然大怒，说：好你个忠钦差！当场从靴筒里取出一份奏折，啪地一下，摔到富阿吉跟前：你不跟皇帝汇报我给你写好的奏折，我就给皇帝汇报这份奏折了。

富阿吉拣起来一看，灵魂差点吓出窍。胡林翼将他坐船来的路上，如何骚扰民间、强占民女，绯闻一天不漏全记下来了。

钦差大臣代表皇帝，做出这种丑事，十颗脑袋也不够砍。

富阿吉这才如梦初醒，痛感上当。原来以为山东会掉下一船美女，自己善于让美人中计，没想到反中美人计。现在钻进两头堵的铁笼子，进不得，退不得，翻身不得，有苦还不敢说出来。他只好拱着双手苦笑着讨好说：润芝翁啊，我刚才跟你开个玩笑，你怎么这样认真了？都说官官相护是道义，我们都有这个道义。你千万不要发奏折给皇帝啊，你对左宗棠那么了解，我相信你调查对了，我就按你写的报告皇帝。

富阿吉因有"强占民女"的罪证在胡林翼手中揣着，加上没到湖南就回北京，钦差欺君又增一死罪，所以回去后，哪里还敢说左宗棠半个坏字？只好苦思冥想，凭空再虚构一大堆左宗棠事实上并不存在的好话。

咸丰皇帝一听，更不对了。既有举报，那就有坏事。一查怎么又都说是好人？左宗棠到底是好人还是坏人，分歧怎么这么大？

他彻底糊涂了，决定问问肃顺。肃顺这下就可以回答了：左宗棠"赞画军谋，迭著成效，人才难得，自当爱惜"。

肃顺一手策划，准备很长，用心很深：先说职功，再说事功，然后夸人，最后表态，滴水不漏。

肃顺代表中央满官表态了，官文这个地方满官，只好跟着见风使舵。

这时，无论是满官，还是汉官，除了官文，还有刻意报复陷害的文格®，嘴里全是一片"保左声"。

　　湘官集团通过显规则与潜规则、合法与非法手段的交替使用，终于将满官集团较量下去。用今天流行的"咆哮体"说，湘官集团的全面崛起，是人类也无法阻住的了。

　　因祸得福的是，左宗棠因为"劣幕"事件，被炒得沸沸扬扬，一夜之间成了全国大名人。

　　经这么一次大折腾，咸丰皇帝上心了。他一直在纳闷：为什么这样多人同时来保区区举人左宗棠？

　　他决定专门来问左宗棠的湘阴同乡郭嵩焘。

　　郭嵩焘在日记中记下了咸丰皇帝当天与自己的问话：

　　问曰："汝可识左宗棠？"

　　曰："自小相识。"

　　上曰："自然有书信来往。"

　　曰："有信来往。"

　　上曰："左宗棠才干是怎样？"

　　曰："左宗棠才极大，料事明白，无不了之事。人品尤极端正。"

　　上曰："左宗棠多少岁？"

　　曰："四十七岁。"

　　上曰："再过两年，五十岁^⑨，精力衰矣。趁此年力尚强，可以一出任事也。莫自己糟蹋，须得一劝劝他。"

　　有了郭嵩焘的褒奖与推荐，咸丰皇帝放心了。

　　祸兮福所依。朝廷决定重用左宗棠，给他安排第一个正式工作，帮助曾国藩办理军务。

　　这些救左的经过，步步惊心动魄，但一切都在背后进行，所以左宗棠自己始终蒙在鼓里。从头到尾，他将事情一直看得很简单，认为发生的原因是"性刚才拙，与世多忤"，而自己在幕府暴得大名，"名过其实"，这才导致"近为官相所中伤"，而这并没有什么奇怪，"其遭此谤焰，固早在意中"。他以为不会遭什么惩罚，因为自己一直清清白白，"幸所坐之事容易明白"，身正不怕影子斜。所以，当咸丰皇帝下达"杀左"指令时，他赋闲在家，悠然自在。

闲定下来，想起樊燮以"举人"讽刺他，左宗棠仍刺激很深，他又想去考进士。⑩

他真的上路了。1860年3月3日到达襄阳。像22年前参加会试一样，他不停地留意农村，看到因为连年大旱与蝗虫灾害，妇女和儿童一路上在采摘野菜吃，而青青的荞麦，叶子全被晒干枯了，左宗棠沮丧地想：看来今年的麦收，老百姓又要失望了。

26岁那年已经宣布放弃参加科考，48岁老夫聊发少年狂，左宗棠也许感到不好意思，他跟朋友说，我没真想去考，就为散散心，借考试机会到北京看一看变化（"特欲借会试一游京师"）。

但刚走到湖北，就被胡林翼派人迅速秘密劝阻回去了。左宗棠不急胡林翼急，他知道樊燮事件的内情，也预判出事态严重，不敢跟左宗棠直接见面，怕惹嫌疑，弄巧成拙，反生变故。

樊燮受的刺激，也很深。樊燮被左宗棠呵斥"王八蛋，滚出去"后，再被朝廷"革职回乡，永不叙用"。他咽不下这口气，但自己这辈子肯定不行了，他发誓培养下一代来超过左宗棠。

他给两个儿子安排专门的书房，里面放一个"王八蛋，滚出去"的木牌，花重金请来名师，将儿子们关起来，对着耻辱牌天天发奋读书。他规定：两个儿子从小都穿女性衣服，等考上秀才了，才能脱掉女性外衣；考上举人了，才能脱掉女性内衣；考上进士了，才准穿男子服装，才可以将"王八蛋，滚出去"的木牌烧掉。

两个儿子后来真读出来了。二儿子樊增祥中了进士。高中报捷那天，樊家扬眉吐气，在恩施、宜昌两地摆了3天喜酒庆贺。樊增祥恭恭敬敬地来到父亲坟头报喜，当众烧掉了"王八蛋，滚出去"的木牌。他后来得到湖广总督张之洞的青睐，点入翰林，做了江宁布政使、护理两江总督。他一生成功后始终对左宗棠心存芥蒂，某次左宗棠路过他的地盘，他主动避开不见。

两家奇特故事，为后世留下一段趣谈。

相对于国家利益之争，相对于满官集团与湘官集团的角力，左宗棠与樊燮个人恩怨，不过是历史大潮中的一个旋涡。

通过救左行动，湘官集团从历史旋涡中旋了出来，满官集团却被自己制造的旋涡旋了进去。

代表未来的新生力量战胜没落腐朽的旧力量，已成大势所趋。这次保左行动，曾国藩也参与了进来。

刀下脱险，让左宗棠欠下了几大笔人情债。[①]

会试路上在湖北被阻回去后，胡林翼密信告知左宗棠内情。左宗棠看后跳了起来。他痛感"网罗四布，可为寒心"，说，男子汉大丈夫，身处天地之间，环顾四周，空旷辽远，不只是蜀道难走，原来最难的是人心这条险路。既然我不能像牵牛星一样达到天宫，故乡也不敢再回去，那就只好顺长江而下，暂时加入曾涤生的军营，避一避那些人的毁谤吧。

幕府生涯，从此真的就要永远告别了。

回头看看，这次在骆秉章幕府一干已有6年。

经历生死，人情的体验更加丰富，性格的刚度，也加强了。

龙的宿命是飞。卧龙潜伏，战龙凌空，不惧风雨交加，电闪雷鸣。生在乱世的左宗棠没有退路：不能在白水洞里求得安谧，只有在电闪雷鸣的战场大风暴中寻找安详。

帮助曾国藩"襄办军务"，道路再来一次质的飞跃：从一个以绅士身份参戎幕府的宾客，转变成朝廷的命官。

现在起，民间乡绅左宗棠不见了，官员左宗棠新生了。

进入体制，他终于可以去建功立业，做"当代诸葛亮"。

因祸得福的左宗棠，还记得年轻时的梦想吗？

注：

①　1864年湘勇攻破南京，曾国藩在报功劳的奏折上，还赶紧将官文排在第一名。官文事实手无寸功，因被曾国藩写得功高盖世，也就被正大光明地封为一等伯爵，升入满洲正白旗。

②　这一规定与满族在关外时，主要以渔猎为生，擅长骑射有关。入主中

原以后，旗人纷纷进驻北京，曾一度丢弃骑马的习惯，改乘车轿，游手好闲。朝廷为了满人子弟不丢弃骑射本领，专门规定：文武官员，特别是武职官员，无论在何处，只许骑马，不准乘轿，并明降谕旨："惟亲王、郡王、大学士、尚书准其坐轿；贝勒、贝子、公、都统及二品文职大臣，俱不准坐轿，违者交部治罪，断不宽宥。"

③　"八佾"有几种说法，比较一致的说法是64个人分8行排列来跳舞，这是最高规格的舞蹈，只有天子可以享受观看。其他任何人私下组织跳，就叫僭越。僭越是一种可怕的罪名，意思是犯上、大不敬，要杀头的，严重还要株灭九族。

④　肃顺（1816—1861），清末满洲镶蓝旗人，宗室贵族，爱新觉罗氏，郑献亲王济尔哈朗七世孙，郑慎亲王乌尔恭阿子。历任御前大臣、总管内务府大臣、户部尚书、协办大学士等职。深受咸丰帝的信任和重用，与其兄郑亲王端华及怡亲王载垣相互倚重，煊赫一时，是同治帝顾命八大臣之一。

⑤　过去，北京城就那么大点地方，官员跟演员，才子与佳人，相互倾慕，相互依靠，相互取暖，是件雅事，比找歌伎好听。介于朋友与三陪之间，双方都既保留面子，又都各有斩获。

⑥　人物传世，故纸数百万，有用的话，一般只有一句。而这句一要概括精准，二要通俗易懂。黄兴也被传诵一句名言，孙中山引用自章太炎的：无公则无民国，有史必有斯人。但传播不开。太文雅，太不通俗了。毛泽东用文盲听得懂的话，写"生的伟大，死的光荣"，人们记住了这句话，就记住了刘胡兰。通俗到了底，深刻到了头，所以他的文章，流传最广。

⑦　韩信当年逼刘邦封他做"假齐王"，刘邦一口回绝：那怎么行！谋士张良赶紧在桌下踢了刘邦一脚，刘邦会意，马上加一句：他妈的封什么假齐王啊？要封就封真齐王！这种反应速度，读者知道得清清楚楚，但当事人很糊涂，一切天衣无缝。

⑧　文格是满洲旗人，1844年的进士，做过山东巡抚、库伦办事大臣。樊燮此次反攻左宗棠，是在时任湖南布政使文格的支持之下进行的。过程是，文格直接向湖广总督官文控告左宗棠，然后官文与文格、樊燮合伙，再转奏清

廷，联合对左宗棠发起猛攻。

⑨ 古代规矩，逢大寿，男做进，女做满，即男子49岁便做50大寿。比方黄兴29岁那年，便是以做30大寿为由，邀集革命党朋友在家聚会，共商以什么方式在长沙五一广场暗杀掉慈禧太后。

⑩ 左宗棠没考上进士，成了一辈子的痛。后来身为陕甘总督，正在新疆平乱，他还不忘请求回朝会试，争一口气。但朝廷不同意，要他继续平乱；为了安抚他，搞了个"赐同进士出身"。即赏给一个相当于进士出身的身份。在近代，"同进士"与"如夫人"一样，都是伤自尊的身份。"如夫人"即"同于夫人"，事实是妾。两个身份，都似是而非，不尴不尬。

⑪ 老朋友郭嵩焘无疑出了大力。没有郭嵩焘，左宗棠的脑袋，基本不保。而郭嵩焘是一个视人情大于生命的人。左宗棠刚直，在人情面前，他显得理性、无情，他们围绕人情世故，不可避免会有一场大冲突，老乡情谊是否会鸡飞蛋打？后面会说到。

三品京堂 【第九章】

独立楚军

樊燮事件，有惊无险，成了"卧龙"变"战龙"的蜕皮石。

时间已到1860年，是左宗棠本命年，距离他48岁生日，还差5个月。

左宗棠刀口下拣回一命，清朝却再次面临灭亡危机：1860年5月6日，太平天国再振旗鼓，新任将领李秀成带兵，以推枯拉朽的速度，一举摧毁了由八旗、绿营统辖的江南大营。

清廷大厦将倾，急需能人来扶。

1860年6月9日，朝廷以谕旨的方式，正式发布紧急任命：

命兵部郎中左宗棠以四品京堂候补，襄办署两江总督曾国藩军务。

左宗棠奉诏以"四品京堂"衔候补①，随钦差大臣、两江总督曾国藩襄办军务。"襄办"就是协助办理，做曾国藩副手。

当时，摆在左宗棠面前有两个选择：一是去江西吴地做"襄办"，二是去四川蜀地做"督办"。"襄办"要去前线带兵打仗，"督办"是去后方治民做官。

　　左宗棠说，什么"襄办"、"督办"，能不能行事不在一个字面意义的差别上。我立志要去平定吴地，而不是去蜀地当什么官！（"我志在平吴，不在入蜀矣。"）

　　就像当年拒绝入林则徐幕府，他再次放弃去四川做官，来挑湘勇的重担，选择去枪林弹雨中建功立业。

　　湘官集团一时人才荟萃，谁来统领湘勇呢？

　　这就要对国内团练来一次全面检阅。

　　清朝第一个办团练的大臣是陈孚恩。陈孚恩江西新城钟贤（今黎川县中田乡）人，1851年奉命在家乡帮办团练。1853年6月，太平军声势浩荡地围攻南昌，陈孚恩协助江西巡抚张芾、湖北按察使江忠源固守。整个守城工作，由江忠源担任城内外各营兵勇的统一总指挥。

　　陈孚恩守城有功，当年便获赐花翎奖励。但他无意建功立业，办团练成了他在官场升级的一块跳板。到1858年，他已经成了代理兵部侍郎，又升任礼部尚书、兵部尚书。

　　兵部尚书是六部尚书之一，别称为大司马，统管全国军事的行政长官。这个职务在清代为从一品官衔，相当于今天的国防部长。位高人显，自然不会答应再来带兵冲锋陷阵。

　　最有资格的要数江忠源。他是真正将湖南团练做大做强的第一人，可惜因为战场轻敌，在1854年1月的一次败逃中投江，死了。

　　论资历，统领湘勇，全国之内，也只有胡林翼、曾国藩了。

　　1854年8月，湘勇攻下了武昌。这是继湘潭大捷之后，湘勇取得的又一个大捷。咸丰皇帝大喜过望，真性情流露，高兴地下谕问，这是不是真的？然后表扬，"览奏深感欣慰"，对胡林翼十分看好。

　　朝廷推敲来去，发布决定：安排胡林翼来统领湘勇，曾国藩出任湖北巡抚。

　　但曾国藩接到湖北巡抚新任命，辞谢不去。理由是母丧还在身，不好在服丧期间接受任命。他将辞谢奏折刚发出，同时又接到圣旨，咸丰皇帝改变主意了，宣布湖北巡抚任命作废。两人居然想到了一块。

　　等曾国藩的辞谢奏折到京，咸丰皇帝又下了一道上谕，解释说：我本打算让你做湖北巡抚，后来又让你"毋庸署理"，为什么？这不是皇帝我出尔反尔。

我想了想，就猜你不会接受这个任命，所以赶紧下了后面那道旨。还有一个原因呢，你现在带兵常年在外，不能长期驻守在湖北，戴一个空头巡抚的名号也没什么用。

咸丰皇帝为什么才任命又急忙收回？原来是大学士祁寯（jùn，俊杰）藻知道这个任命后，不冷不热地提醒了一句，曾国藩"以在籍侍郎，号召乡兵，长驱东下，非国家之福也"。

咸丰皇帝一听，脑子里打了个激灵：不说不知道，曾国藩现在看起来怎么跟洪秀全有点像了？兵部侍郎虽然相当于今天的国防部副部长，但没有什么地方实权。一旦曾国藩巡抚湖北，有了地方行政权，筹措军费将变得容易，湘勇的发展势必会星火燎原。湘勇实力坐大，将会发生什么意想不到的事情呢？咸丰皇帝的心抽了一下，不敢再往下深想，于是赶紧将曾、胡位置换过来。

屈指数下来，曾国藩办团练已经7年。这些年来，他一直带兵战斗在前线，但流血冲杀并没有带来多少实质性的好处，因为每到关键提拔时刻，朝廷最后又总反过来对他防范。理由说得动听，曾国藩内心明白怎么回事。

曾国藩与朝廷磕磕绊绊，关系纠结，前程受阻。结果是，左宗棠1856年已获得一个赏五品顶戴的兵部郎中；曾国藩办团练7年，由从二品的礼部侍郎平级变身从二品的兵部侍郎，至今一直没变。

但左宗棠因樊燮事件因祸得福，整个局面马上要发生改观。这预示湘官集团蛰伏已久，再次赢来飞跃机遇。

现在朝廷既然准备重用左宗棠，那就要火线提拔曾国藩。中国官场多少年来，一直流行这么做。

左宗棠被新任命的前一天，曾国藩也被连加两个头衔：兵部尚书衔加署理两江总督。两个月后，朝廷看只给代理职，不给他实权不动作，不得不动起了真格，实授曾国藩两江总督大权，同时还授命他为钦差大臣，督办江南军务。这一下，曾国藩结结实实地接住了权力大棒。

大权在握，需要用人。曾国藩当然懂得陶澍当年打造湘官集团的用意。现在，他成了这个集团的灵魂人物，当然要赶快建成一个湘官网络。

左宗棠从"朝廷罪人"变成"朝廷红人"，当代诸葛亮大梦还在。他像当年自写挽联预言那样，预见到了大成功的希望。

但一介书生来办兵，首先遭遇新问题：团练怎么练？没经验。那就边做边看。孔子说，"必也先正名乎？名不正，则言不顺。"左宗棠想好了，军队取名"楚军"。

1860年5月，楚军开始筹备。

楚军名字一出，曾国藩首先吓一跳。他当即投反对票，不好，不行。

曾国藩是古文大家，他对文字的斟酌，谨慎心细到如发。

因为多年身处高位，虚名在外，他时刻处于担惊受怕中。曾国藩怪左宗棠不能明白自己的良苦用心：也不想想，湘勇的名字怎么取出来的？从1853年成立起，他为此左支右绌，绞尽脑汁，费尽心机。

咸丰皇帝同意他办团练后，他知道自己带的是民兵队。自古以来，地方武装最容易犯朝廷忌，便极力避开"兵、军"两字。

1854年，要向皇帝全面汇报办团练的工作了，怎么称呼呢？犯难了。曾国藩决定先低调，尽量往小里叫，探一探朝廷的反应，于是叫"练勇"。叫了几次，连他自己都觉得这名字太草根，太随意，不甘心，又换了些五花八门的名字，有时叫"船勇"，有时又叫"兵勇"。

"船勇"和"练勇"一样卑微。"兵勇"开始转弯，触及到名字背后的实质：团练也是兵。

兵勇还是勇。勇兵则是兵。但"勇兵"不合语法，曾国藩不能这么叫。"勇"字叫多了后，朝廷没有引发什么异议，他胆子稍微大一点了，决定再来试探，某次干脆就叫"曾国藩一军"。

这一下够生猛，直接叫成自己的军队了。朝廷似乎也没什么意见。皇帝当时想得很简单，无论你是什么兵，反正都是朝廷的兵。

但曾国藩换来换去的后果，是部队番号像迷彩服，隐隐约约，闪闪烁烁，东一个，西一个，换到最后，连他自己都不知道叫什么了。咸丰皇帝终于被他层出不穷冒出来的新名词搞得头昏脑涨，发起火来：你带的兵到底叫什么？曾国藩见躲不开了，麻起胆子写奏折，说叫"楚军"。皇帝说好，我知道了，从此就叫"楚军"。

曾国藩这个叫法很讨巧，终于点到"地域军队、私人属性"这个实质性的敏感词，而且有文化，"惟楚有材，于斯为盛"嘛。

春秋之前，湖南一直叫"荆"，也就是蛮荒野地；楚王争霸时期，中原才正式叫它"楚"，追认是文明开化地。清朝雍正时两湖分闱，湖北叫楚，湖南叫湘；湘楚分家，延续至今。湖南兵取个湖北名，皇帝想防他，也会觉得多此一举。

名字才定下，曾国藩又怕了。他日夜琢磨：我为什么要叫"军"？不行，太刺眼，长远来看，一旦做大了，皇帝看了会防范，对自己不利。

他又要改口了，给皇帝写奏折，说我们叫"湘勇"。

清朝的兵，背上都背一个"勇"。不管他们是真怂，还是要靠个"勇"字来打气、壮胆。这个名字不用解释了，一看就懂。皇帝说好，以后按这个报，不要再改了。

从那以后，湘勇一直沿用于正式的奏折、材料。直到1864年湘勇攻克南京，后来又大部分解散，曾国藩还一直自称湘勇，从来不敢叫"湘军"。

"湘军"最早出现在清朝的正式文件中，是1864年11月21日。曾国藩为纪念南京阵亡的将士，奏请皇帝批准他在江宁省城建立"湘军昭忠祠"。湘勇裁撤以后，才改口叫湘军。[②] 曾国藩处心积虑，战战兢兢，如临深渊，如履薄冰，可见一斑。

左宗棠一出山，湖南团练的气势，就换样了。

无需绕开，就叫楚军。

左宗棠当然懂得，楚军是个旧号，皇帝早知道，很安全，为什么不"借壳上市"？

左宗棠心里在笑话曾国藩，湘勇是什么？一看是民兵。这不是自己灭自己志气？楚军是什么？听名字就像国家正规军队，干吗自己将头上标签往小里贴？没道理。左宗棠也以这个名字，对曾国藩表示不满：你怕我不怕，你办湘勇，我办楚军，楚包括湘，你看着办。

左宗棠有理由看不起曾国藩。论真本事，曾国藩差得太远，除了能鼓吹道德文章，会斡旋人际关系，其他方面哪里比得上左宗棠？但曾国藩运气好，考中进士早，办团练先行，都跑到左宗棠前头。[③]

为楚军之名，两人争论，是他俩第一次见面就争的不和谐的延续。左宗棠认定的名字，他会怕吗？不怕。会改吗？不改。曾国藩反对无效，只好眼睁睁看着"楚军"大旗在眼前摇来摆去。

左宗棠不叫湘勇，独树一帜，独辟蹊径，是故意要标新立异，哗众取宠吗？

左宗棠心中其实另有周密的想法。因为从家庭出身到个性到经历，他与曾国藩几乎完全相反，所以办事的风格也截然不同。他不认同曾国藩的建军方法，只有一开始就独门独户，不被曾国藩旗号拘束，他才可以完全按自己的规划来，办出自己的特色。

独立风格，他在陶家教书时已经养成。跟骆秉章合作，以独立身份入幕，是这一风格的继续。眼下，他依然独立行事，不愿附和、随流。

左宗棠创办楚军，很注重独创性。

他首先改变湘勇360人一营的做法，而采用被曾国藩开除了的将领王鑫（音、义同"珍"）每营500人的建议。他任用王鑫的弟弟王开化做总理营务，刘典、杨昌浚做副手。

左宗棠第一个打破曾国藩招收兵勇主要来自湘乡籍的传统。他在湖南长沙、湘乡、郴州、沅州、湘阴等府县招募兵源。这样一来，就彻底规避了"尽用湘乡勇丁，无论一县难供数省之用，且一处有挫，士气均衰"的风险。

筹建楚军，前后花了两个多月。到1860年8月10日，打仗的、烧火的、做饭的、挑担子的，加在一起，共5804人。真正专职打仗的，5000兵。

楚军的管理人员构成也很特别。湘勇传统，重用读书人。曾国藩营官基本只用儒生，他的用人原则是"带勇之人，第一要才堪治民"。左宗棠营官则基本用武人，他的用人原则是"止取其能拚命打硬仗耳"。曾国藩用将都跟自己一样，高学历；左宗棠用将的第一标准，就是考不上进士的，最好是举人，考不上没功名的也没关系。[④] 这种观念差异，造成曾国藩用的人会做官，左宗棠用的人会办事。

前面10年里，左宗棠已经做了两届幕府，在湖南大权独断，大胆提拔人才。通过实践，他明白了一个道理：用人有法，没有定法。统帅只需要根据自己的个性、特长来选人。将领是统帅性格、才能的延伸。

"天地正气"条幅

现在兵马已齐，左宗棠开始第一步——治军、练兵。

他计划用一个月时间来做这件事，练好后就马上拉出去开打。

左宗棠没读过一本军事教科书，刚好可以天马行空来设想。

他发明了一套很特别的练兵法，分三步来做：首先是练心，其次练胆，最后练习操刀弄枪，并总结出一个新理论："治军先养气，治病先养心，乃不易之理也。"⑤

治军靠养气，这就需要统帅有气魄。左宗棠的气魄，一方面来自于天生，"燕颔虎颈"，气壮如牛。另一方面也来自他的经历，早年科考的失意，在湘潭桂在堂寄眷，"居妇家，耻不能自食"，让他心中积蓄了一股气。这本来是一股怨气，属负能量，但左宗棠受儒家经典、诗书熏陶，找到了用武之地，将这股气转化成了正能量。他在柳庄书下"天地正气"挂在大门上，"怨气"变"浩然之气"，标志心理成熟转化过程完成。

而早年舆地学研究的科学实践精神，农学实践的漫长等待与精耕细作特点，已经锻炼出了左宗棠的耐心与细致性格。这种风格带进军事中来，造就左宗棠另一个特点：跟诸葛亮一样，小心谨慎，事必躬亲，场场亲自指挥。

尤其是穷苦的幼年生活，以及楚狂接舆的地域性格影响，造成左宗棠个性刚直、率真，让他不喜欢虚假，用人只看做事能力，凭亲戚、关系，都没用。

因为刚直，不喜欢绕，他对待部下、士兵，都非常坦诚。刚直的人一不喜欢骗人，二最恨别人骗他，所以楚军士兵很少有谎报军情邀功的。当兵的与当官的不会相互猜忌，大家放心，所以同心。

左宗棠还有一个特点，就是廉洁。穷苦的生活经历，让他知道，"一粥一饭，当思来之不易；半丝半缕，恒念物力维艰"，对贪污、浪费，会产生一种排斥本能。因此他的军队，也被带得很廉洁。

公生明，廉生威。左宗棠"以勇敢、朴实为宗"，在楚军中的威望、号召力，迅速树立起来。

短短两个月，楚军已经练好。这是左宗棠出山以来，完全按照个人风格，独创出来的一支军队。是好是坏，交给战场检验。这5000兵，作为左宗棠起步的家底，将要跟随左宗棠征战一生。

楚军规模为什么如此之小？一方面因为朝廷限制，另一方面左宗棠自己也认为足够了，兵在精，不在多。

现在，太平军士气正盛，如狼似虎；满清朝廷眼看着摇摇欲坠，鼎破鹿亡。

左宗棠怎样率领楚军，来挽救这个垂死的王朝？

中流砥柱

操练完毕，楚军以独特的面貌，诞生在中国大地上。

左宗棠很快接到曾国藩下达的第一个战斗任务，援助曾国藩驻扎在安徽安庆的湘勇，取道江西，去打太平天国的征西军。

这是曾国藩安排的战略。军事上的说法，叫"围点打援"。

曾国藩的战略分析是：南京是太平天国的首都，安庆是南京的喉咙，只要锁死安庆，然后切断，太平天国就会指日灭亡。但这样做有很大风险，太平军为了给自己松喉，大部队会源源不断地从四面八方赶来增援，而江西正是主要援道。左宗棠只要守住江西，来一个打一个，将援兵打尽了，胜负就已分出，余下的事情，是直捣金陵南京，捉拿天王，清扫残余势力。

曾国藩这一着布局确实够狠。正因为下手狠，所以太平军会不顾一切地来突围，这样一来，压力就全靠左宗棠顶着。成败直接决定安庆归于谁手。

1860年9月，左宗棠率部队从长沙金盆岭出发，经过醴陵，向江西开进。作为独立的军事统帅，48岁的左宗棠，终于第一次出省作战。

1860年12月15日，左宗棠在江西景德镇与广东会党军迎头打上。楚军士气冲天，会党军应声而败。这是左宗棠"出湖"以来的首场胜利，他非常高兴，写信回家报告说，我10天内连打三场胜仗，连攻下两座城市，自己一个兵都没死，看来我训练他们胆量有效果，后面还有很多胜仗等我去打。

但部队真正开进"围点打援"区，双方都加大火力，集中优势兵力，战争迅速陷入胶着状态。

第一次走出湖南，急于立战功，左宗棠一改谨慎风格，决定冒险。

战斗发生在石门。左宗棠本来派重兵守在景德镇，但石门清军派人来向他求援。进攻石门的太平军由李秀成指挥，他的作战方法跟左宗棠差不多：军队靠气势，派人到处摇战旗，边打边喊，场面宏大，杀声震天，胆小的对手见了心惊肉跳，不敢迎战，主动败退。

李秀成率领一万五千人马，从天京出发，沿着长江南岸，经过当涂、芜湖、繁昌、青阳，刀锋所向，清军败逃，这样一路顺利，军队驻扎到江西石门。

左宗棠知道，李秀成是主帅，正要找他去挑战。现在机会来了，他当然不会放过，马上派王开琳、王开化带景德镇五千精兵，飞速赶往石门救援。

但景德镇就空虚了。杨昌浚（jùn，深）提醒左宗棠：假如李秀成反过来打景德镇，怎么办？

左宗棠已经冒险先做了，心里并没有绝对把握，只好说：不会，他正在打石门，分不出兵来打我。况且，他怎么知道我景德镇的兵全部派完了呢？

杨昌浚到底有些不放心，劝左宗棠稳妥点。左宗棠说，好！按规矩，三百守城的老弱病残，烧火的、做饭的，只要能走得动的，全部跑到城头上去摇旗子，以壮声势。

越是担心什么，越会发生什么。王开琳、王开化走后第二天，太平军插在城内的探子，马上将消息报告李秀成。李秀成一听，机会来了。马上派养子李容发带去三千兵，直取景德镇。

李秀成也是个谨慎的将领，已经听说了楚军的厉害，临出发前，他告诫儿子：左宗棠老奸巨滑，诡计多端。你先弄清楚守城的是左宗棠的楚军，还是江西的绿营，再到景德镇去摸清左宗棠的实力。到景德镇后，要仔细察看，不可鲁莽。

李容发一路想着父亲的告诫，将军队开到了距楚军50公里的地方。楚军探马火速警报，杨昌浚急得不行，连问如何是好，调兵已来不及。

左宗棠沉了一下脸，说，我们内部出奸细了，不然，怎么我们一派兵去，他们就来打？搬救兵来不及了，只能硬着头皮，学诸葛亮来一次"空城计"了。

"空城计"好学不好做。太平军将领看过《三国演义》，你再摆架古琴坐到城头去弹，等于告诉敌人：此地无兵，快来捉我。

得有自己的创意，不能照搬古人。

左宗棠决定以诸葛亮的智慧来做当代人的事情。他先派人加急传令王开琳、王开化星夜回来救援。在城内则大肆张灯结彩，大放鞭炮，摆酒庆贺，四下传言前方石门已经捉到了李秀成。左宗棠自己穿上四品朝服，站在门口春风满面，迎接宾客，庆祝大捷。

太平军的奸细听到了，马上出城，向李容发报告。李容发一听，大事不好，救父亲要紧，马上搬兵回石门。

然而，到了晚上，李容发又朝左宗棠杀来。另一路探子已经飞来告诉他，李秀成正在前线指挥打仗，根本没有被抓到。

还没开打，就已经上了左宗棠一个大当，他气得吐血，恨不得马上攻城。但来回一折腾，天已经黑了下来，只好命令部下，赶快绑好云梯，准备天亮再攻。

天蒙蒙亮，李容发准备吹号攻城，去活捉左宗棠。突然听到楚军前后同时擂响了战鼓，呐喊声地动山摇。原来王开琳、王开化接到密报，已经星夜赶了回来接援。太平军腹背受敌，阵脚全乱，死的死，伤的伤，逃的逃。

李容发发现自己连上两当，既怒又怨还窝囊，带着一肚子气，逃回石门，拣回一条小命。

这个"空城计"比诸葛亮导演的要精彩得多。诸葛亮的"空城计"到底有没有，历史上还有争议。

左宗棠将这一仗作为自己毕生经典之笔。《左宗棠逸事汇编》中记载，左宗棠拿诸葛亮跟自己比较，认为这次成功的关键，是利用了敌方的间谍，帮自己暗通消息。这是诸葛亮"空城计"里没有的，所以自己已经称得上当代诸葛亮了。他说："诸葛公料司马懿必不敢入空城，我却料李秀成必回师返救，料人料事，虽起诸葛公于地下，亦不过如此也。"

出湖作战，战绩醒目，左宗棠倍感振奋。他晚年从新疆回到湘阴，还常拿它跟湘阴老家人闲聊时吹牛逗趣。

眼下他当然没闲工夫吹牛，战事正紧。李容发败走，黄文金再来。

1860年12月20日，黄文金统领数万人马，来切断祁门湘勇的生命线。

黄文金带兵有个特点，看不起打不赢他的人。他称曾国藩是手下败将，很是鄙夷。但他见识了左宗棠的厉害，不是一般的怕，他带着大军压过来，一路上心里不停地发毛。

这次左宗棠再不敢来空城计了。诸葛亮的特点是"一生惟谨慎"，左宗棠也是外松内紧，空城计不得已而用之。

楚军跟黄文金短兵相接，硬碰硬，以会打仗著称的黄文金如自己所担心的，果然输了，他自己也在战斗中负伤。曾国藩很高兴，马上向朝廷报功，左宗棠被提升为"三品京堂候补"。

太平天国开始急了。黄文金都不行，那最后只有派他们最厉害的侍王李世贤来跟左宗棠征战。

李世贤以善战著名，战功显赫，爵位叫"天朝九门御林军忠正京卫军侍王"，一个靠真本事打出来的将领。他曾在天京两度告急之际，配合忠王李秀成彻底摧毁清军江南大营，立下过"救驾之功"。这样一位枭将，可不会怕左宗棠。

这次双方一交手，左宗棠被打败。

左宗棠一败，后果就严重了。景德镇失守，祁门生命线被切断。湘勇3万，30天内等不到军粮；军心大乱，曾国藩再一次想到自杀。他又给幕僚欧阳兆熊写好遗嘱。

曾国藩到底选择自杀还是奏功？全看左宗棠最后是输是赢。

1861年4月，左宗棠迎难而上，主动出击，以5000兵引诱李世贤10万大军，在乐平城展开生死决战。

军事力量相差过大，为了抵消太平军在数量上压倒性优势，左宗棠战前先安排楚军士兵在城外挖筑掩护的战壕，再引水进战壕，将两头堵住，水顺着壕沟溢漫。这样，就可以大大地限制住太平军骑兵。

战阵铺开。强强狭路相逢，接上火力，战斗打得天昏地暗。双方各有胜负，成败陷入胶着。

人算不如天算。楚军人少，已经陷身大军包围，眼看沉没于敌军汪洋大海。陡然间，天空电闪雷鸣，狂风暴雨骤然袭来。暴雨妨碍双方士兵的战斗力，也极大地消耗他们的精气神。左宗棠抓住机会，指挥将领再次发起猛烈的反击，兵分三路，越战壕而出，在泥泞中肉搏。

"曾国藩庆贺太平宴"上的场景

楚军独特的"练胆"训练，关键时刻发挥出巨大的作用。在同样恶劣的环境里，楚军士兵心理素质过硬，在士气上开始压倒太平军。

李世贤部下士兵渐处下风，体力出现不支，精神近乎崩溃，开始败逃。楚军乘胜追击，越战越勇，胆气成了压死骆驼的最后那根稻草。李世贤大军全线败逃，一万多太平军战死阵地。李世贤差点被活捉，他换上士兵服，蒙混逃脱。

10万太平军第一次尝到了5000楚军的厉害，李世贤知道再留在江西与左宗棠决斗，是自寻死路。1861年夏天，他临时改变全军战略部署，从江西转入浙江。

沿路碰上清军绿营抵挡，太平军如入无人之境，见兵杀兵，见将杀将，兵不停步，马不停蹄，长驱直入，顺利攻克常山、江山。

战略转移洞开了浙江西部大门，李世贤兵分三路，再向金华杀去。

祁门危机被左宗棠率楚军一战化解，曾国藩在后方听到捷报，高兴得直流眼泪。

曾国藩抓紧写奏折向朝廷表功，替左宗棠邀功，朝廷很快又发布两道谕旨：

3月，命候补三品京堂左宗棠帮办两江总督曾国藩军务。

5月，又授左宗棠太常寺卿。[6]

"襄办"改成"帮办"，表示曾国藩已经将左宗棠当作自己最得力的副手。从入张亮基幕府起，左宗棠出山已经10年，这是他第一次被授予真正有实权的官职。

到这时，太平军主要将领，基本都与楚军交过手。结果几乎都以太平军败逃告终，他们开始害怕与楚军作战。但湘勇与楚军还在合力，对他们进行围剿。

左宗棠在乐平集结楚军，再向婺源挺进。沿路见"人物凋残，为之悲悯"。他知道，这里是程朱理学的发源地，他们的陵墓还在那里，但经过战火的洗劫，程颢、程颐、朱熹的故居已经荡然无存，制度礼仪在民间也丧失得一干二净。程朱与湖南，与长沙城南书院有一段很深的教学渊源，算自己的师祖了。左宗棠恭敬地下马入城，"吊死扶伤，至深感喟"。

　　李世贤一入浙江，浙江的八旗、绿营全线崩溃。从1861年9月到11月，短短三个月内，地州城市该占领的全被占领，太平军剑锋直指督抚府杭州。浙江巡抚王有龄大惊失色，连忙向朝廷写信，称浙江关系重大，请求安排左宗棠"督办浙江军务"。

　　这是最难得一见、主动求退的官员。平时官员们忙跑官，战时庸官们忙禅让。朝廷一看，明白事态严重性，数天内就下了谕旨，"令左宗棠督办浙江军务"。

　　两个月后，根据曾国藩的保荐，"浙江巡抚着左宗棠补授"。

　　曾国藩这时已经学会了把准时机。从早年岳州、宁乡、靖港失败，曾国藩发现了，凡是自己指挥的战斗，基本上都会失败，他改作躲在后方指挥，多以胜仗告终。曾国藩是帅才，战略布局与政治运筹，是他的长处。

　　历经8年军事与政治双重的血火考验，在官场江湖的刀山火海中出入，他已经蓄养得深不可测。不但摸透了朝廷上下的脾气，对官场套路，玩起来也炉火纯青。

　　攻打浙江前，他迅速定下"救浙策略"：表面上积极上奏请示朝廷，推荐左宗棠督办浙江军务，暗地里又不下令楚军入浙作战。像动物世界里雄师捕杀角马，瞬间的算计与爆发可以做到分秒不差，曾国藩耐心等到李秀成攻破杭州城，才当机立断，下令左宗棠火速开进浙江。同时密奏皇帝，保荐左宗棠做浙江巡抚。

　　经过这一年多的合作，曾国藩已经离不开左宗棠。他很清楚，楚军以一当百，但就5000兵的家当，好钢要用在刀刃上：清军在太平军屠戮下死得越惨，则越证明湘勇有存在价值。只有让浙江被打烂得不成样子，他再安排左宗棠去收拾烂摊子，才可以造成"天下不可一日无湘勇"的局面，湘官集团的主动权才可牢牢把在手中。

　　这在政治谋略里叫"倚敌自重"，曾国藩将它演绎得淋漓尽致。

　　可怜官员王有龄，成了曾国藩与朝廷钩心斗角的牺牲品。

　　王有龄，福建省候官（今福州）人，生于1810年，比左宗棠大两岁。他年轻时"为人倜傥，有奇气"，不屑读八股之学，跟左宗棠一样，科考取仕因此断路。

但王有龄祖辈多高官，到自己这一代，沦落为平民，感到愧对列祖列宗，内心惶恐不安。24岁那年，赶紧去"报捐盐大使"。

"报捐盐大使"，就是花钱买官。清朝卖官爵捞钱是乾隆爷的发明，为了充盈国库，他开了"捐官"先例。"盐大使"是八品官，买下来也不算很贵，办执照、上下打点，要1000两银子左右。费用是左宗棠买秀才文凭的10倍。

1841年，王有龄去浙江报到，经系列"差遣"后，署理新昌县。用今天话说，做了代理县长。

代理县长虽然是花钱买的，但王有龄办事能力强，比考上的官员水平还要好，史书评价他"干练廉明"。

一则小故事，能看出他治县有方。刚到任时，新昌县内多盗贼，王有龄说："此为饥寒所迫耳。"没有去抓，只出榜公示："归田者不问，再犯者弗赦"，盗贼们自行解散，纷纷回家种田。

到1851年，王有龄凭出色的政绩，做上湖州府知府。随后因为能干，不断获得升迁，先后做上江苏按察使、布政使。也就在那时，太平军杀进福建，占领浦城，并以浦城为根据地，围攻延平、建宁等府。王有龄马上报告巡抚，亲自安排部署攻防，解了延平、建宁之围，收复了浦城。

1860年，王有龄收复杭州有功，升做浙江巡抚。他这个巡抚当得太不是时候。太平军被曾国藩"围点打援"逼迫，纷纷往江浙一带逃。要命的是，最厉害的李世贤被左宗棠打得带大部队转移过来了。

1861年10月，余杭、绍兴等地相继沦陷，饷源断绝，援师阻隔，杭州"成孤注无可解救"。王有龄有士人气节，坚决不降，与众将官仍坚壁清野，死守两个多月。奈何太平军攻势凶猛，熬到12月29日凌晨，杭州城还是被攻破，王有龄只好以身殉节。

王有龄是在书房中自杀的。陪同他一起自杀的，有浙江省各大小官员，以及王有龄的家属、女眷。数百人集体自杀，场面血肉模糊，与尸体横陈的战场一样，残酷凄凉，叫人不忍目睹。

论办事能力，王有龄是个好官。他擅长治理，清正廉洁，爱民如子，与三国时的刘表相似。如果生在和平年代，他可以做个好父母官；但生在乱世，他只能替朝廷殉葬。

王有龄菩萨心肠，死前仍不忘百姓。为了防止太平军破城后屠城，他留下遗书："饥不食腐鼠，渴不饮盗泉"。李秀成看到，被他感动了，破城后，不但没有屠城，反而对他进行厚葬。⑦

王有龄一死，浙江彻底沦陷。左宗棠任浙江代理省长，追击太平军余部。

在这里，左宗棠再次追到了强敌李世贤。

楚军凭气势发起凌厉的攻势。这次与上一战一样，双方打得难分难解。李世贤士气不振，开始一路败逃，逃到江山、花园岗。

在花园岗，两军再次碰上了乐平城同样的情形。

这次左宗棠改用火攻。处于攻势的左宗棠，借大火烧得太平军快要无路可逃。节骨眼上，倾盆暴雨骤然袭来。灼烧太平军的熊熊烈火，瞬间全被暴雨浇灭。太平军备受振奋，击鼓出战，楚军将寡兵少，失去火助优势，措手不及，顿时大败。

一次歼灭李世贤部的机会，又这样溜走了。真是成也暴雨，败也暴雨，天助自己，也助对手。

几场大战下来，左宗棠清醒地发现，楚军靠气势是万能的，但不是无所不能的。要彻底消灭太平军，凭楚军5000人马，有点单薄。于是马上打报告请求朝廷调拨人马。经过重新整编，楚军增加到27000兵，规模初具。

在左宗棠整装待发的时候，李世贤也抓住空隙，又重新召集7万人马，去保卫天京。洪秀全这边拒绝李部进京，却严令李秀成回援天京，李世贤只好又改向安徽南部撤退，借以回避楚军锋芒。

让太平军闻风丧胆、望风而逃的楚军，眼下成了湘勇事实的脊梁、朝廷倚靠的中流砥柱。

依靠楚军这支特色军队，左宗棠的战功，越打越大；他的官位，越封越高。

已经大权在握的左宗棠，怎样抓住时机，收拾乱局，将事功迅速做大？

注：

① "四品京堂候补"是个什么职务呢？京堂是明清时各衙门长官，意为"堂上之官"。清代对都察院、通政司、詹事府、大理、太常、大仆、光禄、鸿胪等寺及国子监的堂官，一律叫作京堂；职责是负责文书，草拟者叫京卿。中期之后，对官职小但任务重的人，另加三品京卿、四品京卿者，也叫京堂。其实就是不好封官，又要给左宗棠地位，就弄了这么顶帽子，供他暂时戴用。

② 湘军使晚清一度出现了"中兴"的局面，"中兴将相，十九湖湘"，湘军将领及其幕僚成为当时中国政治、军事舞台的主角。湘军系统中位至总督的有15人，位至巡抚的有14人，其他大小文武官员不胜数。全国各地的优秀人才投入到曾国藩麾下，还包括一批卓越的工程师、科学家，如李善兰、徐寿、容闳等，成为晚清历史最显赫的一页，后来的洋务运动也主要由湘军人物一手发起。

③ 事实上，此时曾国藩如果与左宗棠换个位置，两人的合作或许会更好一点。曾国藩一生谨慎，左宗棠一生豪迈。谨慎属阴性，尚柔，善谋；豪迈属阳性，性刚，善断。做老大要什么本事？一要敢拍板，二要会用人。这需要阳刚气足的人来做。阴柔善谋的人，可以做个好参谋，用人可以，拍板不行。但两人既然已经串位，也只好将就着这么干了，以后的磕碰，肯定会有的。当然了，如果左宗棠率领曾国藩，不见得一定就好，也可能出大错。如果左宗棠刚愎自用，一意孤行，好大喜功，他自己会犯大错，曾国藩也可能会被他活活拖死、整死。

④ 左宗棠这方面跟毛泽东最接近。毛泽东说"老粗出人物"，对武人将领格外看好。这样安排，在战争年代无疑是优势，所谓处非常时期，用非常手段。但和平年代，需要懂科学的知识分子。

⑤ 打仗的人最后才学怎么打仗，左宗棠这个想法很新很大胆。这跟他的精气神有关。左宗棠是个精力旺盛得超过蛮牛的人，自己胆气足，部队胆气跟着足，士气这么旺，一般的军队，碰到他气势上就先垮了。两军相逢勇者胜，打仗的技术，学与不学，总之差不了太远。冷兵器时代，胜败关键，看谁不怕死，谁打得猛。

⑥　"太常寺卿"是掌管朝廷宗庙祭祀之事的长官，虽属正三品，但也是个虚职。

⑦　残酷的战争年代，让王有龄生不逢时。王有龄买官入仕，以他的才干与廉洁，反受到体制内外一致好评，这构成了对清朝官场最辛辣的反讽。

一起一落

【第十章】

总督闽浙

左宗棠带领楚军，以血肉之躯打拼，换来浙江巡抚官帽。

1862年1月23日，清廷正式授予左宗棠浙江巡抚官衔。

准确地说，这是画在纸上的官帽。浙江事实已经完全被太平军占领，浙江各级地方政府已被太平军武力推翻。

朝廷以太平天国的土地做封辖地，是何心意呢？往好里想是鼓励士气，信任忠臣；往坏处想是惠而不费，批发官帽来换取前线士兵的鲜血。

戴上这顶纸糊的官帽，左宗棠已经没有退路。他必须拿下浙江全境，坐实成为真正拥有浙江土地与民众的巡抚。这当然还要付出成倍的血汗代价。

前线将士正在流血浴火，朝廷内部陡生事端：1861年8月22日，咸丰皇帝病死于热河避暑山庄行宫（今河北承德市）。

咸丰皇帝一病死，慈禧太后紧急发动政变，将重用汉官集团的肃顺等八位顾命大臣都处理掉了。

这对湘官集团一班人，无疑带来巨大的冲击。肃顺是将左宗棠从刀口下救出来的第一恩人，也是曾经提拔曾国藩、胡林翼的上级。

湘官集团的命运变得悬拟起来。如果朝廷顺藤摸瓜，曾国藩、胡林翼、左宗棠等人，可能会被一锅端。

慈禧太后工于心计，喜怒不形于色。表面上看，她像不知道肃顺跟湘官集团有什么瓜葛，照着咸丰的老样，对湘官一如既往地重用。

表面上的平和，掩盖不了骨子里的凶狠。慈禧太后铁腕肃敌，开始垂帘听政。

对左宗棠来说，远在千里之外，除了奏折的审批对象变了，还不能感觉到什么明显不同。他与湘官集团就此事专门秘议，曾国藩态度不冷不热，他也就不再过问了。

安心下来，静观一会，他对朝廷玩弄权术、关系，到底再没有什么兴趣，又埋头办自己的事。

官帽一戴，他感到肩头责任陡然变重：自己既然已经奉命治理浙江，浙江土地上的民众都需要自己负责；既然又奉命督办，东南地区的大局也需要自己来负责。

但大战对社会已经造成毁灭性的灾难。浙江被打成了一副千疮百孔的图画，烂纸一张，要治理好，百废待举。

左宗棠行走浙江，看到的全是"昔时温饱之家，大半均成饿莩，忧愁至极，并其乐生哀死之念而亦无之"的乱世衰象。"所过之地，分粮煮粥，俵散钱米，然涓滴之泉终难有济"。

他的眼眶湿润了。

民众物资极度匮乏，作为责任压肩的父母官，他能够做的，是带头在浙江搞节俭，以解决形式主义、官僚主义、享乐主义和奢靡之风。

他给自己立下两条清规戒律：一、凡是不到宴请宾客的时候，绝对不用海产品做菜；二、寒冬腊月的天气，只穿乱麻和旧棉絮做成的衣服。

他身先垂范，将自己的工资管起来，每月除了向柳庄家人寄200两白银做基本生活费，其余全部捐掉救灾。单是宁波海关一地的收入，左宗棠每月可得

8000两白银。他全部捐掉，直接转账划拨给赈灾机构。

左宗棠这样做，不为装样子、做形象工程。他既没有在全省发起大规模的官场节俭运动，也不以自己节俭就标榜道德，而是充分考虑全省官员的个体差异性，承认"未必人皆似我之省约"。自己只做个示范，官员是选择学习还是反对，都由他们自己决定。既不开会表彰，也不私下惩罚。

处身乱世，战火仍在烧，战争大于建设。为早一天将巡抚帽子戴稳，将浙江土地、百姓夺回来，1862年2月13日，左宗棠率军开进浙江开化县。

这时，他遇到了打仗以来一个大难题，军粮严重短缺，士兵几乎要酝酿哗变。

兵马未动，粮草先行。就在左宗棠伤透脑筋也拿不出办法时，一个传奇式的人物主动求见，来人叫胡雪岩。

胡雪岩一进门，就拜倒在左宗棠脚下，仰问左大人有什么需要帮助？自己愿意效犬马之劳。

左宗棠愁眉紧锁，随口问：你能不能10天内帮我筹集10万石粮食？

胡雪岩很着急地说：10天？士兵肚子不是早饿空了吗？

左宗棠惊讶起来：难道你还可以更早给到我？

胡雪岩说：如果巡抚大人需要，我3天内可以运来。

左宗棠岂止需要，是太需要了。于是很信任地说：我等你运来。

三天后，胡雪岩果然如数送来10万石军粮。左宗棠长嘘一口气。过了几天，胡雪岩又送来意外惊喜，加赠楚军20万石。

天上掉下个胡雪岩，帮忙解决了军粮难题。打仗的事，有谱了。左宗棠高兴得不行，当着胡雪岩的面，朗诵起苏东坡的词来：江山如画，一时多少豪杰！

左宗棠形容当时的情形，心怀感激，说胡雪岩"前次浙亡时，曾出死力相救"。

真是奇怪，左宗棠每到危机关头，总有"贵人"相助，让他化险为夷。

难道真有某种神秘力量，在悄无声息中安排一切？

其实，胡雪岩捐助左宗棠的真相，说出来就一点都不神秘了。

这些粮食事实早运到杭州了。胡雪岩为保险起见，将它偷偷藏在海湾某个港口附近。

胡雪岩原来是准备将这30万石军粮全部赠送给王有龄的。

胡雪岩与王有龄，在早年结交下了一种在当时看来非常独特的官商关系。

胡雪岩童年时家里很穷，靠帮人放牛养活自己。等到年龄稍大，他就去了一家钱庄（相当于今天的银行）当学徒。穷苦人家的孩子能吃苦，胡雪岩埋头做事，从扫地、倒尿壶之类的杂活干起。三年师满，庄主见他工作勤劳、办事踏实、做人机灵，就提升他做了"跑街"。

"跑街"就是帮老板讨债以维持生计的人，每天的工作，相当于在证券投资者与证券交易所经纪人之间来回传递信息。

讨债与传递信息做久了，胡雪岩摸出门道，草根要混出个人样来，得巴结官员。

但自己位卑人微，与其巴结，不如培养。

他看中王有龄，赌他的前途，就冒险挪用公款500两白银，借给王有龄买"代理县长"。

财务出了这么大个漏洞，经不起查账，庄主当即开除了他。

古人说，腰缠万贯，不如薄技在身。有了在钱庄工作的经验，胡雪岩不怕失业，他已经知道怎么自己开银行。他先在湖州贩卖粮食，赚点小钱养活自己。期间四处活动，筹划自己在杭州设银号。

设银号需要官方批准。刚好王有龄仕途顺畅，从县令到知府一路往上升。对自己落魄时帮助过的大恩人，王有龄懂得怎么回报，就帮助他开办了"阜康钱庄"。

从此以后，王有龄出面支持，政府的公款，就全部存到"阜康钱庄"里，由胡雪岩全权处理汇兑事宜。这种企业，相当于在今天办了家国办民有的垄断银行。

垄断银行生意奇好，原因是浙江地处东部沿海，商业贸易自古发达，工商业文明有几千年的底子，到清朝已经形成全民皆商。商人多，交易大，汇兑工作像人吃饭一样频繁，利润也就像钱塘江潮水一样平地狂涌奔来，胡雪岩几年内暴富。

尝到了利用权力的滋味，品味着商业利润的甜头，胡雪岩在"商人与官员勾肩搭背"的道路上越走越远，钱越滚越多。

1860年，太平军攻打杭州，浙江巡抚王有龄召集绅商，问计如何守城。胡雪岩站出来回答：守城最重要的是粮饷。他自告奋勇，愿意筹钱办粮。王有龄同意了。绅商们现场捐钱填票，胡雪岩拿了银票，冒险穿过交战的前线，去后方大船买粮。

由于王有龄文人不懂军事，带领的绿营实在太不禁打，而太平军又掠杀成性，被湘勇追杀得紧，因此破釜沉舟，不计代价地猛攻杭州城。

太平军大兵压城，曾国藩按兵不助，王有龄坐城待死。等胡雪岩九死一生买粮运来，才发现杭州城已被攻破。自己苦心资助、全身依赖的王有龄一死，竹篮打水一场空！

胡雪岩一阵天旋地转，感到手脚冰凉。自己辛苦投资的官场代言人，居然死了！冷静后，他想：得赶紧找一个隐秘的地方，将粮山米海的船舶藏起来。一方面得防备被太平军劫持，另一方面得再度耐心等待浙江省新东家的到来。

度日如年地等待了两个多月，左宗棠果然盛气凌敌地出现了。

胡雪岩迫不及待，主动求见，孤注一掷，将宝全转压到左宗棠身上。

左宗棠回忆胡雪岩告诉他的情景，"咸丰十一年（1861年）冬，杭城垂陷，胡光墉（胡雪岩字）航海运粮，兼备子药，力图援应，载至钱塘江，为重围所阻，心力俱瘁。"

左宗棠被胡雪岩的真心实意打动了。有了后勤资助，楚军如虎添翼，左宗棠率士兵乘胜追击，在浙江再度赶上李世贤。

强强遭遇，你迫我击，互有胜败。

但楚军的转机很快就出现了。

朝廷从楚军的生猛战绩中看到了希望，也不遗余力来支持。1862年秋冬交替的时节，新任命的浙江布政使蒋益澧带了8000兵赶来助战。

左宗棠实力陡增。太平军势力却在锐减。这时，曾国藩的弟弟曾老九——

曾国荃已经率领湘勇将南京团团围住了。太平天国首都告急，李世贤奉命回南京增援。主帅一走，留下的部队，失去了灵魂，像一群无头苍蝇。

力量对比在发生变化，士气消长也在改变。楚军粮食管够，肚子有饭，打仗有力。到1863年2月，左宗棠发起猛攻，三战三捷，太平军防线彻底崩溃。浙江全境，已经可以预期重新回归清廷。

掌权才3年的慈禧太后，看到沦陷区卖一顶官帽子，就可以换回全部失地，更加乐意做这样的买卖。

这段时间，慈禧打心眼里高兴。看着左宗棠浙江连捷，她嗅到了清廷中兴的希望，也庆幸自己没有借清理肃顺将湘勇统帅顺手给清算掉。

对比自杀的前任巡抚王有龄，慈禧已经明显看出一个道理：兵熊熊一个，将熊熊一窝。同一个浙江，王有龄来抵抗，总汇报说"全浙糜烂"，看得叫人灰心；左宗棠一来，军粮不问国家要，军饷也不要国家发，却打得太平军落荒而逃。

真是没有不好的地，只有不会耕的人。

慈禧太后冷静盘算：左宗棠这样的人才，既然可以振兴一省，是不是将来也可以用来振兴一国？

想到这里，慈禧太后不再犹豫，定下决心，全力支持左宗棠。1863年5月，清廷又下谕旨：

闽浙总督着左宗棠补授，仍兼浙江巡抚。

闽浙总督与两江总督平级。这距离两江总督陶澍预言左宗棠将坐上自己的位置，已经过去25年；距离左宗棠第一次出山，刚好11年。

太平天国已经日薄西山，灭亡指日可待。虽然再没有大战，小追击战仍然不断。左宗棠得寸进寸，步步为营，逐步推进，到1864年4月，如期攻破杭州城。

在一群亲兵的拥护下，左宗棠第一次走进浙江巡抚衙门，坐上巡抚交椅。

一个40岁才出山、48岁才做官的草野读书人，面对这种身份陡变，一时难以平静下来。早年的率真与狂放，遭遇的屈辱与嘲笑，如今全都成了历历往事，如烟如梦。

担任闽浙总督时期的左宗棠

捧着光荣与梦想，左宗棠百感交集。

慈禧在北京接到战事节节胜利的奏折，笑开了花。她说：左宗棠虽是一员儒将，带兵打仗还是挺有本事的。10天后，论功行赏，左宗棠加太子少保衔，赏穿黄马褂。

到1864年10月底，左宗棠又被朝廷加封为伯爵。

左宗棠被不断飞来的荣誉跟勋章压得做梦都要笑醒了。

今天的左宗棠，不再是当年湘阴农村那个心高气傲的小青年了。那些年，不断遭遇挫折，导致失意，产生彷徨。带着一种激愤，他自称当代诸葛亮，希望"穷困潦倒之时，不被人欺"。

现在，他功成身高，要践行"飞黄腾达之日，不被人嫉"了。

朝廷将荣誉主动送上门来，他头一次变得谦让，说："封赏伯爵，自顾何能？允收成命。"但朝廷封下的赏，哪里有收回的道理？便又下一道谕旨，对他先表扬夸奖一番，最后说："着无庸议"。告诉他不用再装清高。但左宗棠还在推辞。朝廷最后答复，就七个字："知道了，毋须固辞。"慈禧有点不耐烦了，左老三不是一直高调吗？今天怎么谦虚起来？皇上给你的赏，你领了就是，再辞我就发脾气了。

三辞过后，左宗棠于是名正言顺地接受了伯爵的封号。

左宗棠如此谦虚，一是贵族伯爵的封号，对昔日"湘上农人"像块一吨重的勋章，接住它不无惶恐。二是左宗棠第一次面对巨大荣誉，激动失措，学曾国藩又不像，谦虚过了头。

荣誉面前，左宗棠首先想到感谢左家祖先。他说：这些都是我的先辈们积下了恩德，积累到一定的程度就开始兴盛了，而在我身上体现出来了而已。我很担心因为自己得到太多，用得过度了，反而招灾，让祖上的恩德在我身上"陨坠"，所以"夙夜兢兢，实不敢有一毫喜色"。

被荣誉肯定、激励，左宗棠信心更大。浙江全境既定，他继续挥戈南向，剑锋直指福建。

这时南京已被焚城。[①]太平军余部约30万人，在李世贤率领下，在福建漳州建立了一个占领区。

太平军余威仍在，清廷不无担忧。为了激励左宗棠，彻底消灭太平天国，1864年11月9日，他的伯爵封号晋级为一等，赐名"恪靖"。叫"一等恪靖伯"。[②]

一万年来谁著史？八千里外觅封侯！52岁的左宗棠，跟臣相诸葛亮，只有一步之遥了。[③]

左宗棠决定尽早扫清太平军，以腾出时间来治理和建设。早年会试路上抄下的经验，柳庄科学种田的实验，今天在福建与浙江都可以派上大用场。

太平天国这时已成散兵游勇，彻底消灭只是时间问题。到1866年2月，在广东黄沙嶂，太平军最后一支部队被楚军追上，追到一个叫金盘堡的地方，杀死了部分，俘虏一部分。至此，太平天国彻底覆灭。

从1860年8月10日成立楚军，在长沙金盆岭召开誓师大会，正式走出湖南开战，到今天彻底消灭太平军，5年半。

左宗棠回忆，5年多来，在战争陷入胶着状态的时候，自己也曾有过彷徨。彷徨中，请算命先生打过一卦。算命先生说，"嘉湖做战场，末劫在钱塘"，如今，嘉应州有钱塘的废墟，正好和末劫的说法相对应。而"金盆岭"和"金盘堡"居然也前后相应。他怀疑是不是真有命运一说？慨叹道：这真是一个神奇的事情（"亦一奇也"）！

从1852年入幕指挥打仗，长达14年的残酷战争生活，终于告一段落。

左宗棠再度想起隐居、柳庄生活的幸福梦，在战后闲静时思念起来，竟然如此绚烂多彩。

那是个出彩的美梦，也是自己27岁那年所憧憬的生活："愿从此为樵为渔，访鹿友山中，订鸥盟水上，消磨锦绣心肠，逍遥半世"，如今功成名就，是要好好体验一下生活了。想到这里，他不禁心驰神往，当天写信回柳庄，告诉大儿子左孝威说：我盼望已久的"从此可解甲归田"马上可以实现了，这"岂非幸事？"

左宗棠对和平生活如此渴望，缘于他对战争的负面作用看得很清楚。他说，《易经》里有句话，"圣人以此毒天下，而民从之"，很明确地将战争定义成"毒天下"，打仗是迫不得已。他希望通过治理好国家，永远不让战争发生。天下的叛乱都是从小地方发起的，如果平时有好的地方官保护好老百姓，清查保甲，分清好坏，切实地办理好这些实事，将叛乱消灭在萌芽状态，哪里还需要什么戡乱？！太平天国之乱是前车之鉴啊！他教育儿子们，希望他们将来做个能耕作也能断文识字的人，不要再学自己。④

14年来，左宗棠身份最大的变化，是从乡绅、教书先生，民间乐善好施的慈善运动发起人，摇身变成闽浙总督、一等恪靖伯。

无论是平乱，还是治理建设，他都被慈禧认定是一等一的人才，朝廷已经离不开他。他与林则徐一样了，"庙堂倚之为长城，草野望之若时雨"。

他的官开始越做越大，官帽上那颗红宝石，变得越来越大。那就是传说中的红顶子，象征权力与荣誉，是数以十万计的血肉之躯结晶出来的光。

生在乱世，除了戡定叛乱，他别无选择。

眼下，他还要去打仗。等待他的，是又一场艰苦卓绝的拼杀。

只是，这一仗打下去，他的前途遭遇意外：自己的官帽打落在地，脑袋差点也跟着掉地。

帽落平捻

太平天国运动虽然彻底覆灭，几乎同时在陕甘地区，朝廷又逼出捻军起义与回民变乱。

捻军起义声势之浩大，可以跟太平天国相提并论。

捻军产生原因，就含在名字里。

捻军名字的含义，意即揉捏而成的军队。捻军源于捻子（也称捻党），产生于清康熙年间。

"捻子"最初是安徽、河南一带游民，他们有捏纸，将油脂点燃，烧油捻纸作法，节日聚众表演，为人驱病消灾收点钱。早期捻子只向乡民募捐香油钱，兼卖油捻纸。

但"捻子"成员相互熟悉后，阶层迅速聚合，组成一个秘密民间组织，成员由游民也转移成农民、手工业者为主，活动在皖北涡水和涡河流域（涡河位于淮北平原，是淮河第二大支流）。

到嘉庆末年，捻子集团增多，小捻子数人、数十人，大捻子一二百人不等，经常在安徽亳州、阜阳，河南、江苏、山东等地护送私盐。

到太平天国运动爆发，国家自然灾害，战乱频繁，物质严重短缺，"捻子"趁乱做大，通过向老百姓敲诈勒索、恐吓取财，获得组织经费，进而组成捻军。

捻军每个人头上都披着搓捻得像酒鬼一样的头发，作为军队标志。表示起义的队伍由原来许多小股武装、后来逐渐搓捻成大股武装。人多的一股叫大捻，人少的一股叫小捻。

捻军到了后期，首领主要是两个：西捻军梁王张宗禹，东捻军遵王赖文光。

捻军规模日大，因利益冲突，与清政府逐渐发生武装冲突，朝廷派兵镇压。但当局上层腐败，地方治理不力，加上太平天国支持，导致越冲突越镇压，越镇压越强大，强大到捻军终于起义攻城。

清廷感觉到了捻军的威胁，派出蒙古族将军僧格林沁将军带兵镇压。

1865年4月，数万捻军从山东汶上进入郓城的水套地带，僧格林沁亲自率军追剿，双方在曹州发生遭遇战。

僧格林沁用"军分三路合击"战术围剿捻军，结果惨遭失败。他的三路部队全部败退到已被捻军抢光、烧光、杀光的荒凉村庄。捻军在村庄间开始全力反击，僧格林沁的部队被死死围住，粮草、水源断绝，僧格林沁下令：不惜一切代价突围。

捻军再次打破常规作战，发挥神出鬼没的游击战优势，僧格林沁军队被打得晕头转向，分不清东西。一路跌跌撞撞，僧将军逃到一个叫吴家店的地方。清点一下亲兵马队，已经消耗了近半。要命的是，这时，投诚归入僧部的捻军叛变，帮反击的捻军里应外合夹攻。

僧格林沁内外交困，慌了手脚，抽出佩刀，乱砍一气。捻军强悍，战斗一久，僧格林沁的战马活活累死，人扑通倒地。

捻军蜂拥上来，乱扎乱砍，僧格林沁转眼尸首异处。

僧格林沁可是蒙古贵族出身的清军大将。他是道光皇帝姐姐的过继儿子，1825年继承科尔沁郡王爵，先后做过御前大臣、都统等职，在八旗全面衰落的晚清，像祖先成吉思汗一样英勇善战。

这样一位一流王族大将阵亡，让整个清廷彻底震撼。明白捻军是一个强大的军事武装集团，是个拥有大规模杀伤实力的暴力组织。

朝廷紧急升级战争规模，以消灭太平天国的规格，来对付捻军。

国难思良将，朝廷首先惦记起曾国藩。

1865年，功成名就的一等勇毅侯曾国藩，正坐在两江总督的官位上，享受权力与生活。

54岁了。从1853年创办湘勇起，经年用脑过度，带兵在前线遭遇恐吓过多，先后自杀三次，一旦平静下来，才发现身体垮得厉害，精力明显下降。

朝廷一纸令下，命曾国藩领兵去扫平捻军。

曾国藩一看，心里窝了一肚子气。去年湘勇攻下南京，朝廷暗地里威逼他自行解散湘军，他感到十分憋闷。表面装得十分顺从，暗中移花接木，将湘勇转移成淮军，培养学生李鸿章做接班人。⑤

现在他手无寸兵，朝廷对他不用防范。曾国藩却十分谨慎起来。已经功成名就，拜相封侯，位极人臣，可以摆资格，没必要节外生枝，弄得晚节不保。

"不为圣贤，便为禽兽。"曾国藩爱惜羽毛到了敝帚自珍的地步。他生怕在暮年走错一步。尽管朝廷一再催促，他只管发牢骚，上奏折尽力推脱。

朝廷一看不对。你翅膀硬了，我动不了，但我可以诱惑你。于是照湘勇当年先授实权再办事的方法，任命他做"剿捻钦差大臣"，授他节制直隶、山东、河南三省八旗、绿营文武的权力。

这种封官许愿，超越了侯的待遇。

曾国藩对"曾侯"变"曾公"有兴趣。遗憾现在湘勇裁得只剩数千人，他管辖的淮军，统帅却是学生李鸿章，而缔造淮军的李鸿章，却无权统兵，"帅"与"军"分离制衡，师生相互牵制住了。

曾国藩知道，眼下凭实力干不出实绩。但也愿意被动去做个样子，以取得主动权。毕竟朝廷这样来敬酒，再推脱就是大不敬。

但曾国藩此时已成理学大师，完全没有了办团练之初的草莽，甚至连草莽冒险的进取心、血性、锐气一同丧失干净。圆熟与世故，让他的军事思想由攻转防。

总结了僧格林沁猛攻导致失败的教训，他提出自己的战略部署：在安徽、河南、江苏、山东四省十三府重点设防，改变"尾追之局"，以"有定之兵，制无定之贼"。他在战区坚壁清野，设立了"良民册"与"莠民册"。有良民证的不问，没有良民证抓到立即法办，试图从细胞里瓦解捻军。

曾国藩又在运河、沙河与贾鲁河上推行"河防"：强行在土质松软的河岸上建立堤墙工事，试图借这道"新的长城"，将捻军困死。

但这边堤墙工事还没修好，捻军大部队已经快马加鞭，从开封以南轻松突破河防，挺进到清兵薄弱的山东。

山东是北京的天然屏障。朝廷内部顿时乱成了一锅粥。文官们质问：刚刚剿灭18省太平军的湘勇优秀统帅曾国藩，剿捻已经两年，只能剿出这点水平吗？不敢相信。

有官员直接弹劾他，说曾国藩"自污"，就是故意装无能。

曾国藩自知理亏，怕污点伤及名誉，出来回答质疑："权位不可久处，益有忧谗畏讥之心矣。"趁机提出隐退。向朝廷请半年病假，没批准；又请求开缺，以散员留军效力，仍没批；最后他请朝廷削掉自己的封爵，还是没批。

清廷开始拿曾国藩头疼起来。用不得，骂不得，罚不得。他早说了不来的嘛，他打不赢，你不信，现在理反倒站到他一边了。军功如此显赫的侯相，主动申请削掉封爵，是摆老资格，谁敢真动他？谁动谁威信扫地，等于自残。批准请假吧，又没人顶他；以散员留军，更是烟雾弹。

清廷哑巴吃黄连，反复权衡，只好临时换帅：令曾国藩回任两江总督，李鸿章继任"剿捻钦差大臣"。

李鸿章行吗？朝廷没底。但有一个人让朝廷有底。

左宗棠。

太平天国被剿灭后，朝廷防湘勇统帅防得厉害，担心曾国藩与左宗棠结盟。现在战争已让曾国藩走开，朝廷第一个想到要将左宗棠请进来。

但这只是朝廷的想法。

左宗棠对战争开始敬而远之。战争以屠杀敌人为职业：争地以战，杀人盈野；争城以战，杀人盈城。这是"毒天下"，不得已而为之。

左宗棠的兴趣，在办事、搞建设。

早年湘水校经堂传授的"经世致用"教育，已经深入他的骨髓：青年时期在湘阴农村，他实践农业科技，研究的是科学种田；现在做闽浙总督，治理福建、浙江，他对工业科学再次投入了极大的兴趣。

工业科学如何去践行？左宗棠想到，得在马尾办一个船厂。

1866年7月14日，左宗棠规划了福州船政局（马尾船厂），作为中国第一家军舰生产基地。

配合福州船政局，左宗棠创办"求是堂艺局"，即福州船政学堂。

学堂分为前后两部分，前学堂为制造学堂，又称"法语学堂"，主设造船专业，意在培育船舶制造和设计人才，开设有法语、基础数学、解析几何、微积分、物理、机械学、船体制造、蒸汽机制造等课程，优等生可被派往法国学习深造。后学堂为驾驶学堂，也称"英语学堂"，意在培养海上航行驾驶人员和海军船长，专业为驾驶，后又增设轮机，下设英语、地理、航海天文、航海理论学等课程，优等生可选送英国留学。

开办福州船政学堂，用左宗棠自己的话说，"一面开设学堂，延致熟习中外语言、文字洋师，教习英、法两国语言、文字、算法、画法，名曰求是堂艺局，挑选本地资性聪颖、粗通文字子弟入局肄习"。

福州船政学堂1866年12月23日开局招生，严复以第一名被录取。

作为主体的福州船政局制造新式兵船、炮舰，是中国近代第一家造船企业，是当时远东最大的造船厂。左宗棠筹来47万两白银做创办经费，马上动工。他规划：以后常年经费从1866年11月起，由福建海关月拨五万两，养船经费则由福建省厘金局（相当于今天的税务局）提供。

这是洋务运动大潮中的第一家大型国有企业，左宗棠因此成了中国近代海军的奠基人。

就在左宗棠满脑子规划中国未来船厂时，捻军大乱。他的洋务计划跟着被打乱。朝廷一纸命令，左宗棠被召唤，从闽浙总督的位置上走下来，直奔平捻前线。

左宗棠有点依依不舍。毕竟，自己刚刚打下的福建、浙江，经战乱后百废

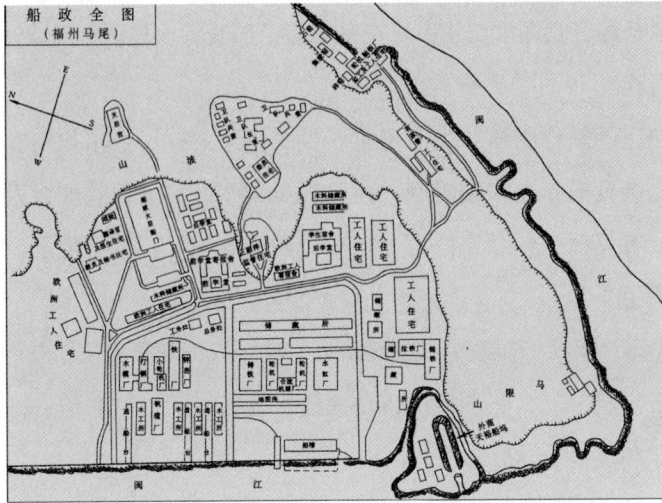

福州船政局船政规划全图 　　　　（中国船政文化博物馆王芳供图）

福州船政学堂

待举，船厂才起了个头，中国沿海地区的经济怎么搞，洋务怎么弄，他才理清思路。

不能抓全局，就抓重点建设。左宗棠想：船政大业是百年大计，决不能就这么半途而废。

接替自己的新任闽浙总督叫吴棠。吴棠为人怎样、办事如何？会支持船政局，还是会反对？左宗棠没底。自己与吴棠平级，无权管理，万一吴棠兴趣不大，或者反对，一纸文件下令将福州船政局关了，就可惜了，自己人走政息，白搞了。

左宗棠得马上找个船政大业的接班人。这个人需要具备三个条件：一、能完全听命于自己；二、熟悉情况，是福建本地人；三、言必信，行必果，有非凡的执行力。

环顾中国官场，符合这三个条件的，找谁呢？左宗棠将人物在脑海里逐一自问，一个名字突然跳了出来：沈葆桢。

沈葆桢，福建省侯官县（今福州市）人，生于1820年，比左宗棠小8岁。左宗棠想到他，中间还有层特殊关系：沈葆桢是林则徐的外甥兼女婿。

16年前，林则徐约见左宗棠，湘江夜话，以新疆事业托孤。现在，左宗棠就要去完成林则徐未竟的大业，对他的外甥兼女婿，以船政事业托付，这一切不是太好了吗？

沈葆桢自己的想法怎样呢？左宗棠没底。他决定当面谈，因为沈葆桢就在眼前。

沈葆桢与李鸿章是"同年"，因在江西抵抗太平军有功，1861年被曾国藩向朝廷举荐，做上江西巡抚。

但就在巡抚任上，母亲突然去世，沈葆桢回福州老家丁忧。

怎样才能让沈葆桢出山？左宗棠根据自己青年时代被张亮基、骆秉章请出的方法：亲顾家门，现场邀请。

第一次光顾"沈庐"，左宗棠热情高昂，亲自到福州宫巷请沈葆桢出山。不想热嘴吃了冷豆腐，沈葆桢只一个劲地推脱说"重孝在身"，不能赴职。

左宗棠拿不准沈葆桢是不是要检验一下自己的诚意，那就充分表达诚意试

沈葆桢画像

试看。不久又马上第二次光顾"沈庐"。不想又白去一趟。

回去后，左宗棠看明白了，沈葆桢要的不是自己的诚意与姿态。

那他要什么呢？

经过一番换位思考，左宗棠想明白了：沈葆桢有许多难处，最主要担心受吴棠制约，办不好事。

对症下药，自己先帮他扫除掉这些障碍，再请出山不就水到渠成了吗？

左宗棠立即着手办两件事：

一，向朝廷上奏折，申请将福州船政局升级为朝廷直管部门，不归闽浙总督管辖，"凡船政奏折无需经过巡抚衙门，仍由沈葆桢会臣领衔"。

二，命令胡雪岩准备好办船政局需要的银子，而且以后船政局凡是需要用钱的地方，全部由胡雪岩负责解决。

第一件事很快又来回应，朝廷很快批准了左宗棠的申请，当即下发了圣旨。胡雪岩经商事业正如火如荼，当即向左宗棠保证资金到位。

左宗棠带着圣旨"三顾沈庐"，对沈葆桢宣读："朝廷已特命总理船政，由部颁发关防，凡事涉船政，由其专奏请旨。其经费一切会商将军、督抚，随时调遣，责成署藩司周开锡不得稍有延误。"

沈葆桢没有任何心理准备，左宗棠送的这个"大礼包"太突然，诱惑力很大：政府优惠政策有了，钱也不要自己发愁了。于是答应下来。1867年二月初一，朝廷根据左宗棠的汇报，下旨令沈葆桢"先行接办，不准固辞"。就这样，沈葆桢服期还没有满，就正式出任了"福州船政大臣"。

船政局掌舵的人选落定，左宗棠松了口气。通过诚意感化与政治智慧运作两手，他如期达到了目的，也相信请沈葆桢是找对了人："接办之人，能久于其事，然后一气贯注，众志定而成功可期，亦研求深而事理愈熟悉。此唯沈公而已。"

找好了船政大臣接班，左宗棠接令再去剿捻。

他想起与林则徐的湘江夜谈，事业托孤，西北对中国更重要。

1867年3月，左宗棠统帅楚军，挥师出发平捻。

捻军这时又有了新变化。原来是一个整体军队，随着军队规模的扩大，在

1866年10月已分为东、西两部。西捻军由张宗禹率领，东捻军由赖文光率领。

左宗棠负责剿灭西捻军，东捻军由李鸿章负责。

到潼关后，左宗棠酝酿了一个平捻的计划，取名"兜剿"。

当时，捻军主要集中在西安以北的富平一带，南有渭河，北有北山，东有洛水、黄河，西有泾水，自然形成了一个不规则的长方形的天然封闭圈子。

但捻军的作战风格与太平军完全不同，战争的发展不断超出左宗棠的预算。因北山一带的防兵过弱，被西捻军突破，"兜剿"计划失败。

捻军也不像太平军跟楚军搞阵地战，他们的战术是"打得赢就打，打不赢就跑"，左宗棠始终无法抓住它的主力。

问题的严重性不止这些。楚军在陕晋边界与黄河沿岸打捻军，却意外冲出一支回民武装，完全转移了楚军的注意力。捻军大股，趁机顺利逃到黄河西岸。

要防止捻军过河，楚军被逼由进攻变成了防守。左宗棠想，军队过河需要渡河工具，没工具他不担心。但南方人不知北方气候，左宗棠失策了。

12月22日晚，突然刮起南风，黄河水冻结成坚冰，捻军踏冰顺利过河，杀进山西。

山西全省震动了，北京感觉到了威胁。朝廷惊恐，当即给左宗棠下达严重警告，"着交部严加议处"。左宗棠自己又急又气。

楚军自出来打仗，攻无不克，战无不胜，哪里遭遇过这种耻辱性的大失败！

"南方牛"碰到了"北方马"。捻军行踪飘忽不定，难以捉摸，楚军气势跟胆魄完全失灵。追赶灵活诡异的"滑捻"，他有点沮丧，心急火燎跟着捻军沿黄河后面追。

好不容易追到山西，捻军不知何时已神不知鬼不觉地进入河北了。

河北距离北京城，也就一步之遥了。朝廷上上下下吓得跳起来，对左宗棠作了他带兵以来最严厉的批评，又下死命令：只要北京出了问题，"唯左宗棠是问"！

左宗棠自尊又自负，哪里受得了这种气？逢难必挺的他，第一次被逼得想到自杀。

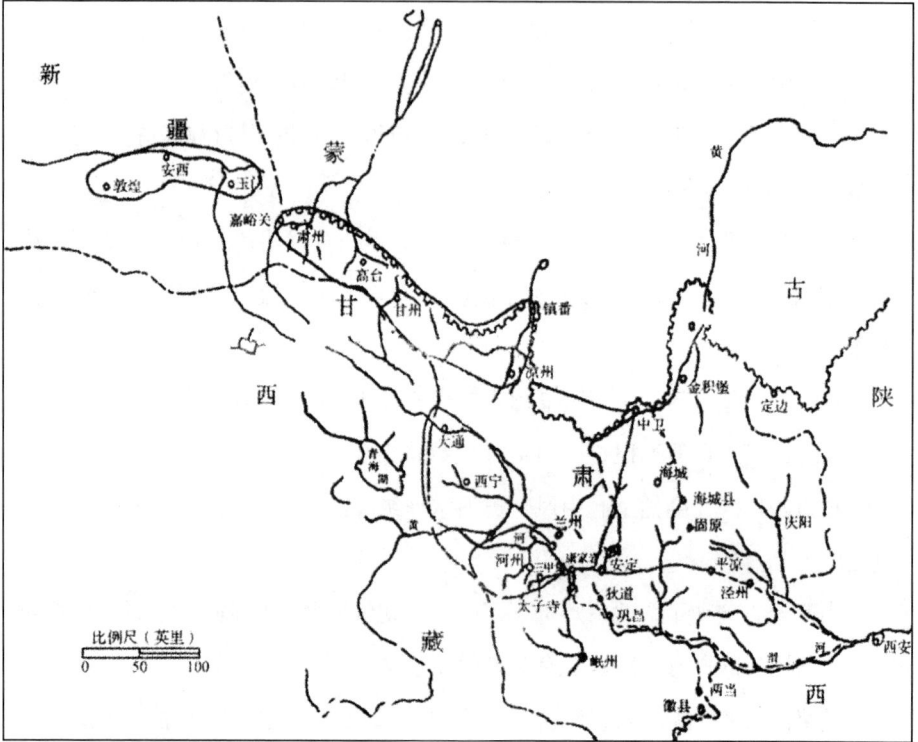

甘肃全局及进军河州路线示意图

与此同时，李鸿章负责剿灭东捻军。自取代曾国藩，他用离间计，打了许多胜仗。李鸿章安徽人，对捻军习性了如指掌，战场节节顺利，杀了对手几万人，到1868年1月，活捉了东捻军头领赖文光。

东捻军已灭，不想西捻军却进入河北。

慈禧太后紧急召集军机大臣开会。指出：西捻军5万，已经打进定州了。左宗棠的楚军干什么去了？是拿左宗棠开刀的时候了，要革职，夺了他的花翎，脱去他的黄马褂，留在任上，戴罪立功。

紧接着又安排：令李鸿章火速回师北上，保卫北京。

军机会议才开完，直隶总督官文（1867年11月29日新上任）发来紧急奏折，称捻军已经进犯了保定，先头的侦察兵，已经有一股出现在北京卢沟桥一带。

养心殿会议室里，刹那间一片死寂。

儿皇帝同治坐在慈禧前面，第一次发话。他一张口，叫人心惊：如果左宗棠将捻匪放进北京了，就咔嚓一下砍了他的脑袋，让那些不卖力打仗的人看看！

慈禧太后一惊，目示他不能乱说。皇帝开金口，命令不能改。她马上补充一句，看来对左宗棠还不能马上就重罚，楚军是他的，杀了他容易，指挥楚军，就难了。

左宗棠的脑袋，此时成了朝廷手中的西瓜。捧起还是切掉？全看朝廷胃口。

朝廷决策者们商定：左宗棠杀不得，得换思路，恩威并施，既罚也赏，对左宗棠与李鸿章挑明，谁灭了西捻，就重赏谁。

这时，朝廷的精兵、重兵，集中赶来，保卫北京，周围达10万之多。但西捻军首领张宗禹5万人马还在河北、北京一带穿梭，如入无人之境。朝廷大小官员，每天又惊又怕，捧着脑袋睡觉，都不知道什么时候会被提走。

朝廷见重赏不行，又来硬的了，再次处罚左、李，并下令：限期一月，将西捻军全数歼灭。

歼灭自然是一句空话，左宗棠这样的军事天才，一直在卖力的统帅，能歼灭早就歼灭了，不用你催。但不能歼灭，不是左宗棠无能，而是朝廷自己军事安排制度出了问题。左宗棠看出来了，他抱怨说："数百里内，大臣三，总督一，巡抚三，侍郎二，将军一，如何统御？"大佬扎堆，谁也不会听信谁，谁也无权指挥谁，朝廷不将关系理顺，大佬们无法发挥，只能带着一身本事等死。

跟西捻军作战，成了一场无期徒刑。

到底责任在谁呢？慈禧太后当然不会将责任归罪到自己。

根据这次会议的指示，左宗棠的官爵稍后全被削了。

在官场奋斗十多年，这真像一场别墅换别针的游戏。折腾几下，终点回到起点。

左宗棠与李鸿章虽然严重不和，但只能联手，也只能孤注一掷了。只有打赢，他们才能拣回原职原爵。

西捻军最后居然奇迹般地被歼灭了。

原来，西捻军高层内乱了。左宗棠攻势凌厉，李鸿章率淮军助阵，西捻大军被团团包围。军事高层内部压力巨大，意见开始发生分歧，逐渐产生争吵。张宗禹脾气上来，怒火攻心，将带头内乱的10多个将领一口气全部杀了。这一下军心大乱，将领人人自危，不再争夺北京，而纷纷寻求避战自保。

李鸿章乘隙配合猛攻，西捻军大败而逃。

左宗棠乘胜迅猛追击。1868年8月，楚军、淮军联手将西捻围困在鲁西北。天助左宗棠，连日下起瓢泼大雨，捻骑不能奔驰，优势丧尽。楚军以练胆起家，擅长肉搏战，这下优势全发挥出来了，个个势如蛟龙，胆壮如虎，西捻军哪里扛得住，瞬时全线溃败。

张宗禹在逃离中失踪，西捻全军顷刻间覆没。

西捻军一灭，左宗棠的官帽，又被慈禧太后拣起来了。拍拍灰，戴到他头上，说几句左老三真不错的话。

出生入死，一起一落。

面对光荣与耻辱，左宗棠充分体验到了带兵打仗与为官从政的起伏，也充分感受到了朝廷与官员间的人情冷暖。

如果在前线卖命时从传言中听到儿皇帝同治说要砍掉他的脑袋，他会作何感想？左宗棠是不是想过：我为什么要揣着脑袋，来忠于这样窝囊、黑暗、无情的朝廷？

专制独裁的皇帝制度，无论官大官小，生活在里面的人，都会不寒而栗。

慈禧发动政变那段时间，朝廷上下昏乱，社会完全混乱；民不聊生，哀鸿遍野，末世王朝迹象尽显。

左宗棠难道不想改旗易帜，对清廷发动一场轰轰烈烈的倒戈夺权？

注：

①　1864年，曾国藩的九弟曾国荃，率领湘勇攻破天京。历史记载，曾国荃虽能征善战，但屡屡屠杀平民，军纪极差，杀人如麻，南京屠城，为人诟病；南京城破后，曾国藩上奏入南京后，"……分段搜杀，三日之间毙贼共十余万人，秦淮长河，尸首如麻，……三日夜火光不息。"其实十余万人大多是老百姓，南京文士李圭道："至官军一面，则溃败后之虏掠，或战胜后之焚杀，尤耳不忍闻，目不忍睹，其惨毒实较'贼'又有过之无不及，余不欲言，余亦不敢言也。"

曾国藩的幕僚赵烈文在《能静居日记》详细记载曾国荃城破南京后，"沿街死尸十之九皆老者。其幼孩未满二三岁者亦斫戮以为戏，匍匐道上。妇女四十岁以下者一人俱无，老者无不负伤，或十余刀，数十刀"。彭玉麟见状不满，致函曾国藩，要求他大义灭亲。烧毁南京后，曾国荃立功，被朝廷任命做湖北巡抚。

②　封爵是中国古代帝王对有血缘关系的亲族或功臣授予的一种称号，是社会地位高低和享受物质利益多少的标志。一般依据血缘关系的亲疏或功劳的大小授予不同的爵位。封爵制度开始于唐虞夏时代，爵位分为五等：公、侯、伯、子、男。

清朝完善旧制，到乾隆十六年（1751年）成熟，定世袭七品官为恩骑尉从，确立了二十七等世爵制，依次为：公，分一至三等，超品。侯，分一等侯兼一云骑尉，及一至二等侯，超品。伯，分一等伯兼一云骑尉，及一至三等伯，超品。子，分一等子兼一云骑尉，及一至三等子，正一品。男，分一等男兼一云骑尉，及一至三等男，正二品。

③　诸葛亮25岁那年，刘备前往南阳三顾茅庐（南阳卧龙岗或襄阳古隆中，有争议），答应出山辅助刘备。28岁时诸葛亮出任军师中郎将。40岁那年，诸葛亮任蜀汉丞相，领益州牧。42岁那年，永安托孤，刘禅即位，封诸葛亮为武乡侯，领益州牧。

④　《左宗棠家书》"谕知兵事不宜滥用"原文：吾少时好谈兵，于古今兵事，颇有独见灼知之处，遂以此为当道所推许。驰驱戎马，忽已十馀年矣。祸难方殷，未知何时始能底定，长揽归田。然每念及尔等，则惟愿努力作耕田识字之好秀才，佳子弟，不愿学老夫也。盖兵者凶器，不得已而用之。《易》曰：圣人以此毒天下，而民从之。明指为毒，可知用之者必不得已也。盖天下之乱起于一县，平时保民治匪，果有好地方官，清查保甲，分别良莠，结实办理，自然无事，不宜随便用兵。无论宵小踪迹，出没无常，发兵捕剿，百不得一。即兵实可用，带兵之人实在能干，亦只可用壮声威，以振良民之气，而寒宵小之心。至于清查村堡之人，仍以用本地绅民为主。若以昏懦之官，带无纪律之兵，下乡查访，所到之地鸡犬一空，首要各犯早已闻风远遁。甚或妄拿良民，要功冒赏，而良民亦激为匪祸，且至数年不息。三省教匪，即由地方官派兵查拿而起，其前鉴也。比园平阳会匪一案，感而书此。

⑤　淮军是在曾国藩指示下由李鸿章招募淮勇编练的一支军队。因为兵员及将领主要来自安徽江淮一带，故称"淮军"。成立的原因是，1861年，太平军向上海进军，上海守备清军不能抵抗，外援英军未到，曾国藩为两江总督，总督江苏，安徽，浙江，江西四省军务，湘军驻安庆，上海地方官绅派代表向他求援。曾国藩早有用湘军制度练两淮勇丁的计划，当即命他的得力幕僚李鸿章招募淮勇，于1862年3月在安庆编成一军，称"淮勇"，又称"淮军"。

密谋问鼎

【第十一章】

似可问鼎

1868年底，平定捻军，军务稍息。这时，左宗棠从官场上已风闻儿皇帝同治曾对自己下达过斩杀令，脚底陡然升出一股凉气。

左宗棠有点痛惜地回忆：1861年下半年，湖南籍的官员们，曾对清廷政权去从，有过一次倒戈密谋。

扳倒杨霈，湘官集团与满官集团力量对比开始失衡；樊燮事件中，斗赢官文，湘官集团迎来蓬勃发展的夏天。湘官集团事实主宰了中国的命运，这已经是朝廷上下公开的秘密。

湘官们难道不想再造一个新王朝吗？

而清王朝此时恰好处在充满了不确定性的颠荡中。对手握王朝军事实力的湘官，问鼎近在咫尺，机会千载难逢。

1856年至1860年，英国与法国联手，以"亚罗号事件"及"西林教案事件"为借口，联手发动第二次鸦片战争。联军杀进北京，咸丰皇帝北逃热河。

1861年8月22日，咸丰皇帝在热河避暑山庄的烟波致爽殿撒手人寰①。

根据遗诏，皇后钮祜（hù，福）禄氏和懿（yì，美好）贵妃叶赫那拉氏同时被尊为皇太后：钮祜禄氏为母后皇太后，叶赫那拉氏为圣母皇太后。

钮祜禄氏就是后来的慈安太后，习惯称东太后；叶赫那拉氏就是后来的慈禧太后，习惯称西太后。

咸丰皇帝临死前，交代了三件后事：

一、立皇长子载淳为皇太子；

二、命御前大臣载垣、瑞华、景寿，大学士肃顺和军机大臣穆荫、匡源、杜翰、焦祐瀛八人为顾命大臣；

三、授予皇后钮祜禄氏"御赏"印章，授予皇子载淳"同道堂"印章。

"御赏"印章名义上由两宫皇太后共同把管，实际掌握在叶赫那拉氏手里。八位顾命大臣如果想要拟发圣旨，得同时加盖"御赏"和"同道堂"印章才能生效，就是说，他们必须征得叶赫那拉氏的同意，才能下发文件。

一权两印，会出问题。从遗诏宣布时起，叶赫那拉氏与以肃顺为首的八位顾命大臣之间，围绕"权力到底归谁所有"，酝酿一场潜流暗涌、你死我活的宫廷斗争。

8月11日，两宫皇太后慈安、慈禧主动召见八大臣。

这次召见的目的，是个见面沟通会，讨论两宫皇太后如何来"垂帘听政"。

慈禧想出个"垂帘听政"的构想，能不能做成，自己没底。她想先探一探顾命大臣的反应，再定对策。

肃顺是八位顾命大臣的头，一听她要"垂帘听政"，激烈反对。理由：一是，咸丰皇帝遗诏没有安排这个事情；二是，根据清朝祖制，也从来没听说有过皇太后可以"垂帘听政"的先例。

两宫皇太后一听都很生气：祖宗没有做过的事，我们难道不可以改革创新？王安石不是说过"天变不足畏，祖宗不足法，人言不足恤"吗？死守祖训有什么出息！慈安皇太后才24岁，慈禧皇太后也不过才26岁，她俩以青年女性的泼辣劲头，与八大臣当场展开激烈的辩论。

肃顺性格刚直，是个火暴脾气，已经55岁高龄，论年龄算长辈，搞了一辈

左宗棠书法

子国家政权，知道国之大事，死生之器，不可不慎。如今大权被两个20来岁的年轻女子笔直道理弯弯绕，绕得八大臣居然理屈词穷，肃顺当时就火冒三丈，"哓哓置辩，已无人臣礼"，在朝廷上当众骂起娘来。

史籍《越缦堂国事日记》里说，肃顺当时气愤至极，声音震动四方，骂得这座临时皇宫的台阶都在隆隆作响，才满5岁的儿皇帝同治被他的怒吼早吓得放声大哭，尿湿了裤子（"声震殿陛，天子惊怖，至于涕泣，遗溺后衣"）。

两宫皇太后却没被吓倒，仍然坚持要"垂帘听政"。"一个权力，各自表述"，辩论共识达不成。八大臣再次商量：先答应两宫太后也可以；吵架惊了大行皇帝，在地下也不安，不妥；回到北京再解决这两个妇人不迟。就不信8个饱读诗书的老头子辩不赢2个没读什么书的年轻女子。

不想，问题就出在"回到北京"上。

农历九月二十三日，咸丰皇帝的棺材由热河避暑山庄运回北京。八大臣跟着同治皇帝和两宫皇太后，从承德启程。

两宫皇太后上月已经探出了肃顺的态度，心里有底。慈禧心想，对付这帮老家伙，必须拿出蝎子心肠来。于是暗地密谋布置，只等回京，马上和八大臣搞一次胜券在握的生死决斗。

两人带着同治皇帝，只陪了一天灵驾，谎称皇帝年龄太小、自己是年轻妇道人家，沿路多有不便，抄小道飞速赶回北京。

八大臣哪里想得到两个20出头的小寡妇会设阴谋？依然梗直了双脚，跟着咸丰皇帝的棺材，心情沉重，边哭边走。碰巧这几天从河北到北京一路在下雨，道路泥泞不堪，行进十分缓慢。

两宫皇太后比八大臣足足提前4天到京。她俩充分利用这4天安排，对八大臣设计完满圈套，决定采取霹雳手段。

26岁的慈禧虽然没读过什么书，但对搞宫廷斗争，却像先天就懂，无师自通。她当即在大内召见29岁的恭亲王奕䜣，通过他，将政权、军权、人事权，全部掌控起来。

事实上，奕䜣早在热河时就与两宫皇太后全部密谋安排好，已经做好了关键的两步：

第一步，迅速提拔醇郡王奕𫍯为正黄旗汉军都统，掌握实际军事权力。这样，慈禧握稳了枪杆子。

第二步，御史董元醇提前造舆论，上奏折请求太后权理朝政、选一二名亲王辅佐。这样，慈禧又握稳了笔杆子。

奕䜣提前回到北京，早早笼络了驻扎在京、津一带掌握兵权的兵部侍郎胜保，作好了发动政变所需要的全部准备。

农历九月三十日，八大臣终于到京。他们沿路商量，吸取上次辩论失败的教训，苦思出不少怎么当面对付两宫皇太后弯弯绕的话，务必将她俩说服弃权。

八大臣正准备早朝当面发表意见，没承想两宫皇太后抢先用军事做后盾发动了政变。同治皇帝与两宫皇太后，在皇宫里当着满朝文武，宣读在承德就预先由醇郡王奕𫍙（xuān，聪明）写好的谕旨，不由分说，宣判了八大臣的罪状。

一切来得太突然，八个大男人目瞪口呆！都还没反应过来，已被两个青年寡妇现场"双规"。

1861年农历十月初六，26岁的叶赫那拉氏慈禧，以同治皇帝并两宫皇太后的名义，果断地对八位顾命大臣做了以下处决：

肃顺判处斩立决；

载垣、端华赐令自尽；

其余五位，革职查办，发往新疆，效力赎罪。

肃顺是八大臣的头儿，反抗最烈，遭遇最惨。他不知道，自己在热河临时皇宫里"声震殿陛"的痛骂，让慈禧痛恨入骨，忍到现在，快速将他斩于菜市口，总算出了这口怨气。

通过辛酉政变，慈禧太后扫清了障碍，攫夺取了中国最高的皇权，如愿以偿，实现"垂帘听政"。[②]

天上有乌云翻滚，地上必暗流乱涌。

那段时间，正好是湘勇破太平军最艰难的关口。安庆的咽喉，被曾国藩用"围点打援"战略成功掐断，形势急转直下，太平军已成强弩之末，湘勇实力如日中天。

全国形成这样一种局面：政治的权力握在慈禧太后手里，军事的实力握在曾国藩手里。

政治想利用权力的运作，将军事牢牢控制在自己手里。军事未必就不想通过武力的手段，再来发起一次军事政变，直接夺取政治的权力？

这一切都在悄悄地进行。辛酉政变那段时间，朝廷内部的秘密，对湘官集团几乎全部封锁。他们在充满了焦虑、不安的各种传言中，只知道一点，咸丰皇帝死在热河。

其他细节，基本靠猜。

但正在膨胀的军事实力，让湘官集团内部在酝酿该发生一点什么了。

那段时间，湘官集团各大员通信频繁。通过樊燮事件，湘官几乎全员出动，通力营救。通过这次行动，团结性更强了，凝聚力也更大了。

现在，他们固然需要讨论作战计划，但战斗之外，他们还商谈了些什么？

商谈的秘密内容，不见于任何正史。当然，这种绝密级的事情，正史也不可能取到材料，但野史说得有鼻子有眼。左宗棠后人左景伊通过研究，揭开了鲜为人知的秘密。他们在激烈地讨论两个事情：一是湘勇打败太平军后的前途问题；二是天下与国家未来的归属问题。

两个问题归结为一个，就是湘勇到底是将来解散，还是现在起来倒戈夺权？

根据野史记载，综合各种版本，梳理后比较一致的看法是，第一个提出倒戈夺权的，是左宗棠。他军务缠身，托胡林翼给曾国藩送了一副对联：

神所依凭，将在得矣；鼎之轻重，似可问焉。

翻译成白话，神州现在要靠国藩兄带领湘勇，老曾你最大的功劳是取得神州；所以，中国最高权力这口锅子，到底有几斤几两，你去拿来掂一掂，掂得起来，就提过去算了。

这里用到了一个典故："问鼎"。"问鼎"就是图谋夺取国家政权的代名词。[3]

左宗棠意思直接，劝曾国藩带头号令，将湘勇组织起来，挥戈倒逼，夺取清朝政权。

曾国藩将对联拿在手里，表情生冷，神态严峻，不说一句话。

胡林翼见他没有表态，担心建议被及时否定，便又快速从怀里掏出一封信，说：我也有一联，不妨一起来向仁兄请教。

曾国藩伸手接过，打开一看，上面写着："用霹雳手段，显菩萨心肠。"

胡林翼"喜任术"，说话转弯抹角，本来看不出什么意思。但有了左宗棠的铺垫，用意就显现出来了：用霹雳手段推翻清朝政府，用菩萨心肠来安定天下苍生。

曾国藩看懂了，欲言又止，摇了摇头。

曾国藩没表态，湘官集团一班要员，都不知道接下来该怎么做。机遇关口，他们都急切盼望，能从曾国藩那里得到一个他们想要的确切答复。

曾国藩一手培养起来的爱将彭玉麟④，这时也按捺不住了。彭玉麟现在已是安徽巡抚，他从池州专门赶到安庆，给曾国藩送来一封密信。曾国藩小心翼翼地拆开，几个大字，让他的三角眼发直：

东南半壁无主，老师岂有意乎？

彭玉麟为人用情专一，持身严谨，这种性格与曾国藩同类，因此他们很谈得来，曾国藩常常引为知己。但没有想到，这个与自己一样，平时胆小谨慎的学生，居然也来鼓动他夺权。

面对众人的鼓动，曾国藩的心被架空了。

在众星捧月的时刻，他战战兢兢，隐约有那么一丝激动。但他害怕这种激动，很想让心落下来，哪怕能踏实一刻，也好。

彭玉麟见曾国藩没作声，自己先表态了。他说，我看今天，已经进入混乱之秋，咸丰皇帝早死，现在皇位落到一个六岁（虚岁）的娃娃手里，这是国家之大不幸。这个时候，凡是有爱国心、爱民心的人，都应该挺身而出，当仁不让，将国家与人民从水深火热中救出来。但举目四顾，除了我们，没有其他人能够了。现在湘勇既然将灭掉长毛贼，担当起擎江山的大任，湘勇的统帅，理所当然就是一国之君。

彭玉麟这一番直接而激烈的话，让曾国藩张口结舌。他一直以为，彭玉麟与自己最合得来，会十分谨慎地，甚至是避而不谈地面对目前的局势。让他没想到的是，左宗棠用对联虽然生猛，但还算含蓄；胡林翼狡猾闪烁，听风打拳，多端多义；而彭玉麟居然会如此直接，如此通脱地将问题一下子全部挑出来。

三个湖南人同时来劝，曾国藩已经没有退路。他必须在"顺从儿皇帝"的朝廷与"夺取政权"之间做出一个选择，这个选择不能骑墙，不能似是而非，更不能举起左手打右边的人、举起右手打左边的人。他必须直接、干脆、立场坚定，态度鲜明。否则湘官集团内部意见分歧，会发生分裂。

曾国藩决定，现在暂时都不表态，以他这么多年对事情的洞悉，对事务繁杂、争执剧烈的官场关系的处理，凭经验可以判断出，现在还没到表态的时候。他不能直接拒绝同壕的同乡战友，弄到最后三对一，让自己陷入孤立。

就在这个节骨眼上，一个噩耗传来，湘勇的顶梁柱式人物胡林翼病死于任上。

这对率先倡议倒戈夺权谋划的左宗棠，无疑是一个毁灭性的打击。

左宗棠一直跟胡林翼交情最好，也跟他最谈得来。

左宗棠与曾国藩谈不来。他俩性格，几乎全相反，直接沟通难以谈成事。而胡林翼天才的智慧，公子哥儿的做派，"喜任术，善牢笼"的风格，让他在衔接这两人关系上能发挥巨大作用。

野史流传一种说法，胡林翼事先基本设计好了：夺权成功，左宗棠来做皇帝，曾国藩与他自己来掌握军机、内阁大权，分别做宰相。

为什么是左宗棠当皇帝呢？胡林翼从21岁跟左宗棠认识，当时就下了结论，"品学以湘中士类第一，横览七十二州，更无才出其右者。"同时，左宗棠性格豪迈，敢作敢当，精力充沛，体健胜牛，如此全面的大才，完全可以承载起掌管中国的重任。

当然了，这只是胡林翼的看法。作为左宗棠一生交情最好、相互也最了解的朋友，胡林翼认定左宗棠可以做。

对于这些流传甚广的野史，左宗棠研究专家杨东梁认为完全不靠谱。因为没有任何正史记载。即使用严谨的学术逻辑推论，也全都是荒诞不经的天方夜谭。但小说家对这些野史格外感兴趣，唐浩明在长篇小说《曾国藩》中，还专门写到过曾国藩晚年对自己没有倒戈的反思，隐约流露出过某种后悔之意。

根据民间野史与小说家言，胡林翼一死，最支持左宗棠、也最了解左宗棠的人从世界上消失了。

奕䜣像

夺权大计，就此暂时搁置下来。

想法既然已经挑明，而且大家普遍都有，事情就还没完。

胡林翼追悼会期间，左宗棠悲痛欲绝，他回忆道："交公幼年，哭公暮齿。自公云亡，无与为善。孰拯我穷，孰救我褊（biǎn，狭小，狭隘）？我忧何诉，我喜何告？我苦何怜，我死何吊？追维畴昔，历三十年。一言一笑，愈思愈妍。"

左宗棠哭声哽咽，满脸被泪水浸湿。回想21岁那年，两人在北京会试，芳华还在，青春不死。如今一转眼，已经天地两隔。交往28年，如果没有胡林翼一再推荐，没有他在关键时候多次相救，左宗棠哪里还有今天呢？胡林翼以自己灵活、机巧的性格，弥补了左宗棠多少性格上的缺失！这样一个肝胆相照的朋友，如今先自己离开人世，就像被生生打断了胳膊，怎不叫人痛彻心扉？！

左宗棠真性情之人，暂时无暇顾及夺权。

这时，一个乱晃荡的名士来了。

他就是大名鼎鼎的王闿运。

王闿运是肃顺幕府的红人，上次救左宗棠，做过传话筒。

王闿运，1833年生于湖南湘潭，现年28岁。其人年少轻狂，狂傲之风，在左宗棠之上。

王闿运是文学家，但首先是个经学家。他跟左宗棠一样，不满足于著书立说，醉心于做天下大事。

王闿运读破万卷，能言善辩。他不愿像左宗棠一样，用行动去实践经世致用，而是选择做一个社会活动家、独立名士，飘忽行世，从经史子集中窥测夺取天下的玄机。

王闿运头脑极其聪敏，年纪轻轻，已将古今学问研究透彻。读破历史，他得出结论：五千年来，中国读书人事实只可做三件事：功名之学、诗文之学、帝王之学。

功名之学是曾国藩们走的路。"学成文武艺，货与帝王家"，王闿运看不起，觉得层次太低。诗文之学呢，就是关起门来，为学术而学术，为艺术而艺术，做一个纯粹的学问家、文学家，王闿运也看不起，觉得对天下的影响力有限。

王闿运对史书深度体会观察，独立思考后，发现了"帝王学"最适合自己。

"帝王学"是一门什么学问呢？"以经学为基础，以史学为主干，以先秦诸子为枝，以汉魏诗文为叶，通孔孟之道，达孙吴之机，上知天文，下晓地理，集古往今来一切真才实学于一身"的玄之又玄、深不可测的天人之学。王闿运既然发现了它，当然要拿自己做试验，身体力行去实践它。

说得神乎其神，看上去万分玄奥，让人高不可攀，用白话概括，"帝王学"也简单：总结洞悉历代帝王权力交接瞬间的全部背后机密，了解他们的人事把控上不为人知的谋略，造出时势，来为自己夺取最高权力服务。

在千篇一律的仕宦面孔前，王闿运鹤立鸡群，特立独行，成为中国历史上一位著名的纵横家。

书生夺权，没有实力，最简捷的途径，靠忽悠。王闿运从小以战国苏秦、张仪为榜样，以游说四海为职业，以合众连横为己任。

自此，王闿运专门出入帝王将相、总督巡抚之间。但因口气过狂，位低人卑，常遭人鄙视，郁闷了一阵。他又从孟子书中找到了启发。

孟子有句名言，叫"说大王，则藐之"，看到君王，首先就在心理上看不起，在气势上压倒他。孟子见梁惠王时，隔老远就指着他的脑袋说："望之不似人君。"你这个什么梁惠王，长得不但像小偷，还像个被抓到的小偷，好意思说自己是个什么君王？

王闿运活学化用，发明一句话，叫"见大官，则藐之"。巡抚、总督或更高级别官员，每次只要碰面，不分缘由，首先看不起他，劈头盖脸，引经据典，将人家臭骂一顿。湖广总督端方讨好地送给他一个砚台，他拿起砚台，旁若无人，大笑道："端方端方，不端不方"。借砚骂人，端方听得脸都绿了，却只好赔笑。此类狂放故事，多不胜举。⑤

中国出了个王闿运，从此"官不聊生"。高官们后来见他背影怕得不行，隔老远就毕恭毕敬对着他烧香。

王闿运虽志大才疏，但有读书人的风骨，不媚雅，不媚俗，不媚权。曾国藩后来送他一栋豪华别墅"湘绮楼"，专门请他写《湘军志》。他毫不隐讳，好事坏事全进书，因写得过于真实，将曾国荃攻克南京后的烧杀抢，全部真实地记录下来，害得曾国荃紧急追查，密令销毁原版，气得要请黑社会暗杀他。

王闿运凭两片薄唇，纵横天下。他实在过于渊博，一般水平的学问家、官员，听他一席谈，最后都像进了云山雾海，茫然不分天地四方，只好被他牵了鼻子走。但看出他门道的人，则有点讨厌他。郭嵩焘就很不喜欢他。有次他听王闿运吹，听完后评价说，闿运先生的话，"将使东西易位，玄黄变色，而实祸中于国家矣，尚得为衣冠视息之伦乎？"郭嵩焘认定他是"祸国大家"，比纵横家始祖鬼谷子还可恶。

眼下中国变乱，谋取帝王高位、检验帝王学的成色，对王闿运都是绝无仅有的千载难逢机会，他当然要紧紧抓住。

他抓住追悼会的空隙，来游说曾国藩。

他说，曾国藩啊，你现在有两条路可以走：一条是你带兵冲进北京，当面宣布西太后垂帘听政非法，支持八位顾命大臣，将小皇帝扶上来；一条是你在东南举起大旗，打出为天下万民做主的口号，将天下反对慈禧太后的人，全部凝聚起来，我再跟肃顺提议，让他出面，邀你来做皇帝。

王闿运正在肃顺手下做幕僚，曾国藩当然会揣测他提肃顺的用意，莫不是肃家门下说客？但曾国藩自己是关系谋略家，听出了王闿运的单纯与幼稚，他居然还没有预判出肃顺作为顾命大臣潜在的危险。这个28岁青年，好像他来发个邀请函就可以让曾国藩做成皇帝，这话口气很大。

王闿运知识渊博，才思敏捷，弄得江湖名气大，曾国藩口才不行，既欣赏他，也有点怕他。两人躲在军中密室，王闿运口若悬河，曾国藩心细如蚁。听着听着，曾国藩心里开始暗笑：夺取天下哪里比得你写文章、喊口号，土地要一寸一寸来夺得，皇位要一枪一枪来打下，我曾国藩虽然反应没你快，难道小王你只需凭智巧将我忽悠得晕头转向，天下就可以唾手得到了吗？没这回事。

王闿运继续口水四溅，曾国藩神情冷漠。等他说完了，曾国藩用食指沾着茶水，在桌上漫不经心地写着、画着。王闿运低头一看，是一连串的两个字：狂妄！狂妄！狂妄！……

满腔热情被迎头浇上冷水，王闿运戛然而止，不辞而去。

王闿运踌躇满志醉心的帝王学，第一次被曾国藩用几滴茶水就浇灭了，怎么会死心？游荡江湖后，又回衡阳船山书院教学生去了。

他这次是真选对路了。王闿运学问根底深，口才一流，天生做老师的料，果然教得桃李满天下：除了教出画家齐白石，做了康有为的太老师，还教出了个著名的学生杨度。

帝王学在学生手中梅开二度：杨度帮袁世凯搞君主复辟，自己差点做成宰相。只是"筹安会"臭不可闻，王闿运也嫌弃它，预感到大祸临头，辞职报告都来不及打，主动辞去中华国史馆馆长，快马加鞭躲回湖南。

帝王学的发明人王闿运用自己和杨度做了两次实验，被实践证明破产。

王闿运是举人身份。像左宗棠在陶澍家做家庭教师一样，他也在肃顺家做过家庭教师。左宗棠的理想是做当代诸葛亮，志在相国；王闿运的理想是做当代"六国宰相苏秦"，志也在相国。论天分，比才华，看狂放，与左宗棠难分高下。但他一生不干实业，不办实事，弄得智慧空对空，所谓"春秋表未成，幸有佳儿述诗礼；纵横计不就，空余高咏满江山"，一生惨败，败在没有实体支撑起大梦这点常识上。

王闿运信奉"经世致用"，但却不接地气，不通过办事来践行理想，却梦想依靠"顶层设计"，单靠谋略与算计来实现拜相封侯。他因此也成了左宗棠最生动的反面教材。学生杨度挽王闿运联"旷代圣人才，能以逍遥通世法；平生帝王学，只今颠沛愧师承"，委婉而含蓄地指出来，王闿运要想做天下大事，只能走左宗棠式的实干路，否则，即使是"旷代圣人才"，也只能做个逍遥世外的飘逸仙客，大出息是没有的。

王闿运虽对左宗棠有过救命之恩，但左宗棠自称"家本寒儒，世守耕读"，对名士极其反感。

他教育儿子左孝威说：名士是"不祥之物"，做人"尤不可有名士气"。因为"名士之怀既在，自以为才，目空一切，大言不惭，只见其虚骄狂诞，而将所谓纯谨笃厚之风悍然丧尽"。这段话间接地将王闿运否定得一干二净。

问鼎大计，因胡林翼去世，左宗棠无望，曾国藩冷淡，无疾而终。

谁都清楚，三人缺了任何一个，都干不成。楚军规模太小，没有湘勇加

曾国荃画像

盟，最好不问。

但问鼎的小打小闹，还没有完。太平天国被镇压后，湘官集团大员曾国荃、彭玉麟、鲍超^①等人密谋，决定拥戴曾国藩自立。

这天夜里，高级将领30多人齐集大厅，打算重演"赵匡胤黄袍加身"。曾国藩早有预料，他赶紧挂出一副对联，以表心迹，劝手下别干傻事。

倚天照海花无数，流水高山心自知！

一班湘官大员愣住了，不知道曾大帅葫芦里卖的什么药。对联含蓄得不能再含蓄，但看着看着，他们明白了。"倚天照海"，背靠着天，照看着海，还得靠老天。谁是天？皇帝。当然没想法自立称帝了。

他们哪里知道，曾国藩一生最怕的事，是别人劝他当皇帝。

早年已经有过两次机会。一次是曾国藩劝石达开降清。石达开说他势力雄大，已经举足轻重，为什么不独立出来，与自己联手干？曾国藩马上派兵打他，再不跟他见面。一次是忠王李秀成被俘，他公开表示：愿以长江两岸数10万余部，拥戴曾国藩称皇帝。曾国藩听得心惊肉跳，第二天就给在安庆的儿子曾纪泽写信说："伪忠王曾亲讯一次，拟即在此正法。"不但没听进去，反而抓紧将劝自己当皇帝的李秀成杀了，好像要灭口似的。

外人看来，曾国藩既不近人情，更不可理喻。

理学大师将自己的情感、欲望严严实实地包裹起来，终于让人越看越模糊。

曾国藩为什么生怕别人来劝他当皇帝？

未可问焉

曾国藩与左宗棠同是湘官集团里举足轻重的人物，一言一行可以兴邦，一言一行可以丧邦。

所以，当胡林翼将左宗棠的对联给到他后，没有当场答复。

过几天后，胡林翼要给左宗棠回音，曾国藩琢磨着改了一个字："似可问焉"改成了"未可问焉"。

曾国藩改好后迅速给胡林翼瞄了一眼，马上点火烧掉。

他怕留下证据。

这一改，意思就完全反了。他劝左宗棠不要猛狼打起病虎的主意，放弃倒戈夺权。

曾国藩为什么劝阻，还要烧掉？

与朝廷对他早有防备有关。前面述及，曾国藩第一次督湘勇打下武汉，咸丰帝喜出望外，在奏折上批示说："览奏感慰实深，获此大胜殊非意料所及。"当即发布新的任命，叫曾国藩署理湖北巡抚。他还对军机大臣们说，军兴以来，出征将帅连战皆败，而曾国藩以一书生，竟能建此奇功。军机大臣出来提醒，咸丰皇帝马上收回任命，而改授"兵部侍郎"空衔。

朝廷对湘勇的态度，一直矛盾加犹豫。一方面，恨不得湘勇强大，可以一夜间剿灭太平军；另一方面，又非常担心它强大起来，某天拥兵自重，挥师北上，将刀架上自己的脖子。

湘勇不是"经制兵"，非国家正式军队，他们跟太平军一样，起于陇亩，经费自理，唯一的不同，是枪口对谁的问题；太平军专心来消灭朝廷，湘勇在帮朝廷作战。

只要湘勇调转枪口，就成了"湘勇天国"。而朝廷在军费、粮饷、编制上，对它根本无法管制，这正是担心的根源。

曾国藩不能说对倒戈夺权之计全无想法。他考虑后，发现不行。根本的原因，首先在自己的旗子上。

1853年，曾国藩一介书生领兵，起兵之时，就在出征檄文道出了他兴师的理由，是太平天国引进"拜上帝教"，根本是个邪教，将中国传统的道统全部破坏了，弄得"我孔子、孟子之所痛哭于九原"。道统既坏，曾国藩要以捍卫文化的名义，来驱邪立正。

为了说明起兵的合法性，他将正义性进一步扩大化，说："将凡读书识字者，又乌可袖手安坐，不思一为之所也"。天下凡是读书识字的人，都不能再袖手旁观，而应该站出来捍卫道统、文化。而我曾国藩不过是这千百个读书识字人中的一个。

中国古代有名教，名教崇拜文字，认为字有灵性。出师的名义，落纸成文字，既是号令部队的旗帜，也是对外宣传的文告，还是百年后的墓志铭。既不好改，也不能改。

比较三国，蜀国的政治纲领是"兴复汉室"，刘备早期一直打中山靖王刘胜的牌子。但刘备骨子里的目的，并不是要"兴复汉室"，而是要先"三分汉室"，再"自创汉室"。

但口号既然弄得天下皆知，道德正义就成了他的立国之本。为了这个口号，诸葛亮明明知道"汉室不可复兴，曹操不可卒除"，迫于道德前后要保持一致的压力，不得不六出祁山，穷兵黩武，霸蛮去"兴复汉室"，最后将自己弄成个军事实力跟不上个人能力的好战分子似的。

蜀国是被立国之前这个政治纲领拖累亡国的。

曾国藩熟读"三国"，看清了这点。他是文人，通历史，重伦常，内心顾忌感很大，不可能像五代后周武夫赵匡胤上演陈桥兵变，黄袍加身自立为帝。

左宗棠极力主荐湘勇倒戈夺权，就是另外一回事了。

对左宗棠来说，则没有任何道德的压力。

他既非进士出身，也非体制内成长起来的高官。他的民间独立身份一直明显：跟张亮基合作，他是打酱油的；跟骆秉章合作，他是帮忙的。相见则同欢，不欢各分散。他没有发布任何檄文，也没有以任何口号，来号令属下卫道。他所以出山打天平军，目的是"保卫桑梓"，热爱家乡跟保卫政府，没有多少关系。

曾国藩的道，是程朱理学，"存天理，去人欲"。曾国藩将人所有自然的、本能的、真实的一面，全部按照国家意识形态的需要，而刻意地扭曲、改变、掩盖，真实的曾国藩，云遮雾罩，云深不知处。

左宗棠的道，是孔孟儒学，"求真理，立功业"。

信奉"经世致用"，是"求真理"的理论基础，一心梦想做当代诸葛亮，是"立功业"的行动基础。这些都不可能被集权的意识形态所桎梏住。

但曾国藩即使夺权成功，只会被后人归为王莽一类。已经位极人臣，权力的诱惑，无法激发他再生出巨大的贪婪心。而夺权的目的，无非想名垂青史。现在湘勇已经功勋卓著，顺其自然做下去就可以名垂青史，倒戈夺权反倒可能遗臭万年，不如不动。

"不为圣贤，便为禽兽"，就是曾国藩反复权衡倒戈利弊后，得出来的坚定结论。

即使这些顾虑用"打落牙齿和血吞"的莽撞与冒险可以全部消除，就曾国藩本人受到的教育，也决定他做不出来。

曾国藩受教育路径与左宗棠完全不一样。曾国藩一直是体制内熏陶出来的，儒家文化的孝臣忠君思想，在日夜的跪拜与磕头中，几乎已经沉淀为他的基因螺旋。"战战兢兢，即生时不忘地狱"，封建官僚的规矩、保守、固化程序，让他瞻前顾后，丧失了"豪雄盖代"的气概。

以曾国藩谨慎的性格，对夺权成功后，能不能稳住阵脚，维系长久，也没有多少把握。湘勇内部有分裂的可能性，淮军势力脱离出去也会对自己造成威胁，八旗骑兵主力在北方依然存在，捻军起义、回民叛乱，西方列强的眈眈虎视，曾国藩都会将它考虑成政治与军事风险。

而且事前他没有这个打算。事非预不立，曾国藩办团练时理想就是卫道，而没有想过倒戈，中途也就没有夹带挂羊头卖狗肉的事，比方暗地囤积军队，专留作推翻朝廷用。临时变动计划，会多么粗糙难成啊。

作为湘勇统帅，周全考虑下来，还有一个深层的问题，就是真正的政治纲领，他们没有。

太平天国往小处说有"天朝田亩制度"，往中处说有"资政新篇"，往大处说有人人平等的"天国理想"。

湘勇如果夺权成功，也不过是改朝换代，甚至只是朝代的中期过渡，也就是打倒老皇帝，自立新皇帝，弄出个"后清"政权。这在当时可以过把皇帝瘾。除了叠床架屋瞎折腾，历史进步作用，几乎没有。

不错，曾国藩与左宗棠发起的洋务运动，是经世致用的科学与技术思想的实践，属于新鲜血液，正能量，能引领未来。但纯粹的科学与技术，不能当作引领政权的意识形态。

何况，曾国藩创办洋务运动，目的只在维护政权稳定。1861年，他创办安庆内军械所，是中国依靠自己的力量建立的第一个军事工业企业，只生产子弹、火药、枪炮。这与左宗棠创办甘肃呢织总局，专注民生大异其趣。而不着眼民生，先军政治，这样的政权没有未来。

事实上，慈禧发动辛酉政变后，之所以垂帘听政成功，正在于对政权制度有创新，她的权力结构，有内阁责任制的特点：皇帝保留问责权，办事实权在宰相手中，五个军机大臣，行使宰相职权，已经打破了皇权独裁。

历史的潮流，天下的大势，逼得皇权现在必须下放分权。19世纪60年代的中国，洋务运动带来新的市场经济初步形态，随着科学、技术的发展，民主共和开始萌芽。谁能在意识形态上引领未来，谁就能掌握主动权。

显然，精通传统儒学的曾国藩不懂得这些。他所以办洋务，因为在技术上他信奉经世致用，但作为整个满清王朝第一号的理学大师，在意识形态上，他是集权政治的忠实拥护者。这一点《讨粤匪檄》已经说得很明白。太平天国即使被他定义的邪教，但多少有资本主义的内容。而曾国藩刚好对这些资本主义的新东西最排斥，他用三千年前周朝的"华夷之辨"，来处理中西文化的冲突。用"东夷、南蛮、西戎、北狄"，拱立一个睥睨天下的天朝上国，这种极度保守的观念，与国门已经洞开，时代需要平等、民主、自由的改革开放意识，完全在反其道而行！

所以，湘勇无论是否夺权，无论夺权是否成功，意义都不大。

湘官们密谋问鼎，只能心中想想，变不成行动。

这也注定了，左宗棠还要与朝廷合作。通过政府这个平台，继续去实现自己的抱负。

在国家与社会完全混同的19世纪的中国，官职与爵位，让左宗棠与普通官僚无异。诸葛亮是一个国家理想主义者，现在的官员左宗棠，最醒目的价值，在于他朴素的国家理想主义追求。

左宗棠心忧天下，忧的是天下苍生的幸福，这种政治理想，是范仲淹"先天下之忧而忧，后天下之乐而乐"的发展。

清朝这座大房子，在迎风摇晃。忧心的左宗棠要马上赶过去，打下地基，建造梁柱，支撑这座将倾的大屋。

一个擅长打地基、造梁柱的"建筑工"，声称必须多造顶梁柱才能救朝廷，这时碰到一个专门搞粉刷的"裱糊匠"，此人声称给腐朽木刷红漆、粉饰太平才能救朝廷。

"建筑工"碰到"裱糊匠"，狭路相逢，都要对这座房屋来做修理，之间会发生怎样的激烈争斗？

中国边防保卫战，即将打响。

注：

①　清朝皇帝在承德时的寝宫。建于康熙四十九年（1710年），康熙皇帝曾说这里"四围秀岭，十里澄湖，致有爽气"，题名"烟波致爽"，将它列为三十六景的第一景。1860年，英法联军入侵北京，咸丰皇帝携东、西等后妃出北京至热河避难，居于此殿。

②　这次政变，因同治热河登极后拟定年号为"祺祥"，故史称"祺祥政变"；这年为辛酉年，又称"辛酉政变"；因政变发生在北京，又称为"北京政变"。

"辛酉政变"是君权与相权的一次大的冲突，两宫皇太后和恭亲王奕䜣表现了手腕，也迎合了历史潮流。经过"辛酉政变"，否定"赞襄政务"的顾命大臣，由慈安皇太后与慈禧皇太后垂帘听政，这是重大的改制，皇权由此出现二元：议政王奕䜣总揽朝政，皇太后总裁懿定。这个体制最大的特点是皇太后与奕䜣联合主政，但后来逐渐演变为慈禧独揽朝政。随之产生一个新制度：领班军机大臣由亲贵担任，军机大臣有满族两人、汉族两人，大体维持了这种五人的军机结构局面，左宗棠后来就在这种体制里做军机大臣。

③　鼎是古人用来做饭的锅。周朝及以前，中国权力最大的人是厨师，他掌握给每个人分饭。毛泽东说，世界上什么力量最大？吃饭的力量最大。所指不同，意思相近。世界上什么东西权力最大？掌握别人做饭的工具。周王后来就铸造一口大锅，立九足，象征九州。周鼎一立，象征国家政权。

周王朝势力衰弱，诸侯雄起，实力对比改变，猛狼开始打起病虎的主意。春秋时，楚庄王陈兵于洛水，向周王朝示威。周王派出使者去慰劳，"楚子问鼎之大小、轻重"，楚庄王就问使者：周鼎有多长、多宽、多高、多重？周使怀疑起来，你问这些长宽高干什么？以前可从来没人敢来问，关心天子也不是这么关心的。回去后，楚庄王野心暴露，果然按同等规格、尺寸，自己也造了口一模一样的鼎，然后发起战争，刀锋直对周天子：你傀儡，我称霸。

④　彭玉麟祖籍今衡阳市衡阳县渣江镇，1816年12月14日生于安徽省安庆府。清末水师统帅，湘勇首领，人称雪帅。与曾国藩、左宗棠、胡林翼并称"曾左彭胡"，是大清"中兴四大名臣"。是湘勇水师创建者，也属中国近代海军奠基人之一。官至两江总督兼南洋通商大臣，兵部尚书。

⑤　类似的故事还有。袁世凯曾请王闿运出山当中华民国国史馆的馆长，王闿运上任第一天就宣布：全馆人员都放假回家，想干什么就干什么，每月五号来领薪水就可以了。后来每月五号，一帮老翰林都到他的保姆周妈那里领工资，一月要发掉工资1万两白银。老翰林拿了钱过意不去，问为什么不要他们坐班，王闿运说："这中华民国有什么史可写，不就是梁山泊与瓦岗寨罢了"。他当了几个月，又宣布解散中华民国国史馆，不辞而别，自己回到老家湘潭，耍足了名士派头。

⑥　鲍超（1828—1886），晚清湘勇著名将领，最早跟从广西提督向荣，后加入湘勇水师，提升至参将。咸丰六年后，改领陆军，带领的部队称"霆军"，为湘勇主干之一。曾与太平军转战湖北、江西、安徽、江苏、浙江、广东等省，官至提督，封子爵，后来参与过淮军镇压捻军战斗。

海塞激争 【第十二章】

左李之交

1868年8月，西捻军首领梁王张宗禹被追击，转战至徒骇河边，下落不明，捻军至此覆灭。

继扳倒杨霈后，这成为派系实力变化的又一个转折：满官集团空留虚名，实际权力急剧旁落，整体正在被边缘化；会干事、能成事的汉官集团，正在通过事功，逐渐接管清廷实权，主宰国家命运。

汉官集团的领头人是曾国藩。汉官集团有两大势力集团：一是湘官集团，二是淮系势力。

1868年，曾国藩改授为武英殿大学士，自此退居二线，成了朝廷的装饰品，汉官集团的黏合剂。

以左宗棠为标志的湘官，以李鸿章为标志的淮系，在引领中国的未来。他们在各自的职权范围，通过个人的能力，在尽力解决中国面对的实际难题。

但左宗棠与李鸿章很快就因政见不同，发生了激烈的争论。

引发争论的由头，在中国国防。

晚清懦弱，国防成了全国头等大问题。

1868年，清朝属邦布哈拉汗国，被俄罗斯侵占后并入版图。以俄罗斯、英国为主的国家，正在抓紧侵占中国大西北，新疆全线告急。

1840年，英国通过鸦片战争打开中国大门。其后30多年，日本、法国、英国，同时打起台湾、东南沿海一带的主意，中国东南沿海防线，危机丛生。

前者简称为"塞防"，即边塞地区的国防；后者简称为"海防"，即东南沿海一线的国防。

塞防、海防全线告急，到底怎么办？方法有五种：

一是集中精力先搞好海防，再去搞塞防；二是聚精会神先专心坐实塞防，再去搞海防；三是将海防与塞防同时抓起来搞好；四是放弃塞防，只专心搞海防；五是放弃海防，只专心搞塞防。

这五种选择，朝廷只能取一种。如果两个人来选择，选项不同，解决思路、方法也会迥异，就会成为"持不同政见者"。

负责国防的人，一个是左宗棠，一个是李鸿章。

他们选项果然不相同，第一个回合的奏折，就激烈地撞了头。像一头飞奔着的倔强蛮牛与一头飞跑着的飘逸骏马一样迎面撞上。

左宗棠说："海塞并重"，将海防与塞防同时搞好，他专门去安定稳固边塞，选了第三项。李鸿章说："中国目前力量，实不及专顾西域"，应放弃塞防，专心搞海防，选了第四项。

"一个边防，各自表述"，共识没有达成，朝廷陷入纷乱。

朝廷其他大员也都来发表看法，五种选项都有人选，各持所见，众说纷纭，清廷被诸多政见弄得一时迷茫。

皇权制度下，不可能在所有参与进来的官员中来一次"全体官员公开投票"，做一次表决。意见如何选择，最终怎么定夺？

左李依然在激辩，听上去都有道理。

左宗棠与李鸿章，争论早已经不是第一次了。

李鸿章，1823年生于安徽合肥，比左宗棠小11岁，是曾国藩的得意门生。

1845到1846年，李鸿章第一次参加会试，落榜后以"年家子"①身份，投帖拜在曾国藩门下，学习"经世致用"学问。

李鸿章后来成为淮军创始人和首任统帅。

淮军创办的原因，跟湘勇有关。湘勇从一开始就遭到朝廷猜忌。曾国藩为了分散朝廷注意力，借1861年太平军进攻上海为由头，按创办湘勇的模式，带学生李鸿章在淮河流域复制一批团练。到1862年，一支13营的军队在安庆组建成功。

李鸿章跟曾国藩气味相投，在围剿太平军上默契，所以曾国藩也费了很多心血，悉心来栽培。李鸿章不负曾望，从性格到气质到办事方法，越来越像曾国藩。

而左宗棠跟曾国藩做事的原则、方法完全不同。现在李鸿章能不能跟他合得来，真是悬乎。

李鸿章少年得志，24岁中了进士，列二甲第13名，朝考后改翰林院庶吉士。读经世致用学问比左宗棠晚了15年。

两人在经世致用上大方向一致，但个体区别很大，一是进入仕途的方式不同，二是地域性格有差别。

李鸿章科考入仕，与曾国藩、胡林翼相似，看重关系，关系就是生产力。左宗棠民间入仕，特立独行，无依无傍，看重办事，技术就是生产力。

安徽地处中国南北交界，地域性格有北方的厚重、质朴，兼具南方的细腻、轻柔，合在一起，是"新文化中旧道德的楷模，旧伦理中新思想的代表"形象（蒋介石评胡适语），矛盾地和谐。

湖南地处中国南方第一门户，在南北兼具的性格上，加了一点独具的辣。辣有着"鲜明的草根性，强烈的刺激性"。这是一种大缺大全的性格，倔强、激进，文武交融，理性中有感性，感性中有理性。

李鸿章集中了安徽地域性格的优势，左宗棠集中了湖南地域性格的优势。

和谐与辣，地域性格造成的差异，是他们发生摩擦的原因之一。表现出来，左宗棠面对欺压时，不愿退缩，选择进攻，"平生最恨是和戎"；李鸿章面对困难时，不敢前进，选择退忍，"既忠于传统，又颇具改革精神"，爱好"和戎"，以"裱糊匠"自居。

李鸿章跟左宗棠最早打交道，可追溯到湘勇刚创办那阵。

1852年，左宗棠在张亮基幕府，每天军务虽然繁忙，但他办事效率高，多出的时间，常去曾国藩幕府串门。

从湖南巡抚衙门到曾国藩的幕府，骑马也就十几里路。

曾国藩为人好客，家里饭甜菜香。左宗棠刚好饭量大，又是个美食家，特别爱吃鸡（今天的宫保鸡丁，又叫"左宗棠鸡"），有事没事去打牙祭。他吃起来很快，席间有说有笑，与朋友辩论。

时间久了，李鸿章与左宗棠、彭玉麟在饭桌上辩论时常谈不来。李鸿章北方高个子，一米八几，在矮个子湖南人堆里十分打眼，不免经常被拿来开玩笑。玩笑开得多了，他感到恼火，就在给朋友的书信中发牢骚说，从左宗棠这个人身上，可以看出"湘人胸有鳞甲"；从彭玉麟身上呢，可以看出"老彭有许多把戏"。

即是说，左宗棠的倔强骂人，彭玉麟的灵活骗人，让他受不了。

这话后来传进彭玉麟耳朵，他很生气。下一次吃饭聊天时，想到借拿湖南人与安徽人来做个比较，贬一贬李鸿章。

左宗棠放下筷子说，我最近读了宋朝沈辽一首《答谢杨圣咨》的诗，发现一个怪事，里面有两句话，"当时皖皖同朝露，不计星星向暮龄"。两个皖字连用就是"明亮"的意思，为什么一个皖字就不是呢？

彭玉麟说，这有什么难理解的呢？因为安徽人心地不光明的太多了。

李鸿章想起背后书信，顿时满脸通红。他反驳说，一个安徽人就叫"皖人"，很多安徽人，就叫"皖皖人"，可见安徽人本来都是心地光明的。现在为什么不光明了呢？因为有鳞甲的湖南人将安徽人带坏了。

"鳞甲"本来是攻击左宗棠的，但彭玉麟的父亲（尊人）在合肥青阳做过很长时间的司巡检。说湖南人带坏了安徽人，不是摆明来攻击他？

彭玉麟火起来了，质问：你怎么可以辱骂我的先人？挥起拳头冲上去。李鸿章也正在气头上，挥拳迎接。一高一矮，两人认真起来，打得热火朝天，扭成一团，难分难解。旁观的来劝架，强行拉开，但两人用力过猛，都拉不开。

晚清中兴四大名臣
左一张之洞，左二李鸿章，右二曾国藩，右一左宗棠

（"二公互殴，相扭扑地，座客两解之，乃已。"）

官员口角扯皮打架，诗文换拳头，顶多有失风度，算不得什么大事。因为不好说，曾国藩只旁观，从不掺和。他忍不住时，也偶来发表意见，左宗棠就据理力争。左宗棠思路快，口才又好，曾国藩反应跟不上，不知不觉被问得理屈词穷，哑口无言。

生活小事大约可以看出他们的性格、行事风格。

生活上谈不到一块，在大是大非上，左宗棠与李鸿章也谈不来。

左宗棠后来训练楚军时，规定将帅要以诚对待部下，曾拿李鸿章来做反面教材，说："淮军以诈力相高，合肥又以牢笼驾驭为事，其意在取济一时，正虑流毒无底。"[2] 左宗棠批评李鸿章以欺骗和设圈套来作为做事的手段，虽然取得了一时成功，但后患无穷。

其实欺骗和设圈套不是李鸿章个人，而是清朝官场流行惯用的潜规则，左宗棠最好的朋友胡林翼也是"骗子专家"、"圈套高手"。左宗棠也批评胡林翼，但跟他交好，因为胡林翼有血性，重情谊。左宗棠接受不了李鸿章温和性格里的心机。

左宗棠自嘲为"狭"，就是气量小，其实是爱较真，不怕得罪人，将别人见不得人的一面曝光。他以"诈力、牢笼驾驭、流毒"这些字眼来评价李鸿章，当事人听上去十分刺耳，旁人听就比较客观了。

左宗棠与李鸿章第一次合作，是剿灭捻军。

左宗棠南方人，不习惯北方捻军的游击战，非但没有赶跑，反而将西捻军快赶进了北京城，李鸿章受了连带责任，气得直骂左宗棠是"当代曹操"。而清朝无论官方还是民间，曹操都被描成白脸大奸贼，而不是后来鲁迅说的"至少是个英雄"。左宗棠听了十分生气，他一直认为自己是当代诸葛亮，怎么成了曹操？

两人最糟糕，关系最僵的一次，是西捻军剿灭后。

李鸿章以为大功告成，大办酒席。没想到，左宗棠又向皇帝上奏折，说西捻军首领张宗禹并没有投河自杀，而是逃走了。

他要李鸿章拿出张宗禹的尸体来证明自己举报错了。

李鸿章自然找不出来。

皇帝果然怀疑起来，问李鸿章：怎么回事？

李鸿章说：已经消灭了，只是找不到，不信朝廷可以派左宗棠去找。

左宗棠当真派出士兵，到处悬重赏去找张宗禹尸体。当然，最后也没有找到。

淮系将领刘铭传听说了，气得半死，破口大骂：左宗棠这个王八蛋，也不想想，现在盛夏，张宗禹尸体早腐烂了，到哪里可以去找来做证？我如果碰到左宗棠，非一刀砍了他不可！

李鸿章则无所谓，笑着说：麻子，你气什么气呀？让人家去搜嘛。

这次左宗棠举报张宗禹没死，就像湘勇打下南京后，他举报幼天王没死一样。当年曾国藩与此时李鸿章的反应一样，很生气。但幼天王确实没死；至于张宗禹，是死是活，永远是个谜案了。

民间至今还在流传，张宗禹确实没有战死。后来或者出家为僧，也有可能落难到了孔家庄。③

左宗棠的举报，看准事实，认死理，死较真。你喜欢也好，不喜欢也好，他都在那里。

这种性格好还是坏，福还是祸？左宗棠自己不会去考虑。

与认死理、死较真风格对应的，是他的刚正、直率、敢担当的性格。易中天曾提出"性格互补结构"概念，认为湖南人"霸蛮"，必然有"灵泛"补充。性格矛盾对立、相互转化，像一枚硬币的两面，相互依存。

左宗棠因为这种性格，得罪了李鸿章，也得罪了曾国藩，还得罪过许多朋友。可也有人喜欢：陶澍临死前与他"结亲托孤"，看中的是他这点；林则徐对他"事业托孤"，还是看重他这一点。

现在，慈禧太后也发现了他这个性格。

清廷国防正危机四伏，"少争论"、"不争论"需求强烈，朝廷不允许重臣左宗棠与李鸿章把大量时间花在空口辩论上。大敌临头，大事在即，空谈误国，实干兴邦。

但在封建集权社会，"不争论"首先得靠一个实权人物来平息。

已经垂帘听政的慈禧太后的眼光与判断，变得重要起来。

海防，还是塞防？到底起用左宗棠，还是听信李鸿章？

她要二选一。

西北危急

中国海防与塞防同时出现了大危机。

左宗棠知道，要破解这个危机，首先得弄清楚：这些危机，在历史上是怎么形成的？

中国东南沿海的危机，最早起源于日本的处心积虑。

1609年，萨摩藩发动了侵略琉球的战争，以武力征服了琉球王国，背着中国，将琉球北部的几个岛屿全部置于自己的直接统治之下。

1874年4月4日，日本正式成立侵略台湾的机构：台湾都督府。授命中将西乡从道为"台湾番地事务都督"，率军舰5艘，从厦门进犯台湾。

此时已经经过两百多年，日本企图篡改历史，禁止琉球群岛向清廷进贡。

总理衙门派何如璋去日本交涉。

交涉首先需要确定中方原则。李鸿章下指示说："琉球以黑子弹丸之地，孤悬海外，远于中国而迩于日本。若再以威力相角，争小国区区之贡，务虚名而勤远略，百唯不暇，亦且无谓。"按照这个意见，琉球舍弃给日本，对中国有大好处。原因是琉球跟中国远而跟日本近，为琉球每年对清廷的那点小小的贡品而跑大老远跟日本打一仗，是贪图虚名，是吃饱了饭没事干。

如此现实功利，难免目光短浅。用长远眼光来说，李鸿章错得彻底。因为本来独立自治的琉球，一旦沦落为日本附庸，则完全可以成为日本侵占台湾，进而侵略中国的一块跳板。以军事家百年的战略眼光，以政治家千年的长远布局来看，李鸿章等于在为中国挖坑。（后来的中日甲午战争已经证实）。

晚清朝廷伤病缠身，病痛不止。相比于远隔东海的琉球，另一个发生在陆地上的更大危机，正如一把尖刀，锋利地插入中国的脊背。那就是新疆刚成立的阿古柏政权。

阿古柏政权是怎么产生的？

1864年，新疆民间发生动乱，库车、和阗、喀什、吐鲁番等地，动乱的首领，先后建立了地方割据政权，与清兵互相攻伐，局势陷入一片混乱。

占据喀什旧城的柯尔克孜伯克司迪尔自立为"帕夏"，为了树立威信，决定派手下金相印去浩罕城迎回号称"圣裔"的布素鲁克。其父张格尔多次入侵南疆，被立为傀儡。

1865年春，浩罕阿力木库尔汗派阿古柏率领50名骑兵护送布素鲁克去喀什。

一到喀什，布素鲁克和阿古柏便组织兵变，将司迪尔逐出喀什。3月，司迪尔率7000余柯尔克孜兵回袭喀什。阿古柏仅带100名骑兵夜袭敌军，击溃了司迪尔，接收了司迪尔势力的阿古柏迅速组建了数千名士兵的军队。4月11日又攻克了英吉沙，并将司迪尔残部彻底逐出新疆。

在阿古柏的扶持下，布素鲁克于1865年4月建立了"哲德沙尔汗国"，意即"七城汗国"，表明了一统南疆七大城（一般认为是喀什、英吉沙、叶尔羌、和阗、阿克苏、库车、乌什）的野心。

1868年，英国派遣特使会晤阿古柏。

1868年，阿古柏分两路，一路派侄子沙迪·米尔扎去阿拉木图，到了塔什干和圣彼得堡，一路派亲信穆罕默德·那扎尔赴印度旁遮普会见英国总督，争取英国支持。英国给他赠送了一大批军火，还允许他在印度招募工匠回喀什设立军工厂。

同年，俄国派赖因塔尔上尉来喀什沟通，1872年6月，俄国派人前往喀什会晤阿古柏，双方签订通商条约，俄国正式承认阿古柏政权。

有了大批先进的杀伤性武器，阿古柏1870年5月攻占了吐鲁番，切断了北疆和河西走廊的联系，又收降了以白彦虎为首的陕甘回民起义军残部，实力进一步增强。

到1871年底，迪化、玛纳斯、鄯善先后被阿古柏攻克。同时，俄国为阻止阿古柏进一步扩张，出兵占领伊犁。这样，清军除塔城、乌苏等还有少数据点外，已经全部从新疆撤出。

俄国与英国都在极力扶持这个外来政权，阴谋让新疆"去中国化"。

1872年，俄国与阿古柏签订条约：俄国承认"洪福汗国"，"洪福汗国"给予俄国控制区内贸易权。

阿古柏随即派遣阿吉托拉回访圣彼得堡，并访问奥斯曼帝国，身兼伊斯兰教领袖哈里发的奥斯曼苏丹阿卜杜勒·阿齐兹封阿古柏为"埃米尔"（意为"受命的人"，伊斯兰教国家对上层统治者、王公、军事长官的称号），并派遣军事教官去喀什噶尔，这样阿古柏在伊斯兰教法上就获得了合法地位。英国维多利亚女王亲笔致信阿古柏，拉拢关系。

1874年2月2日，"英阿条约"签订，除了"俄阿条约"内容，还规定双方互派大使。

新疆160多万平方公里的领土，因为阿古柏这个外来入侵政权迈出脱离中国的第一步，变得岌岌可危；如果再朝前迈出一步，就要被俄国与英国联合起来瓜分。

东南沿海与西北边陲同时遇此大难，清廷该怎么做？

在慈禧太后表态之前，要看左宗棠与李鸿章想怎么做。

李鸿章抢先发表了他对新疆问题的全面看法。

1874年12月10日，李鸿章写了一本长达九千字的《筹议海防折》。在这篇洋洋洒洒的文章中，李鸿章系统提出并论证了"放弃新疆、专务海防"的主张。

新疆本来是中国的领土，为什么要抓紧时间送给别国呢？李鸿章说出自己的理由。

第一，新疆土地贫瘠，难以开发，如果不送给别国，这块百无一用的土地，不但不能帮中国赚钱，反而消耗掉国家大把的钱。李鸿章提笔这样表达："而且新疆各城，自乾隆年间始归版图。无论开辟之难，即无事时，岁需兵费三百余万，徒收数千里之旷地，而增千百年之厄漏，已为不值。"

第二，新疆邻居都是虎狼之国，强而且多，就算我们现在守得住，不代表我们将来也守得住。而且我们现在已经根本没有力量去守得住了，早放弃早得利，为什么不早放弃？曾国藩早年也主张放弃新疆。"且其地北邻俄罗斯，西界土耳其、天方、波斯各国，南近英属之印度，外日强大，内日侵削，今昔异

李鸿章像

势，即勉力恢复，将来定不能守。而论中国目前力量，实不及专顾西域。"

在这两点论证基础上，最后他作了指导性的结论：现在中国应抓紧丢弃新疆领土，将派去新疆的兵，"可撤则撤，可停则停"。将这些撤、停省出来的钱，用到海防上去。

为什么要这么做呢？他打比方来劝导朝廷：新疆呢，就像中国的手和脚，东南沿海呢，就像中国的心脏。手和脚被人砍掉了，有什么关系呢？照样可以活；心脏被刺中了，就有大麻烦了。李鸿章继续提笔给朝廷写道，"新疆不复，于肢体之元气无伤；海疆不复，则腹心之大患愈棘"。

李鸿章颠倒黑白，将卖国卖得这么有理，卖得这么名正言顺、苦口婆心、冠冕堂皇，实在叫人担心。

李鸿章论述没有摆事实，而只是论观点，继续在清王朝闭目塞听的路上越走越远。他没有去了解世界，不知道当时中国已经被动地卷入了世界争端中。翻开美国的历史，有一则故事，值得借鉴。

那是发生在李鸿章出生前一个世纪的事。

故事是关于美国当年买下了位于北美洲西北角的阿拉斯加（Alaska）的事。

阿拉斯加是西半球最大的半岛。北接北冰洋，西临白令海峡和白令海，南靠太平洋和阿拉斯加湾，东与加拿大育空地区和不列颠哥伦比亚省接壤，面积150万平方公里，略小于新疆。

阿拉斯加本来属于俄国领土。1784年，俄国人在该地三圣湾建立居民点，宣布主权；1799年，俄国正式将阿拉斯加纳入版图。但俄国后来发现有点麻烦，阿拉斯加跟中国新疆一样，地势偏远，土地荒凉，难得管理。1867年，美国当时一位政治家，愿意花720万美元买走。俄国那位跟李鸿章想法差不多的外交官，头脑发热，拍板成交。俄国人拿到那笔巨款，以为狠赚了一把，暗自高兴。其实算下来，一亩地才卖几分钱。

俄国的外交官回去后受到朝廷表扬，一块垃圾土地被卖出宝贝价钱；美国的政治家买回后全民指责，720万怎么买了块有六个英国大的荒地？

就在李鸿章现在提出专注海防放弃塞防的时候，他不知道俄国已经品尝到了苦头。不说阿拉斯加成了美国挑战、侵略俄国的跳板，弄得俄国人每年额外支付军费来对付，早超出区区720万美元的数万倍，未来千年军费支出还看不到头，关键是，阿拉斯加被探明是美国资源最丰富的州，潜力抵得上六个英国。也就是说，六个英国加在一起，被俄国外交官卖了720万美元。如果英国可以拍卖，俄国外交官就有本事卖出120万美元的价钱。

那么，左宗棠又是怎么看的呢？

朝廷将李鸿章的上述意见，下发给左宗棠参考。

左宗棠还没看完，拿起来就丢了。

他自己早有主见。

左宗棠想不通李鸿章的逻辑：琉球地小，他建议扔掉；新疆地大，他力主放弃。

看到李鸿章的比方，左宗棠冷笑了一下：到底是自己砍断手和脚好，还是被一刀刺中自己的心脏好？你以为自砍手脚为最佳方案。怎么就不去想，还有既不自砍手脚，也不自刺心脏的选项呢？你还可以选择将刀锋对准侵略你的人的手脚与心脏嘛。

左宗棠冷静下来，并不急着反驳。

支持左宗棠塞防的恭亲王，对李鸿章就没有这么客气。他看完奏折，抓过桌上的大盖碗，狠狠地往地上一甩，哐当！从牙缝里蹦出三个字：李鸿章！

西北军情紧急，软弱不是办法，投降不是方法，自割自残是违法。唯一的出路，是面对周边大小国家的挑战，为捍卫主权，用拳头打出中国气魄。

帝国的外交与主权问题，"唯铁血可以购公理，唯武装可以企和平"。

朝廷内意见分歧如此之大，一场在道理上说服对手，在政见上扳倒对手的大较量，无法避免。

左宗棠有什么办法，争取朝廷来支持塞防？

海塞并防

站队伍，分派别，组团队，压服人，是中国官场政见斗争的传统，这次也不例外。

"海防派"以李鸿章为首，很快就凝聚了一班人。浙江巡抚杨昌浚、两江总督李宗羲、湖广总督李瀚章、福建巡抚王凯泰、江西巡抚刘坤一、督办台湾钦差大臣沈葆桢，成了这一派的支持者。

"塞防派"除了左宗棠，鼎力支持的有湖南巡抚王文韶、山东巡抚丁宝桢、江苏巡抚吴元炳、漕运总督文彬。

"海防还是塞防"争论正不可开交，半路又杀出个"江防派"。他们更加保守，认为重点既不在海，也不在塞，而在长江、黄河。这派主张的人，有长江水师统领彭玉麟、两广总督英翰、安徽巡抚裕禄。

"江防派"的意见，像在建议头痛医头发，完全不靠谱，没有几个人相信。

但"海防派"既然有当时担任直隶总督的李鸿章牵头，一旦面对左宗棠出面挑战，他们就展开了自己的拿手好戏，四处搞人际关系网络圈，组团来打击"塞防派"。

集权体制中，每一个政见成败背后，都事关官员的切身利益。利益面前，他们会奋起力争。

1875年1月，刚参加完同治皇帝的丧礼，李鸿章回到天津，马上规划"倒塞行动"。他的策略是党同伐异。"党同"的做法，是给河南巡抚钱鼎铭写信，发动他来打先锋。钱鼎铭根据李鸿章的安排，上奏折请将豫军撤回河南，让想西征的左宗棠削弱军队。"伐异"的方法，是将支持左宗棠的江西巡抚刘秉璋一手拉、一手打。打的方法是骂，说他"坐在屋内说瞎话"。通过骂将他拉成"海防派"。刘秉璋是李鸿章的老部下，碍于情面，不好再支持左宗棠。

通过李鸿章不遗余力的鼓动，中国的官方与民间，几乎同时形成一种舆论氛围：放弃新疆是爱国行为，收复新疆是卖国举动。

在站队的政治压力与官僚的利益诱惑支配下，不少大员成了李鸿章的信徒。在"海防派"的成员里，沈葆桢的名字列入，让左宗棠格外受刺激。

沈葆桢是林则徐的得意女婿。在左宗棠办理洋务运动时，曾重点培养过他，举荐他做了福州船政大臣。

如今大权已经在握的左宗棠，始终不忘柳庄时与林则徐的湘江夜谈。林则徐对塞防认识最深，左宗棠想，这些沈葆桢应该知道。毕竟，林则徐临终前事业托孤，就是将收复新疆的历史担子，一把压到左宗棠肩上了。这些都是"心忧天下"的大事，是国家与民族利益，而不是左宗棠个人私家事情，沈葆桢也应该想得到。

左宗棠心里气啊。收复新疆这副担子，没有交给你沈葆桢，已经愧对祖宗了。

左宗棠猜测沈葆桢是出于官僚利益、人情考虑，违心地背叛了林则徐，也背叛了自己。

左宗棠一生从不背后议论人，但他会当面骂人。以他刚直的性格，自然骂得一点不留情面。他拿着沈葆桢的折子，当着幕僚与部下的面，骂沈葆桢是卖国贼，是林文忠公家的败类，连丧权辱国的李鸿章都看不清。又说林则徐当年被沈葆桢这个大骗子欺骗了，错将女儿嫁给了他。又说曾国藩当年瞎了眼，还保举推荐沈葆桢。

骂着骂着，他放声大哭起来，说自己也是天下第一无用的人，眼看着林文忠公守住的伊犁，被俄国人占领了，自己竟不能收回来。

在场的人听着，有人愤慨，有人惭愧，有人跟着他一起哭了起来，场面悲切，促人泪下。

这恐怕是左宗棠一生中唯一一次因朋友背叛而大哭。

当年在湘阴旱涝灾害相继袭来，全家几乎遭遇灭顶之灾，他也没有哭过。

左宗棠势力单薄，有心保疆，无力争权。他此时最大的痛苦，是不能自己做主。

还能怎么办呢？哭不是办法。他只能通过事实论述，用耐心说服的方法，抛出自己一颗心，争取朝廷的支持，实现收复新疆的大愿。

左宗棠冷静下来，深思熟虑，给朝廷写了一个"为什么要、又为什么能"收复新疆的奏折。

他抓住重点，从反面论证，如果不加强塞防，会带来什么后果。"自撤藩篱，则我退寸而寇进尺，不独陇右堪虞，即北路科布多、乌里雅苏台等处，恐亦未能晏然。"按这个速度，北京被俄国侵占，掐指可算。

左宗棠含泪写着，逐渐感觉到，这次西征，有点像当年诸葛亮北伐了。他以诸葛亮作《出师表》的心情，继续写道：我本来只是贫困乡间的一个小小的读书人，多亏了咸丰、同治两位皇帝的信任，才得到现在显赫的头衔。如今，官位已经到顶了，爵位也已经到头了，这些是我年轻时想都想不到的。现在国家边防有难，我只想纯粹去救难，哪里还会想到奔赴新疆再去建功立业，谋个官职头衔？（"臣本一介书生，辱蒙两朝殊恩，高位显爵，久为生平所梦想不到，岂思立功边域，觊望恩施？"）而且，我今年已经是六十五岁的老人了，眼看着黄土就要掩埋到脖子上，既没有功名想法，也不为贪图私利，只想一心担当起国家的边疆危难，为朝廷分担解难。如果不是为了这些，我自己早就放弃了。即使最愚蠢的人，面对这种情况，也应该知道自己怎么选择呀。（"况臣年已六十有五，正苦日暮途长，及不自忖思量，妄引边荒艰巨为己任，虽至愚极陋，亦不出此！"）

读诸葛亮《出师表》而不坠泪，其人必不忠；读李密《陈情表》而不坠泪，其人必不孝；读韩愈《祭十二郎文》而不坠泪，其人必不友。读左宗棠"西征表"而不坠泪，其人必无血性。

左宗棠这篇"西征表"，情感与文采，完全可以与《出师表》相媲美。

为什么要抛出心来呢？左宗棠生性如此。

再愚蠢的皇帝，也分得清哪句话是真的，哪句话在装假。上奏人的感情、动机到底怎么样，他感觉得出来。当年骆秉章不动声色地用官场计谋去扳倒杨霈，不就被智商并不算高的咸丰皇帝一眼识破，骂他"无耻已极"吗？

李鸿章就不敢像左宗棠这样写，他的内心禁不起坦白。利益面前，官官相护，大家都在装，内心里个个比别人都透亮。装的人多了，就是力量。他希望借助这股力量，来培养一个庞大的既得利益集团。只要朝廷的皇权存在，既得利益集团就不会垮，李鸿章的一人之下、万人之上的地位，就可以稳如泰山。

这些话，他能掏心掏肺抛出来吗？

但李鸿章没有预料得到，一个风雨飘摇、随时可能垮塌的王朝，为了江山稳固，需要一个可以向它交心的人，需要一个可以给到自己安全与保护的人，而不是总是粉饰太平，向他报喜不报忧，将皇帝忽悠到棺材边了还大喊"吾皇万寿无疆"的机灵奴才。

担任陕甘总督时期的左宗棠

左宗棠用他的刚直、真情，直通朝廷内外，简洁、明快、高效。"西征表"奏折递交上去后，1875年5月3日，慈禧太后在养心殿召开廷议。军机处、户部、总理衙门各尚书、大臣，当着同治皇帝与慈禧太后展开专题讨论。

可以想见，无论站队，还是利益，他们几乎都朝着李鸿章方向一边倒，只有军机大臣文祥力挺左宗棠，力排众议。

但出乎现场多数人意料，慈禧太后与慈安太后坚定地采纳了文祥的保荐，当场宣布：

任命左宗棠为统帅，以"钦差大臣身份督办新疆军务"。一切兵、粮、饷、运，都全权交付左宗棠一人负责。

西北告急的节骨眼上，塞防形势急转直下，超过左宗棠预期。朝廷对他依赖般的信任，与诸葛亮当年完全一样。

慈禧太后之所以力排众议，原因在于王朝是她个人的，责任全由她独当。大臣们可以从既得利益出发，关注个人可以从朝廷中瓜分什么好处；她不能。整个朝廷的安危，才是她关注的利益点。臣子想个人好处，皇帝需要的是能担当分忧的能人。

慈禧26岁就能凭本事夺过国家权力，当然有能力驾驭这帮臣僚。她已经全部听明白了：李鸿章说的是朝廷自残的两种方式，接近实情，但傻瓜都不会主动自残。左宗棠的"西征表"，让她看到了信心，也感受到了力量。

一个年逾花甲的老人主动请缨，收复国土，无利可图。根据朝廷"谁坚持，谁办事"的规矩，左宗棠从闽浙总督将调任陕甘总督。陕甘比起闽浙，不知穷了多少倍！古往今来，哪有主动要求去贫穷地区的封疆大吏？李鸿章在直隶享尽荣华，正是怕自己去陕甘吃苦，所以才极力主张放弃。想到这里，慈禧一阵心寒："外托君臣名义，内结防范之心"，口里唱着高调，其实包藏祸心。

慈禧眼下刚40岁，从能力到精力，都还处于上升期，没有老年政治那种暮气，也没有后来显山露水的独断专横。

李鸿章一听，确实傻眼了。他一直在组团竞争，以为胜券在握，没想过惨败。

李鸿章反对收复新疆，除了怕自己支持会派自己去陕甘穷困地区吃苦，还有两个重要原因，只是他说不出口：如果左宗棠去收复新疆，打仗的银子还不得李鸿章来支持？假使一直收复不回来，自己就得一年一年送银子上前线，事情做了，看不到政绩，做这种冤大头，亏大了。如果左宗棠万一收回来了，则他的功劳已在自己之上，自己搬起银子砸别人的口袋，岂不成"赔了夫人又折兵"的周瑜了？

李鸿章独自在家生闷气。但这种反方向吹的微风，已经挡不住楚军猎猎战旗飘扬的雄风。

左宗棠马上要调兵遣将，浩浩荡荡杀进新疆。

去新疆前夜，左宗棠脑子掠过几个画面：18岁那年，他在长沙棚户区买到清初的地理学家顾祖禹的《读史方舆纪要》；21岁那年，他在湘潭桂在堂与夫人周诒端学习舆地，自绘地图；27岁那年起，他在陶家读中国地理百科全书；38岁那年，他在湘江与林则徐对谈新疆边防。这些当年看来完全无用的经世致用学问，45年后，竟然马上可以全部派上用场！左宗棠心中涌起一股激动。

但国防大事，谈何容易？！更何况，众人都反对的事，一定是最难做的事。

人要取得成功，要主动去做难事。要取得巨大成功，就必须去做一桩世上最难做成的事。

左宗棠逢难必挺。他怎么在戈壁荒漠的不毛之地上建立起自己的不世功业？

注：

①　是指"科举时代称有年谊者的晚辈"，是同年登科者两家之间的互称。安徽合肥人李文安与湖南湘乡人曾国藩是1838年的同科进士，属于"同年"。李文安是李鸿章的父亲，李鸿章现在拜曾国藩为师，在师承关系上又属于晚辈。

②　"合肥"即是李鸿章，他是安徽合肥人，所以他又叫李合肥。东汉以后，人名取字才越来越讲究，情况也越来越复杂，还常常以被取号人的地望、官爵、谥号等命名，如北宋王安石称王临川。

③　民国版的《沧县志》曾披露过张宗禹投河后的去向，曰："张酋败后，逃至邑治东北之孔家庄，变姓名为童子师，后二十余年病死，即葬于其庄，至今抔土尚存焉。其临殁时告人曰：'吾张宗禹也。'"

左宗棠

飞龙在天

下部

西征幕后

【第十三章】

祭旗西征

1875年5月3日，清廷任命左宗棠为钦差大臣，督办新疆军务。

新的任命打断了他的洋务强国梦，也中止了他退休回湘阴柳庄做幸福生活梦。他只能继续做当代诸葛亮大梦，由一条转战江湖的野龙，蜕变成一条出边入塞的飞龙。

1876年初，左宗棠出征前夕，情势十分紧迫。阿古柏政权蠢蠢欲动，准备搞"疆独"。设计都做好了，脱离中国，投入俄罗斯怀抱。

回想起林则徐在1850年湘江夜谈对左宗棠的预警："终为中国患者，其俄罗斯乎! 吾老矣，君等当见之。"预言现在终于变成了让人悲哀的事实。

左宗棠兴师，先在政治上取得正义。他明确宣布："大军规复旧疆，是吊伐之师，与寻常讨贼有异"。"吊伐"是吊民伐罪，"讨贼"是讨伐家贼。这用"外战"与"内战"将征伐阿古柏卖国政权与剿灭太平天国运动区分开来，矛头直指背后的英国与俄国。

西征前夕，左宗棠做好人事安排，下令刘锦棠调兵遣将，进军新疆。

楚军这时成立已有15年，历经剿灭太平军、平定捻军，安定陕西、甘肃回族变乱，士兵个个身经千战。

新疆地域广漠，大规模地出征，楚军势力单薄，已经无法胜任。

左宗棠在楚军的基础上大加改造，成立西征军。

从率领楚军的将领，变身西征军的统帅，左宗棠要转型，从身先士卒，变成善于用将。

组建西征军，左宗棠用将，继续沿用楚军的要求：用武人不用文人，重经历不重学历。

任命的西征大将，有两位重要人物：一是老湘营的统领刘锦棠[①]，一是曾做过手下旧将的将军张曜（yào，照耀）[②]。

刘锦棠的老湘营，不属湘勇直接管辖。追溯渊源，可到1852年。

1852年，湖南巡抚张亮基命令曾国藩调集湘乡团练1000多人分两批赶到长沙，王鑫带领一营。

王鑫第一次出战在曾国藩的指挥下进行。王鑫以2千团练对阵太平军数万精锐，在岳州羊楼洞一败涂地。部下尽死，王鑫侥幸乘船逃脱。

王鑫认为失败原因，全因曾国藩瞎指挥造成，宣布要脱离湘勇。

王鑫其人，很有特点。他思维敏捷，口才超群，声音洪亮，遇事爱发议论，争论时总想盖过别人一头，闭门吟颂的谦谦读书人对他多有反感。

但个性张扬的另面，王鑫却有他不可替代的优点：自负但从不浮夸，学习武术最勤奋，武学造诣很深，擅长军事训练，精通战略战术，论带兵打仗的实际本领，当时湘勇无人能出其右。

王鑫骡子脾气，倔强勇猛、独立性强，不怎么服管，与左宗棠有点相似。曾国藩用人要"朴诚"，王鑫完全不合他的味道，指责他既不听指挥，又战场脱逃，不是人才，向朝廷打他的小报告。

跟直管领导闹翻，像头上压了块天花板，王鑫在曾国藩手下干得无比郁闷。

岳州之败后，王鑫自作主张，招湘勇3000多人，以图东山再起。曾国藩对未经他批准擅自招兵再次恼怒，命令王鑫除原带一营外，新招的湘勇，只留二营或三营，营官由自己来委派。王鑫手下勇丁人数被砍到只剩十分之一。这还不算，在军费、后勤供给等方面，曾国藩也对王鑫作出种种限制。

王鑫率真直性之人，哪里受得住这种打压？马上与骆秉章走近。骆秉章下令不裁人，让王鑫驻在省内，听候自己调令。据《续湘军志》说："鑫亦不愿受曾国藩节度，乃独成一军，隶于湖南巡抚，是为老湘营之始。"

王鑫与曾国藩从此在组织、制度上完全脱离关系。

曾国藩将王鑫彻底否定，让王鑫心里很受伤。但左宗棠与王鑫气味相投，两人一见面，左宗棠认定他是一等一的人才。王鑫感动得一塌糊涂，从此将左宗棠看成知音。

王鑫是真正的湘勇元老，办团练事实比曾国藩还早一年。他不服管教，因为他有自己的一套。现在独立成军，自主安排，严明纪律，令出身随，声势日壮。

自此时起，人们称王鑫的团练为"老湘营"，区别于曾国藩统领的湘勇。

老湘营在王鑫的带领下，战斗力超前强大。

王鑫带领老湘营取得一生中最辉煌的战绩，发生在1857年5月至6月。

那次战斗，王鑫率3000士兵孤军深入，对垒太平军10万余兵。老湘营一鼓作气，杀掉太平军1万多兵，自己只伤亡几十人，创造了中国战争史上的奇迹。

从此每逢出战，太平军都相互先告诫"出队莫逢王老虎"。清人罗正钧的《王鑫年谱》说：太平军只要看到"老湘营"旗帜或者王鑫本人，不逃即躲，绝不正面迎战。王鑫很得意，也有意从此让地方团练冒充自己，打起老湘营旗帜，换上他们的衣裳，以壮团练声势，太平军也从来不敢靠近。

"老湘营"从成立起，没有打过败仗。曾国藩领导下取得的岳州之败，成了王鑫一生中在湘勇旗下唯一吃到的一次败仗。

左宗棠创办楚军后，邀请王鑫加盟。王鑫与左宗棠无争不吵，配合默契。从此王鑫孤军深入，历经百战，从一个胜利走向另一个胜利，为楚军品牌立下汗马功劳。

王鑫这种绝无仅有的军事奇才，在整个清朝也就一例。但天妒雄才，1857年，王鑫病死于江西战场，年仅32岁。

王鑫死后，老湘营由王开化、张运兰各领一半。

刘锦棠的叔叔刘松山在张运兰手下做部将。[③]

1864年，张运兰战死，刘松山接任，改归左宗棠调遣。刘松山跟着左宗棠在陕西、甘肃、宁夏等地"平捻"和"安定回民"变乱。

刘锦棠父亲刘厚荣战死时，他才9岁。抱着为父报仇的愿望，叔叔刘松山带他开始了戎马上的铁血童年。16岁那年，刘锦棠已成长为"少年将军"，带兵上马杀敌。

1870年2月14日，老湘营统领刘松山在甘肃金积堡战死。左宗棠大胆起用老湘营营务总理刘锦棠接替。这年，他26岁。

刘锦棠从此就成了左宗棠的嫡系。

西征路途艰险，体力消耗巨大，左宗棠决定大胆起用年轻人。1876年初，刘锦棠按左宗棠要求，将老湘营扩充到2万人。

这年，刘锦棠32岁，老湘营营务总理罗长祜，才28岁。

左宗棠不是科班出身，用人不看门派，唯才是举，着眼五湖四海。他第一个打破湘勇的地域局限，在西征军里起用张曜。

张曜生于1832年，比左宗棠小20岁，祖籍在浙江上虞。

张曜靠在河南固始办团练起家。咸丰皇帝刚登基那段，他驱赶捻军有功，钦差大臣僧格林沁十分赏识，上报朝廷。咸丰皇帝以他"御捻护城"有功，赐封号"霍钦巴图鲁"。"巴图鲁"是满语，相当于汉语中的"勇士"。

稍后，他做了固始的知县。做知县期间，他抵御李秀成围城立功，1860年提升为知府，晋升为道员。第二年击败捻军，又提升为河南布政使。此后，他率军长期转战于河南、河北、山东。

河南布政使本来是个文职。也是命运多舛，御史刘毓楠不知哪根神经搭错了，以"目不识丁"罪名向朝廷弹劾张曜，而咸丰皇帝居然批准了。

这跟左宗棠当年被樊燮弹劾为"著名的劣幕"一个模式。张曜远没有左宗棠那样运气，他的"目不识丁罪"被朝廷认定成立。清朝历来重文轻武，张曜由布政使一下子降为总兵。

张曜由文官眨眼变武官，仍归僧格林沁节制。

张曜感到委屈。他的文才其实了得，写得一手好诗，曾经做出"酒阑乘兴独登台，万幕无声画角哀"这样的好诗句。但不幸被独裁专制皇帝认定为"文盲"，至少也是真的"假文盲"。

申诉无门，张曜只好自己假装成真文盲，镌刻一枚"目不识丁"印章，时时佩戴在身，可能是自励，也可能在自嘲。

张曜做事能干，为人廉洁，处世慷慨，完全符合左宗棠的"廉干"标准。左宗棠对出身不高、受过挫折的人十分欣赏，认为他们有真才干，靠得住，可以委托重任。张曜底层出身，没有酸腐的名士派头，也很对左宗棠的味道。

现在，张曜以提督的身份，随左宗棠西征新疆。

西征军除刘锦棠、张曜两员大将压阵，同征的两路分别由金顺、刘典和徐占彪、易开俊、董福祥等大将统领。

至此，西征军吸收了来自湖南、河南、四川、安徽、陕西、甘肃、新疆、黑龙江、吉林等9省人才；楚军作为左宗棠的嫡系部队，也并入到浩浩荡荡的西征大军中去。

西征军全部加在一起，共121营。打仗的、烧火的、做饭的、搞运输的，加在一起，具体数目大约在8.7万。

明确了"吊伐之师"的政治定位，确定了西征军的将领，组建了庞大的军队阵容，接下来的工作，就是训练军队。

左宗棠坚持"自古关塞用兵，在精不在多"的原则，依然按训练楚军的模式，搞起他的独特练兵法。练兵的主要课程，一练心，二练胆，第三才是练力气与打仗的技术。

军队训练到位，出兵边塞，严肃军纪，就成了大问题。

新疆地远人荒，交通不便，军需物资赶不及，常年闹粮荒。但左宗棠对军队要求十分严格，要求绝对做到对百姓秋毫不犯。面对军心乱动，他要以杀鸡儆猴的方式保证军纪。

史书中记载了这样一个故事：

一天，一个小校在酒泉南门，实在饿不过，就抢了一个妇女卖的"甜米黄"吃。④

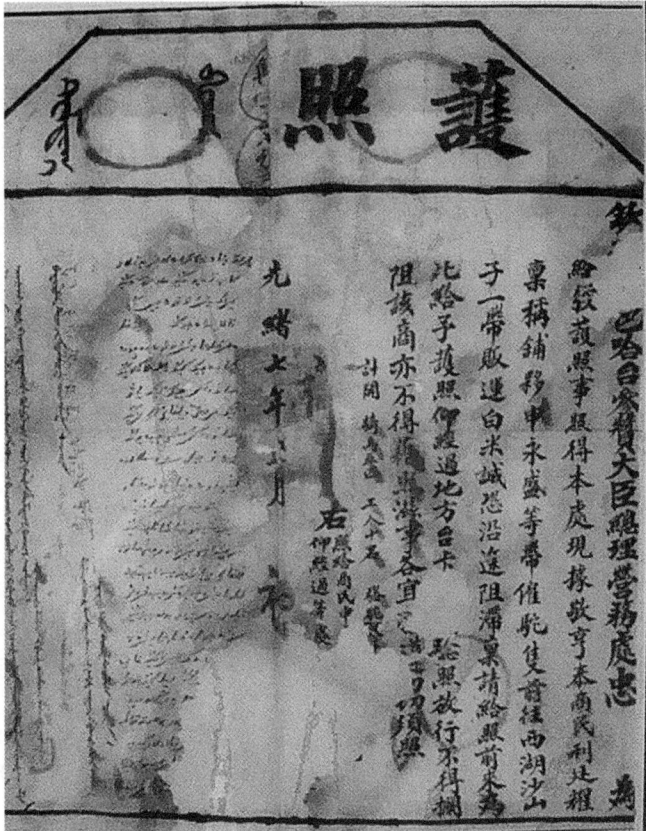

左宗棠执政新疆时，给官员与商人颁发的护照。

妇女大哭，正在出营巡视的左宗棠听到了，闻声赶来。问明原由，左宗棠马上命令军队集合起来，要妇女当面指认。妇女逐一验看，果然认出抢"甜米黄"的小校。

左宗棠提醒她：你不会认错吧？

妇女狠命地点头，不会错，就是他！

左宗棠叫来刀斧手，将小校绑了，剖开肚子看证据，果然发现"甜米黄"。左宗棠一声令下，刀斧手当即斩首示众。

从此，西征军里再没有抢夺老百姓的事情发生。

新疆大漠，军粮的问题，一直是头等大事。左宗棠年轻时在湘阴做"湘上农人"时发明的科学种田技术，终于可以派上用场了。

他在哈密实现屯田制度，规定士兵战斗时就做军人，战场下来就做农民。这种农民具体怎么做？那是一个庞大而系统的工程，不是农业专家，根本没办法来指导。左宗棠对中国农业研究的时代水平，相当于今天中国的袁隆平。他不但可以内行领导内行，而且还可以内行指导外行，凭个人早年的学识，改变新疆的面貌。

《左宗棠全集》比较详细地记载了左宗棠当年具体的做法：

> 战事余闲，即释刀仗，事锄犁，树艺五谷，余种蔬菜；农功余闲，则广开沟洫、兴水利以为永利，筑堡寨以业遗民，给耕具、种籽以赒（zhōu，救济）贫苦，官道两旁种榆柳垂杨以荫行旅。自臣以下至营哨各官，于驻营之地，日巡行省视，以劳来而劝勉之。……所部楚军，向用农家，不收游手，其将领又多由佣耕作苦而来，故以其所习课其所能，不烦教督而自劝。

该准备的都准备了，马上可以开打了吧？

还不行。

天下大事，千头万绪，要万事俱备，不欠东风。组织人马、训练士兵、安排军事、粮食，这些繁杂的具体事务，才完成了茫茫大事中的一件。

老大难的事情，在后头等着。

内辩外攻

收复新疆，属国家大事；中俄国际战争，属于天下大事。

天下大事，必作于细。

处理大事的方法，首先得在宏观上做划分。

左宗棠运用政治家的眼光、军事家的方法，对西征新疆这项庞大的工程，作了理性的分析与周密的规划。他明白自己要集中精力解决好两大问题：一是政治问题，二是军事问题。要处理好两种关系：内部关系与外部关系。

无论问题还是关系，一切都是围绕人展开的，归结到一点，就是人的问题。而人的所有问题，无非是人心问题。怎么消化问题，处理好关系，幕后工作做得是否扎实、到位，就成了能不能收回的关键。

这需要先从解决人心入手。

左宗棠清楚地知道，组建西征军，对士兵练心、练胆、练战技，还只解决了微观问题上的内部问题。

作为成熟的政治家，左宗棠脑海里在反复斟酌朝廷内部关系。要处理好的至少还有：

一、海防派与塞防派怎么在争斗中保持合作？

二、塞防派怎么将自己一方的观点，通过行动与奏折，跟朝廷沟通到位？

三、在塞防派的内部，通过什么来凝聚人心，形成横扫千军如卷席的气势？

在如此之多的错综复杂的问题与关系中，左宗棠需要理出一根主线，来作为自己行动的原则，做到牵一发而动全身。他确定的原则，是"内辩外攻"。

为什么是"内辩"而不是"内斗"？因为内部问题，说到最后都是自家的问题，将对方斗得越惨，自己受到的拖累也会越大。塞防派虽然已经在行动上大胜海防派，但两派的利益，说白了都是国家利益。中国人内部的事情，除了合作，还是合作。如果内部不合作，左宗棠成了"光杆统帅"。没钱没粮，没法包打天下。

但跟政敌怎么合作？

最好还是用辩驳的手段，从观点上去赢得对手，堵住政敌的嘴，赢来做事机会。

以李鸿章为首的海防派，还在千方百计地考虑怎么拆台。

左宗棠既已出征，马上面对另一个很现实的问题：兵马未动，粮草先行。

粮草从哪里来？只能从海防派那里来。

左宗棠做过统计，收复新疆，一年需要的白银开支，在800万两左右。但朝廷的国库，早已空虚，每年名义上可拨下500万两，而实际到账只有200万两。

亏欠如此之多，左宗棠只有向朝廷求助。但中国商人哪里凑得齐这笔巨款？左宗棠想到，在保卫台湾时，沈葆桢曾有过向洋商借款的办法，他请求朝廷允许自己按照沈葆桢之前筹备海防时的方法，筹借洋款1000万两，每年付洋商8厘利息。

清廷既然充分相信、并且全权委托左宗棠收复新疆，当然不会再打折扣，答应下来。但国家内部钱财已经被贪污腐败掠夺一空，外部存款已经被列强强权压榨干净，政府的钱库里也没有余钱。朝廷只好要沈葆桢"代为筹借"。

不说还好，这下又捅到了旧伤口。

沈葆桢本来是反对塞防的。他再次气愤起来：是你左宗棠要去收复新疆，我一直就没同意过，现在好了，你做事，我借钱。你会帮助自己反对的人，援助自己反对的事情吗？不会。对不住，我也不会。

沈葆桢不但不愿意"代为筹借"，反而又抓住这难得的机会，算起了旧账。他找出新的理由，认为赶紧放弃新疆才是上策。趁现在没开打，放弃还来得及：新疆广袤万里，一二年也平定不了，即使收复，与强俄为邻，今后朝廷麻烦可多了。借洋款要海关担保，海关应接不暇。西陲进兵愈远，转运愈难，需饷也愈巨。将半途而废乎？势必不可；责各省接济吗？势又不能；将再借洋款乎？海关又无可担保了。徒令中兴元老困于绝域，这哪能忍心！此臣等所以反复再四而不敢为孤注之一掷者也。（"新疆广袤数万里，戈壁参半，回部皆其土著，根深蒂固，既无尽剿之理，又无乞抚之情，似非一二年间所能就绪。即使事机至顺，逆回戢首，诸城尽复，与俄为邻，互市设防，正重烦朝廷擘画，而非放牛归马之时也。洋人肯以巨款借我者，恃有海关坐扣，如取如携也。洋人取之海关，海关仍待济于各省。向日各省仅筹协饷，已催解不前；今令兼筹协饷之息，能如期以应乎？协饷愆期，而海关病；海关无可弥补，不得不亏解部之款，而部库病。……进兵愈远，转运愈难，饷需亦愈巨。将半途而废乎，势必不可；将责各省于还债之外另筹接济乎，势又不能；将再借洋款乎，海关更无坐扣之资，呼亦不应，徒令中兴元老困于绝域，事岂忍言者！"）

沈葆桢逆潮流反对，出于两个原因：一是他与李鸿章私交很深，从同学到同事到同僚，都在一条船上，当然要继续帮李鸿章说话；二是沈葆桢在私利上考虑：只有朝廷同意加强海防，才会重点投入和关注，自己的政绩才可以瞩目，官才越做越大，油水才越来越多，官场网络才越结越广。

沈葆桢当然清楚自己现在怎么做。至于千百年后中国会怎样？天下、国家、民族大义，这些事情既大又遥远，他为什么要考虑？

沈葆桢这种清廷精英不自觉地混同于平民，国家与社会的希望又见灰暗。

沈葆桢一唱反调，李鸿章马上唱和。为了保证沈葆桢不会"代为筹借"，他马上写信支持，并表明观点：一说"左帅拟借洋款千万，以图西域，可谓豪举"。二说左宗棠老谋深算，向洋商借款数目巨大，为何自己不出面，却让别人"代为筹借，能不另有所谋？"

李鸿章知道，收复新疆现在已经符合"政治正确"，很难攻倒，他决定到左宗棠个人身上来找理由。"豪举"是典型的皮里阳秋，讽刺语气；"老谋深算"则是躲在左宗棠身后，闻他身上有没有曹操的奸雄气味。

左宗棠已经64岁了，垂垂老年，听到这些攻击，不生气了。他说：要做成一件大好事，怎么能没有人反对？好事多磨么！随别人猜。

根据"内辩"的定位，左宗棠不能将关系搞砸，怎么办？

他决定妥协，主动来缓和与李鸿章们的冲突。上奏折将借洋款的数量，从1000万两缩减为400万两。左宗棠明白，政治上的事情，不能空谈理想，得注重现实；现实筹钱困难，自己就得妥协。对内，左宗棠并不是不妥协的人。

左宗棠这样一心为国家着想，能省则省，委曲求全，没想到慈禧太后不干了。她说：左宗棠真为朝廷着想，也不能太难为他，那400万两也太少了吧？

慈禧一语定音，1000万两就这样定了下来。关键时候，慈禧还是拿得出气魄。

李鸿章气急败坏，马上找到军机大臣文祥质问：国家财政空虚，海防需大量银子，如今银子被塞防用了，还准左宗棠借洋款，要知道西征是个无底洞，这样下去怎么得了？！

文祥很简单地回答他：左宗棠不是一个奢侈的人，他每天都住在西北大漠的营帐里办公，一个花甲老人经常吃红薯、嚼杂粮，一顿饭最多不过一片猪肉，已经很不容易。而且，作为掌握国家命运、为民做主的重臣，应从整个国家、民族的根本利益出发，要以大局为重，从长计议，才能获得后人的赞许和尊敬，绝不能从门阀利益着眼，更不能形成宗派。

牢骚发了没人听，反被文祥指桑骂槐、狠狠教育了一顿，李鸿章回家独自生闷气去了。

但洋款不好借，它事实上也一直是左宗棠的一块心病。

尽管政府批了，左宗棠依然节俭，又推迟一年才借，以减少利息。⑤

这段筹借洋款来解决边防危机的历史，不但在当时，就在后世，也引起了诸多非议。但研究左宗棠的专家，都倾向于支持与赞同。杨东梁就认为借比不借好，理由是：一、这与那种附加了政治条件、损害国家主权的借外债，不可相提并论；二、重息借外款，从经济的观点看，当然不合算，但是如果没有这笔贷款，则西征军根本不能出关，而收复新疆的大业，必将成为泡影。

内部的问题千丝万缕，用耐心总算温和细致地解决了。外部的问题，却还有一堆等着要办。

在国际政治问题上，最好先从人心入手，需要解决的问题，是怎么让扶持阿古柏傀儡政权的英国、俄国等这些外部力量，通过中国内部主动发出的力量，来改变力量对比格局，来改变人心，通过制服或谈判的方式解决。

谈判目前显然无望，那么，唯一的方法，就只有先通过军事暴力的强制性手段，将外部的力量打服、压服。

打服、压服的，不是无生命的土地，是活跃在这块土地上敌对力量中的人心。国际领土争端，只遵循赤裸裸的丛林法则，弱肉强食，没有温情可言，要改变敌人的心，首先得让自己具备威慑力。

这就是左宗棠所以要发明"练心，练胆"，并在西征军中继续沿用的原因，

拜见左宗棠的英国传教士

他需要士兵有一股震慑敌人的气势。

左宗棠8万余大军压进西北，边陲如将地震。

首当其冲遭遇到冲击波的，是英国与俄国。

你要冲击我，我先恐吓你。

左宗棠厉兵秣马、调兵遣将时，云南突然发生了一起"马嘉理案"。

1875年2月，英国驻华使馆翻译马嘉理擅自带领一支英军由缅甸闯入云南，开枪打死中国公民。当地民众奋起抵抗，打死马嘉理，将侵略军赶出云南。英国借此事件，后来强迫清政府签订了《烟台条约》。

现在，英国公使借本国公民马嘉理被打死了，扬言要攻打云南，配合俄罗斯，借此牵制西征军。

恰好此时，俄罗斯军官索思诺夫斯基（简称索氏）装成商人，来左宗棠军中探听虚实。

左宗棠知道这是个"洋蒋干"。脑袋一转，当即定出策略：以礼相待，以军威逼。

索氏以精通新疆地图出名，他将自己带来的地图给左宗棠看，原来是康熙年间的地图。

左宗棠看了几眼，很不在意地说：还过得去！《康熙舆图》，今天已经稀有。但后来中国的疆域又扩大了，你这个版本太落伍了，我给你看一个新的。说完将自己的地图搬出来，索氏一看，乖乖，《乾隆内府舆图》，最新版，自己好多不知道。弄斧到班门，还不快躲？他赶紧收起自己那张，从此在左宗棠面前闭口不谈新疆地图。

他还直纳闷：这个中国人，听说只是个小举人，才来新疆多久，怎么可以知道这么多？

索氏明白了，对地理的了解，俄国人已经比不过中国人。就想再看西征军的武器装备。于是试探地说：左大帅，如果你需要军火，我们可以接济你。

左宗棠说：感谢，我们自己够用了。他让索氏进中国自办的兵工厂兰州军火局，看了西征军的武器装备，果然都是仿照英国与德国的枪炮自制的，有大洋枪，小车轮炮，三脚劈山炮。又让他看西征军操练。

访问过左宗棠的俄国军官索思诺夫斯基

西征军延续了楚军当年遗风，胆气冲，气势壮，训练起来虎啸龙跃，场面杀气腾腾，让人望而生畏。索氏一看，当即得出结论：这支8万多兵的西征军，从武器到士气，战斗实力与同样规模的欧洲军队相当。那还打什么仗呢？无论英国，还是俄国，都不可能调集8万军队，来新疆与西征军争雄。

索氏回去后，当起西征军的义务宣传员，告诉俄国政府，不要掺合，与中国这场仗，打不赢。索氏的宣传，对左宗棠稍后顺利收复伊犁，有一定帮助作用。

而左宗棠凭借他的细心，从与索氏的交谈中也听出来了。俄国与英国既勾结，也斗争；既联合，也防备。他们都生怕中国与任何一方结盟，彼此都盯得紧。双方都担心，一方如果突然袭击中国，必然先抢占到地盘优势。[6]

左宗棠当即得出判断：这样两个松散合作的国家，不可能联合起来，同时向新疆、云南开火。"马嘉理案"的威胁，是只打雷不下雨的恫吓。

他决定反过来利用英国与俄国的矛盾，让他们因利益陷入争夺，从内部分化瓦解联盟。方法之一是从利益着手，以利诱惑，从俄国人手中购买480万斤军粮。这一下搞蒙了英国人，不知道俄国人什么意思，不满情绪增加，防范心理更重。方法之二是凡是牵涉英国与俄国的利益，一律暂时不碰，英国与俄国一时找不到共同的敌人来抗击，联盟更加松懈。

没有英、俄的干扰，1876年4月7日，左宗棠顺利到达肃州，在城南设置大本营。4个月后，西征军攻下乌鲁木齐，阿古柏傀儡政权的灭亡，已经是可以预期的事。

英国利益受到直接威胁，这下急了，赶紧终止了贷款，同时在上海《申报》上造谣，说西征军已经"败退关内"。

谣言当然阻挡不了西征军继续缓进的步伐，而且很快在事实面前破灭。

见谣言无效，英国终于想到内外夹攻，从内部分化与瓦解中国。内部的合适人选，英国首选李鸿章。

1876年9月13日，英国驻华公使威妥玛与李鸿章谈判，商谈签订《中英烟台条约》。李鸿章很爽快地代表中国人签了名。威妥玛见李鸿章好说话，约好上门去拜访他。

总理衙门

到了李鸿章家，威妥玛以商量的口气说，我们打算在左宗棠与阿古柏之间"居间调停"，我们计划安排阿古柏来向清廷投降，新疆作为中国的属国，"只隶版图，不必朝贡"。我俩合作来促成这件好事，怎么样？

这比李鸿章坚持的全部放弃新疆，结局好像要好得多。李鸿章当场满口答应，提笔写了篇《述威使代喀酋乞降》，找到总理衙门奕䜣汇报：

"喀什噶尔回王现求印度大臣介绍，转嘱该使探询中国之意，能否准喀酋投诚作为属国，祗隶版图，不必朝贡，免致劳师糜饷，兵连祸结。……如可准行，当令喀酋派使来京妥议。……该酋不敢深信左帅，欲向朝廷乞命，嘱为密致钧处。"

奕䜣拿到奏折，先不表态，问左宗棠意见。

左宗棠说：现在谈什么判？只要粮饷军火供应到位，收复南疆我还是有把握的，这事就不要英国人替我们瞎操心了吧？（"无须英人代为过虑也。"）

左宗棠用一句话坚定了朝廷的信心，彻底打断了李鸿章的调停，也打碎了英国人的企图："西征军蹑踪追剿，尽复旧疆，岂容他人饶舌"？——我们正悄悄跟在敌人后面，计划全面剿灭，新疆要收复的都快收复完了，外人最好不要七嘴八舌干扰我们。

李鸿章再次碰了一鼻子灰。

毕竟，慈禧太后也看到了，朝廷官员也都看到了，左宗棠的西征军正在以席卷一切之势，全面收复新疆。比照开打前的争辩，李鸿章一开始说收不回，人家借钱收；你不但不帮忙，还处处抬杠；人家满怀信心，你又说收回来也没有用；还打出了"中国要保护心脏就应该被人砍掉手脚"的怪异比方，反正没有一句好话。当初亏得没有听你的，现在眼看着就要收回来了，你却帮英国人来传话，你到底是英国人还是中国人呢？

左宗棠用政治家的战略、军事家的谋略，将人与事，内政与外交，政治与军事这些棘手的问题，逐一耐心处理好了。

还有一件绝不能遗漏的事：怎么对待新疆人民？

军队到底是一把嗜血不长眼的屠刀，战争也不是游戏，而是大规模的屠杀活动，所过之处，容易伤及无辜。对待南疆各族人民的政策，关系到民心向背，以及边疆的长治久安。左宗棠发布了"三大纪律"："只打真贼，不扰平民，不愁乏食"。

万事俱备，8.7万西征大军打出"恪靖"旗号，气势浩荡，分三路开进新疆，收复故土。

缓进急战

1876年4月，64岁的左宗棠统帅西征军，驻扎在肃州东南大营。

一个花甲老人，行军在千里无人烟的西北大漠，前尘往事逐渐浮现心头。

他想起少年时代，在长沙橘子洲边碰到的张半仙，他免费给自己看相，说了许多今天已经实现的预言，不禁感慨嘘唏。从预言中他隐约感觉到，自己年老力衰，今生可能要命交新疆了，像诸葛亮当年北伐崩于五丈原一样。

最近，左宗棠脑海里经常盘旋杜甫那句诗："出师未捷身先死，长使英雄泪满襟"。那种悲怆情怀，让他胸口发紧，难以自抑。

自己少年时代以当代诸葛亮自居，果然走上了同样的路。现在已经做成了当代诸葛亮，比古亮还多活了10岁。新疆难道是五丈原，自己快活到头了？

想到这里，左宗棠抬头，看苍茫大漠，前生曲折，如风似沙，内心泛起一种苍凉，胸口激荡一股沉雄。在这旷无人烟的漠北，他吟咏王翰的《凉州词》来释怀：

葡萄美酒夜光杯，欲饮琵琶马上催。

醉卧沙场君莫笑，古来征战几人回！

吟完，拉着统领刘锦棠的手，说：这些年来，我坚持收复新疆这块宝地，朝廷内支持我的人不少，反对我的人也有很多，如今我年纪大了，万一在西征的路上死了，很难安心瞑目。还望老弟将西征大业进行到底，我如果在地下有知，也可以含笑九泉了。

刘锦棠听了，含泪笑道：大人过于悲壮了！我们都能看得见凯旋归来的那天的。

左宗棠越来越发觉，年轻时以"今亮"自称，那是一种自豪，没想到如今功名比肩，而事功将要超过，这顶帽子却变成一种拖累。自己已经很难走出诸葛亮的阴影。诸葛亮的故事，如今像一道魔咒。每想起一次，心口就像被划了一刀。

从这往后，他再不敢以诸葛亮自比了。自己就是左宗棠，是一个独立天地间，前无古人、后启来者的，有血有肉、有情有义的人。

新疆地广人稀，暑寒交替，这么大又这么难的一块土地，怎么打？军事会议上，左宗棠定下了八字战略与战术方针："先北后南，缓进急战"。

作出"先北后南"的战略方针，颇费了左宗棠一番心思。

左宗棠在实地观察后，结合半个世纪来的研究，发现天山横亘东西，将新疆分为南北两部，南北各有八城，北八城土地平广，南八城土地狭促，地势总体特点，是北高南低。而龚自珍早已说过，"北可以制南，南不可以制北"。同时，北方的反叛军队容易打，而南方不但难打，而且伊犁邻近，一旦开打，容易将俄罗斯军迅速卷入，难度进一步加大。

"缓进急战"则是结合左宗棠的个性特点，在用兵战术上的创新。左宗棠处事"惕厉"，事前处处谨慎小心，反复认准了，才迅猛出手。这种手法，跟新疆的地广人稀、条件艰苦也有关。"缓进"，是大部队缓慢谨慎地推进，这样不会中敌人埋伏，不会掉进敌人的陷阱；而"急战"，则是以天兵空降的雷霆万钧之势，在胆势上将敌人瞬间压垮。楚军当年打垮太平军，凭的就是这个。两者一结合，则成了无坚不摧的铁军。

但实际战争的难度还是超出了预想。打浙江时，江南风光，山清水秀，即使饿肚子，有水喝，空气不错，阳光不错，心情也不错。新疆大不同了，沙漠地带，稍有大风，便飞沙走石。这里夏天烤得熟鸡蛋，冬天冻得死活鱼。加上老湘营这帮湖南人，从小适应了南方气候，可能受得了西北那种热，哪里受得了这种冷？踏入新疆就开始水土不服，上呕下泻。离家万里，他们都思念起南国，不愿打仗了。

左宗棠犯难了。怎么办？士兵全部泄气了，打不得，骂不得，要鼓励他们，有什么法子？

刘锦棠鬼点子多。他找到左宗棠，说：你曾经告诉我，宋朝将军狄青用占卜的方法激励士气，咱们今天是不是也来用一用？

他俩一合计，策划了一个事件。

左宗棠刚宣布出征命令，大军正准备开拔，突然，一个士兵从行伍中跑出来，高叫：左大人，左大人！我有要事相告！

亲兵拦住了他。不想他叫得更厉害：我是刘老将军派来的，有事要向您报告！士兵们都看到了，也都听见了，队伍顿时乱了。

左宗棠对亲兵挥挥手：别拦住他，让他过来说话。

士兵一把跪在左宗棠面前，喊道：我是刘老将军派来的，刘老将军要出关打先锋，到新疆去活捉叛贼白彦虎！

左宗棠大声问：你说的是哪个刘老统领？

士兵又喊：难道左大人您忘了？就是刘松山统领呀！他的队伍已经有三个月没有发饷了，怎么打仗？

左宗棠这才恍然大悟地说：放心吧，你快去向刘老统领报告，我现在就给他的老湘营发粮饷。

士兵听了，啊呀一声，仰面倒地。过了好久，他又爬起来，像什么都没发生，归队了。

西征军各营都蒙了，不知道士兵是人是鬼。

左宗棠立即命令全军在阵地前设起祭坛，买来大量的纸人、纸马、纸钱，对刘松山进行祭奠。

左宗棠带头，全体将士"咤"的一声，都跟着跪下，对着长空叩头。浓烟吞噬着烈焰，烧着翻滚的猎猎空气，在一张张血液贲张的脸膛上奔流。

刘锦棠主祭。他站在台上高呼：刘老将军！英灵在！

数万双眼睛齐刷刷射向高空，像要将同声的呐喊为英魂慰行。大漠苍茫，烟雾慢滚，幻象丛生，刘松山魂魄毅立，仿佛正在遥相助威。

左宗棠感应到了如沸如扬的士气。灵魂与军魂如长空飞龙壮舞。左宗棠回忆，刘锦棠攻破金积堡后，他亲自审讯回族降将，降将们陈述了一个骇人的事实：刘松山被回族叛乱首领马化龙杀害后，金积堡内每到夜深人静，经常能听到兵器铁甲在激烈厮杀的声音，好象怒吼的大浪汹涌扑来（"时闻戈甲之声，

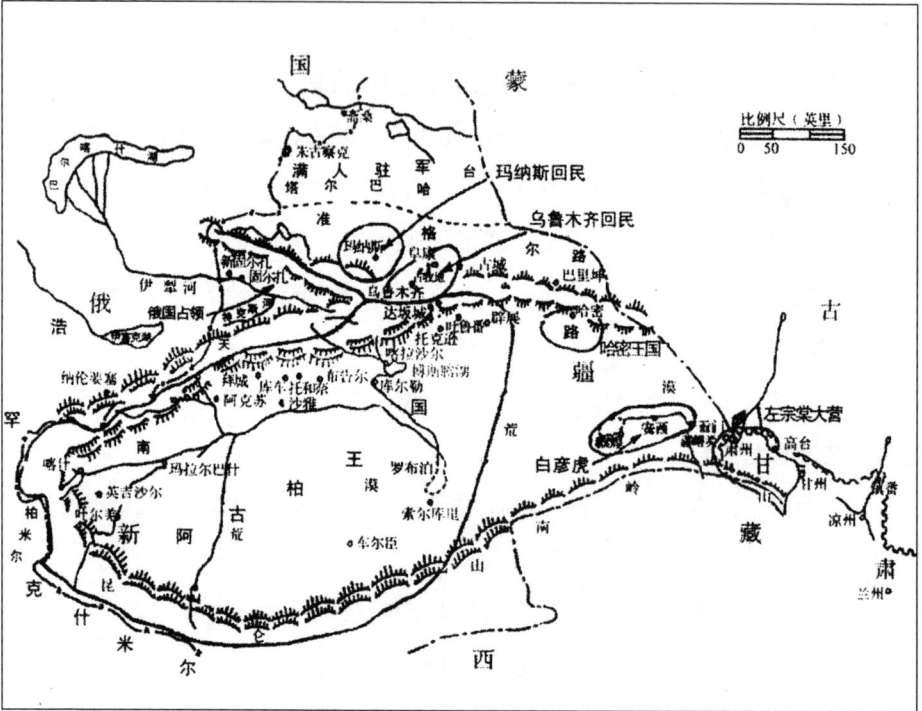

新疆1874年形势图

如怒潮涌至"），回军怀疑是西征军夜里攻城，不敢脱衣服睡觉。11月16日夜里，左宗棠亲耳听到，平凉城外发出巨大的呜呜声，守城的将士怀疑野狼在城下嚎叫，从城墙上放绳子下去察看，却什么也没看到，更加惊疑不定。左宗棠在营帐中也坐立不安，靠来回走动消除不安，他感觉军营气氛几分怪异，却茫然不知在发生什么。第二天就得到军马报告：昨天是叛军首领马化龙被俘的日子。左宗棠一下子明白了，刘松山的魂魄还活在自己身边，时时相助相告，这次是他在显灵，"乃知前史所载忠魂毅魄，灵爽昭彰，实不得谓为虚诬伪托也。"

在血与火，生与死的战阵前指挥冲杀，左宗棠终于相信了灵魂。士气低沉的此刻，他祭出刘松山将军，就像在每一个西征军将士胸前贴上了一记饱满的精神图腾。

刘锦棠带领西征大军出关，沿路所见，全是一望无际的荒凉大漠，数万只乌鸦，盘旋在部队行经的上空，给枯燥的行军带来一阵凄凉的喧闹。

刘锦棠骑在马上，剑锋一指，说：刘老将军的英灵在护卫我们，他派了这么多乌鸦来帮我们助阵来了。

将士们正在想"乌鸦当头叫，灾祸马上到"，心中惶惑，经这么一说，似全都恍然大悟，精神马上振奋。事实上，乌鸦跟着军队，全因地广人荒，无处觅食，异常饥饿，跟着行军队伍，是为了在军队开灶吃饭后找吃一点残米剩饭，不至于饿死。

乌鸦越聚越多，绕着士兵，飞前舞后。在荒无人烟的大漠，与乌鸦嬉戏，成了士兵解除无聊长途行军的疲劳与困乏，消除寂寞与惶惑的唯一风景。乌鸦超前飞行，义务充当了大军的向导。

经过10多天艰苦卓绝的行军，到1876年7月1日，西征军抵达新疆古牧地。

等待这支超负荷行军部队的，不是休整，而是大战。

古牧地是乌鲁木齐外围的主要据点。刘锦棠判断，攻下古牧地，白彦虎就守不住了，"必审吐鲁番以寻去路"。他决定当即发动猛攻。

为了麻痹敌人，刘锦棠派士兵白天列队训练，挖掘枯井，装作要走大路。

待到深夜时分，刘锦棠下令，紧急集合，秘密行军，兵分五路，由小路直取黄田。

这次突袭，依靠锐不可当的气势，将黄田守军冲得狼奔豕突。西征军乘胜紧追，直逼古牧城下。

刘锦棠下令全城包围，就地建筑炮台，只用3天，就完成了合围。炮火密集轰炸，古牧城正东与东北两处城垛轰然坍塌。

第二天，刘锦棠下令手下10余员大将，对古牧城发起总攻！

快响炮、七响炮、劈山炮连发，子弹像倾盆大雨，向古牧城内倾泻。在西征军的迅猛攻势下，守敌6千多人全被歼灭。

战争推进十分顺利，到1876年9月，西征军在连克乌鲁木齐满城、迪化州汉城、清真王所筑王城后，又顺利推进，收复了新疆北部全境。

新疆北部迅速收复，朝廷大喜过望，不断下谕旨催促左宗棠快点收复新疆南部。左宗棠倒一点也不急了，他将上谕收起藏好，说："任他千变万相，老僧只有不睹不闻一法待之。"他像老和尚入定了那样，只按自己的设想来推进，外界一切声音都干扰不到他。

朝廷开始怀疑他"拥兵自重"、"养敌自重"。看来事情失败会带来悲观，胜利却也会带来猜忌。做大事无论是成是败，件件有利皆有弊，关键是怎么化弊为利。左宗棠的方法，就是只陈述想法、计划，并不辩驳，装聋作哑。

事实胜于雄辩，没必要将一颗心提前掏出来，乱了方寸，按自己的计划，他能够做得更好。朝廷连催了几次，见没有用，也明白了，既然是全权授权左宗棠，当然得按他的想法来。况且，将在外，君令有所不受么。

一件收复新疆的大事，看上去摸不到边，推进也重重困难，经左宗棠运用智慧分解，将它化解成一件件具体的小事，集中主要精力各个解决，从易到难，在正确的战略与正确方法的指引下，新疆北部的问题，就这样顺利解决了。

收复新疆是左宗棠一生事业的巅峰，精彩迭起，异彩纷呈。

告别当代诸葛亮的左宗棠，怎么率领西征雄军，在国际战争中打出中国人的气魄，用他个性而独特的方法，顺利收复新疆全境？

注：

① 刘锦棠（1844—1894），字毅斋，湖南湘乡人，外号叫"飞将"，积勋至州同、巡守道，获得过朝廷授予"法福灵阿巴图鲁"的荣誉。1880年底，左宗棠调离新疆赴京任职，刘锦棠接任钦差大臣督办新疆军务。1884年11月，40岁的刘锦棠被授予甘肃新疆巡抚，仍接任钦差大臣督办新疆军务。历时几代人追求的新疆建行省的愿望，终于在刘锦棠身上实现。1894年，中日关系紧张，清廷电召他赴前线抗敌，因旧病复发去世，终年50岁。

② 1887年任山东巡抚，1892年6月，驻河畔，抢护史家坞、王阳家等处险工。7月疽发于背病故，追赠太子太保，入祀贤良祠，并准于在立功省份，建立专祠。今济南大明湖游览区内张公祠仍存。

③ 刘松山，获赠太子少保，加骑都尉兼一云骑尉，入祀京师昭忠祠，立功地建专祠，谥"忠壮"。平定捻军与回民叛乱后，追论前功，加一等轻车都尉，并世职为二等子爵，官至山西按察使。

④ 甜米黄是甘肃的特产，用黄米（糜子）磨成粉，入曲发酵，等到略有酒香后，放在小碗里，按瓷成半圆形米面团，上笼蒸制而成。色淡黄，其味松软，微甜，有天然异香，有醪（láo）酒的清香味。

⑤ 左宗棠一直崇尚自力更生，借洋款为万不得已。西征5年，共花掉白银5850万两，向洋商借款仅占23%。

⑥ 左宗棠上奏朝廷指出："俄、英傐婚媾，傐仇雠（chóu，义同"仇"），十余年前尚战争不已，彼此忌嫉，至今如故。其衅端则肇于争印度、争土耳其。"为了利用英、俄矛盾，集中力量消灭阿古柏政权，左宗棠主张暂不涉及伊犁问题，避免分散力量，两个拳头打人。

抬棺收地

【第十四章】

先之口舌

按照"先北后南"的战略规划，左宗棠首攻北方乌鲁木齐。攻克后长驱直入，顺利收复新疆北部。

1876年10月，金顺被任命做伊犁将军，英翰任乌鲁木齐代理都统，大兵集结，合力压向新疆南部，向伊犁推进了一步。

左宗棠定出战术规划：先得吐鲁番城，扼住叛军咽喉，打通天山南北。刘锦棠率领老湘营，以万夫莫当的气势，顺利攻下。

至此，达坂城、托克逊、吐鲁番三城，构成了一个铁三角，新疆南部八大城市的门户豁然洞开。

争夺南疆门户是西征军收复新疆关键一战。刘锦棠命令罗长祜、谭拔萃各率领3000兵进攻吐鲁番，与张曜、徐占彪两军会师，自己则率领7000兵，直捣托克逊。

刘锦棠活用左宗棠的"急战"，率军队以迅雷不及掩耳的速度、雷霆万钧的气势，向托克逊城一瞬间铺天盖地压过去。城门守军根本没料到西征军瞬间已从天而降，枪多还没拿起，只好仓促参与反击。刘锦棠亲率大军，冲散敌军仓促发起的包围，长驱直入，杀入城内。托克逊城主帅海古拉被西征军的速度与气势完全打垮了。打不赢，躲不起，只有逃。他气急败坏，下令纵火烧城，弃城溃逃。刘锦棠马上命令灭火，并对城内2万多名各族同胞进行安抚。

徐占彪与孙金彪的另一路呢，也采用"急战"战术，在戈壁中疾速行军。尚未近敌，先用炮火，遮天蔽日。七克腾木瞬间被攻破。第二天，又一举攻下了吐鲁番东南的辟展，斩杀了首领才米邪斯。第五天，徐、孙两部分路，所向披靡，一口气打下了鲁克沁、连木沁心和胜金台诸城。到第六天，两军如期会合，攻克最后一关：由哈拉和卓城直捣吐鲁番。

吐鲁番城守军已有准备，看到西征军旗号，当即倾巢而出，与达坂城、托克逊两城败逃军队会合，主动决一死战。徐、孙两部联合追击，气势有如卷席，两兵陡然接火，发生猛烈遭遇战。战斗才一打响，罗长祐、谭拔萃率部会合，追杀过来。三部在野外包围，有如关门打狗。敌军惊骇万分，被西征军惊人的速度与猛烈气势彻底打垮了，根本无法抵抗，马上弃城败逃，西征军乘胜追杀。

吐鲁番城边的汉城守军见大势已去，开门投降，西征军接纳，并进行安抚。

"三城战役"打完，全部作战时间加在一起，只用了12天。但战果累累，共消灭叛军2万多人，占到阿古柏总兵力的一半。

至此，南疆门户全部收复。

左宗棠看到"缓进急战"战略被事实证明正确，掩饰不住自豪地说，这么快速而伟大的胜利，实在是收复新疆用兵以来从没有过的事情啊。

有人高兴有人愁。白彦虎这时早已望风逃进南部。驻守在南部的阿古柏，此刻感到危在旦夕。

272名部下写联名状，威逼阿古柏向西征军求和。阿古柏又气又怕，坚决不干，与部下殴打起来，被打晕过去。部下乘机在茶水里偷偷下毒，阿古柏当夜剧痛而死。

阿古柏的大儿子伯里胡克与小儿子海古拉抢班夺权，伯里胡克派人暗杀掉

西方人眼中的左宗棠

弟弟，自己替代父职。

叛军难再成气候，国内大局已定。西征军的大炮，开始瞄准核心敏感地区伊犁。①

"伊犁"是蒙古语，"光明显达"的意思。俄国占据伊犁，是偷偷摸摸的。

1851年，《中俄伊犁塔尔巴哈台通商章程》签订，沙俄首任领事扎哈罗夫驻伊犁惠远城，13队俄国商贩来伊犁做贸易，86个俄商最后留驻伊犁。这是俄罗斯人居住伊犁的最早记录。

1871年初，俄国强行侵占伊犁，俄罗斯人开始规模移民。这年9月，俄国感到，偷偷摸摸不是办法，派出外交官向清政府发通知：我们已经占领贵国的伊犁了，贵国看这个事情怎么办？俄国问"怎么办"是客气话，只是不好意思直通通地宣布：你的伊犁被我占领了。现在，左宗棠统帅大兵压境，英国与俄国空前紧张。伊犁成了一触即发的敏感区域。

根据"缓进"战略，左宗棠按兵不动。

军事准备到位，政治上他再定出一个战略方针："先之口舌，继之兵威。"

政治战略的具体执行方法是："先折之以议论，委婉而用机；次决之以战阵，坚忍而求胜。"

俄国有意求和，清廷决定派出钦差大臣去谈判。

派谁呢？军机大臣文祥已经死了。军机大臣沈桂芬主事，他推荐了一个人，叫崇厚。

崇厚，全名完颜崇厚，满洲镶黄旗人，做过三口通商大臣、署直隶总督，1870年天津教案发生后，曾出使法国，代表中国谢罪，是中国历史上第一位去外国赔礼道歉的专使。②

崇厚有个习惯，爱跟人吹牛，说自己精通洋务。话传出去，中国近代史上第一位外交官、首任驻英法大使郭嵩焘嘲笑他：不错，你精通害怕洋人。

第一个代表中国政府去俄国彼得堡谈判，崇厚很得意。

去俄国，他可以选择两条路：

一条走陆路，经过左宗棠所在的肃州大营，从伊犁直入，大约需要两个月。

一条走海路，需要绕道欧洲，时间会更长。

走陆路快：优点是既可以现场考察伊犁边境线，又可以征求左宗棠的意见；缺点是沿途都是大漠孤烟，战火纷飞，走得灰头土脸，辛苦可以想见。走海路慢：缺点是兴师动众一行人，沿途资金耗费巨大；优点是可以坐上豪华游轮，显出天朝上国神圣庄严、威加海外、不可一世的大国气派。

崇厚拿不定主意，决定请教李鸿章：一、到底要不要先听左宗棠的意见？二、到底走陆路，还是选海路？

李鸿章说，左宗棠见不得，他的观点有火药味，你要是带着他那一身火药味去谈判，不是还没谈就先预示要谈崩了吗？

至于怎么去，李鸿章建议他坐豪华游轮。中国古来视四方为蛮夷小藩，当然需要声势浩大，彰显大清国威，亮出天朝气势。

崇厚问，还有什么要交代的吗？李鸿章说，伊犁肯定要收回来的。别的方面，你看着办。只要不影响这一点，就可以。

崇厚记下了，踏上豪华游轮。

1878年6月22日，夏烈暑浓，人疲头乏，崇厚代表中国政府，从北京出发了。

同僚见崇厚取得出国旅游的机会，都羡慕不已，出发前连日摆酒设宴饯行，弄得崇厚每天将喝酒当工作，"酬酢之多，苦无暇晷"。

崇厚接二连三忙应酬，像当年去调查左宗棠的钦差大臣富阿吉一样，昏昏沉沉，摇摇晃晃，抬脚踏上游轮。

这艘航行国际的游轮，比富阿吉当年坐的要阔气得多，也洋派得多。上有西洋美女，有牵狗的，有玩猫的；爱迪生发明的留声机，在这里也配备了，流行音乐听得他心里痒痒，舒服如睡。

海风拂起，白浪滔天。船内玩腻了，他出来透气，边欣赏异海夏日风情。见海鸥飞过，不忘品一口香槟；有海燕掠过，记起挥手致意。

沿路经过法国，崇厚逗留、欣赏；再路过德国，又游玩了一番。赶在1878年12月31日，崇厚费尽铺张排场，总算游历到了俄国圣彼得堡。

俄国一帮办事的人，马上前来接船，按外宾的最高规格接待。

一踏上俄国的土地，崇厚就被冰雪之国的异域风情结结实实给迷住了。他打算磨一阵子洋功，白天常去研究俄国美不胜收的风景，晚上忙研究各式异域娱乐风情。

这段时间里，俄国高官和商会名流每天都派专人来陪他，每天为他举行一场高规格的盛大宴会，到了晚上又为他开专场舞会。在酒席舞林的灯光掩映下，崇厚陶醉在热情友好的异国他乡，"乐不思中"了。

他有理由一点都不着急。就在他出发后28天，清廷再下谕旨，将他升格为"全权大臣，便宜行事"。自己既然代表朝廷，可以自行拍板，急什么急。

拖到1879年1月20日，他才想起要去向沙皇亚历山大二世递交国书。

酒席舞林本是俄国人的刻意安排，崇厚却理解成自己有面子，是中俄友好的见证。这种心态去看，他也就无从发现，俄国人将狼子野心用糖衣炮弹包裹了起来。

崇厚果然吃糖衣上了瘾，将国际争端当成国内钦差了。

直到3月15日，他从酒席舞林中脱身，挤出时间，第一次给总理衙门发回电报："外部允还伊犁，商办通商，分清边界，其商亏，并代收代守兵费，已允还给数目尚未说明，尚无图利之心。"清廷上下一看，摸不透崇厚什么意思：按他的说法，俄国人比中国人还体谅中国，谈判形势一片大好。可能吗？

1879年10月2日，崇厚没有与总理衙门沟通，自作主张，代表中国政府，与俄国顺利达成《里瓦吉亚条约》。条约共计18条，除了第一条规定"伊犁空城归属中国"外，其余都惨不忍睹：

中国开放西边领土，天山南北路俄国人可以自由免税通商，俄方可以在其中七处设领事馆；

伊犁西南的领土全部重新再划定一次，将霍尔果斯河以西及特克斯河流域等一大片土地割让给俄国；

俄国帮中国代管伊犁期间，中国赔偿俄国代管费500万卢布。

崇厚不知道这个谈判结果怎么样。凭李鸿章的交代，自我感觉还可以。反正任务是完成了，伊犁不是争回来了嘛。回程中，再过把海上豪华游轮的瘾，也是件比较享受的事。

事实上，条约刚签订，俄国就电告到中国总理衙门。清廷当即否定，复电崇厚再谈。但崇厚等不及，他自作主张，"不候召命，擅自归国"。只因他接到家人电报，夫人身患重病，他急着要回家。

崇厚前脚才迈出俄国大门，清廷上下已经大惊失色。这哪里是什么平等条约，完全是一个主权国对属国的命令！

慈禧太后先不表态，将《里瓦吉亚条约》先派人送给左宗棠看。左宗棠逐一对条约进行批判，全盘否定。

《里瓦吉亚条约》在北京城里已经传开，市井同时响起一片痛骂声。

崇厚一回国就听到言论风暴，骂他"辱命误国"，心里开始发抖，怎么办？

他不敢回北京上报，先躲到天津避风，寻李鸿章保护。

李鸿章安慰他说：你这次没有谈崩，至少没有谈得两国打仗吧，那就是功德圆满了。不过啊，你这次让步确实也太多了一点。现在朝廷上下都有意见，我也不好怎么帮你了。

崇厚急了，那怎么办？李鸿章说，就看左宗棠了。他支持你，就什么都好说。对了，你怎么去前没有专门问左宗棠？

崇厚一下傻眼了：你不是有言在先，左宗棠有火药味，问不得吗？但李鸿章位高权大，现在又是救命稻草，得罪不起，只好哑巴吃黄连，一切都是自己的错。

当初，就在李鸿章建议他走海路时，翰林院侍讲张佩纶上奏本，批评走海路大错特错，猜到了开头，也预见了结局："使臣议新疆必先知新疆，自宜身历其地，体察形势，知己知彼，则刚柔操纵，数言可决。今航海而往，不睹边塞之实情，不悉帅臣之成算，胸无定见而遽蹈不测之地，将一味迁就乎？"

李鸿章之前安排好不见左宗棠，就没告诉崇厚这条意见。崇厚内心里埋怨李鸿章背叛了自己。崇厚的生死，这时已经完全捏在左宗棠手里。左宗棠的意见很快就出来了：

俄国偷偷摸摸，单方面宣布占据伊犁，在九座城市内烧杀掠夺，将背叛中国的人，变成自己的傀儡，中国派人去讨还，它不但不还，反而在中国到处抓人，在边境捣乱，他们处处都理亏。

如今讨还的事，必定得做。我们的方法，是先跟他们打口水仗，后面以大兵压境，对他们正面做直接威胁，则不可能讨不回。如果俄国还坚持崇厚这个

西征军进军新疆路线图

卖国条约，则我就要传令南路西征军，从阿克苏、乌什两条路杀进伊犁。我已经有十足的把握，让俄国就范！

朝廷听了左宗棠这段气壮如牛的话，有底了。

左宗棠不是一个人在战斗。朝廷内，清流派官员张之洞、黄体芳、张佩纶、宝廷，都站出来了。他们代表体制内的正能量，呼应左宗棠，要求朝廷"废除崇约、严惩崇厚"。

崇厚要为自己将严重的领土争端当成轻松的出国旅游，付出代价。

1880年1月，清廷迫于舆论压力，将崇厚革职议处，判为"斩监候"。这相当于今天被判"死缓"。

清廷按照左宗棠的建议，将《里瓦吉亚条约》再交各部，征求批评意见。

通过类似官员"公开投票表决"的方式，"官意"很快就出来了：要求再谈。

一个月后，清廷正式向俄国发出国书，否定并拒绝接受"崇厚版"的《里瓦吉亚条约》。

俄国接到国书后恼羞成怒，马上部署一场大规模的军事行动，对中国进行包围。

左宗棠这边，早已做了各种可能的预见，做了周密的部署，动了大打的念头。他将"恪靖"大旗一挥，迅速兵分三路，向伊犁压过去：

中路军五千，由张曜率领，向伊犁发起正面进攻；

西路军一万，由刘锦棠统帅，直扑伊犁巢穴而去；

东路军一万，由金顺统帅，防止俄军东窜；

各后路也纷纷部署妥当，集结待命。

两国对垒，兵临城下，剑拔弩张，千钧一发。

中俄边境，战争乌云瞬间如同硝烟，遮天蔽日。

崇厚害怕谈话有火药味，弄得举国战场弥漫硝烟味。

一场关系到中俄边境范围重新划分与两国命运的历史大决战，一触即发。

现在是大炮轰打，还是桌前再谈？

决之战阵

1880年上半年，俄国兵力陆续增加了5倍，紧急调集一万人马赶往伊犁，严阵以待；同时，西伯利亚奔出9000多骑兵，费尔干纳派出4000多步兵，也正向伊犁赶来，大规模在西北边境集结。

中国从官方到民间，也响起一片喊打声。

对俄国挑衅看不下去的官员，血性喷涌，站了出来。陕西提督雷正绾（wǎn，控制），直接写信给左宗棠，主动申请自己冲到前线，与左大帅"并髻（jì，盘曲的头发）出关"。

左宗棠被中国人自发激起的爱国情绪鼓动，更加坚定了信心，认为一旦开战要"急战"。

左宗棠的必胜把握，源于一个重要情报：俄国与土耳其的战争刚刚结束，财政已经枯竭，赤字高达5千万卢布，国家无力支撑大战；英国也正在对俄国实行牵制政策，不许俄国向中国深入发展，俄国实力又无法抗衡英国，这决定俄罗斯不能想打就打。

俄国国内确实非常糟糕，灾情严重，粮食缺乏，农民在蠢蠢欲动，酝酿起义，沙皇正抽出力量，准备镇压。

左宗棠由此准确推断：俄罗斯无力发起全面的大规模的对中战争。伊犁一旦大打，西征军大部队可以顺势压过边境，俄国国土到底要沦丧多少，还是个未知数！

左宗棠的推测一点没错。俄罗斯正在提心吊胆，害怕左宗棠的西征军打进来，目前虚张声势，只是为了吓人壮胆。③

根据对实情的把握，左宗棠最终决定"缓进"。纯粹的武夫，才会单凭武力。左宗棠是政治家，文韬武略，他要充分利用有效信息资源，将军事与外交的手段结合起来运用。

俄方终于等不及了，愿意重新回到谈判桌上来。

1880年2月19日，清廷下发文件，任命大理寺少卿、驻英法公使曾纪泽担任出使俄国钦差大臣。1880年7月，曾国藩的儿子曾纪泽代表中国，再次应邀

曾纪泽像

到俄国谈判。

俄国明白，在战场自己优势已经丧失，只有谈判前加大军事威胁力度。为了吓倒曾纪泽，它调集一支20多艘军舰组成的舰队，从日本出发，逼近北京。

左宗棠听说了，鄙夷地一笑。楚军靠胆魄、气势打垮过多少敌人？俄国人也来玩这套，这叫班门弄斧！他决定给俄国佬一点颜色。

这天吃完早饭，左宗棠将部下、也是湘阴老乡的虞绍南叫来，说：你抓紧去办一件事，帮我造个"千年屋"。

"千年屋"是湘阴方言，就是棺材。虞绍南说：大军正要趁势出征，做个这样不吉利的东西做什么用？

左宗棠哈哈一笑，说：我要带兵亲征，移师哈密，带着它上路，随时准备躺进去，埋骨在西北。

左大帅要造口棺材抬去带兵收复伊犁的事情瞬间传开，国内国际同时炸了锅。一位相国高官，一个封疆大吏，居然要亲自披挂上阵，跟俄国军人赤膊拼命，士兵个个激动得血脉贲（bēn，激奋）张。④

有部下看不过去，劝说：大帅您手下多的是身经百战的名将，他们对付俄军绰绰有余，您为什么还要拖着病痛之躯，亲临前线？

左宗棠回答：我要出关，考虑很久了。就算没有战事，我也想去看看，不然，怎么了却五十年来的心愿？为了收复新疆，别人都反对，我硬坚持挺着，不也过来了吗？这一关，我必须再闯过去，否则前功尽弃！

虞绍南马上去造棺材。他一开始准备选用胡杨。胡杨又叫胡桐、英雄树，一千年死而不倒，一千年倒而不腐，但质地不够细。后换成了檀木。精心做好后，刷上黑漆，请左宗棠验收。

左宗棠躺进去试了试，爬起来说，蛮好！以后我就睡在这里面了。

没想到，爬出来后，左宗棠用手一摸，棺材很厚。再掂盖子，很沉。他转喜为怒，质问：什么木料？从哪里搞来的？

虞绍南如实相告。

左宗棠用湘阴话骂道：你是个混球！随便找点木料，轻一点就可以，为什么做这么重，用这么贵重的木材？！

虞绍南默不做声，三天内，再造了一口用白杨木做的棺材。做好后不辞而别，赶回湘阴老家。

左宗棠马上反省到，老乡虽然理解错了，但自己脾气发大了，态度过于粗暴，马上写封道歉信，并派人送去200两白银，追了过去。

虞绍南骡子倔强脾气，收信拒银，再没回来，在湘阴隐居了。

左宗棠怪虞绍南办事太实在，只知原则性，不懂灵活性，不会转弯：就算自己真死了，也不可能真用这口棺材。用棺材做道具，表明一种姿态，抬出国际政治影响来。道具真枪实弹，比生铁还沉，这戏不好演，但又不能事先跟虞绍南说透，只好靠他领悟。偏偏虞绍南一根筋，好心办了错事。

棺材造好后，老管家曾昆厚来了。他看后想了想，提了一个建议，抬口棺材上阵，应是吉祥之物，而不应是不祥之兆，所以黑漆应改成红漆。

左宗棠觉得有道理。三天后，棺材漆得红光透亮。

但给统帅造口棺材抬着去打仗，这实在过于惊世骇俗。棺材虽然造好，抬不抬得，部下还在争执。

掌管关内外粮运的史念祖认为，抬不得。道理摆在那里：现在伊犁有俄军大兵压境，俄军公开挑衅，大帅你抬口棺材去打，不是摆明打不赢，我们会全军覆没，所以您才要以死相拼，打死了我们就把您就地埋起来。您都死了，这不是等于告诉将士们，我们都有去无回了？

左宗棠解释说：我为什么要抬口棺材出关打仗？就是为了告诉天下人，西征大军，上下同心，抱定了必胜的信心。俄军在那里虚张声势，对我们搞恐吓，我们这边呢，不搞假的，我们全是真枪实弹。林公有言，"苟利国家生死以，岂因祸福趋避之？"抬棺打仗用的就是这个道理，不要躲祸。现在曾纪泽正在俄罗斯谈判，我以必死的决心兵临城下，做他谈判成功的坚强后盾。万一没谈好，或者谈得不如意呢？我马上率领军队杀进伊犁，一天之内就可以拿下来。无论是哪种预计，都可以得到最好的结果。

众将士恍然大悟，佩服左宗棠深谋高见。

左宗棠带棺上阵，主要是三个用意：

一是激励全军将士奋勇杀敌，视死如归；

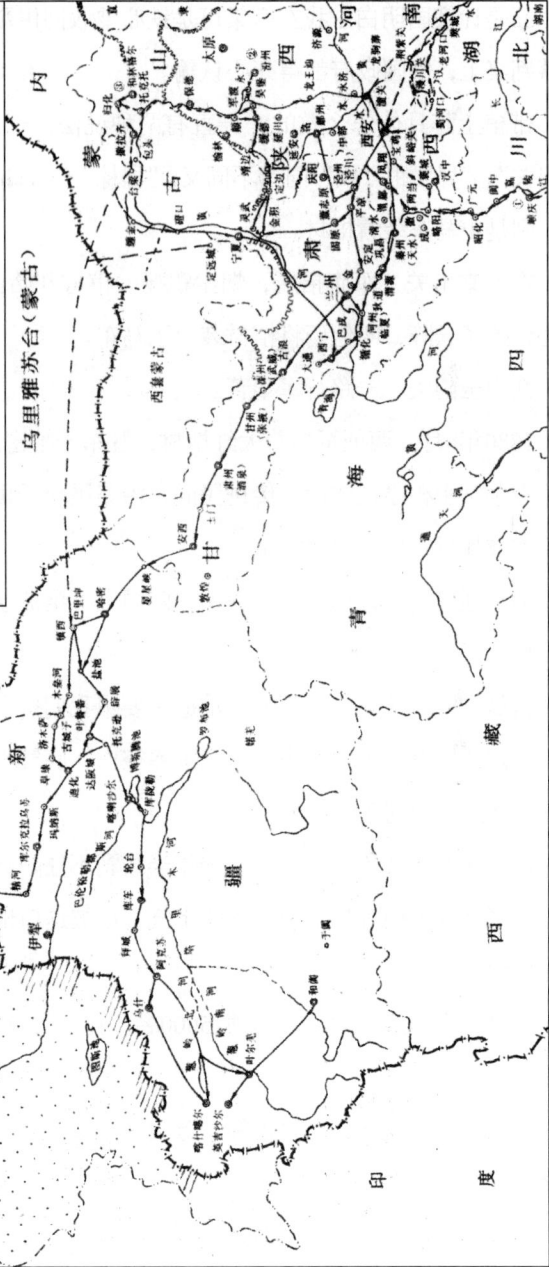

左文襄公进军新疆图

新疆战地图

二是以极端的方式惊醒李鸿章那帮和事佬，事要成功，全在自己的决心与努力，不是求和与怕死可以得来的；

三是让俄国明白：我左宗棠可是铁心要收回伊犁的，无论在军事上，还是在谈判桌上，俄国政府都得死心认输。

带棺上阵具体怎么做的？一直有两种说法，一是"舁榇出关"；二是"舆榇出关"。"舁"跟"舆"同音不同义。"舁榇"（yú chèn）是由人抬着棺材，"舆榇"则是由马车装着棺材。

左宗棠出关，军旗招展，烟尘飘扬。棺材开始由8个士兵抬着，左宗棠不忍心，抬了一阵，叫他们将棺材装上了马车。

西出玉门关，一路行军艰苦。

1880年8月，西征军抬着大红棺材，驻军于哈密。

左宗棠上相亲征的消息传进民间，沿路民众千里迎接，十里相送，端茶送水，擂鼓壮行，场面情深意重。

消息通过密探，迅速传到俄国，俄国上下全被这口大红棺材切切实实给镇住了！

这是什么打法呢？搞不懂。难道是要跟我们拼命了？

俄国政府有点害怕起来，毕竟国库空虚，底气不足。他们担心这个倔强得让人胆寒的湖南老头蛮干。

沙皇知道，战争一旦打开，一年半载刹不住阵脚，他担心持久战。

而经俄国事前挑衅，中国人的士气，已被这口棺材全激活了，后援军事还在接力跟来。

已经在家养病的鲍超，率领15000名"霆军"，在直隶乐亭封住俄军入侵警戒线。⑤

山西巡抚曾国荃，也早带领一万兵马抵达山海关，在中国东北划下一道高压警戒线。

外攻内守，在西征军兵临城下的高压态势下，几番针锋相对，折冲樽俎，寸土必争，曾纪泽在俄国打开了谈判的话头。

俄谈判官员格尔斯说：我们打算和谈，可你们总是固执己见，还在西域调兵遣将，听说你们那个左大帅还抬了口棺材，看样子准备跟我们拼命。可是我们并没有打算兵戎相见啊？

曾纪泽说：打不打，你们皇上决定。我们现在只是积极准备而已，你们不是也说还要出兵辽东湾吗？

格尔斯说：那是因为你们真想打仗，我们并不想。你们不想打，重兵包围伊犁干什么？

一个回合下来，格尔斯明显处到了下风。但就在曾纪泽谈判顺利逼进的节骨眼上，左宗棠突然接到一纸调令。

1880年11月初，朝廷命左宗棠马上回北京面见皇上（"入京陛见"）。

这又是李鸿章通过总理衙门给朝廷出的主意。眼看着新疆即将被收复，李鸿章纠结到极点：左宗棠一旦打赢了，自己以后在朝廷根本说不上话，会完全边缘化。

赢不得，输不起，怎么办？最好的办法是釜底抽薪，将左宗棠调离指挥前线。

朝廷命令不能违抗。左宗棠心感憋屈，惆怅赴京。俄军密探马上报告。

格尔斯完全被搞蒙了，搞不懂清廷葫芦里卖什么药。猜来猜去，只有一种可能，皇帝在这个关键时刻召见左宗棠，是要面授机宜，全面部署进攻俄罗斯的计划。这样一想，他心乱如麻，马上报告沙皇。

沙皇本想通过军事恐吓，用谈判解决，不想动武，也担心真动武。

第二天一早，格尔斯又赶紧约曾纪泽来谈。

格尔斯先试探地问：听说你们左宗棠已经奉朝廷之命进京，恐怕要挑起战事了，这个消息是真是假？

曾纪泽说：这是谣言。

格尔斯一听，心里更加没底了。自己明明探听到了最新进展，为什么曾纪泽要掩盖？目的只有一个，麻痹自己。

格尔斯不知道，曾纪泽说了大实话，他确实不知道。

格尔斯说：俄中两国，和好两百多年了，如果为伊犁这点小事就打起来，怎么说都不合情理吧？

曾纪泽回答：是的，"中国不愿有打仗之事，但为了领土主权之事，中国

新疆收复后，慈禧太后为示庆祝，与宫廷内人员合影。

百姓未必不愿与俄一战。中国人坚忍耐劳，纵使一战未必取胜，然中国地方广大，虽数十年亦能支持，想贵国不能无损。"

格尔斯倒抽了一口气。活该自己倒霉，碰到两个湖南蛮子。左宗棠抬着棺材统领重兵进驻哈密，直逼伊犁与自己对话，曾纪泽现在用"能打数十年仗"的口气与自己交锋。

打不得，谈不赢，无计可施，焦头烂额。

格尔斯回去想了一晚，怎么也扛不住了，只好又赶紧汇报沙皇。沙皇一听，寝食不安。沙皇倒不是很惧怕中国，关键是怕左宗棠。左宗棠兵临伊犁，现在打还是谈，主动权已经掌握在中国人手里。

掌握主动权的人，可以放心将别人当猴子耍；被动接受挑战与挨打，提防的滋味可不好受。

左宗棠大兵压境，曾纪泽桌上顶牛，俄国并不想硬碰硬。怎么让兵去牛走？唯一的办法，是抓紧签约。

仅仅两天，沙皇下令格尔斯赶紧与曾纪泽签约，以免节外生枝，夜长梦多。

1881年2月24日，《中俄伊犁条约》应俄方要求在圣彼得堡签订。这个条约对中国而言，在领土、主权方面，当然比崇厚所签订的条约，有了很大的改变。但因为崇厚前面已签订一份条约，这次属于"改约"，俄国为了达到目的，避开左宗棠、曾纪泽，直接恫吓清廷，所以最后结果对中国依然十分不利。中国虽争回大片土地、主权，但赔偿的卢布增加到900万，比原来反倒增加了400万。本质上仍然是一个不平等条约。⑥

这个条约签得太快了。但快对中国未必不是一件好事，如果再磨上半年，俄国发现左宗棠回京真相，则中国又将由主动变成被动。

20年前，潘祖荫说得一点没错："是中国不可一日无湖南，而湖南不可一日无左宗棠也。"没有了左宗棠的威慑力，伊犁能不能收回，新疆能不能再守住，未知数了。一个从体制到人都彻底腐败了的朝廷，气数将尽，终究不是一个人就可以一直撑起来的。

但不管怎么样，左宗棠在最危险的时候，撑住了清朝大楼最危险的西北面危墙。

1882年3月22日，金顺作为新任命的伊犁将军，正式率领清兵，浩浩荡荡开进伊犁，结束俄国对中国领土达11年的殖民强占历史。⑦

新疆全境的成功收复，比外人预想要容易。左宗棠真正用在新疆打仗的时间，不到两年。北疆仅半年多便全部收复，收复南疆也不到1年。

迅速取得成功，原因在以下几点：

一是清廷听取了左宗棠的意见，改变最初的犹疑不决、摇摆不定，坚定了收复决心；二是左宗棠出师的性质正义，出师前定位准确，得到民众的支持；三是左宗棠制定的"先北后南"战略、"缓进急战"战术完全正确；四是西征军组织纪律严明，练心、练胆，气势逼人，行动上雷霆万钧；五是左宗棠制定了正确的俘虏政策，"攻心战"作用巨大。此外，左宗棠作为军事统帅超凡的个人魅力、前线将士的英勇奋战，以及胡雪岩提供的良好后勤保障，都对战争超常顺利，有着重要作用。

这也证实：战争是流血的政治，政治是不流血的战争。胜利往往要靠政治与军事两手交替使用。前期的政治战略决策，比纯军事的嗜血斗狠，重要得多。也正是基于这个考虑，左宗棠5年里的主要精力，多花在政治运筹与军事准备上。

这是晚清在领土谈判上唯一的一次扬眉吐气。

至此，新疆全境收复。

回想5年前，慈禧太后征问左宗棠：收复新疆，要多久？答：全部收复，需要5年。今天，左宗棠如期兑现了自己对朝廷的承诺，在忍辱负重中承担起个人对中国与历史的责任。

事情办好了，荣誉与利益，自动扑面而来。左宗棠要被委以重任，登上一生权力的巅峰。

处理关系不怎么用心的左宗棠，怎么告别做当代诸葛亮，来当好军机大臣？

注：

① 伊犁作为中国的领土，最早见于《汉书》。伊犁名字，来源于伊犁河。"伊犁"两字为维语，取义于"犁庭扫闾"，意思是"将庭院犁平整，用来种地，

把里巷扫荡成平墟"。简单地说，伊犁就是"光明显达"的意思。伊犁先后称过"伊列"、"伊丽"、"伊里"，定名"伊犁"，则到了乾隆年间。清朝统一西域，1762年设立"总统伊犁等处将军"，作为最高行政和军事长官，统辖天山南北各路。

②　1870年4月，天津发生多起儿童失踪绑架事件。育婴堂中有30多名孤儿患病而死；每天有数百人到坟地围观，挖出孩子的尸体查看。民间开始传言：怀疑外国修女以育婴堂为幌子，绑架杀死中国孩童当药材用。民情激愤，士绅集会，书院停课，反洋教情绪高涨。教堂人员与围观人群发生口角，抛砖互殴。法国驻天津领事丰大业要求崇厚派兵镇压，前往教堂的路上，与知县刘杰相理论，怒而开枪，打伤知县的远房侄子刘七。民众激愤之下，先杀死了丰大业及其秘书西门，又杀死了10名修女、2名神父、2名法国领事馆人员、2名法国侨民、3名俄国侨民和30多名中国信徒，焚毁了望海楼天主堂、仁慈堂、位于教堂旁边的法国领事馆，以及当地英美传教士开办的其他4座基督教堂。

6月24日，以法国为首的七国公使开军舰来到天津，向总理衙门抗议。清廷派曾国藩来处理。

曾国藩到天津即发布《谕天津士民》，对天津人民多方指责。他确认育婴堂并无绑架杀死中国孩童当药材，当场处死涉嫌杀人的中国民众18人，充军流放25人，并将天津知府张光藻、知县刘杰革职充军发配到黑龙江，赔偿法国等损失46万两白银，并派崇厚出使法国道歉。曾国藩这样处理后被国人痛骂"外惭清议，内疚神明"。

③　俄方谈判代表若米尼当时公开放风说，"只有痛打他们（中国）一顿，才能使他们老实下来。"私下里却说，"但是我得承认，这种必要的做法，对于我们涸竭的财政来说是十分困难的。"

④　抬棺上阵的发明人是《三国演义》中曹魏将领庞德。庞德因惧怕蜀汉将军关羽，才抬一口棺材去拼命。左宗棠一介书生，不是武夫，但他从这个故事里得到启发，跳出逞强斗狠的匹夫之勇，赋予了它战略意义上的政治与军事含义。这就是当代诸葛亮在活学活用。

⑤　鲍超（1828—1886），湘军著名将领，字春霆，四川奉节人。隶属湘

军水师，1856年改领陆军，所部称"霆军"，是湘勇有生力量之一。与太平军转战湖北、江西、安徽、江苏、浙江、广东等省，官至提督，封子爵，一生参加过500场以上战役，身被伤108处。1880年被清廷授湖南提督，为保卫伊犁奉命召集旧部，驻守直隶乐亭（今属河北），加强防务。《中俄伊犁条约》签订后，又称病辞职。

⑥　1880年7月30日，曾纪泽带领随员抵达圣彼得堡。俄方以条约一经签订，不能更改为由，拒绝开议。几经交涉，才表示同意。8月23日，中俄双方举行首次改约会谈，曾纪泽提出交还伊犁全境，塔尔巴哈台、喀什噶尔交界仍照旧址，领事只添设嘉峪关一处，新疆贸易不能处处免税等六条"改约"意见。俄方认为这是"将从前之约全行驳了"，决定不以曾纪泽为谈判对手，另派沙俄代理外交大臣吉尔斯和布策来北京谈判，以便就近直接对清廷施加压力。清政府获悉吉尔斯和布策即将来华，"深恐大局不可收拾"，立即指示曾纪泽作出更大让步，力争在俄定议。10月2日，中俄圣彼得堡谈判复会。在此后的长期谈判中，双方就交还伊犁、赔款、喀什噶尔与塔尔巴哈台界务、通商、松花江航行、添设领事等事项进行反复交涉。俄方代表恣意勒索，态度强横，动辄以"中国若仍不允，则不得在俄再议"相要挟。

⑦　光绪年间，金顺与被派往新疆办理勘界事宜的大臣升泰总是发生意见分歧，而升泰为了避免争执，遂借口生病起程返京。清廷遂以"擅自回京，玩忽职守"罪欲严办升泰与金顺二人，后念及边疆紧要，正是用人之际，才从轻发落，将二人革职留任。1887年，金顺应召回京述职，途中因宿疾发作病逝，清廷追封其为太子太保，谥忠介。

军机之谜

【第十五章】

挑战陋规

1880年11月14日从哈密起程，1881年2月24日，左宗棠终于抵达北京。

左宗棠此时已经69岁高龄。他知道，此生要永久告别新疆了。

回程前，想起30年前与林则徐湘江夜谈，他心里隐约生出一些不安。保卫边疆是万里西征的第一步，建设好边疆才是自己真正的历史责任，也是林公事业托孤的大愿。

在西北13年，在新疆5年，左宗棠有空就抓紧建设。他先后创办了西安制造局、兰州制造局、兰州火药局和甘肃呢织总局（兰州机器织呢局）等新兴企业。

1877年，他将在福建办福州船政局的经验带进甘肃，创办了甘肃呢织总局。这是甘肃省第一家大型轻工业企业，也是第一家引进德国先进技术的大型经济体，引领了中国西北办洋务的潮流。[①]

甘肃织呢总局当时不仅在西北是独家首创，在中国机器毛纺织业上也是开历史先河，在近代中国纺织业史上更是肇始启后。

像到陕甘后发现农民种桑养蚕是因地制宜，可以让当地脱贫致富一样，左宗棠创办甘肃织呢总局，基于西北地理条件下，盛产的羊毛是一座埋藏的富矿。

左宗棠自述："陇中空苦荒俭，地方数千里，不及东南一富郡。"在这个穷得让口袋发愁的地方叫苦，就像躺在金矿上喊穷一样无知，因为这里羊毛之多，冠盖全国，"但取以织褐织毛毯，价不甚高，业之者少。羊毛每斤值银一钱几分，每年可剪两次，民间畜牧之利，以毛为上。"

但真要将甘肃织呢总局从构想变成现实，是一件耗费心血的事。

左宗棠每次办事虽然出手大气、豪爽，但调查时总是格外细心、谨慎。1877年冬天，他尝试安排兰州制造局制造委员赖长自制水轮机，用羊毛织成一段呢片看样品，拿来棉布织品一比较，无论是手感、舒适度还是质量，羊毛呢片都好到哪里去了。

他决定正式创甘肃建织呢总局。

统帅做事，第一重要的能力是拍板。但定下来后，第二重要的能力在用人。

会办这事的人不用找，手头就有。谁？胡雪岩。

1878年，左宗棠写信给胡雪岩，要他想方设法帮自己买来织呢的机器，运到兰州。

胡雪岩当时在上海担任采运局补用道，对国际采购业务了如指掌，他马上交给上海同德商泰来洋行一个名叫嗲喱口己的经理去办。

嗲喱口己满口答应下来，他先取得德国驻华公使巴兰德同意，然后这边聘请德国技师前兰州设厂，那边则通过德国亚享地区织呢技师石德洛末，一口气从德国买来各种机器60多架。其中，24匹马力、32匹马力的蒸汽机各1架，织机20架，其他大小配件，数以千计。

嗲喱口己将这些大大小小的机器装了4000箱，通过海上航道，从德国运到中国。这倒还容易。但在海港卸下机器后，通过中国内河，只能运到湖北汉口。从汉口到兰州，不绕这一点弯，也有1700多公里，全是荒山陆路。这些庞大生沉的铁器，转运变得异常艰难，费工费时。

这4000箱机器怎么运到？左宗棠安排人想尽了办法：小部件机器，就几箱直接堆放在小船上，再由几个人用肩膀抬着船，一路跋山涉水，扛到兰州府；大部件的机器，就先拆成零件，再打包装箱，按小部件机器的方法运。但碰上特别长的机器零件，经过狭窄的山路时就犯难了，卡住了，过不去。于是又派人先去将山路凿开阔，将两旁的树枝砍掉，再几个人抬过去。

人工抬与扛，这样霸蛮苦干，经过1年多时间，到1880年4月，所有机器硬是被左宗棠安排全部运到了兰州。

那边运来机器的同时，兰州这边也没闲着。左宗棠委派赖长主持厂务，将厂址选在兰州通远门外前路后营基址（今兰州畅家巷），厂房分东厂、中厂和西厂三部分。

德国人造的机器，中国没人会操作，怎么办？左宗棠采用福州船政局同样的办法，高薪聘请德国员工来（工程师月工资白银150两），签订合同规定：德国员工一方面是织呢局的员工，同时也是中国工人的师傅，负责把整套技术传授给中国工人，但他们与织呢局，是只有合同时限的纯粹雇佣关系。

织呢局高薪聘用德国籍机匠13名（另说7名）。为降低生产成本，普通工人只在陕甘士兵中挑选。工资发放则规定，匠人每月白银7两多，艺徒每月白银3两多。休假安排是：工人每天工作11小时，每星期休假1天，一年放5天年假，三大法定节假日：万寿圣节日（皇帝寿辰）、端午节、中秋节，各放假1天。

筹建工作全部到位后，1880年9月16日，甘肃织呢总局正式开工生产。机器一天轰隆隆干下来，可以产呢8匹。每匹长50尺、宽5尺，合40丈。投资生产后，核算成本，购置机器、运费、建造厂房、员工薪资全部加在一起，花费白银超过1百万两。

左宗棠费尽心血建成甘肃织呢总局，在中国工业史上虽有开创性的意义，在当时生产赢利情况如何呢？不尽人意。

最大的问题来自产品销路。大西北的老百姓祖辈没见过呢织品，没兴趣消费这时髦玩意儿。而运到中国沿海地区去卖，竞争对手直接是欧美商家，人家全是熟工熟手做的，产品质量比你过硬。你降低价格卖掉，兰州走陆路的运费，却是欧美海运的数倍。

甘肃织呢总局在成立当时，注定是个赔本工厂。

左宗棠当然预先想到了，他着眼的是未来。但1880年年底，左宗堂奉调离开兰州，再没有热心人来督管，织呢机器开起来有一搭没一搭，这样半死不活，开办到1883年。这年，一次意外事故，导致锅炉破裂，无法修理而停工，只运转了两年的西北第一大新工厂，宣布夭折。

从短期效果来看，左宗棠好心办了一件窝心事。但以百年的长远眼光来看，左宗棠独家首创中国现代化新工厂，等于为中国大西北的人们拨开了埋在富矿之上的泥土，替他们发明了一台"掏金机"。事实为证，1906年至1908年，兰州道兼农工商矿总局总办彭英甲修好了锅炉，重新请来比利时技师，再度恢复生产。新中国建立后，兰州市人民政府在原来遗留下来的两架顺毛机的烂摊上，投资建成了极具规模的现代化毛纺厂：兰州第二毛纺厂。

此外，在新疆主政期间，左宗棠还办了几件影响至今的大事：

他充分发挥了青年时代自学的舆地学、农学知识的实际作用，大力兴修水利。到1880年，已修筑的具备一定规模的水渠达20处，总长541里。在哈密短短的几个月里，左宗棠发起并组织最早的"新疆生产建设兵团"，修建的坎儿井，至今当地老百姓仍在使用。全部统计下来，不包括陕西、甘肃，单在新疆一地修整和新修干渠就多达940多条，支渠2300多条，坎儿井185处，灌溉面积达1100多万亩。

他还利用在柳庄种树的经验在西北栽柳树，以巩固路基、防风固沙、为戎马驻足、利行人遮凉。13年来，每到一个地方，发起植树造林，西北道路柳树已超过1000万株。单是从陕甘交界的长武县到甘肃会宁，就多达26.4万株。西北大漠，形成了数千里"绿如帷幄"的塞外奇观，是真正的"环境友好型"优胜美地。百姓亲切地管它叫"左公柳"。

在陕西、甘肃期间，他用东南沿海发达区的方式来设计大西北。为普及教育，他广开义学；为推广汉族先进文化，他增设书院，刊发书籍。他实行陕甘分闱，② 推行经世致用教育，发展民族地区经济和文化教育。

结合早年在渌江书院做山长的实践，左宗棠总结出：中国内所以有太平天国运动、捻军起义、回民变乱，发生的主要原因，是"学术不讲"。他认为好

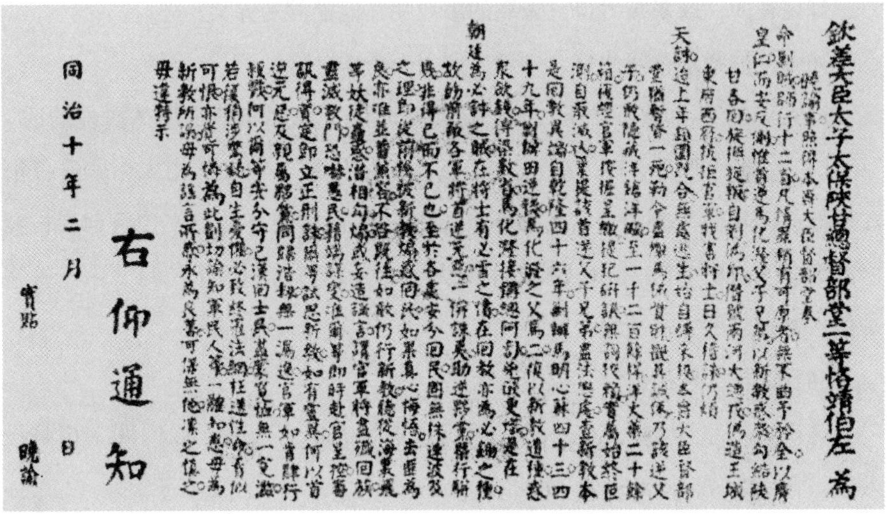

欽差大臣太子太保陝甘總督部堂一等恪靖伯左　為

右仰通知

同治十年二月　　日

實貼　　曉諭

清廷发布的告谕回民的通知

的社会，是政府清正廉洁，民众知书达礼。本着通过教育来传播学术，改良人心，建设一个太平世界，他在西北修建了兰州有史以来第一个、同时也是当时全国最大的贡院——兰州贡院。院内可容纳4000多名学生。1875年秋，作为甘肃举院的兰州贡院，进行有史以来第一次乡试，考生达3000多人，比以往多出3倍。

他还有许多建设计划要做，但战争拖住了手脚。

卸任在即，谁来接力自己未竟的事业呢？他推荐刘锦棠。

如今，被紧急召回北京，预示又要上一个新台阶。

用30年的奋斗攀登官场台阶，左宗棠印证了1856年他跟胡林翼说的话："弟才可大受而不可小知，能用人而必不能为人用"：1862年由太常卿升任浙江巡抚，同年做上闽浙总督；1864年受封一等恪靖伯；1873年12月14日被授协办大学士，1874年9月18日继授东阁大学士；1877年阴历十二月，由一等恪靖伯，晋升成二等恪靖侯。

66岁这年，拜相封侯，位极人臣。

这次"入京陛见"，左宗棠只保留了东阁大学士头衔，以内阁宰相身份入朝。③

到北京后稍作安顿，左宗棠换上朝服，雇一辆骡车，轻车简从，到达北京内城崇文门外，求面见皇上。

随从上前向门卫报告，却吃了个闭门羹。

守门的小太监说：入崇文门要交钱，请左大人先交钱。

那你问问他，要给多少钱？左宗棠漫不经心地说了一句。

小太监说：左大帅是封疆大吏，按这个级别算，起码得交4万两。

左宗棠听了随从转告，吓了一跳，从骡车上下来了。他走过去，有点恼怒地看了小太监一眼，说：本大臣是皇帝下旨，命我进京的，如果见皇帝需要付钱，那这笔钱应该由朝廷来付。

小太监头一次听到竟然还有这样的规矩，也吓了一跳，说：曾国藩当年受封一等毅勇侯，也是从这个门进去的。④他交了5万两白银作进门钱，你怎么可以破坏我们的规矩？

左宗棠一听，有点不耐烦了：原来如此！左某没有钱，今天只好破了这个规矩。

你怎么可以没钱呢？小太监很不解，你在地方上做了那么多年高官，捞也捞得差不多了，这么小气，到我面前装穷？

左宗棠见论道理说不清楚，也进不了，决定硬来。他说：我从西北来，你不让我进，我就回西北去；但见不到皇帝和皇太后，那就不是我的责任了。你们后果自负。

4万两白银是笔大钱，小太监做不了主。他从入紫禁城做奴才，见过的高官比牛毛还多，今天头一次碰到个怪人。

别人都给得，他就给不得？

僵持住了。左宗棠毅然转身，打道回宾馆。相持了一天，没有动静。左宗棠一点不急，他安排随从：等吧，该干嘛干嘛。

小太监这边扛不住了，赶紧报告太监总管李莲英。李莲英碰到了左宗棠顶牛，心想：拦住皇帝召见的内阁宰相，一旦太后问起罪来，可担当不起，赶紧通知放行。

消息很快传遍京城。左宗棠如此低调入京，又遭遇如此蛮横的待遇，朝廷上下引起震惊。恭亲王奕訢请示慈禧太后，由醇亲王奕譞率领军机大臣、六部九卿，同时到永定门外迎接左大帅凯旋。

左宗棠坐上大轿子，随醇亲王进入紫禁城，在待漏院（百官早晨集结起来准备朝拜皇帝的地方）休息，准备第二天面见皇帝。

第二天一早，左宗棠来到太和殿。对守门的小太监说：前陕甘总督、大学士左宗棠奉诏求见皇上和皇太后。

小太监早已听说了左宗棠上次拒交"进门钱"的事，这次见他又两手空空，心里十分不高兴，轻蔑地看了他一眼，说：左大人，你见皇上和皇太后既然需要我去通报，难道你就没有发现，你身上缺了一点什么东西吗？

我身穿黄马褂，头戴一品官红翎，手中有皇上之诏，心中有太后之命，还缺少什么？！左宗棠再次恼怒起来。

小太监也不怕，这里又不是战场。他以为左宗棠没听懂，干脆直说出来：

左大人，实话对你说，求我通报，连王爷都要给红包，托我在太后面前美言几句，再说，我也不是为自己收钱啊，我是为李大总管收，自己又没份，你犯不着对我发什么脾气，你不给钱，今天还真进不了殿门。

左宗棠火气陡然又来了，他开口痛骂：敌人百万大军都拦不住我，你一个小太监算个老几？（"吾尝入百万军中，无人敢阻挡者，安识汝曹小辈！"）何况我的工资收入，自己计划怎么花，还感到不够，哪里还有什么零花钱给你！我是接到皇帝命令来的，你不准我见，老子再回一趟新疆就是了！

这就是野史《左宗棠轶事》中记载的著名的"跺脚骂殿"。

小太监以为左宗棠是吓唬他的，偏不听，仍一副轻蔑的姿态，爱理不理，偏着脑袋，神态傲慢，傻傻站在那里。

左宗棠大喊一声：走！轿夫抬起他，就往回走了。

左宗棠从太后眼皮底下走了，小太监这下腿发抖了，飞跑着悄悄报告李莲英。李莲英一听，脸跟着变色。他赶紧跑进殿里，坐立不安，思考对策。

西太后慈禧最近病了，东太后慈安召见。她也在等呢，见李莲英那副样子，莫名其妙，就问：小李子你在干什么呀？怎么左宗棠还不来觐见呢？

李莲英赶紧说：您还别说，奴才的手下刚才问他要点银子，没想到这老头又小气又蛮横，一个子儿都没给，还说要回西北去，威胁我。

慈安太后一听，笑着骂道：小李子，你也太自不量力了吧！左宗棠功高盖世，性情刚直，先帝对他向来言听计从，我有什么能力要求他给你钱？你赶紧向他道歉，派人去讨饶，求得他同情，还能保住一条小命。

李莲英马上对小太监下新命令：赶快去追，尽说好话，请进殿来。

左宗棠这才重新整理好衣冠，堂堂正正走进殿内来。

慈安太后召见左宗棠，是一个感人的历史场面。

慈安与慈禧有区别，慈安讲慈爱，慈禧钻计谋。

左宗棠踏步入殿，慈安太后第一眼见到他，大吃一惊。

眼前这位铮铮铁骨保全大清江山的重臣，五年前还意气风发，何时已显得老态龙钟了？她不由自主地说：左宗棠，你再靠近一点，抬起头来，让我看看。

慈安太后端详了一会，含泪说道：左大臣，你衰老多了！

两人对面说着，听左宗棠回忆新疆往事，不禁感慨嘘唏。左宗棠遭遇慈安太后的同情，不禁感情大动，不能自持，眼泪大滴大滴地掉。他感到失态了，掏出手巾，不停地擦。慈安太后心软，跟着他情不自禁地掉眼泪，唏嘘声不断。

过了好一会儿，慈安太后才稳定情绪。问：左大帅，你怎么老是擦泪啊？

左宗棠说，西北长年有大风沙，臣被风沙吹出了眼病，见风见光就流泪，平时要戴墨镜才能出门。

慈安太后赶紧说，那你现在就戴上墨镜吧。

左宗棠犹豫了一下，觐见皇太后戴墨镜是不恭。但慈安坚持，他只好抖抖索索从口袋里掏出来，一时有点紧张，竟然掉地，打碎了。左宗棠有点惶恐，不知所措。

慈安太后吩咐身后太监：快去，我的镜台左边用黄绸缎包有一副先帝用过的墨镜，帮我拿来。随后转交给左宗棠：这是洋人赠给先帝的，先帝生前常用，它能治疗眼病，左宗棠，你戴上试试。

左宗棠戴上咸丰皇帝那副墨镜，慈安太后详细问起他的家庭、身体、生活，其中的艰苦，远远超过她的预想。这个心地善良的女人，将心比心地体谅左宗棠，没想到边疆这么摧残人。她感动得一塌糊涂，声泪俱下，问不下去了。

左宗棠也激动得老泪纵横，不知如何是好，只是以额头撞地，磕头不止。殿内各位亲王及文武大员，被这个感人的场面打动了，全都热泪盈眶，不断擦泪。

等再见过小皇帝光绪，左宗棠捧着墨镜，退出太和殿。

第二天，左宗棠得到朝廷新的任命：入值军机，任总理衙门大臣，管理兵部事务。⑤

他正式做起了朝廷重臣。

这天还发生了一个小插曲：小太监来传旨新任命，左宗棠当面赏了他100两银子。太监无比惊奇，将左宗棠看了又看，左宗棠以为他在感激自己慷慨，一高兴，又加赏了50两。太监随即又问到咸丰皇帝那副墨镜。左宗棠以为自己加了钱，太监正高兴，来趁机给自己拍马。左宗棠并不喜好，但这次毕竟是好事，他心情不错，就再拉扯几句不痛不痒的话，抓紧将他打发走了。

事后左宗棠才知道，太监问眼镜，哪里有心思拍马？是索取赏银。根据朝廷潜规则，数目在10万两！左宗棠才给了150两，以为人家在感恩戴德，其实是意犹未尽。

太监拿左宗棠没奈何，内部叽叽喳喳议论着：事不过三。他们集体起哄，闹到恭亲王那里。恭亲王也没办法：这钱不是朝廷明文规定，不能强行要左宗棠出；但不出又破坏了潜规则，以后官员们都学样，太监们就断了财路，太监一旦集体罢工，皇宫会后院起火。

恭亲王苦笑一下，摇了摇头，他自掏腰包，垫出8000两白银，替左宗棠平息了事端。

但这事才平，新事又起。

一次，小太监给左宗棠送来一张纸条，李莲英要为父亲做寿，请左宗棠送5万两银子做礼金。

左宗棠怎么看得惯这个事，又怎么受得了这种气？他再次"跺脚骂殿"：

你们这些不过是断子绝孙卑鄙无耻的阉人，竟然敢每次敲诈到本大帅头上来！（"尔等乃后之卑鄙阉人，竟屡次敲诈本帅！"）国家的大事情，败就败在你们这帮混蛋身上，不要说我没有银子，就是有，也不会给你们一分钱！（"国事败坏于尔辈身上，毋说吾无银，若有，亦不予分文！"）

左宗棠一而再，再而三将清政府的潜规则打破了。[6]

当年在骆秉章幕府，左宗棠"内清四境"，整肃官场，打死了许多"苍蝇"，打樊燮差点弄得自己人头落地。现在做上朝廷重臣，他又要拿左右朝政的太监们的潜规则来开刀，准备来打"老虎"，他能大获全功吗？

经验与教训历史早有。与左宗棠个性、风格比较接近的，是本朝皇帝雍正。

雍正是清朝入关后第三位皇帝，1722年继承皇位，1735年去世，在位仅12年8个月。但这短短时间内，他做的改革比当了61年皇帝的父亲康熙还要多。

雍正勤政为民，除了每年生日睡满8小时，每天只睡4个小时。大量的时间里，他批阅了海量文件。执政近13年，单是文件批语就写了1000多万字。

这些批语，集中贯穿了"雍正新政"的主张。他在任内提出"新8条"，全面挑战官场潜规则。其中最醒目的，就是全国之内"打老虎"：实行"耗羡归

左宗棠在新疆开的汉文馆

公"，实现"养廉银"制度；全力打击私吞、私分国有资产的既得利益集团。⑦

雍正上位短短几年，就将各种腐败事情全部列为"陋规"，通过国家顶层设计，来规范出最严格的"制度反腐"："养廉银"实现了制度化的"高薪养廉"；"耗羡归公"则由中央统一掌管官员的福利发放。

雍正皇帝通过大刀阔斧的改革，建造了清朝历史以来最清廉的政府。

雍正皇帝看得见自己的反腐成绩，但他无法看见，因为无法突破集权的体制，改革为更大的腐败埋下了伏笔。⑧

左宗棠权力远不及雍正，他本应有所顾忌。所以能全面挑战王朝陋规，全在他是收疆重臣，功高位显，可以保持个体的相对独立性，我行我素。

左宗棠并非刻意这样，出山以来，他一直这么为人处事的。与张亮基，待骆秉章，对曾国藩，看不惯就骂。现在他已经是朝廷重臣，别人奈何不了。

左宗棠的独立性，卧龙出山，主政湖南时有效，战龙出湖，纵横战场时有用，统帅大西北时可以发挥，但他没有想到，到了朝廷，看似飞龙在天，却感觉像飞龙被关进了笼子。

权力再大又能如何？哪怕他是雍正皇帝。源头滋生腐败，治标而不治本，永远解决不完。

在清廷全盘腐败的时代，左宗棠有勇气挑战，并争得局部胜利，意义也不是没有：国家无论制度多么完善，要想政府高效廉洁，都离开不了人去践行、力争。写在纸上的制度都是死的，要靠人用行动将它激活；没有人去激活，制度等于没有。左宗棠虽在对腐败治标，但他用行动激活了反腐制度。

显然，左宗棠的独立个性，不会只限于挑战"帝国陋规"。（"陋规"是封建官僚制度里的一个专有名词。上级来了要招待，要请吃，要送礼，要送钱，就属于"陋规"。翻译成现代话，吴思叫它"潜规则"，易中天则称它是"非典型腐败"。）

他刚直的个性，非凡的办事能力，注定会正面冲击到风雨飘摇的帝国大厦的根基：官僚制度。

官僚制度是催生官僚主义的温床，官僚主义是官僚制度的副产品。1963年，周恩来总理曾列举了官僚主义有20种表现。概括地说，官僚主义是脱离民众、摆官架子、不担责任、不干实事、假公济私的行为。官僚主义是产生形式主义、享乐主义和奢靡之风的根源。

左宗棠在湘官集团中的地位随之也发生了变化，曾国藩在1872年病死，左宗棠事实上已经成了湘官集团的领袖人物。进京后一次次冲击清廷陋规，是扳倒杨霈后的必然，是无意为之的第二轮冲击波。

第二轮来挑战，左宗棠是功成名就、功德圆满，还是会功亏一篑，功败垂成？

冲击官僚

左宗棠入值军机处，在工作中开出的第一炮，是以"廉干"的行动，冲击晚清臃肿低效、人浮于事的官僚体系。

慈禧太后病好后，两宫太后在勤政殿召见左宗棠及军机处各位大臣。

清廷官僚集团积习已久，早请示，晚汇报，中间只跑跑龙套。谁也没料到，左宗棠叩头面见后，第一句话就说，要修治北京城的桑乾河、永定河。

他说："臣从山西入河北，所见大出意外"，尤其皇城附近郊区，河道堵塞，水到处乱流，而沙尘暴严重，田地几乎一片荒芜，再这样下去，过几十年，北京城非被沙尘暴淹没不可。因此，他主动申请，自己带三千步兵，来"修治河道，治沙植树"。

慈禧太后每天沉溺于政治斡旋，对眼皮底下的"北京治沙"完全陌生，听到十分吃惊，问：两位王爷、众位大臣，你们知道这些严重情况吗？

这一句问得大家都傻了眼。只好照实汇报：我们确实不知道，当地的县官也没有报告上来。

慈安太后很不满，她说：你们平时都说关心百姓，现在北京眼皮底下的风沙水害都不知道，偏远的地方，想必就更加不知情了，你们平时大概都没有出过北京城，地方官也跟你们一样不关心，这怎么得了？赶快把当地县官们都撤职了，赶紧叫上来，我要问个明白！

慈禧太后当即宣布：现在就去查办地方官的家产，拿来"修治河道，治沙植树"。搞建设的事情，具体交付左宗棠与李鸿章负责。

这次会议，让一班平时相安无事的军机大臣们胆战心惊。以前瞒上压下，没出过岔子，现在半路杀进个左宗棠，原有的政治生态，一下子全破坏了。

左宗棠只想做事，而追查出的事实，用意并不在政治上打击同僚，但无意间却造成了一个事实举报，弄得大臣们颜面尽失。他这第一天上班不关心政治反着眼民生，等于当场给懒政者扇了记响亮的耳光。

从这一天起，军机大臣左宗棠看到哪里，走到哪里，总会无意打破官僚集团固有的规则。

其一是提高鸦片烟进口税。林则徐虎门销烟，结果将自己销到了伊犁，禁烟全面失败。左宗棠为了再次禁烟，利用经济杠杆的力量，发明了"以税抬价"的做法。洋烟每百斤进口税从原来的30两白银，增加到150两。这样做，既可增加政府税收，又因价格门槛，减少烟民数量。

左宗棠没有去想，从林则徐走后，中国对外政策就断了骨气，除了退让还是退让，现在左宗棠将断骨又接上了，做法是对的，但将中国的对外政策的妥协求和的整体规划打乱了。

凑巧的是，左宗棠入值军机处，正碰上《中俄伊犁条约》兑现。

左宗棠研究专家杨东梁指出，曾纪泽与俄方谈判时，俄方勒索要1200万卢布，后面一路减，减到400万，曾纪泽不同意，只答应赔250万，俄方又增加到500万，最后曾纪泽同意赔偿400万。

现在恭亲王在具体落实。为了缓和与俄国的矛盾，他同意具体赔偿中增加到1200万。

恭亲王是慈禧当年发动辛酉政变的得力助手，也是体制内创新的积极推动者，是左宗棠的积极支持者。

但左宗棠为国事不会顾忌人情，还是忍不住插手进来了。《中俄伊犁条约》本来就是自己统帅大兵压向伊犁争取过来的，现在他还要争取。俄国人惧怕左宗棠，又妥协下来，从1200万降为400万。

为国家节省了大笔钱财，做皇上的当然高兴。但具体办事的官僚，就觉得钱少难开路，以后跟俄国难处好，毕竟外交外交，天天要交。执行的恭亲王与问责的慈禧，在这件事情上态度相反了。

左宗棠与俄国公使谈判回来，慈禧太后马上召见左宗棠，当面夸奖他："尔向来办事认真，外国怕尔声威。"这句话是对左宗棠的最好的褒奖，左宗棠也觉得自己办对了，信心更足。

有了前面三件事，慈禧太后对左宗棠印象很好。她觉得，左宗棠做个封疆大吏固然可以为自己独当一面，做个朝廷重臣也可以为自己撑腰分忧。从此，慈禧每次都力排众议，用颇有预见性的决策，对左宗棠从物质上与精神上予以支持。

左宗棠与慈禧在许多事情上观点接近。从1861年垂帘听政以来，慈禧对左宗棠的信任与支持，基本就没有变化过。当年西征新疆，李鸿章咄咄逼人地攻击，慈禧太后为他辩护，说"宗棠乃社稷大臣"，后来她干脆还口头规定，"三十年内不准参左宗棠。"这种君臣之间的信任，是左宗棠得以放开手脚，轰轰烈烈大干一场的动力。

但左宗棠没有想到，在慈禧太后的鼎力支持下，自己全副身心投入进去，用一股清新的急流，全面冲刷清朝的浊水，就必然会得罪官僚集团一大批既得利益者。

集权政治绕不过的一个怪圈：上级很满意，同级与下级总会有不满。他们就是满清腐朽而庞大的官僚集团。面对它，左宗棠只有两个选择：要么同流合污，要么发起冲击。

根据左宗棠的方式，他会锋芒毕露地来打破旧规则。这就必然需要建立新规则，来达成以下两点：

一、官僚集团内，每个官员都必须会做事，认真做，还要做好，不贪不腐，执政为民。

二、对外政策，坚决反对妥协、投降、卖国求和，这需要壮大自己，让国家强大，发动民众都起来支持，打破官僚集团的精英政治垄断传统。

这个新规则对原有的臃肿低效、人浮于事的官僚系统，会造成无穷的压力，弄得每一个混日子的既得利益者都难以再混下去。

但问题恰恰是，晚清官场，相当部分既得利益者在混。不少人的官位本就

左宗棠西征军简表

将　领	兵　力
刘锦棠	湘军 25 营　回军数营
张　曜	嵩武军 16 营　旗兵马队若干
金　顺	40 余营
徐占彪	蜀军 7 营
金运昌	卓胜军 10 营
易开俊	湘军 7 营
谭上连	湘军 4 营
徐万福	湘军 4 营
合　计	70000-80000 名

是花钱买的。像浙江巡抚王有龄那样买了官既有责任心又有治民能力的都已经凤毛麟角。八旗子弟，王公贵族，都是世袭继承的，他们除了混日子还真的什么都不会。

买官的原指望从职位上捞一把，现被左宗棠搞得既辛苦，又不赚钱，谁还会花钱买官？世袭继承的，都指望混既有体面的身份，也有潇洒的日子，一旦混不下去，还不如跟左宗棠拼命。

乌鲁木齐提督成禄就是这个典型。他跟杨霈一路货色，是左宗棠当年西征必须打穿的天花板。1873年1月17日，左宗棠参劾，朝廷下旨将成禄拿问，后经审讯，判处死缓。

但混官不只杨霈、成禄，官文、崇纶、富阿吉、崇厚，还有很多。只解决官员，不解决制度，左宗棠忙得过来吗？

只有少数有远见、想办事、能办事，不愿与体制一起慢慢耗老，随体制一同被埋葬的清醒者，才会赞同左宗棠的方法，但他们不是成了政治斗争牺牲品（肃顺），就是被政治现实逼得弯了腰（奕䜣）。

古人说："利不十，不变法。"没有十倍的利益就不改变原有的规则。但哪里有一种改革，可以让利益增加10倍？

没有"制度红利"，"改革红利"注定水花镜月，昙花一现。

当一个王朝都倾向于腐朽堕落，而"裱糊匠"李鸿章粉饰太平能赢得粉丝，真正的民族梁柱可能被视为异端。"劣币驱逐良币"，打破规则的改革者，首先被体制淘汰出局。

于是，有看不惯的、甚至直接遭遇到左宗棠方式威胁自己利益的人，就这样提醒他：在朝廷为官嘛，想顺利，"多磕头，少说话"。

而朝廷的条框也太多了，这里等级森严，一举一动，讲究上司下门，先来后到。比方每次发言，根据规定，恭亲王先回答，醇亲王再回答，然后才轮到军机大臣。

左宗棠多年做地方官，地方开会，从来没有按套路来过，习惯了民间江湖的率真、自由。

从楚军到西征军，他从来都推行，谁厉害谁先说，谁牛谁打先锋。一切凭实力说话。现在年过花甲，从头再学关系学，比水牛学跳舞还难。

左宗棠上朝不按顺序发言，慈禧太后无所谓。她只需要会办事、能帮自己出力的顶梁柱。

同僚就完全不一样了。他们本事不如左宗棠，事功基本没有，办事基本不会，出人头地就靠这个发言顺序。所以，有被冲击到的同事就提醒他：这里的规矩，总是跟着王爷走的，当上头问及，我们才能开口。

左宗棠一听，哈哈一笑。他心里很反感，但不好说出来，打算以恶作剧的方式来否定它。第二天，他很安心地跟着恭亲王，恭亲王走到哪，他就跟到哪。恭亲王上厕所，他也跟着上厕所。开头几次，恭亲王还没在意。次数多了，他觉得很奇怪，就问：左大人，你为什么老是跟着我？连我每次上厕所了，你也刚好要去上厕所？

左宗棠说，可不是吗？宝大人（军机大臣）吩咐我，说这里的规矩不同外面，凡事跟着王爷走。

恭亲王哈哈一笑，没怎么在意。可宝大人知道了，羞愧得恨不能找个地缝钻进去。

左宗棠越来越不自在起来。他甚至无法适应这里慢节奏的工作。多年来，带兵打仗、搞洋务、边疆屯田、植树忙惯了，老感到还有许多大事在等着他办，而悠闲度日，他感到时不我待。

想起1841年听说第一次鸦片战争，他一介书生，手无寸权，在湘阴柳庄叹息"世局已极颓靡，惟闭户私忧，仰天长叹已耳！"40年后，等自己做了军机大臣，成国家军事政策的决定者，他才明白，在如此臃肿低效的机构里，老年左宗棠正是青年左宗棠痛恨的对象。

他甚至明白了自己20年来军事报告审批的全部机密：1861年自己带领楚军、1876年自己统帅西征军，每次都是在前线奋勇血战，前线十万火急，他打报告给朝廷，批示却总慢得像老黄牛。原来，这里掌权的都是些像他这样的老头，每天的工作就是闲坐聊天，碰上一两件事，相互间先商量个来，又商量个去，事情磨得掉光了皮，像鹅卵石光滑，才报告给皇帝。

左宗棠习惯了前线高效的指令，对这种耗时间耗生命的日子，心中愧疚。

他年轻做过农活，知道下层辛苦，做事求问心无愧。

但一帮以八股文起家的高官，哪里知道左宗棠这些感受？依然在寻章摘句中打发日子，玩笑甚至开到了左宗棠头上。

慈禧太后曾偶尔问起：早起上朝辛苦否？左宗棠答：经年用武，早起弄惯了。慈禧太后对"弄惯"不懂，一问才知是湘阴方言，"习惯"的意思。大学士李鸿藻以此为典故，做了个打油诗来笑话他：

军营弄惯入军机，饭罢中书日未稀；

坐久始知春昼永，八方无事诏书稀。

左宗棠还没有完全清醒地意识到，这个朝廷，一身的文艺细菌，看到哪里惊心到哪里。八股起家的看重辞藻，经世致用学问只认办事能力。左宗棠觉得他们酸腐，但身边大部分都是李鸿藻这样的玩弄酸腐辞藻的人，他们觉得左宗棠粗野。事实上，左宗棠一直都在丰满理想中野蛮生长。

左宗棠现在面对的，是一个硕大无朋的官僚集团。它与自己完全异质，自己却无力对整个官僚集团进行颠覆重建。

这次与"樊燮事件"完全不同了，那次是集团对集团，势均力敌，从下往上冲，有把握赢。这次特立独行的左宗棠凭个人力量向集团发起挑战，是平级对撞，赢不了。

官僚集团也明白了，不能将左宗棠同化，只有将他排挤出局。

事情发生在左宗棠早朝迟到后。

左宗棠在军机处本来不用正点上下班。慈禧考虑到他年事已高，给了他这个特权。但碰上光绪皇帝的生日，这是清朝的"万寿节"，是最隆重的全国性节日，全体大臣必须参加。

为皇帝祝寿，是朝廷大事。延误怠慢，轻者丢官，重者入狱。

1881年8月14日，光绪皇帝10岁大寿。官僚们早早都到了乾清宫，按照严格的等级、规矩，向光绪行礼。左宗棠醒得晚，迟到了。他到时流程走了近半，只好直接过去行最重要的"三跪九叩"大礼。左宗棠毕竟快70岁了，跪起不便，同僚们九个叩叩完了，他还欠两叩，不好一个人再叩，跟着起来了。

礼部尚书延煦一直在数左宗棠跪叩多少次。看他起身，抓住把柄，马上上折参劾，说左宗棠不过一个"乙科举人"，算怎么回事呢？朝廷没有嫌弃他，"皇恩可谓厚矣"！可是堂堂内阁宰相，居然不把皇帝放在眼里，"竟益骄蹇，蔑礼不臣"。

这跟当年樊燮事件中弹劾"著名的劣幕"一个模子。只是这一次帽子更大，问题还要严重得多：蔑视礼教，反对皇帝。果真如此，政治路线上完全不正确，10颗脑袋也不够砍。

但这次事件好就好在直接发生在慈禧眼皮底下，她看清楚了，这算个什么事！"骄蹇"是事实，可左宗棠就这么个脾气，你反对我还喜欢呢！"蔑礼不臣"太夸张了，自己已经考察他30年，要不臣早就不臣了，不用等到今天。她不仅欣赏左宗棠办事忠心，而且对他人品颇有几分敬重。慈禧看到这个折子，当时就留住不发。

但延煦用心实在险恶，料到慈禧会偏袒，一开始就用了明折。这等于现在的公开举报信。朝廷上下很快都知道了：左侯相又让人给参了。

慈禧看压不住了，说：朝廷应该有个明确的说法。委派醇亲王奕譞来处理。

醇亲王是光绪皇帝的父亲，他本人也觉得弹劾太夸张。但这个举报太符合政治需要，自己不敢直接反对，于是找到军机章京领班许庚来问计。

许庚在军机处上班，他将一切看在眼里，对前因后果十分清楚：左宗棠到军机处后，天天喊要与法国人开战，大家不胜其烦；他办事又喜欢独断专行，大家都有些吃不消。但许庚与左宗棠关系铁，两人经常可以随便拿对方开玩笑，当然会想方设法来保左宗棠。许庚给醇亲王出主意：要给左侯相出一口气，那就必须反过来"申饬"（斥责）延尚书。一般人没资格去指责礼部尚书，所以只有王爷您上个折子，纠劾延尚书，到时朝廷再发个明谕，批评他小题大作，事情也就解决了，左侯相面子也保住了。

慈禧支持，醇亲王来出面，许庚应对，攻击左宗棠的延煦，自然讨个没趣，反被臭骂一顿。

这时的左宗棠，不再是"樊燮事件"时的愣头青，是功高盖世的重臣，怎么可以说赶走就赶走？！事后，慈禧太后猜测左宗棠年岁大了，事情干多了，会影响起居。于是免去他的"总理衙门行走"一职，考虑让他少参与政事。

赠太傅原任东阁大学士二等恪靖侯谥文襄左宗棠

功成名就的左宗棠

左宗棠为什么这次早朝迟到了？

他17岁的夫人章氏没忍心从熟睡中叫他醒来。

左宗棠什么时候娶了第三个老婆？

两宫太后同时召见他那次。

慈禧太后将身边的章才人赐给了他。因为细心的慈安太后聊天中知道了，左宗棠的两位夫人都已去世了。

章才人，西安人。西安自古盛产美女，"米脂的婆姨，绥德的汉，清涧的石板，瓦窑沟的炭"，民谣道出的是这个事实。章才人身材苗条，样貌出色，美人胚子。她的父亲是西安知府，因才貌出众，被选入宫中。

老牛面前摆上嫩草，左宗棠当面辞谢。他说，"臣年事已高，体衰多病，而章才人正青春年少，实在不敢接纳。"

慈禧太后说：你不要小看这件事，这是朝廷赐给你的，你带在身边，就没有人敢议论了。你看以前那个曾国藩，大行皇帝（对刚去世的咸丰皇帝的敬称，一般在皇帝去世后至谥号、庙号确立之前用）国丧期内还私纳民女赵曼做妾（民间广泛流传的叫赵曼；唐浩明在《曾国藩》中称是陈海燕，系胡林翼帮忙物色），弄得自己声名狼藉。你跟他不同，你为大清江山立下了汗马功劳，晚年怎么可以在凄清孤独中过日子？

左宗棠一听，答应接纳。

有西方作家将左宗棠的私生活描写得混乱不堪，以致完全没有一点事实影子。也有西方作家因左宗棠生活作风过于正派，反过来怀疑他不是正常男性。波尔格干脆说，"他憎恶女性，不知出于天性，还是出于成见"。这些谣言，都是捕风捉影，无中生有。

在对待女人与性的事情上，左宗棠的态度与他的人品一样，表里如一。⑨

慈禧太后许配章才人给左宗棠，是动了让他安心养老的念头。既然军机处无法让他适应，他也再没有精力，帮助自己冲击官僚腐败，再注入新的血脉，开创一个全新局面，那么，就让他到地方上再发挥，安心度过晚年吧。

1881年9月，慈禧太后召见左宗棠，说，朝廷命你出任两江总督兼南洋大臣，你愿去吗？接着道出了自己的目的："上海万商云集，洋人占有租界，动辄有纠纷，那里东邻大海，外国兵船常来，朝廷借你威望，以资震慑，此其一。再则，你年岁已高，不必事事躬亲，派人去办就是，两江是富庶之地，你的儿孙又多，平时又不积钱，这次去多少留下几个钱给后人吃饭，也是为国操劳，留点余荫。你听懂了么？"

清朝共设有八大总督，有两个最为显要，一是直隶，二是两江。直隶总督是权把子，两江总督是钱袋子。让左宗棠告别陕甘总督的清贫，去富裕的江浙地方做官捞笔钱，也算朝廷对他的恩赐。

走马上任之前，清廷赏假两个月回籍省墓。1881年10月28日，朝廷正式发布任命。11月，左宗棠从北京起程，先回到长沙司马桥左公馆，与家人团聚。1882年1月21日，左宗棠从长沙携全家回到湘阴柳庄。

别梦依稀，故园39年前，柳庄仿诸葛亮南阳故居的模样还在。左宗棠想起青年时代以当代诸葛亮自称的日子，看着自己手书的"身无半亩，心忧天下；读破万卷，神交古人"对联，想起自己说出的"穷困潦倒之时，不被人欺；飞黄腾达之时，不被人嫉"，70年来的艰难时岁，如今历历都成过往，不禁会心一笑。

他得准备去两江总督赴任了。陶澍58岁时预言自己将坐这个位置，不想在自己70岁时真兑现了。

清廷让他去两江，一个目的，是为了让他去富裕的地方多捞点钱。这说明，左宗棠身上依然没有钱。

左宗棠的钱，都花到哪里去了？

注：

①　1877年陕甘总督左宗棠在兰州通远门外（今兰州第一中学校址）创办。从德国买进的全套机器，是甘肃第一家毛纺织厂。毛纺厂总投资301312两白银，建有厂房三排。开工后聘请了德国专家来兰州安装调试设备，进行技术指导。1880年9月正式开工，织机只投入10台，日产成品呢8匹（长50尺，宽5尺）。1934年9月，国民党甘肃省政府拨款30万元，工厂又复工生产，主要产品是呢

毯，供应西北各地军需。1938年国民党军政部租用该厂，改组为军政部兰州织呢分厂，以生产军毯为主。

② 甘肃与陕西本为一省，省会在西安，康熙五年（1666年），甘肃单独成省，辖今甘肃全省、宁夏全区、青海河湟地区，新疆乌鲁木齐、哈密一带。但乡试却没有分开，两省士子仍合闱，同在西安参试。甘肃离西安路途遥远，最近几百里，最远几千里。来回一趟，多则几个月，所需经费也成倍增长，致使许多学子饮恨寒窗，无缘会试，甘肃文化教育事业也因此而日见衰落。左宗棠认为陇右僻远，文化落后，"合闱"不利甘肃士子。为方便甘肃考生，发展甘肃文化教育事业，振兴西北经济，左宗棠于同治十二年（1873年）力奏朝廷，陕甘必须分闱，这一年冬，清廷准请。

③ 封建帝国时代，自有宰相一职，中国最早实行的是"宰相实权"制度，但皇帝很快发现，自己被宰相架空，形成了"虚君实相"，堂堂天子成了摆设。于是从唐朝往后，皇帝们开始挖空心思，怎么将下放给宰相的权力收回来。

内阁说白了是对宰相的分权，相当于将一个宰相分成许多个宰相。这个制度最早设立于明朝，共设有6个级别，分别为"四殿、两阁"。两阁即"文渊阁大学士，东阁大学士"，统称"殿阁大学士"。清大学士分"三殿三阁"，官阶为正一品，地位高于明代。

④ 1864年，曾国藩平定太平天国后，被同治皇帝诏封为"一等毅勇侯"，加封太子太保衔。

⑤ 清雍正七年（1729年），清军在西北与准噶尔蒙古激战，为及时处理军报，始设军机房。清乾隆即位后，改称总理处，1738年始名军机处，办公地点设在乾清门西边。设军机大臣，军机章京，无定额，均为兼职。军机大臣由皇帝亲信的满汉大学士、尚书、侍郎等兼任。军机处职能原为承命拟旨，参与军务，随着时间推移，军机处已不再是单纯的军事机构，逐渐演变为清代全国政令的策源地和统治中心，其地位远高于国家行政中枢的内阁。军机大臣少则三四人，多则六七人，被称为"枢臣"。军机大臣取代内阁大学士成为清朝事实上的宰相。

⑥ 对于朝廷内的官员，左宗棠无疑替他们说出了心里话，做出了想做的

事，叫人拍手称快。在今天，我们仍呼吁、渴望出现这样的官员，并希望有更多这样的官员，就可以全面杜绝腐败现象。

⑦　雍正改革可以概括为"新8条"：一是实行"耗羡归公"，建立"养廉银"制度；二是"摊丁入亩，地丁合一"，解放了社会生产力；三是清理国家财政钱粮亏空，以铁的手腕把侵吞的库银收回来；四是建立"会考府"，审核钱粮奏销；五是开放洋禁，发展海外贸易；六是"改土归流"，进行民族区域的地方行政改革；七是废除贱籍、酷刑，实行社会改革；八是创立军机处，加快改革步伐。

⑧　因为帝国制度下的集权，国家一旦有钱，除了穷兵黩武，对外搞权力扩张，还真不知道怎么花。因为对内为民生谋幸福，从来就不是帝国目标。这正是"君主政治"与"民主政治"的分水岭：君主政权里，天下人都是皇帝个人的私人财产；民主政权中，每个人都拥有自己神圣不可侵犯的私产。在前一种政权里，没有基本人权的老百姓，事实都是皇帝用来享乐的工具，皇帝当然不会牺牲享乐，为自己的"工具"谋幸福。所以到了乾隆一朝，尽管反腐的条条框框，限制了官僚集团的手脚，但国家赚来的钱又锁着发霉，弄得官僚集团贪欲被禁，节衣缩食，"幸福指数"直线下降，终于全体反对，搞不下去了。

⑨　左宗棠娶了周诒端，关系毕生不错。也许他太爱又太尊重妻子，甚至始终没有娶小老婆的想法，娶张夫人是因周夫人没生下男孩子，怕断绝香火才建议促成。如今，章夫人又是在前两位夫人亡故的情况下，才许配的。

左宗棠这就叫"君子爱色，爱之有道"。早年在陶家开馆设徒，陶澍还有6个年轻漂亮的小老婆在守节，有细心的研究者指出，左宗棠并没有跟他的"女亲家"们闹出绯闻来，他坚定地守住了道德底线，超越底线的事情绝对不做。

粪土千金 【第十六章】

商督商办

1882年1月27日，左宗棠从柳庄出发，14天后，到达南京市江宁区，正式出任两江总督。

在古稀之年，终于可以来放手建设，左宗棠一上任就全身心投入进去。2月阅兵过后，他就开始考察南运河堤工。

亲身调查运河堤工、民堰、礼河大坝、淮河水利，他发现两江的开发建设，最重要的就是朱家山、赤山湖两处工程。

朱家山地处滁州、来安、全椒、江浦、六合5个地方的中心，漂水、上元、江宁三线贯通，修好了它，干旱水溢之地"圩田均受其利，亦可免漂没人畜庐舍之惨，而粮船、货船可由内河而行，不必再犯大江风涛，尤属民商两便"。

在朱家山兴修水利，是块难啃的硬骨头。雍正、乾隆、嘉庆三代，总督专门讨论过开发，都因工程过大、预算过巨，中途而废。

左宗棠喜欢挑战难事，也不管自己已是古稀老人，铁下心来，霸蛮也要办成。他确定项目后，多次亲临现场勘验，找到了打通的方法，"计朱家山自开工以来，届今两易寒暑，乃得以告竣，统计各处工程，以言里数，朱家山工程绵延一百二十余里。"

从1882年2月上任，到1884年3月卸任，左宗棠担任两江总督兼南洋大臣两年。两年内，他集中精力做了四个方面的事：兴修水利、整顿海防、开发矿业、兴办洋务。①

从1866年筹划福州船政局起，左宗棠办洋务已经有16个年头了。随着洋务运动的深入发展，弊病这时开始显露出来：国家所有制与私人产权发生激烈的冲突。

16年来，洋务运动在全国陆续兴起，模式一直是"官办"。用今天话说，政府办企业。这个模式利少弊多，左宗棠发现弊病主要是"所铸之器不精，而费不可得"。

怎么克服"国办企业"产品毛糙、生产出来还要赔本的弊端呢？

左宗棠找原因，发现是产权不清所致。他从理论上先分清国家、私人、洋人三者之间的利益，结论是："与民争利，不若教民兴利"，"不夺民间固有之利，收回洋人夺取之利，更尽民间未尽之利"，"民利仍还之民"。左宗棠下令放权：商业的事情，商人自己说了算。

在实施中怎么保证商人独立自主，商人利益归商人，而不被国家剥夺？左宗棠的方法，是在体制中做变通。1882年，他奏请朝廷批准创办利国驿煤矿，该矿名义上仍是"官督商办"，实际上已是"商督商办"，股东有了基本的独立自主权。②

利国驿煤矿办后赢利，左宗棠将成功的经验推广。

1885年，左宗棠在督办福建军务期间，还向朝廷上折，建议中国学习西方制糖技术建厂，左宗棠建议，将企业全部由"官办"转轨成"商办"。

他鼓励民间自己开办新式企业，从这里尝到了甜头，也看到了振兴国家经济的希望：如果政府不去自己办企业，只负责鼓励老百姓多赚钱，老百姓必然对有钱的商人心生羡慕（"如官倡其利，民必羡之。"），老百姓纷纷去从事经商活动，通过自己的辛勤劳动发家致富了，政府通过税收杠杆，不要搭进成本，

甘肃呢织总局的织呢前厂

甘肃呢织总局生产车间全景

甘肃呢织总局生产车间内
（兰州市文物局张小苗供图）

还可以收取商业税。这大大节省了"官督商办"模式中政府派官员去企业支付的管理成本。（"官本既还，只收税课，不必派员管厂。"）

左宗棠从18岁自学经世致用学问，又没有任何体制内教育经验束缚思维，以旁观者的眼光，对比中西差别，他一眼就看出导致中国落后的根源，出在中国文化身上：

中国人将智慧都消耗在四书、五经、八股这些大而无当的虚空学问上，外国人的聪明都落到了科学与技术构建起来的经济实体方面（"中国之睿知运于虚，外国之聪明寄于实。"）；中国人将伦理道德作为立国的根本，把科学技术看成是末等小事，外国人则不然，他们推崇科学技术，看轻伦理道德。（"中国以义理为本，艺事为末；外国以艺事为重，义理为轻。"）。中国文化一味追求务虚，导致近代工业完全落后。

左宗棠决定通过办洋务来改造中国文化。作为一个受中华文化哺育成长起来的读书人，他有着很强的文化本位心理，看清楚了中国的短处，但接受不了这种文化自卑：虽然中国人的长处不如外国人，但也没什么了不起，我们跟着他们学习就可以了，让西方独霸科学技术专长，那是不行的。（"谓我之长不如外国，藉外国导其先可也；谓我之长不如外国，让外国擅其能不可也。"）

左宗棠读过魏源的《海国图志》，接受了"师夷长技以制夷"观点。大权在握的总督，接受了就要顶着责骂与非难，毅然去实践推行。他给二哥左宗植写信说，湖南本土的老乡们顽固保守，如果在家乡听你说起我要学习洋人，一定怕污染了耳朵，骂我被外国人洗脑叛变了。（"湘人固闭，殆必闻而掩耳，谓我变于夷矣。"）他希望二哥帮自己向乡亲解释清楚。

为了大力扶持民营企业，与西方列强在国际市场竞争中争得一席之地，1882年，左宗棠推荐胡雪岩到上海开办蚕丝厂。

眼下，胡雪岩已经成了左宗棠扶持起来的中国首富了。

1862年，胡雪岩借助王有龄开办阜康钱庄，做上了商人；1874年，他依靠左宗棠的支持，创办胡庆馀堂，做成了大商人。

胡雪岩的商业才华，因与左宗棠合作而找到舞台。左宗棠发现，胡雪岩是个商业奇才，完全可以胜任"后勤部长"。

早在1864年，楚军攻陷杭州，左宗棠出面支持，将领们在战争中获得的数百万两银子都存进阜康钱庄，胡雪岩用这些钱做资本，从事投资，"岁获利数倍，不数年，家资逾千万，富甲天下"。

后来，西征军的粮草、枪炮、子弹，左宗棠都放心交给他去办。

胡雪岩积极帮左宗棠从国外贩来军火，而且都是当时国际上最先进的武器。1875年，左宗棠在兰州前线，胡雪岩从上海贩到"来复枪"1万多支。他还帮左宗棠为前线指挥官每人配备了一个双筒望远镜。

胡雪岩利用官商结合，一方面通过贩卖军火，大发战争财，另一方面也为西征胜利立了大功，清廷不吝奖励：御赐二品顶戴，赏穿黄马褂。

自秦始皇统一天下以来，商人属于四民之末，"商而优则仕"实属破天荒。亦官亦商，官商结合，胡雪岩暴富，总资产接近4000万两白银，是清政府一年财政总收入的一半。

但就在他官位显赫发达，商业如日中天之时，事业面临灭顶之灾。

李鸿章正在密谋怎么一手将胡雪岩推上绝路。

这事当然因左宗棠引起的。多年来，李鸿章与左宗棠个性不同，政见也始终不同。左宗棠主张对外国人战斗，李鸿章主张"和戎"。左宗棠在洋务运动中扶持民营企业，李鸿章主张洋务只办国家垄断企业。

李鸿章与左宗棠一直摩擦不断，个人私怨，政见矛盾积压30多年，终于到了有你无我的地步。

左宗棠先下手，趁李鸿章回老家"丁忧"，将他体系内的官员都打击了一遍，开除的开除，贬谪的贬谪。李鸿章回到北京后，心里像打翻了五味瓶，他决定报复，而报复的首选对象，是胡雪岩。

胡雪岩作为中国第一成功的民营企业家，用富可敌国的财富，做了左宗棠主战政策的最有力的支撑。要扳倒左宗棠，先要扳倒胡雪岩。扳倒了胡雪岩，左宗棠就失去了经济基础，不攻自倒。李鸿章今后还可以拿胡雪岩到处做反面教材，证明左宗棠主战必败，胡雪岩民营必垮，朝廷就会反过来支持他：外交政策专一于"和戎"；洋务运动只办国家垄断企业。

李鸿章细致制定了"倒左必先倒胡"的详细战略规划。

胡雪岩当然蒙在鼓里，大业恰好在这时启动。1882年，他花掉2000万两白银，办成上海蚕丝厂。

蚕丝生意是一场国际贸易。胡雪岩发现，华商当时各自为战，洋商背后操纵了价格权，弄得生丝价格日跌。胡雪岩高调坐庄，对抗洋人商战。洋人收价4两，他以每担5两的价格，尽收国内新丝数百万担，独家垄断了市场，导致洋人无丝可买，国际价格暴涨。

就在胡雪岩垄断国际市场，眼看着要做成世界首富，却突然传来坏消息：一是意大利生丝当年突然大获丰收；二是中法战争爆发，国际金融危机袭来。

怎么办？收生蚕丝已经投入了2000多万两白银，现金大部分套进去了。但这时如果降低价格迅速抛售，不至于亏本。

不幸的是，对国际资本运营半生不熟的胡雪岩，自己的商业判断与决策这时已经出现了失误。更要命的是，当口上，李鸿章抓住这千载难逢的机会，授意商人盛宣怀向洋行放风，造谣说胡雪岩资金即将清空。赊款的洋行宁可信其有，纷纷跑来向胡雪岩催款。胡雪岩只好从阜康钱庄调来80万两银子还账。

商战有如兵战，属于"阴事、诡道"，阴谋与算计是常事。盛宣怀通过电报间谍，对阜康钱庄调款数目了如指掌。他预估胡雪岩的现金差不多都调出了钱庄，马上派一些大户到银行提款挤兑；同时让人四处放出风，说胡雪岩积囤生丝已经血本无归。

经过盛宣怀的造谣与煽动，前来提款的存户踩破了门槛，阜康钱庄当天兑取一空，被迫宣布倒闭。

阜康钱庄成了压倒胡雪岩的第一块多米诺骨牌。原因是，钱庄早年名声在外，不少贪官都将自己贪污得来的巨款存进来了。

李鸿章启动"倒左必先倒胡"战略第二步，通过举报，借助朝廷权力，对胡雪岩下达抄查令。

贪官们最先得知消息，都抢着要来挤兑现金，怕迟到一步就没有了。

这个时候，左宗棠出面来挽救危机。他亲自"按簿查询"，对账发放。贪官的钱来路不正，照实兑换，等于自首，"皆嗫嚅不敢直对，至有十余万，仅认一二千金者，盖恐严诘款之来处也。文襄亦将计就计，提笔为之涂改，

甘肃制造局牌匾

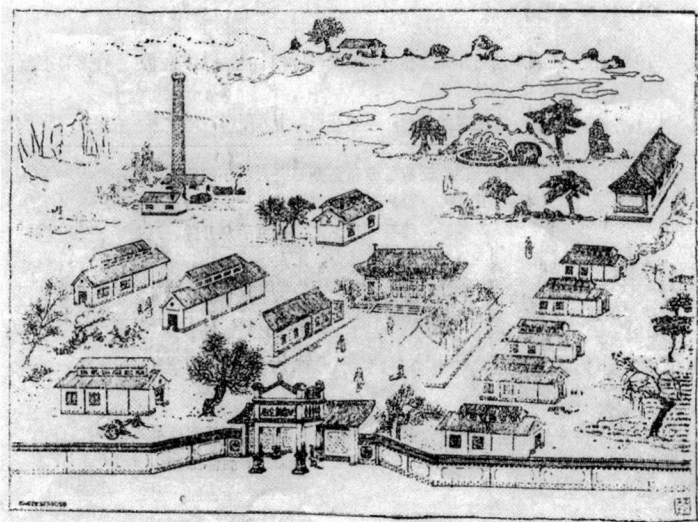

甘肃制造局旧址图　　　　　　（兰州市文物局张小苗供图）

故不一刻，数百万存款，仅以三十余万了之"。

尽管如此，左宗棠毕竟垂暮老人，精力严重不济，两江总督府里的政府性事务，都让他应付不过来。胡雪岩孤立无援，只好眼睁睁看着自己跌入万丈深渊。

在自己商业决策严重失误与李鸿章为首的官方势力和洋人势力的双重打压下，胡雪岩很快就彻底破产，胡庆馀堂接着宣告倒闭。

胡雪岩童年时放牛娃出身，阜康钱庄、胡庆馀堂相继倒闭后，又一贫如洗。李鸿章下达抄查令，胡家"押追着落，扫数完缴"，胡雪岩跟一个老放牛娃一样，家徒四壁。

阜康钱庄和胡庆馀堂相继破产，标志"红顶商人"胡雪岩的彻底失败。它警示左宗棠：在封建集权社会里，"商督商办"只能是一种理想，暂时无法实现。

扶持民营企业家的洋务梦破，左宗棠还拿什么搞建设？

官场首善

中国首富胡雪岩来自一贫如洗的创业者，大权在握的左宗棠曾经颠沛流离。回想20岁倒插门周家，对比今天总督两江，像从海下7千米的蛟龙一号去看天上400千米的天官一号。

左家七代书香门第，家族富裕，到了他这一代，怎么就快到全家饿死的边缘了呢？固然有国家动乱、经济凋敝的原因，但主要因为左家有慈善传统。

左宗棠的高祖、曾祖、祖父、父亲，醉心社会慈善，一路捐款救济他人，捐捐捐，捐到"宗"字辈（从祖父到孙辈，辈分字依次为"人观宗孝念"），终于财稀粮空，要靠外族接济。

左家大方得过了头。人首先需要自己活下来，才有力气推己及人，去爱他人。

但过度大方不是没有好处，慈善的家风培养出来的后代，较有爱心。有爱心的家庭教育，是后代出人头地的基础。

慈善心从小培养，日后慈善就会成为本能；长大再教育，慈善日后会成为理性行为。本能发自内心的，不可更改；理性来自于外在力量，有很大的随机性。

对以战争起家的左宗棠，本能慈善特别重要。如果缺乏善心，心被战火烧起来，容易走极端，一味爱好破坏。如果人格缺乏慈善，没有同情心，追求的目标就不会志在"心忧天下"，反倒可能"心坏天下"。

慈善的家风，从小言传身教、耳濡目染的慈善教育，成就了左宗棠做大事的底色，也让他在事业做大后可以稳住。

左宗棠一生中最早最感人的爱心事迹，发生在1838年第三次会试失败回家的路上。

考后，他在北京转悠了半年，无钱回家，朋友送他300两银子。一两银子在明朝中期相当于今天600至800块钱，清朝中晚期相当于220块钱。

左宗棠回湖南的路上，碰到一个老大娘欠钱，五个壮汉逼债，他当即拿出200两替她还债。

左宗棠缺钱，却不怎么在乎钱，反而总不差钱。

左宗棠做陕甘总督时，职务工资加红包，有两万两，另加"养廉银"两万两，年薪四万两白银，相当于今天年薪千万。

他更多的钱，来自一个肥差：陕甘茶马使。每年可得4万两。近10年下来，积累了38万两，他全堆在库房里。

怎么花？他每月给家里寄150两至200两。

11口之家，月消费200两，放在今天，算有一套中等别墅、开奔驰的中产生活。说不上奢侈，谈不上省俭。

左宗棠对家庭生活的态度，既不像严厉的海瑞，廉洁到家里年年岁岁只吃得起青菜，将艰苦朴素搞成怪癖，被黄仁宇定义为"古怪的模范官僚"，也不像李鸿章奢侈豪华，家里常年挥金如土，完全不顾苍生在贫困线上挣扎。

慈禧太后安排他做两江总督，已主动暗示他为后代积财。但左宗棠不但没有捞钱，反而将工资的95%，全部充公。

充公的方式，各种各样，除了直接捐款，还有办学校，或者投资国家建设。

他出手非常大气。1876年春，左宗棠移师肃州，将做陕甘茶马使得来的工资38万两白银，一手全部交给手下大将刘典保管。他立下字据，宣布自己财产充公。

这些钱怎么用？他规定两条：

一、绝对不可以挪作西征军费；

二、下任总督到任，交点清楚，做将来西北急需之用。

这笔钱对当地老百姓起了大作用。1906年5月，陕甘总督升允只用掉左宗棠留下的不到一半（16万5千两），就在甘肃兰州建成了黄河大铁桥（后命名"左公桥"，至今百年仍在使用，今已改名"中山桥"。2008年，北京奥运会火炬传递兰州起跑点就在此桥）。

左宗棠还捐款办学校。

1877年，左宗棠在兰州城外城西北角修建了兰州贡院。工程浩大，用工170万个，耗时1年，材料本应投资在10万两以上，但左宗棠为了节省，调集闲着的军人当民工，又发动军队自制材料。一个大工程下来，材料费节省到才花3000多两。

报告上奏到工部核算，费用应该有10多万两，但左宗棠只写了3000两，根据国家标准，这是用料不合格的工程，不能报销。左宗棠如果硬要申请国家报销，就得做假账。凑个假数字报上去吗？左宗棠不愿意。他明白，做假账的结果，是以3000两的成本，反赚国家10万两，这等于开了一个以公肥私的口子。如果其他官员都来仿效，以后不知道要造出多少豆腐渣工程来。

左宗棠哈哈一笑，将报销单私藏，自己掏工资充公了事。

拿个人钱，办社会事，"化私为公"，左宗棠在晚清中也是个开创，这跟"抬棺上阵"收复新疆一样，惊世骇俗。

左宗棠年轻时受的折磨可不少，他真的超脱了利益，将钱财看作身外之物了吗？

左宗棠写的《名利说》，道出了答案。

左宗棠认为：天下人做事情，都逃不过两个目的，名与利。但哪里有纯粹的名呢，名其实也是利的一种。

作为利益的名，有三种：一是道德之名，二是文章之名，三是一艺一伎之名。

但道德之名是什么？很悬乎。到底是人有了道德才出名，还是出了名才想起道德呢？见得多的，是道德或者在朝廷上出卖，或者在民间到处贩卖，这些人不过是欺世盗名，以名求利，"归于厚实"罢了。

至于文章之名，更加不靠谱。像王闿运那种人，不过是借文章忽悠天下，满足自己做当代苏秦的野心。顾炎武也是那种巧言令色的人，"负盛名招摇天下，屈吾身以适他人之耳目"，总在等待买主，没赚到好处，又转卖其他东西去了，像个投机分子。

一艺一伎（jì，技巧、才能）之名，就是像工人做工、农民种田、商人贩卖一样，通过具体办事，来得到利名。这事确实很小，君子们都看不起。但他们做事，都不欺骗和侵害别人，通过自己的劳动，获得自己的好处。这样的利，以及这样出名来获利，真实可靠，既不出卖良心，也不出卖廉耻。③

左宗棠用自己的独特名利观，来处理天下事情。他希望自己像"工人做工、农民种田、商人贩卖"一样，通过自己的辛苦劳动，获得一艺一伎之名。

但总督是个官位，左宗棠职位上能追求的，事实上更接近道德之名、文章之名，像曾国藩那样，追求"立德、立功、立言"，以图不朽。哪怕这些德、言都是假的。

而左宗棠宁愿放弃立德、立言，期盼获得立功之名。这有难度。总督工作不同于做工务农经商，不是一艺一伎。在总督的位置上，怎么拒绝道德之名、文章之名的虚假，心安理得获得一艺一伎的利名？

左宗棠需要通过行动继续来回答。

廉干传后

男人一生最难获的事情是有权，最害怕有的事情是没钱，但最难处理的事情，却是家庭与事业的关系。无论精英还是平民，伟人还是凡人，这方面做到平衡不容易。

学左宗棠"身无分文，心忧天下"的毛泽东，青年时期与萧子升有过争论。萧子升批评他："一屋不扫，何以扫天下？"毛泽东反驳："大丈夫当扫天下，安事一屋？"他后来还说了句名言："革命不是请客吃饭"，战争年代，这话有道理。但战争里也有和平，尤其到了和平年代，大男人无法避开家事。何况，革命的首要目的，不就是为了让每个家庭都请得起客、吃得起饭吗？

左宗棠在战场上叱咤风云，回到家庭，就与普通人一样了。他是一个丈夫、一个父亲。丈夫、父亲的事业再大，不管是剿灭太平天国运动，还是平定捻军、安定回民、收复新疆，目的只有一个，为了天下家庭的幸福，让老百姓都可以安居乐业，有条件去追求幸福。否则左宗棠出山干什么？以"心忧天下"为己任的左宗棠，自己首先得追求到了幸福，才有说服力。

左宗棠的家庭生活，算得上幸福。他与妻子周诒端感情和好，相敬如宾，从结婚时起，周诒端就一直支持他、帮助他、鼓励他。在最贫困的时候，她从心灵上、物质上帮助左宗棠挺过难关。

但后来左宗棠入幕，家庭生活改变了。周诒端与他两地分居。一直等到左宗棠做上闽浙总督，才将夫人接过去。但随后平定捻军、安定回民、收复新疆，接二连三的战事，让左宗棠与家人聚少离多。

左宗棠任闽浙总督那几年，夫妻俩有过相互陪着一起慢慢变老的幸福时光。

周诒端是"闺中圣人"，年轻的时候，她对丈夫满意，对家庭知足，对生活安心，平时相夫教子，空余时写诗。但人一老，就不免考虑起后事。她终于问起左宗棠的工资来，这么多年来，左宗棠寄多少，她就收多少。现在住到一起，她想问明白，丈夫每个月到底收入有多少钱？

左宗棠告诉她一年有4万两白银，周诒端吃了一惊。好你个左老三，以前每月才给家里寄二十分之一，这么抠门。她说，我每月有你寄的那点钱，足够了，你还存了那么多钱，我看咱俩是不是考虑该给儿子和孙子们买点田产了？

左宗棠没有回答。周诒端见她不作声，又想起一事，说：咱家看门的何三，来了好多年了，他为人忠厚又老实，前几年老伴过世了，儿子也夭折了，晚年不好过啊，你看能不能按一个兵勇的标准补给他粮饷？一年也就四五十两银子，钱不多，他可以安生养命。

左宗棠这下没犹豫，张口答应了。

周诒端说：我还有个事情不放心，借机会顺便问一下，你每年那么多钱，都是怎么花掉的？不是我做妻子不放心，是实在难以理解呢。

左宗棠不好解释，就笑呵呵地说，反正我没有拿去吃喝嫖赌，不信你可以去打听、查访。

周诒端说，我不是要问你这些，我是问你钱都花到什么地方去了？

左宗棠有点尴尬地看着她，笑了笑，说：你不问我还忘了，我这人公私不分，我的年薪、养廉银，基本上都花到国事上去了。

周诒端不听解释还好，一听更加糊涂了：国家不是有拨款吗，再说你那点钱，放到口袋里是算多，放进国库里去，也太少了，能撑起什么事？

左宗棠说：主要解一些燃眉之急。当兵的有个三长两短，受冷了，挨饿了，家里有老人过世了，我能不想办法帮他们一把？到地方上办事，国家的拨款总会差一些，我不补上去就会耽误事，为了早点做事，我也不在乎这几千上万两银子。原来我在福州办了个船政局，推荐沈葆桢在掌管，这回经费又吃紧了，我自己带头捐了6万两。这些花钱的事，我本来都要与你商量的，但你在湖南，每次都来不及，所以我就自作主张了。再说，我挪用私款做公用，账本在胡雪岩那里，有据可查。

周诒端一听，十分意外。她读书不少，还没听过哪个朝代有当官的将自己的工资放进国家库房里的。就算自己满足湖南那个中产生活，可她还是不愿意看着子孙跟自己一样，应该更好点才对。这样一想，她心里有点气了，说：你将朝廷的钱和自己的合在一起，最好还是分清楚，将来万一查不清，你"挪用私款"被说成"挪用公款"，是是非非，真说不清了。

那就随别人去查，随别人去说好了。左宗棠知道妻子说的是气话，只好笑着说。

左宗棠当然不可能知道，在他之后，美国后来出了两位在职不拿薪水的"大公无私"总统：第31任总统赫伯特·胡佛和第35任总统约翰·肯尼迪。他们比自己晚了半个多世纪，可也没有"私款公用"的记录。

不久，周诒端又提到给子孙买田置地的事。人老了，总想后事，事没办妥，心里就不踏实。左宗棠知道，必须得有一个交代了，他就拍着妻子的肩膀，说：诒端，咱们商量一下，我看最好不买了，你想想，子孙比我强，要田地干什么？

子孙比我弱，他能守得住？

左宗棠内心更深一层的考虑，是看出自己的后代中，还没有像自己天分的人，那么就走常人之路。天才有天才的走法，从"身无半亩"起家，清楚家族怎么才能兴起。何况，从苦水中泡出来的人，希望自己经历过的，后人也经历一下。

左宗棠考察三个儿子，左孝宽、左孝勋"性质近厚"，左孝同"天分颇优"。他相信与其希望儿子中出一个有才干的人，还不如出一个道德敦厚的人（"子弟得一才人，不如得一长者。"），左宗棠盼子的最高目标，就是希望他们都成为"老实秀才"。他对下一代的担心确实很多，"聪明者怕其沾染名流习气，庸下者怕其沾染纨绔习气"。

左宗棠是这样安排自己的遗产的：他跟二儿子左孝宽交底（长子左孝威已去世），只拿出2万两养廉银作遗产，三个儿子，每人5千两；侄子左世延父亲死得早，欠了一屁股债，给1千两还债；再拿部分给自己买祭祀田地和墓地，剩下的捐给国家。

左宗棠清楚，子孙平安幸福，要靠自己开创。如果给得太多，像李鸿章那样，借由政府办企业的洋务运动，将国家的钱基本都赚进自己口袋，给儿子留下2000多万两，后人成了纨绔子弟。

当然，也不能给太少，自己当年买秀才要108两也拿不出，进京赶考还要倒插门得来路费。人穷志短，会错失机会。

5000两最合适，既不假唱道德高调，也不假装以廉出名，而是实实在在：既可以解决后人衣食之忧，又让儿子们无法"玩钱丧志"。到底是鱼是龙，是骡子是马，得靠自己。人可以拼自己，不能"拼爹"。

安排好了遗产，左宗棠也考虑自己身后名。

他很明确，自己要"一艺一伎之名"。

取得这个名的方法很简单，自己努力做好自己分内的事，取自己该得的实在名声。

左宗棠对待乡亲的态度，也很特别。从湘阴小地方干成了封疆大吏，乡亲们闻风而动，隔三岔五找上门来，要钱，求找工作。凡是借钱的，只要说明困难，他觉得可以借，当场就给了，数目不论大小。只要是托他帮助找工作，一律没门。他打发手下的人安排送回家。路费也不是一次给，在南京给一半，另一半要老乡去武汉领。这样就避免了老乡拿到钱后逗留，乱花光了回不去。路费一般在50两银子左右，回家还够花上一阵。人情与原则，都照顾到了。

左宗棠刚做浙江巡抚时，将8000两平余银捐掉，但又不鼓励别人学他，因为他考虑，其他官员生活未必像他一样节省，如果家庭开销大，则会入不敷出，而自己独自霸占一个清官的虚名，将其他官员都逼进了窘迫的境地。所以自己索取的和给予的都应该以人道与正义作为准绳，而又不能不近人情。("应知取与皆当准之与义，而又不可不近人情也。")

有一则小故事，能很清晰地传达出左宗棠不取道德、文章虚名的人生观。湘阴准备建一个义庄，以帮助那些鳏寡孤独的人，扩充备荒谷，在灾荒年自救，请左宗棠捐款。左宗棠当即委托李仲云代自己送过去了。跟儿子谈起，他不建议学自己。说：这是义举，我分内应该做的。局外人有的说我做作，也有人说我清廉，他们都不知道我的心啊。④

做自己"分内应该做的"，自己该做的绝不推脱，也决不要求别人都来学习自己，很朴素实在，不高调，真实、不遮掩。这就是着眼办事官员的风格。左宗棠以这个原则，来带兵打仗，为官一方。现在他也以这个标准，为自己求得实实在在的"一艺一伎之名"。

左宗棠自做官后对清廷充满了感激，他"以布衣直取卿相"，缘于朝廷格外厚恩。他通过拼命工作来回报朝廷，这也是他不断捐款、私款充公的一个原因；既不是愚忠，也不是盲从。在他的内心里，物与我，人与我，群与己，界限都分得清清楚楚，他对自己做"分内应该做的"的定位，有着鲜明的理想色彩，这个目标一点也不高，每个人都可以做到。

现在，左宗棠任两江总督，朝廷奖赏的这种半做官半养老的安排，让左宗棠晚年终于有时间享受一段天伦之乐。他在柳庄拜亲访朋，再准备将家人从湘阴接到南京。

左宗棠与家人在一起，一般比较严肃。毕竟带兵打仗出身，加上性格刚直，不是慈父形象。但他有时候也开玩笑，开起来比一般人更好笑。去两江任总督前，在长沙司马桥住宅，一家人其乐融融地团聚，他吹嘘多年来打仗的事，比较起湖南人物来。

他说：湖南人做上两江总督，历史以来只有三个，陶澍、曾国藩和我，但他们两个没有我幸运。

家人纳闷，问为什么？左宗棠说：你想想看，陶澍一生没有拜相，曾国藩虽然封侯拜相了，但是他没有回湖南老家。家人听明白了，同时"哦"了一声，有点道理。

不过呢，我也有一点遗憾，我有一点比不上曾国藩。左宗棠又说。

家人都停住了，等他说出答案。左宗棠看着大家，用手抚摩着下巴，说：我的胡子没有他长呀！

一家人顿时笑得前仰后翻，十分开心。

其实笑声现场让人还是多少有点伤感，家人中已经有四位不在了：二哥左宗植已经离世了，妻子周诒端不在了，儿子左孝威与女儿左孝琪不幸病亡。这些伤感的事情，都发生在左宗棠进入陕西平定捻军前后。

妻子周诒端1870年3月与左宗棠在汉口见面回家后即去世了。左宗棠得知噩耗，回想妻子一生"贤明淑慎，常履忧患，终生不知安闲享受之乐"，一面竟成永别，心中极度悲痛，"形未瘁而神已伤"。

他怎么会忘记，倒插门周家那段时间，自己失魂落魄，妻子写诗细心安慰，负责他的衣食起居，帮他描绘地图，从来没有一句怨言。他们像牵牛与织女一样，命运紧紧连为一体，妻子先去，左宗棠的心像被带走。他预感等到大西北的事情大致办得差不多了，自己也远离凡尘杂事，将追随妻子而去。（"计西事粗平，吾亦将辞尘界而同归大暮矣。"）

大儿子左孝威因病死去时，左宗棠刚好收复了肃州，清廷授予他"东阁大学士"（内阁宰相）。悲喜交加同至，祝贺的人站在门口道喜，凭吊的人站在屋内哭泣（"贺者在门，吊者在室"）。左宗棠自己没有一丝高兴，"连日形神惘惘，了无生趣"。他想，自己所以受到老年丧子的惩罚，都是因为官位、荣誉升得太高太快带来的。但荣誉有什么用呢？身外之物，供自己死后挂在旗子上给别人看看而已。儿子才是自己今生最看重的骨肉血脉啊！因此，他的态度很特别：凡是来吊丧的人，他一律拱手道谢；对来祝贺他升官进爵的人，全部臭骂一顿。

他说：你们这些人，"可谓全无心肝者矣"。

亲人相继离去，他不胜哀痛，夜里醒来，常失声痛哭。

左宗棠声名已扬世界，但他确实累了。年过古稀，他很想在家含饴弄孙，用子孙的童稚亲情，消解自己战场杀戮那钢铁般的意志力。半生来，东征西讨，南征北战，晚年功勋累累，青山还依旧，夕阳却落红。

坐在柳庄门前，看青山绿水、望高天淡云，左宗棠回忆40岁入张亮基幕以来的日子，30年来的战争生涯，顿觉像一场秋梦。

自己本是一介书生，以研究农业科学和地理学为志业，一心想经世致用，学用结合，建设桑梓。没有想过今生要带兵打仗。保卫家乡，保卫国家，只是出于人的本能，更没料到做成军事统帅，是时势注定了今生命运。

他曾梦想像牵牛星一样，在天上与人间自由来往，种田、读书，"为樵为渔，访鹿友山中，订鸥盟水上，消磨锦绣心肠，逍遥半世"，却都没有实现。

对已定的卓著人生道路，他心中总会生出一种莫名的惆怅。他厌倦了战争，也痛恨战争改变了自己的书生形象，弄得"主兵之人，如秋官然，生长之气少，肃杀之气多"。他将自己家人这些年来遭遇的无数变故，都归结于战争带来的"未尝非权威过重所致"。

但左宗棠没有后悔过。"心忧天下"固然要心忧家人，但主要是心忧国人的幸福。明白自己怎么去追求、去实现国人的幸福，荣誉不过是一朵昙花，他关注的是做大事，以及大事实现后的效果。

就在他为两江管理与建设操尽了心，好不容易偷得浮生三月闲，国家又发生了一件大事。

朝廷又要来烦劳他了。

注：

①　再次到任后，左宗棠主要做了以下事情：1883年1月，巡视水利。2月，到朱家山督查，处理山东教匪一案，创立渔团。4月，督修运河。6月，筹军火、募新军，增援广西、云南抗法。9月，出阅渔团。1884年1月，出巡上海、靖江，

2月，到朱家山巡视水利。期间，他还经常挂念新疆、关注前线。

② 利国驿煤矿由徐州道员程国熙令胡恩燮创办，胡恩燮委托儿子胡碧澂为煤矿提调。胡氏父子与两淮盐商有密切关系，胡碧澂是这个矿业的重要股东和实际主持人。左宗棠放权，煤矿从提调到股东，都是商人。经营管理"不请官款，一律由商集股办理"，"资本盈亏商自任之"。经费发生困难时，左宗棠则准许产品销售减税，以及由"江宁潘司酌提库款"大力扶持。

③ 在《名利说》中，左宗棠集中阐述了他的"义利观"：天下圆顶方趾之民无数，要其归有二，曰：名也、利也。人率知之，能言之。然试察其志之所分，与其途之所自合，则亦曰利而已矣，乌有所谓名者哉！名有三，曰道德之名，文章之名，一艺一伎之名。古人吾弗能知，吾思夫今人之于名。以道德名者，人因其道德而名之乎？抑已因其名而道德者也？或市于朝，或市于野，归于厚实已矣。以文章名者，亭林顾氏所谓巧言令色人哉？负盛名招摇天下，屈吾身以适他人之耳目，期得其直焉，不赢则又顾之它尔。以一艺一伎名者，其名细，今之君子不欲居，然亦百工之事也。吾益人而不厉乎人，尽吾力食吾功焉，斯亦可矣。顾伎庸术劣，抑人炫己以求自利者又何比比也？徇私灭公，适己自便，此皆宋儒谢氏所谓小儒者也，利也。夫恒情所谓求利者有其具，农之畔，工之器，商贾之肆，此以其财与力易之者也。此之所谓求利者亦有其具，不以其财，不以其力，以其廉耻易之而已。诗曰："不稼不穑，胡取禾三百廛兮？""不狩不猎，胡瞻尔庭有悬貆兮？"。古人盖以为诧矣？今何以恬然若无足深诧，且相与睨而艳之，恤恤乎恐彼之不如耶？廉耻之道丧，嗜利之心竞。意其弊必有受之者，而非斯人之谓哉？

④ 《左宗棠家书》与诸子丁卯（谕知办义庄等事）：先世贫苦忧瘁，惟积功累德，以有今日。吾蒙国恩，禄入甚厚，岂能但顾其私！自应先就宗祠学塾为之。试馆改造，义学举行，究需钱若干，尚须添置义庄，以赡族之鳏寡孤独，扩充备荒谷，以救荒年，吾苦力不给耳。带兵多年，不私一钱，任封疆数年，所馀养廉银不过一万数千两，尚拟缴一万两作京饷，则所馀不过数千已耳。现拟托李仲云代为拨兑，收到宜从速办理，勿因循也。此系义举，分所应为之事，至沾溉子孙，则非我意，而外人尚谓我矫，或称为廉，均不知我心也。

挂剑枝头 【第十七章】

援越抗法

1883年5月，中国大西南出了大事：从云南到贵州到广东，法国以越南为跳板，对中国发起侵略攻击。

法国对中国西南三省垂涎已久。早在1859年，法国就联合英国，对中国大沽口发起战争。战争挫败后，法国转移阵地，将舰队开进越南。

1862年，法国攻下交趾的首府西贡（今胡志明市）。越南投降，签订《西贡条约》，割让交趾。

占据交趾后，法国商人活跃起来，四处寻找在越发财机会。一个叫久辟酉的商人在河内意外发现，这里可以通往中国云南红河。久辟酉利用这条河道，偷偷向云南贩卖军火。越南官员发现后，要求法国总督召回。

1873年，法国派海军官员葛尔里前往调查久辟酉，不想久辟酉能说会道，反将葛尔里说服，回去后建议总督派兵并吞越南北部。

越南政府由此对葛尔里痛恨入骨，秘密联络黑旗军领袖刘永福，在狙击中伏杀掉葛尔里。

刘永福是中国广东省人，黑旗军曾是太平天国南部一支，约2000人。因军队打着黑颜色的旗帜，故名。

太平天国失败后，刘永福在中国无处藏身，逃到越南。刘永福这次为了赢得越南政府认可，把葛尔里等五颗法国人头送给越南国王阮洪任，国王很高兴，任命刘永福做三宣副提督，相当于兵团副司令。

法国对刘永福的做法很生气，苦于抓不到他，就拿越南出气，借口越南杀死了葛尔里五人，改签《西贡条约》，规定三点：一、法国承认越南是独立国；二、越南外交由法国代理；三、开放红河自由航行。

法国要清廷做《西贡条约》的公证人，清廷当即拒绝。理由是：越南自古就是中国的藩属国；没有我们承认，越南怎么可能是独立国？三条规定都无从谈起。

法国决定用事实说话，再给清廷一点颜色瞧瞧。1883年初，再派大军进攻越南首都顺化，越南国防军被瓦解，国家完全沦陷，国王投降，内政外交，从此全归法国管理。

越南有骨气的官员都不甘心做亡国奴，一边另立阮洪任儿子阮福吴当国王，一边暗地派急使到中国紧急求救。

中国接到求救信，吃惊不小。越南沦陷，中国西南门户对法国已经全面洞开，而法国吞并中国大西南的野心早写到了脸上。

形势严峻。是"拒越迎法"，还是"援越抗法"？慈禧太后问大臣意见，习惯性扫视四周，想起左宗棠不在。

左宗棠这时正在湖南休假。前段时间，他以精力严重下降，"动辄遗忘"为由，请求休假调养。

朝廷开始没批假。慈禧发布任命前说得已经够清楚，主要是借他的威望，镇住外国人，政府工作干不好可以请人代干；顺便让左宗棠抓紧借职务便利，多捞点钱。

但左宗棠牛脾气，朝廷不批，他就三番五次打请假报告。慈禧一看，是真不行了，好言安慰一番，批了4个月假。

　　朝廷第二个想到李鸿章。李鸿章就在北京，朝廷发布任命可以不商量，慈禧下令李鸿章去广东督办越南军务。

　　李鸿章接到任命书很生气。他说：如果因为我向来会带兵打仗，国家有困难就想到派我去当先锋，也不想想我老人家年纪一大把，这样做难道不是很轻率吗？这就好比用颗大钻石做子弹去打麻雀（"则白头戍边，未免以珠弹雀。"），也不想想划不划得来，这事真是亏朝廷说得出口，想一想都叫我特别的寒心啊（"枢府调度如此轻率，殊为寒心"）！

　　慈禧太后拿李鸿章没辙了。李鸿章这时头顶文华殿大学士、直隶总督、北洋通商大臣一堆官衔，跟他的老师曾国藩在剿灭捻军前一样，喊不动，骂不得。慈禧心中不禁掠过一道阴影：当年派曾国藩剿捻，剿了两年无功而返，秋后算账算责任，还好像朝廷错了似的。李鸿章会不会历史重演？

　　李鸿章虽然比左宗棠小11岁，但确实刚满60岁，是花甲老人。如今他已拜相封侯，拿资格来抗命，朝廷奈何不了。

　　慈禧烦闷，无计可施。

　　没想到，左宗棠主动站出来了。

　　左宗棠4个月假才休了1个月，就在湘阴柳庄知道了战事。他马上自动销假，写成一篇《时务说帖》，去北京见光绪皇帝。他说：这次侵略比以往还严重，中国马上要面临被瓜分的危险，现在只有跟法国来一场大决战，才能解救被瓜分的危局。

　　左宗棠主动回来请命，慈禧太后当即批准，任命他"以钦差大臣身份，督办福建军务"。

　　吊诡的是，不愿主动带兵出战的李鸿章，这时却手握朝廷军政大权。1883年5月1日，清政府已经给李鸿章下发了谕旨："现闻法人在越势更披猖。……亟须有威望素著通达事变之大臣，前往筹办，乃可振军威而顾大局，三省防军进止亦得有所秉承。着派李鸿章迅速前往广东督办越南事宜，所有广东、广西、云南防军，均归节制。"

　　左宗棠已经71岁，无力再亲自招募兵勇。1883年10月，左宗棠调来广东东莞人王德榜，命他按当年楚军的模式，招募士兵。王德榜根据自己的人脉，在湖南永州招募湘勇7个营，在广东东莞招募粤勇3个营，共8000士兵，组成"恪靖定边军"。

恪靖定边军沿用楚军、西征军模式：首先练心，再次练胆，最后练打仗技术。

两个月后，恪靖定边军练成。王德榜带领4营驻守谅山，4营驻守镇南关，另外2营增援，挺进谅山。王德榜向朝廷请示战略指示，得到这样一句话：

如法军打来，战亦违旨，退亦违旨，已电总理衙门请示。

根据清廷的这个指示，跟法国人作战不好打：上阵杀敌是违抗命令，撤退逃跑也是违抗命令，那就只剩一个动作：站在原地不动，等着被法军来打死。

王德榜接到这种奇怪的指令，当时就懵了，不知道自己是战是退还是守，当场发起脾气来。

这个战略中国当时只有一个人想得出来——"督办越南事宜、节制三省防军"的李鸿章。

李鸿章以"钻石打麻雀"作比方，自己不去打，左宗棠迎难顶上，他又来幕后干涉，指手画脚。

对战争的结果，李鸿章也做了指示："败固不佳，胜亦从此多事。"

打败了固然不好，打胜了还要更差。

王德榜再次发怒了："不胜不败"的战略指导怎么执行？法国士兵又不是排好了队等中国士兵去对准胸口练枪法，打仗是双方拼命的事，谁有把握控制自己刚好打出个"不胜不败"？

李鸿章代表朝廷连下两道"神战略"的时候，法国却一点也不客气，正在磨刀擦枪，计划大举进犯。

1884年2月，法国政府任命米乐为法军统帅，取代孤拔。兵力迅速增加到16000人，图谋侵犯北宁。

中国士兵无奈按照李鸿章的指示，既不能战，也不能退，法军顿时如入无人之境。3月12日，攻下北宁；3月19日，太原失陷；4月12日，法军进驻兴化。

到1884年4月，中国军队在李鸿章的指导下，让法军顺利地攻破了镇南关。

东部法军统帅、将领尼格里大喜过望，他哪里想到打中国会这么顺利？被胜利冲昏了头，他派士兵在镇南关的废墟中插上一块牌子，口气张狂地写道：

"广西的门户已经不再存在了！"

法军一路打得出奇地顺利，此时已经完全走出了大沽口失败的阴影，胃口也被极大地刺激起来：原有以越南为据点的预想太保守了，对中国的土地，应再次进行详细的瓜分谋划，将日程表提速。

中国西南防线在法军出师必胜的攻击下正全线崩溃。李鸿章如愿以偿，得到谈判机会。

1884年5月11日，李鸿章代表中国政府，与法国代表福禄诺在天津签订《中法会议简明条约》，规定：

一、中国同意法国与越南之间"所有已定与未定各条约"一概不加过问，承认法国对越南的"保护权"；

二、法国约明"应保全"中国与越南毗连的边界，中国约明"将所驻北圻各防营即行调回边界"；

三、中国同意中越边界开放通商，并约明将来与法国议定有关商约税则时，应使之"于法国商务极为有利"。

通过条约，法国不但实现了《西贡条约》的欲望，还打开了中国的门户。这又进一步刺激了它的野心。

签字未干，法国决定再次起用孤拔为统帅，组成远东舰队，开进福州、基隆口岸，准备随时发动攻击占领。

海防跟着面临崩溃，清廷终于急了。李鸿章"和戎"，弄得西南不保，福建马上也要成为法国的殖民地了，这个战略决策是重大失误！朝廷内部责任追究斗争白热化。追责下去，权贵们树大根深，关系盘根错节，根本动不了，追着追着，完全走样，反倒演变成权力斗争。军机处责任首当其冲，被迫全面改组：礼亲王世铎取代恭亲王奕䜣；庆亲王奕劻主持总理衙门；实权则转移到光绪帝生父、醇亲王奕譞手中。

改组的军机处，急需梁柱撑起来！1884年6月13日，左宗棠再次入值军机处。朝廷考虑到他年事已高，恩准他留在福建"值军机处"，领导中国援越抗法。

1884年8月26日，慈禧听取左宗棠的意见，以光绪皇帝的名义向全国下发文件，谴责法国"横索无名兵费，恣意要求"，"先启兵端"，要求陆路各军迅速进兵，沿海各地严防法军侵入。

早已愤怒的前线军人，终于不用再听李鸿章的战略遥控了。

冯子材趁战局混乱，率军进入镇南关，与王德榜率领的恪靖定边军相互呼应。他们对着法军插的牌子，也立下坚决挑战的一块：

"我们将用法军的头颅重建我们的门户！"

枪对枪，炮对炮。一场生死大战，在镇南关对阵。

战斗一开始，王德榜与冯子材配合夹攻。法军攻势凶猛，冯子材节节败退，王德榜派兵来增援。

胜败关口，王德榜根据左宗棠发明的"楚军兵法"，决定采用刘锦棠的打法，派一支正面部队与法军佯攻，另派出一支奇兵，翻过荒山野岭，去攻打法军后路。

法军从来没碰到过这样的打法，战前毫无防备，后路军薄弱，经不起声势浩大的猛攻，顷刻覆灭，武器全部没收。前线一听后路被截断，武器失去后援，军心大动。恪靖定边军发挥楚军风格，排山倒海压过来。

地动山摇的冲杀声中，潮水一样的中国士兵，将法军冲得片甲不留。战场统帅尼格里被打得遍体鳞伤，差点阵亡，躺在担架上逃过一命。

谅山—镇南关大捷，是整个中法战争最关键的一战，中国转败为胜，扭转了中法实力对比。中国兵乘胜追击，连克文渊、长庆府，逼近北宁。北宁义军两万，也来响应。

法国军队兵残将败，灰头土脸，士气全丧。

恪靖定边军带领中国军队却越战越猛，越打越精神。全国各地民众闻风而动，打出冯子材的旗号，为中国兵挑饭、打杂、做向导。

法军眼看在中国要全军覆没。这一震撼性的国际消息，瞬间传到法国国内。法国上下全部震动，他们起来抗议政府，矛头直指总理茹费理。发动这场战争的茹费理内阁当天倒台。①

可惜的是，清廷并没有下令再乘胜追击。

朝廷上下，从1840年以来，已经形成一个思维模式：一旦胜利，马上求和。"和戎"的李鸿章早已定好了调子，"战亦违旨，退亦违旨"，"败固不佳，胜亦

镇南关战图

从此多事"。胜利初现，李鸿章的"和戎"主张，在朝廷上下又引起附和。

与上次从俄国口中取回伊犁后一样，清廷迅速派人签订和约。

1885年1月，中国海关总税务司赫德插手干预，清廷授权中国海关总税务司驻伦敦办事处的英国人金登干作中国代表，同法国外交部进行秘密谈判。金登干得到清廷授权后，4月4日同法国外交部政治司司长毕尔签订了《中法议和草约》（又称《巴黎停战协定》）。

英国人金登干代表中国签订草约，正式文本由法国政府代表兼驻华公使巴德诺来到天津和李鸿章敲定，即《中法新约》。

《中法新约》由李鸿章迅速签订。新约规定：清政府承认法国对越南的保护权；越南改由法国来保护，从此与清廷无关；中越人民往来两国边境，发放护照；中国与越南北圻陆路处，允准法国商人及法国保护之商人并中国商人运货进出，保胜以上，谅山以北，法国商人可以居住。

法国在战场上大败，但通过与李鸿章签合约，取得了战胜也难以达到的目的，法国从此打通了来往中国西南的商路。

战胜的中国却按战败国处理，签合约的消息传到前线，王德榜与冯子材"拔剑砍地，恨恨连声"。

"和戎"声又起，秋后算账。凡是没有根据李鸿章两条"神战略"打仗的，都得惩罚：王德榜因为不听李鸿章指挥，所以打了胜仗，李鸿章对他将功作罪，"革职治罪"。彭玉麟出面抗议，处分又改成"只革职，不治罪"。冯子材也没有幸免，李鸿章对他处理稍轻：调离原职。

中法大战，中国"因胜而败"，左宗棠痛恨连声。但他已是一个73岁的老人了，每天"食少事烦，经常咳血"。他知道来日不多，抓紧时间，写下一篇全国海防全局的完整规划蓝图——《清专设海防全政大臣折》。

一生以行动与实干改变不合理世界的左宗棠，这时只能以思想来影响后世了。他深知海防重要。当年他坚持主张"海塞并防"，行动上"先塞防、后海防"。之所以这样做，考虑新疆塞防容易收复土地，而中国海防岸线漫长，固防是长久之计。通过5年西征，中国大西北已经固防，可以保百年太平，现在他要集中精力来坚固中国海防，这是千年大计。

船政大臣示

船政官界石

作为中国第一所近代海军学校——福州船政学堂的创办人，作为中国海军事业的创始人，当时有谁比左宗棠更懂得海防呢？关于海防他谈了18年，写了几百份奏折，而中国海军的现状，还是和太平天国覆亡时一样，多年的努力付诸东流了。

左宗棠通过办洋务也弄明白了，中国文化"重义理、轻艺事"的弊端，只能靠经世致用来克服，靠科学与技术来改造。

作为军事家、政治家，左宗棠明确告诉后人：中国的未来在海洋。如何让中国以长江、黄河为标志的河流文明，通过独立自主、平等开放的方式，与蔚蓝深邃的海洋文明对接，让中国真正成为一个海洋强国，这是未来几百年里中国国家管理者应做的事。

在奏折中，左宗棠向朝廷建议，设海防全政大臣，要求统一事权和加强海防建设，共提了7条切实可行的意见。

当天，他紧接着再上奏《台湾紧要请移福建巡抚镇摄折》，建议移福建巡抚驻台湾，奏请台湾改设行省。

10月12日，清政府设置总理海军事务衙门，批准台湾改设行省，刘铭传为首任台湾巡抚。

写完规划蓝图后第38天，左宗棠带着"此生未完成"的遗憾，在福州去世。

时间定格在1885年9月5日，一个同1812年11月10日一样普通的日子。两个时间点中的73年里，一个从生下来就被寄托了"牵牛星降世"美好愿望的平凡人家的孩子，通过自己坚定的理想，执着的奋斗，在中国的土地上留下许多独特的传奇故事。

左宗棠合眼长眠，李鸿章却长长地嘘了一口气。

这个与他争论了一生的政敌，这头铁骨铮铮的蛮牛，终于不会再站出来跟自己唱对台戏了，他终于可以放手按自己的意愿来主持中国外事。

李鸿章从此一心单角度影响慈禧，独角戏一唱，又过去了10年。

1895年，慈禧太后已满50岁，真正是个老太婆了。这个当年泼辣敢为、工于心计的女人，26岁发动政变，将力拔山兮的武将，笔底波澜的文臣，统统制服到裙裾之下。

将文臣武将悉数制服于裙裾之下的慈禧太后

24年来，慈禧经历过太多政治大风大浪，有种阅尽人间沧桑的心态，来看待王朝内外的各色人等，这种心态，恰是衰老的表现。进入老年的她，开始显露"老人政治"的固执、霸道、独裁。放眼朝廷，再也见不到左宗棠这样的人站出来为她撑腰，终年如一相伴的，只有李鸿章和颜悦色的动听声音。他满足了一个女性强权者时刻需要把控住一切的心理需求；也让慈禧体验到凭借权力随心所欲、指使一切所带来的巨大快感。

李鸿章利用慈禧的心理转变，尽力迎合讨好，在她的荫蔽下，及时推销政见。

1894年，中日海战在即。慈禧要准备好她的60寿诞。钱从哪里来？李鸿章帮她提早从北洋海军的军费中挪用600万两白银来修建颐和园。

这一下波及了左宗棠生前建好的墙角。

左宗棠是中国海军的奠基人。遥记1866年7月14日，左宗棠接过慈禧幕后确定的、以同治皇帝名义作出的批复，于当年秋天在福建福州的马尾成立了福州船政局，三请沈葆桢出山，自己又捐赠了6万两白银做启动资金，真正耗费大量心血。这个存在过41年的船政局，是北洋海军的母体，共造了40艘舰船。

北洋海军1888年正式建军。但不妙的是，从创建那天起，军费就被官僚贪污、挪用，没有人想认真去办事，去用心管好，直到1894年，中日甲午战争的大炮轰隆隆打起来。

中日甲午战争前夕，李鸿章按照"和戎"战略，本着保存嫡系淮军和北洋海军实力的目的，企图通过谈判和解，后又寄望于西方调停，均告失败。

日本从汉唐以来，一直在向中国这位老师学习。积蓄了1000多年的能量，学生挑战先生的野心愈来愈强。日本终于对中国北洋海军发动凌厉猛攻，李鸿章命令北洋水师不能还击："战亦违旨，退亦违旨"。这个决策，直接导致北洋海军全军覆没；左宗棠30年海防建设规划的辛苦经营，被李鸿章毁于一日。

1895年4月17日，李鸿章代表中国政府，在日本下关签订中日《马关条约》，一举开了中国割地求和及超巨额赔款的先例：

中国割让台湾岛及所有附属各岛屿、澎湖列岛和辽东半岛给日本；中国赔偿日本军费2亿两白银。[②]

这些左宗棠都看不到了。他看到了又能怎样？封建集权的体制，注定会走到这一天。个人有再强的办事能力，也无法挽救没落的王朝、垂死的帝国制度。左宗棠为日薄西山的清王朝注入活力，不是青春焕发，而是回光返照。

73岁的朝廷重臣，终于累死于国事，老死于任上。

人死入泥，盖棺论定。如何评定左宗棠的一生？

盖棺未定

左宗棠带着"中国如何面对未来海洋"的问题和遗憾离世，朝廷却为怎么给他加谥（shì）号而争论不休。[3]

从西汉到清末，中国历代宗室、百官得谥号共10473人。根据清代赐予大臣谥号的规定，一品大臣过世，按例请皇帝决定是否授予谥号。一品以下官员除非特旨，一般不授予谥号。得到谥号的人，只有曾入翰林，或者获授过大学士头衔，才能称"文"。

"文"为谥，号在"文"后。有清一代，谥号"文正"最高，"文忠"次之，"文恭"再次之，后面依次还有"文襄"、"文成"、"文端"、"文恪"。

左宗棠去世后，大学士额勒和布，协办大学士阎敬铭，考虑选定"文忠"上报。

慈禧太后一看，"文忠"两字不能准确概括左宗棠生平。于是问军机大臣：除此之外，还有什么能够切合实际地表扬左宗棠平定中国西北、收复新疆的字？

回答是"文襄"。

清代"文襄"，多授予有学士背景、同时又有军功的大臣。比方小左宗棠25岁的张之洞，后来因在抗日与镇压两湖农民起义中军功显赫，被谥为"张文襄公"。

但咸丰皇帝曾有过规定：文武大臣阵亡或在军营中积劳成疾，或者一生的武功并没有成功的人，不能谥号"文襄"。左宗棠收复新疆武功大成，但保卫大西南却事功未成。

慈禧太后明白，左宗棠对朝廷功劳巨大，自己不能在谥号上小气，这样对

左宗棠墓

不起左宗棠，于是又问：本朝得到过"文襄"谥号的有哪些人？回答有靳辅。

问：靳辅有武功吗？答：靳辅是治河名臣，他花去30年时间治理河水，最后病死在任上。康熙皇帝认为他治河就等于在中国开辟了新的疆土，所以特别关照。

慈禧太后说：要说开辟疆土，左宗棠才完全称得上。看来，也只有"文襄"两个字，才配得上左宗棠，就这么定了。

慈禧太后一锤定音，"左文襄公"从此作为左宗棠的谥号，流传下来。

这个谥号，核心是"襄"字。襄的含义，一是帮助，二是同"攘"，扫除，三是完成。

"左文襄公"四个字的含义是：左宗棠以文臣身份，帮助清政府用武力戡平叛乱，赶走侵略者，实现国家统一。

作为官样头衔，从朝廷角度去看，这大致不差。左宗棠以事功著称，他的角色定位，是给朝廷"帮忙"。也正是一个"襄"字，将他与曾国藩、李鸿章区分开来。

曾国藩、李鸿章同是进士出身，他们从一开始，就是朝廷的人，是体制内人。他们的人生，与朝廷完全融为一体。曾国藩谥号"曾文正公"，李鸿章谥号"李文忠公"，无论文正，还是文忠，在封建时代，他们代表朝廷，某些时候，他们就是朝廷。

但左宗棠就不同。他48岁前，流落民间，是"湘上农人"，江湖人士。入幕期间，也是以完全独立的身份，与政府合作。48岁后，他正式进入体制，这段时间，作为高官，他的身份与曾国藩、李鸿章才没有区别。

但做官员时，他面对的事情、行事的方法，与曾国藩、李鸿章大相径庭。曾国藩一生事功，是以体制内的"教育部副部长"身份，号召湖南底层农民、落魄书生，组织起来，去镇压太平天国农民起义。李鸿章与曾国藩类似，他组织淮河农民、书生，多了平捻、定回的功劳。左宗棠在镇压太平天国中只是曾国藩的帮手，他一生中真正独立操办的大事，只有一件，收回新疆160万平方公里领土。

曾国藩与李鸿章打的主要是内战，左宗棠主要打外战，尤其最后两年与法军开战，是纯粹的国际战争。曾国藩与李鸿章属"内战高手"，左宗棠则是"外战英雄"。

即使在战争时期，左宗棠与曾国藩、李鸿章的侧重点也不一样：曾、李落在政治运筹，倾向于卫道；左宗棠落在办事，倾向于建设。

洋务运动的大潮中，左宗棠走在最前列。在福建时他创办过福州船政局，成为中国海军事业的奠基人；在陕甘时则创办过甘肃织呢总局，这是中国西北第一家工业织布厂，也算是开发大西北的先声。

左宗棠考虑国防建设，呼吁在新疆建省。战争之外，他在新疆设置开科取士的机构，不打仗的时间，不是屯田，就在种树。在新疆时，仿照在柳庄时种柳树的经验，在新疆种下了槐树、杨树、榆树、柳树。其中柳树最多，绵延千公里，数以千万计。

这无意中也成了左宗棠人生成功的一笔。1879年，接任陕甘总督的杨昌浚应在肃州大营的左宗棠之约，"自泾州以西至玉关，夹道种柳，连续数千里，绿如帷幄"，被左宗棠史无前例的美丽生态建设所感奋，当作功被千秋、泽及万代的大事，写下七绝《恭诵左公西行甘棠》来感叹："上相筹边尚未还，湖湘子弟满天山。新栽杨柳三千里，引得春风度玉关。"④

历史上，习惯将左宗棠与曾国藩、李鸿章并称为"晚清中兴名臣"，这种笼统的归类划分，模糊了他们之间的区别。

左宗棠着眼于经世致用办大事，处江湖之远时有慈善行动，以身作则去建设；居庙堂之高时利用手中权力搞生态建设，治理河道，办理洋务实业。

连政敌李鸿章写挽联时都说："周旋三十年，和而不同，矜而不伐，惟先生知我；焜（kūn，光明）耀九重诏，文以治内，武以治外，为天下惜公。"

后句评价十分到位：左宗棠处理国内事情，显的是"文"，菩萨心肠；处理国际争端，用的是"武"，霹雳手段。其实，前一句并不对，李鸿章名义上是夸，是借左宗棠在自我安慰。左宗棠每次力主外战，他总是缩在幕后"和戎"，喊暂停、拖后腿，左宗棠怎么可能还"知"他？

尤其在处理对外事务上，左宗棠与曾国藩、李鸿章有根本区别。

曾国藩、李鸿章一生主张"和戎"。面对外国人的侵略，他们习惯性牺牲中国人利益，充当和事佬。"天津教案"中，明明是外国传教士涉嫌绑架中国孩童，天津民众觉醒后才起来抗议，集结攻击法国教会机构。曾国藩完全可以代表中国民意，向英法俄提要求，当作外事处理。但没想到他所谓的代表朝廷，用权力镇压内事的习惯性方法，反过来处死中国带头冲击教堂的18人，充军流放25人，并将天津知府张光藻、知县刘杰革职充军，发配到黑龙江，还赔偿46万两白银，派崇厚出使法国，专门去道歉。

曾国藩对内残忍，对外仁慈，处理外事无法服众，导致民怨沸腾。自己"外惭清议，内疚神明"，色厉内荏无力压住。朝廷想到派李鸿章接替。

曾国藩问学生李鸿章："你与洋人交涉，准备怎么办？"

李鸿章答："我想与洋人交涉，不管什么，只同他打痞子腔。"

他们都以屠杀本国民众来儆尤，按中国人的思维方式，试图借这种方法给外国人面子，以平息事端。全不想，外国人关心的是"艺事"，注重的是法律条文，而不在乎"义理"、面子。

比如，李鸿章割让台湾时，日本谈判官伊藤博文催索，他居然说："反正台湾已经是贵国嘴里的肉了，何必着急在这一刻呢？"

伊藤博文当即回答："饿极了，得马上吞进肚里！"

李鸿章处理外事，总以牺牲中国利益，以和为贵，因而落得"裱糊匠"的称号。

左宗棠恰恰"平生最恨是和戎"！

左宗棠不但战场上凭气魄与实力打败了俄、法的挑战，打出了中国人的骨气，争来了国家利益，就是在日常工作中，同样敢与外国人正面硬碰硬。

1882年4月，身任两江总督的左宗棠去上海检查工作，要进上海租界。根据外国人的规定，中国人要进入租界，得去工部局先领到"照会"证。左宗棠听后当场大怒，痛骂：上海本来就是中国的土地，外国人只是租借一下，中国军人在中国的地盘上走，哪里需要什么狗屁"照会"？当即命令亲兵，子弹上膛，大刀开路，只要有外国人阻拦，格杀勿论！

左宗棠这样锋芒毕露，剑拔弩张，没有挑起事端，反赢来外国人的妥协与尊重。他们不但撤销阻拦，沿路还毕恭毕敬。后来左宗棠又来过三次，外国人

奕劻、善庆、李鸿章

见左宗棠一到，主动将租界旗换成中国龙旗（清朝及以前，中国无国旗，统一用龙旗当作国旗），派兵警执鞭为他开道，发礼炮十三响，以主人身份迎接左宗棠。

左宗棠长年与外国人打交道，实践总结出一套经验。他说，我们与西方人争论一个事情，自己一定得事先将合同条款看明白，站定自己的立场，才开始去争取。自己道理站得正，就不妨笔直将道理全摆出来，但责问对方时却留点余地，不要将他们逼进死胡同，西方人知道理亏，一定会妥协。再就着他的妥协去谈，他们就会按你的来，这样就没有谈不成的事（"俾其有机可转，自无不了之事。"）。

但如果你不分青红皂白，一味只知道附和西方人，他们会误会你中计上当了，反而得理不饶人，将你往绝路上逼（"若一意随和，彼自谓得计，反滋论端矣。"）。外国人的性情，"欺弱畏强，喜直忌曲"，中国人与他们交往，自己先要表现出强大，他们就已经打心眼里佩服；我们再表现率性、直接，他们对我们就心悦诚服了（我真自强，彼心已折；我只率直，彼亦心悦而服之矣）。⑤

可见左宗棠对外虽然强硬，但不是蛮干，而是有礼、有利、有节。无论是作为个人，还是代表国家，他只是强调坚持独立性，以独立身份，追求己方分内应得的东西，取得己方实在的体面与尊严。而曾国藩、李鸿章，恰恰坏在丧失个体独立性，"不分青红皂白，一味只知道附和西方人"。

因为左宗棠主持对俄战争取得巨大胜利，美国作家、《左宗棠传》作者贝尔斯说，有清一代，"这是自乾隆皇帝以来中国军队享有的最壮伟的功绩"。事实上，早在左宗棠收回喀什时，清廷就面临如何奖赏的问题。有大臣建议封王；而恭亲王建议封公。因为朝廷内外都看到了，左宗棠的事功已经超过曾国藩。慈禧将这两种意见都否定了。她的理由是，本朝之内，任何人得到超过曾国藩的封赏都不合适。

慈禧心有难言之隐。太平天国横扫清廷时，她曾许下承诺：谁取下南京，就封他为王。曾国藩梦想做王，从此坚决拒绝左宗棠与李鸿章派兵来南京援助，只让他们在各地转打攻坚战。经过曾国藩一番精心构思，弟弟曾国荃在他的直接指挥下率兵攻克清廷的面子工程——太平天国首都南京。不想慈禧最后食言了，曾国藩只获得一等勇毅侯。慈禧已经食言而错，干脆一错再错：封左宗棠为侯，曾国藩与左宗棠两个侯，加起来等于一个王。

慈禧不放开奖赏左宗棠，让左宗棠超过曾国藩，表面看，是左宗棠做官缘于曾国藩的推荐，深层原因，还在于集权帝国绕不过一个逻辑：左宗棠收复新疆，影响力再大，也是民族性、历史性的；曾国藩攻克南京，则是国家意义上的，至少曾国藩名义上挽救了清王朝。

根据帝国逻辑，挽救国家、政府比外争族权、强盛民族重要。清廷代表国家、政府，皇帝就是国家、政府；族权对应是天下同一民族的公民利益。左宗棠对历史与民族的贡献再大，清廷在封赏上一定不能真实体现出来，否则会产生民族利益大于政府利益的舆论导向，皇帝制度就会被连根拔起，皇帝再想集权、独裁就不灵了。这是左宗棠封二等侯，而曾国藩封一等侯的主要原因。

好在对官方这些荣誉，左宗棠并不在意。不是他看轻，而是他觉得太重了。左家自江西迁湖南以来，700多年，一直是普通人家，慈善积德，出寻常人物，到了自己身上，被拜相封侯，家族像暴发户一样显赫，他觉得自己在严重透支家族的积累。这对家族是一个危险的信号，妻子、二哥、长子、小女在他拜相封侯前后相继死亡，他认为正是透支的报应。

左宗棠是一个很有历史感的人，因此他在意历史荣誉。他从小就将自己放进几千年的历史中去比照，以当代诸葛亮自居，在朋友胡林翼、妻子周诒端面前都有过自我反思，对自身的优点、缺点，看得比别人还清楚。他知道，自己求"一艺一伎之名"，这需要沉得住的实在事功，而不靠现实虚浮的纸张荣誉。左宗棠相信，自己成事的方法，自己身上那股精气神，不会随朝廷一同腐朽，它可以超越时间与朝代，与历史永远同在。

左宗棠这种可贵的独立精神，事实影响了一批后来人。

1886年11月，左宗棠的棺材由福州起运，到长沙后停在城北史家坡墓园，再由兴汉门入城，进入司马桥旧居。大祭过后，葬在今天长沙县跳马区石门乡柏竹村。墓碑上刻"皇清太傅大学士恪靖侯左文襄公墓"。

左宗棠葬身的县域，是中华民国缔造者之一黄兴的故乡，也是中华人民共和国前总理朱镕基的家乡。

孙中山评价黄兴说，"无公则无民国，有史必有斯人"。这与"天下不可一日无湖南，湖南不可一日无左宗棠"是"同义句"。朱镕基说，"准备100口棺材，99口给贪官，1口留给我自己"，这种"抬棺反腐"，与左宗棠"抬棺收疆"是"同义事"。

左文襄公官方谥号盖棺论定，只让我们看见左宗棠的一个侧面。盖棺不能论定，左宗棠对中国与世界后来的影响力如此巨大而深远，以致今天的我们不得不回过头来反思：真实的左宗棠，远没有被真正挖掘出来。

注：

①　茹费理，1880—1881年11月任法国总理。1883年再任总理，在任期间，积极推行对越南和中国的扩张。他撤换法国驻华公使宝海，中断和清政府的谈判，坚决主张武力侵略。1885年3月，法军在镇南关大败，茹费理内阁随之倒台。他还曾直接参与对巴黎公社的镇压，恩格斯评价他是"镇压公社的可耻的刽子手中最可耻的一个"。

②　签订条约之前，李鸿章乘马车从春帆楼返回寓所途中，被日本浪人行刺，面门中枪，血流如注。伊藤博文得知后勃然大怒，咆哮说"宁将自己枪击，也不应加害中国使臣"。李鸿章挨了一枪，日本同意"将赔偿日本军费3亿两白银"减成2亿两。迫于俄、德、法三国武力与舆论的压力，日本人以李鸿章被刺为借口，同意无条件停火的协定。李鸿章以为自己谈判起了作用，说，再给我补两枪好吗？并在签约后作诗："秋风宝剑孤臣泪，落日旌旗大将坛。海外尘氛犹未息，请君莫作等闲看。"李鸿章这种矛盾心态，是自己"和戎"外交政策与本能爱国心严重矛盾带来的。事后他总结教训说"多难兴邦，殷忧启圣……举行新政，力图自强"，其实没有跳出"和戎"思维，还是"裱糊匠"的想法。

③　谥号是封建时代里有社会地位的人死去后，朝廷根据他的生平事迹、品德修养，来褒贬评定，给予善意评价的称号。谥与号各有含义，一般地说，

"谥者，行之迹也；号者，表之功也"。

中国最早在周穆王时，赐予谥号固定下来。流行谥号的国家，东亚有中国、朝鲜、越南、日本；给予谥号的对象，一般为君主、诸侯、大臣、后妃。

④ 有版本将"上相"写成"大将"，是误传。当时左宗棠已被封作东阁大学士，是内阁宰相。

⑤ 原话见《左宗棠家书》"谈与西人论事之法"一章。左宗棠这种骨气、气魄、风度，今天中国人都是应有的。具备左宗棠这种气魄的邓小平，时隔百年，在主权问题上后来也说过一句名言："1997年中国将收回香港，如果不收回，就意味着中国政府是晚清政府，中国领导人是李鸿章！"

奋激千秋 【第十八章】

个性行世

人生不满百年，过程非常短暂。不长的一生，再伟大的人，一般也只能做成一件大事。左宗棠兑现了年轻时的话，做成了当代诸葛亮。

回想起来，青年左宗棠考场接连失败，放弃"科考取官"，转而在民间自学地理学、农业科学这些经世致用学问，本来已经失去做大事的机会。但因为准备充分，接连碰上机遇，或者说机会找上门来。

生在中国，有能力、机遇、运气，还不一定就能做成大事，得先看他做人怎么样？

古人说"做事先做人"。"做人"在中国很重要，意味也很深。它可以理解成怎样弄乖取巧，四方无角，八面玲珑，见人说人话，见鬼说鬼话，曲意迎逢，利用人性弱点，取得成功；也可以看成有道德、守信用，为人正直，处世大方，重然诺、能办事，各方面关系处理得体。

左宗棠超出了上面两种"做人"评价。他个性太盛，锋芒毕露，颠覆传统，自我评价比别人对他的高度评价往往还要高。也因此，他是一个朋友不多的人。胡林翼说得很中肯，"惟以虑事太密，论事太尽为戒"，左宗棠个性外露，评价人走极端，一般人都很反感他当面说出自己的毛病。能够跟左宗棠做成朋友，都是知心知肺的好友。

左宗棠到底会不会做人？照同一时代人的眼光，不会。

说一个人不会做人，是骂人；说一个人很会做人，也是骂人。同样：说一个人很简单，是骂人；说一个人很复杂，同样是骂人。怎么样才不是骂人？不简单，不复杂。

中国人如此委婉中庸，委曲求全，这就很让人奇怪：难道我们天生跟个性有仇？

个性与仇恨无关，因为中国文化历来不主张个性。

要弄明白其中原因，需要去源头找答案。

中华文明，源于河流。

与西方文明崛起于蔚蓝的海洋不同，黄河常年水患频繁，含沙量超过42%。尼罗河如果发一次洪水，留下的是肥沃的土地，而黄河如果发一次大水，留下的是厚厚的黄沙。

治理河流，历来是国家头等政治大事。大禹因为治水成功，做成部落首领，得到邦国的帝位。

其后春秋五霸，战国七雄，邦国时代，诸侯林立，战乱频繁，战败国常来黄河边挖堤，决堤河水凶如猛兽，对战胜国造成淹国之灾。你挖我挖，民不聊生。

诸侯王逐渐达成一种共识：怎样将黄河沿线的无数自由的小政权统一起来，不要再因人为挖河而造成灾难？大一统的内在需求，开始沉淀为民族潜意识。

黄河流域土地肥沃，适合耕种。耕种需要耐心守候，三五成群，你耕我种，不需要流动迁徙。种族繁衍下来，一个世代守候土地的熟人社群逐渐形成。封建宗法制应"熟人社会"需求发明，被实践应用。[1]

这样一个依靠封建宗法建立起来的社会，最根本的特点，处理一切事情，

实干家左宗棠

只讲情感，不讲理性。《论语·为政》对它做了规范："道之以政，齐之以刑，民免而无耻；道之以德，齐之以礼，有耻且格。"

儒家规定，理性的政令、法律，必须让位给情感的道德、礼仪。文化定下来后，中国人心顺着这个方向来发育，进化出一套强大的"心灵文化"：追求心心相印，以猜测、揣摩他人的心为目标，以对方的情绪、感受，作为待人接物的依据。所以民国学者辜鸿铭在《中国人的精神》一书中说，"中国人最美妙的特质是：作为一个有悠久历史的民族，它既有成年人的智慧，又能够过着孩子般的生活——一种心灵的生活。"

建立大一统国家的强烈内在需求，只讲情感不讲理性的宗法社会规范，两者结合，直接催生出中央集权的封建制度的需求。

封建帝国制度在秦朝建立后首次实现。

封建王朝不但要大，而且要"老大"。是梁启超说的"一则曰老大帝国，再则曰老大帝国"。

"老大帝国"有三个特点：一追求地域规模大；二追求内部和谐统一；三追求权力高度集中。

中国古代的"天人合一"的哲学观，"大一统"的世界观，让中国人文化血脉里种下家国天下意识。

群体意识具体承载了家国天下意识。表现为：家庭意识、集体意识、团体意识、阶层意识、阶级意识、民族意识、社会整体意识。

群体意识是构建中国家庭、社会、国家的基石。国家怎样在意识形态层面，将上述群体意识输入进老百姓的日常生活，便成了稳定政权的关键。

群体意识的核心，是"群体为大、个体为小，个体服从群体"。在这样一种价值观的规范下，每个中国人都需要找到组织、单位、圈子。个人只有依附群体，才能得到社会认可，个体才有可能生存下去。

群体核心意识与儒家等级观念结合，群体大于个体，组织、单位大于个人，国家大于组织、单位，就成为一种不需证明的公理。

这个价值体系的形象化的比方是：组织、单位是国家的螺丝钉，每个人是组织、单位的一个螺丝钉。个人随时要为组织、单位奉献自己、牺牲自己，组织、单位随时要为国家奉献自己、牺牲自己。

在强大的群体面前，每个人都是渺小与无助的个人。群体意识逐渐侵占个人的一切，大家都觉得理所当然。但问题由此而起：在群体中，每个人都开始惊慌失措，他们已经找不到自我。

人最恐惧的事情，是失去自我存在感，找不到自己存在的证明。这逼迫中国人发问：群己界限到底在哪里？如果群体始终大于个体，而个体没有独立的依据，每个人都会感到群体是个巨大的包袱。

群体文化一开始就有这么强大的魔力吗？中华文化在奠定时并不是这样。群体与个体到底谁大？两端都有人主张。"为群体"还是"为个体"？两种价值观都有人选择。

先秦诸子百家争鸣，杨朱说："拔一毛以利天下而不为"。这种极端自私自利的个人利己主义，影响一时，社会人心归附。杨朱的理由是：天下固然不是拔一根毛就可以救得了的，如果我们每个人都爱惜自己，将自己保护得完好，不损失一根汗毛，那么天下就已经是最美好的理想社会了，还用得着一帮"以天下为己任"的人去救吗？由此结论："不拔一毛，不利天下，天下治矣"。

杨朱实践了他的学说，自私到了头，没有为后人留下一个字。因为让这些话留下来，对别人已经有利，与自己的学说矛盾了。他的观点所以流传至今，全靠对手批判他时附带记了下来。

不能说杨朱观点全对，也不能说没有道理。社会科学，哪里去找无懈可击的绝对真理？只有在各说各话中让更多人接受的思想。庄子的"不可知论"，在现实中根本行不通，但在哲学层面，却直逼社会学真理。

一个好的社会，真正要有思想，就得让各种思想都可以自由表达出来，社会选择接受还是拒绝是每个人自己的事。杨朱的粉丝刚开始很多，时人形容，"杨朱、墨翟之言盈天下，天下之言，不归于杨，即归于墨"。

但杨朱、墨翟、先秦诸子百家自由思想的好日子不长，秦国既然统一了中国，集权政治就要来统一思想。杨朱第一个被当作极端个人主义而被否定掉了。

杨朱被批判，根本原因，在他的学说虽然对天下民众有利，但对皇帝制度不利。皇帝要大一统，要集权，要独裁，这必然需要每个子民都没有自我。如果每个人都有自我，看重自我，可以自由表达，自由选择，那么自由权就出来了，这需要用选举的方式来产生国家、确定政治制度。这将从根本上颠覆大一统、集权、独裁。

封建帝国既然掌握了话语权，为了维护大一统，首先要用群体观念，风化万民，来消灭民众的个体意识。

风化与消灭的过程中，出现了两个标志性的人物：秦始皇和汉武帝。

秦始皇实现中国地域上的大一统。他用手中的绝对权力规定，四海之内，"书同文，车同轨，行同伦"；思想上的集权独裁则在汉武帝手中实现。他规定"罢黜百家，独尊儒术"。②

政治权力集中于一，思想表达集中于一。万千不同思想、主张的人，被迫往一条路上赶，像一条绳上的蚂蚱。秦皇汉武之后，群体终于成功吞噬掉个体。中国文化在否定个体、个人权利的路上高歌猛进，发展到最后，只有群体，不见个体了。

群体意识、团体精神被不断强化，发展到最强盛的时代，则不但个人的财产要归群体，思想归群体，连个人的心、包括隐私，也要归于群体。

国家的群体意识，具体通过怎样的方式，来让每个人都失去个体？

消灭个性。

意识形态上通过所谓儒家圣贤学说，民间引导则通过社会舆论。圣贤的风，吹着民间的草，都朝一边倒。"枪打出头鸟"，"出头的椽子先烂"，"行高于众，众必非之"，等等，社会舆论密集来对个体搞全方位恐吓。失去个性的人，像动物园里的猴子，这个跟那个，怎么看怎么差不多。

舆论压倒一大批人，国人纷纷自削个性以适社会。但总还有个性没有被完全磨掉的人，他们在这个社会上怎么生存下去？

一是继续耐性地磨掉个性；二是压抑自己，假装没有个性；三是挑战权威，打破传统。

左宗棠之前，有魏晋风度、竹林七贤等，他们用个性挑战权威，而到了左宗棠，他凭借个性，无情地来打破传统。

左宗棠有个性，不是一般的有，是特别强。年轻时的他，个性到了狂放的程度。23岁那年，他写下"身无半亩，心忧天下；读破万卷，神交古人"，这种强烈的个体意识，完全打破了儒家中庸、平和价值观。

左宗棠个性最显明的特征，是刚直。因为个人很刚硬，所以不怕，只要是事实，是真相，他就敢捅。因为个性很直率，所以左老三有话说，如果不说出事实与真相，他会生不如死。捅破真相，既有欲望，也有勇气，传统文化虚伪的那面，在他面前无处藏身。

晚清有左宗棠这样个性的读书人不止一个。但多数人在个性不容于社会时遭遇挫折不断，到最后逐渐丧失了。左宗棠能够保留并发展完善，得益于他一介穷苦书生，一直留在自由、散漫的民间。民间在大一统的帝国权力结构中，具备相对的独立性。拥有了这点独立，就不用磨掉个性，不需要压抑，照样可以生存。

有个性就接近道家庄子说的"真人"，自然化程度较高，社会化程度相对少，保留了人本性的品质。

与中国文化凡事着眼于人与人、人与关系不同，西方文化着眼于研究人与物、人与自然，这是催生科学、技术的根本原因。倾向自然的人，一般对技术、探索、真相比较感兴趣，这也是少年左宗棠接受的虽然全是传统的四书五经，但18岁那年一旦接触了经世致用的学问，马上就会对探索画中国地图、科学种田发生本能兴趣的原因，而这种青年时期的兴趣，直接影响到壮年后对建造军舰、工业织布的兴趣。

"真人"开始离开中国传统，成为另类。在传统的、充分社会化的人面前，这会被看作不合常态。他会用一种不同的思维方式来打破传统，这是精通传统、践行传统的曾国藩、李鸿章对左宗棠恼火、嘲讽、反对的重要原因。

围剿太平天国时，曾国藩某次打了个小仗，只杀了几十个敌人。朝廷逼得紧，曾国藩久未取胜，急需成绩，只好撒谎向咸丰皇帝汇报"大捷"，左宗棠马上向朝廷报告是"小捷"。曾国藩被弄得一脸尴尬，下不了台。其后，曾国藩攻下南京，谎报幼天王被抓到处死；李鸿章跟左宗棠平定西捻，向朝廷谎报西捻军首领张宗禹已被自己乱兵杀死。左宗棠都如实向朝廷举报他们作假。这些直接导致他们关系交恶。

左宗棠书法

　　曾国藩与李鸿章用大家都习以为常的规则来撒谎，对习惯传统的人，不会觉得有什么不对。但左宗棠用一种科学技术式的求真思维，来处理社会学的事情，带着几分"说皇帝什么也没穿"的童真。

　　曾国藩与李鸿章都严重不适应左宗棠的刚直，更无法接受他的个性，如此直率通脱、只认事实、不顾关系的人，在他们看来是个不按潜规则出牌的怪物。

　　造成这种分别，与他们的经历有关，也与他们所信奉的道有关。

　　左宗棠在民间独立自学，学到的是"源头的儒家"加"经世致用学"。源头的儒家，有孔子说的"君子之道"，孟子说的"养浩然之气"；经世致用则强调"知行合一，学以致用"。

　　为什么左宗棠学到了精髓，没有被利益牵绊？

　　考上的进士才跨进官场大门，却马上面对权力、金钱、名誉的诱惑。

　　进士学成文武艺，不单可以谋稻粱，还可以谋金钱、美女、官位。利益扑面而来，竞争者如云如雨，怎样分得蛋糕？环境逼得懂"君子之道"、想满足私欲的进士们绕过群体意识的束缚，除了去装、还要算计。

　　装和算计，导致"伪君子"。"伪君子"事实都是"权力大一统"和"思想独尊儒家"的群体文化逼出来的。在巨大的利益诱惑面前，个人私欲激发，违背了圣人训。但人的本性中存在私欲，这是事实。怎么办？需要巧妙伪装：口号"为群体"，行动"为个体"。口号喊"为公"，背后去"谋私"。人性中本来的善，被这种文化逼成了恶。

　　曾国藩是伪君子文化的践行者、殉道者。一方面，他很想践行"君子之道"，养"浩然之气"，"为群体"；另一方面，他无法抵挡住是人就有的本能的欲望与渴求，生有七情六欲，他也想去"为个体"。孔子说"食色性也"，个体的本能欲望，孔子都无法回避，曾国藩能避得开吗？

　　强行压抑"为个体"，以实现"为群体"，理论在宋明理学，核心价值观叫"存天理，去人欲"。曾国藩信奉的道，正是宋明理学。

　　从"天理"这个大群体意识出发，曾国藩将个体的"人欲"强行刻意压制到近似残忍，他的形象由此变得复杂起来。

　　有两则故事可以证明：曾国藩睡觉稍微贪床，便骂自己"一无所有，可耻"。到朋友家看到有女子在座，心里激动起来，说了几句笑话，回家又自责："放荡至此，与禽兽何异？"本来很正常也很健康的人性，经过刻意压制，他的内心开始变形，个体形象逐渐扭曲。弄到最后，"他的面孔永远是模糊的，连他的朋友、亲人都难以猜透。"

这正是宋明理学到了极致处的表现，所谓高深莫测谓之神圣。"曾国藩永远不以最真实最本来的一面示人，永远需要人来猜测他们的情感、意志和认知。"有人因此评价曾国藩"可怕"。

走进曾国藩的内心，人像掉进人性的太平洋，神秘、恐惧、惊险，读曾国藩可以发现：个性被压抑后，人还可以变种成这样。

有着强烈个体意识的左宗棠就完全不同了。因为处处有自己，这种个体的独立、尊严感，让他根本不再需要伪装，也没有地方可装。

左宗棠真实得多，人性化得多。他够朋友，重情谊，君子一言，驷马难追，有真男人的大英雄气概。这就是为什么左宗棠论智商比曾国藩高，政治谋略也强，但没有人认为他"阴险"。曾国藩是阴气压过阳气，左宗棠则阳气盖过了阴气。

左宗棠处处有个性，看似"为个体"，很自私，但事实他最无私，处处在"为群体"，敢说出"心忧天下"。

为什么两人会出现如此的"南辕北辙"？

因为独立的个体已经最小，到了底线，不能内缩，只有扩张，一扩张自我就进入群体。已经"最小、最自私"的个体，进入群体无需索取，只好奉献。

有了独立自我，才敢去"心忧天下"，才可以一心奉献，才会不虚伪做作。这就是为什么陶澍与林则徐先后都将一生最重要的事情托付给了他，慈禧太后为什么全力支持他收复新疆，还说"三十年内不准参左宗棠"。

任何独立的个体，追求的目标都是马斯诺定义的"自我实现的需要"。独立意识让他不必自我奴化，所以做事时着眼于成就感，这样主动的办事精神，带来创造精神。对应无个性、不独立，被奴化的人，追求的是"生理的需要、安全的需要"，马斯诺指出，这是两种动物性的、最强烈的本能需求。本能不具备超越性，凡事都着眼私利，办事自然处于被动，总带着完成任务的心态，这就导致个人敷衍塞责，大家相互指责。

八旗、绿营、满官集团之所以全盘崩溃，正在他们办事敷衍塞责，事后相互指责。李鸿章与左宗棠合作平捻，李鸿章也用这个思维，指责左宗棠是当代曹操。

左宗棠出山后仕途畅达，平步青云，每到一处被上级欣赏，并不主要得益于阴巧，恰恰在于他性格刚直，用今天流行话说，胜于阳谋。如果说，慈禧太后对曾国藩深夜还在打着灯笼警惕，左宗棠则哪怕在梦里也可以让她放心。曾国藩60岁刚过去4个月就莫名其妙地暴亡，不排除因为机心太重，时时防人与被防，心累而死。

学曾国藩的人都会感到很累，结局一般也都不会太好。以阴巧、机心、算计上位，最后必死在阴巧、机心、算计上。"文死谏，武死战"，人都是死在自己的长处上。

左宗棠处处都好，曾国藩处处不好，为什么百多年来，人多学曾国藩，少有人来学左宗棠？

一个重要原因，在"为群体"的高压环境与高调口号的环境里，学曾国藩可以自保，并且能够快速自利。

在人人都琢磨算计别人的"互害"社会里，将自己大脑安装曾国藩关系学软件，效果立显。只要社会的认识不变，民众文化心理没有改变，学曾国藩到现实中一用就灵。而学左宗棠则有条件，一靠社会通过法治管住了人性邪恶的一面，整体阳光；二靠社会人人个体意识觉醒，每个人都自觉维护自己的权利。

我们看到，曾国藩成功走到了臣民社会关系学极致高度者才能达到的高峰，而左宗棠则凭借他的个性与才能，凭独立的气质，自由的思考，进官场做事，他用个性去改变现实，去冲击官场陋习，不自觉中为公民打开了一扇天窗。

思想家胡适说，"争取你自己的权利，就是争取国家的权利；争取你自己的自由，就是争取国家的自由。一个自由民主的国家，从来不是一帮奴才建成的。"一个好的社会，首先是由一帮有个性、爱自由、求幸福的人组成的。

这是个性刚直、张扬自我的左宗棠对当代人的一个重要启发。但他行动出来的价值，当然远远不止这一点。

法大于情

个性的左宗棠，一生特立独行，得罪过不少朋友。

朋友是左宗棠的私情。私人情感，关系好坏，那是他自己的事，我们并不关心。我们只是关心，他为什么得罪朋友？

有时是出于性情不合，有时是出于私人意气，有时是出于公私之争，有时是出于价值观冲突。

到底谁对谁错，谁是谁非？我们不妨以郭嵩焘为例，来看看其中情由。

照常理来说，左宗棠可以得罪所有朋友，也不能得罪郭嵩焘。

但左宗棠还是把郭嵩焘得罪了。不但得罪了，而且得罪得很干脆。从这个极端的案例，可以看出左宗棠待人接物、为人处世的一面。

郭嵩焘算得上是左宗棠的救命恩人。1860年"樊燮事件"，湘官集团里营救左宗棠最得力的人物是他；而左宗棠得以帮曾国藩襄办军务，又多亏了郭嵩焘在咸丰皇帝面前的举荐。既救命，又保荐工作，作为老乡、哥们、朋友，做到这个份上，按中国"受人滴水之恩，必当涌泉相报"的规则，左宗棠应该"涌泉之恩，以身相报"了。

但左宗棠并没有要"以身相报"郭嵩焘的意思。不但没有，他甚至以完全独立于世、不受制于任何人的姿态，对郭嵩焘像包公一样铁面无情。

左宗棠开始一直不知道郭嵩焘营救过自己。后来不知从哪里知道了，他说，我也不知道郭嵩焘跟潘祖荫说了什么帮我求救的好话，郭嵩焘自己从来不跟我说起这件事，一个字都没透露。为什么呢？因为他知道，我不会因为这点私人感情而对他感动，从我这里能获得什么回报。左宗棠自己也跟四个儿子在书信里感叹起来：我与郭嵩焘先生之间这种高洁纯粹的友谊，最近几百年的中国历史里，哪里还找得到第二对呢？！③

政治与私人感情完全分开，信奉平等交往，一旦利益相撞，则容易发生冲突。

郭嵩焘像

左宗棠第一次与郭嵩焘闹出矛盾，缘于一个有点孩子气的意气之争。

1864年，湘阴文庙里长出了一个灵芝。民间凡事非常讲究兆头，灵芝被当作吉兆，在街头巷尾沸沸扬扬地传开。吉兆一定得有吉人来比衬，谁算得上湘阴的吉人呢？④

郭家人说是郭嵩焘。因为发现期间，郭嵩焘刚好做上广东巡抚，这种"祥瑞"之物，不正是为郭嵩焘而生的吗？

说法通过家人的书信，传进了左宗棠耳朵。恰好这时，左宗棠被朝廷封了"一等恪靖伯"，爵位在郭嵩焘之上，听后很不高兴，就传话回去：文庙产的那棵灵芝，不就是一棵植物嘛，哪里有什么祥瑞不祥瑞的，没有这回事；如果硬说有这回事，那也是因为我封了一等恪靖伯带来的，没他郭家什么事。（"湘阴果有祥瑞，亦为我封爵故，何预郭家事乎？"）

郭嵩焘听说后，心里更不高兴，两人心里结下疙瘩。

古有"二桃杀三士"的典故。勇士公孙接、田开疆、古冶子论功争桃，三人彼此不服气。为了区区两个桃子，三位猛将竞攀排名，最终都倒在血泊中。读书人左宗棠、郭嵩焘因"灵芝交恶"，没有走出前人窠臼，实在是都有点孩子气。古人读书做官讲究光宗耀祖，难免闹出这类争论，今天看来像个玩笑，放进历史可以理解。

左宗棠与郭嵩焘真正弄得关系破裂，友情覆水难收，是因为官场共事。

1865年4月，左宗棠正在闽浙总督任上，兼督办广东军务的职责，负责消灭太平军残部，而郭嵩焘正在广东当巡抚。

太平军进入广东，郭嵩焘十分紧张，他不擅长打仗，疲于应付，天天盼救星一样盼左宗棠率军来。刚好楚军旗下郭松林、杨鼎勋追李世贤、汪海洋追到了福建，跨一脚就可以进广东。节骨眼上，左宗棠下达了"不准入粤"的命令。郭嵩焘又气又急，写信跟左宗棠论理。左宗棠很干脆地回答他：

广东的军事安排像个银样蜡枪头，这样搞下去很危险。老郭你的能力跟不上你的思想，又没有找到合适的人辅助，所以你每次事故发生前都看得很清楚，却无力防范，也从来不去下大力气用行动解决，反而首先想到的是与领导划清责任界线，将分内的事情全部推脱到别人身上。等到事情基本上按你预计的那样失败了，你再拿出原来的责任文书向皇帝报告，以显得责任全在总督等人。总督要跟你翻脸了，你又站出来当和事佬、好好先生，做一些事后弥补关系的工作，说什么不要严重惩罚的话。

郭嵩焘心急火燎中没有等到左宗棠雪中送炭的救兵，反等来了一番直通通的批评，心里既怨又恨，他不怪左宗棠说得对，怪左宗棠以领导的姿态来教训自己。

1865年6月8日，左宗棠命令部下率兵进入广东，郭嵩焘负责筹军饷，这一下麻烦更大了。左宗棠根据他一贯"言必信，行必果"的原则，雷厉风行，不断写信指责郭嵩焘"办事不力，输饷迟缓"。郭嵩焘不去反思左宗棠一针见血指出自己的毛病，自己怎么克服，从此提高办事效率，反而又想着来跟左宗棠论理。

左宗棠已经身经百战，知道战斗早已打响，真枪实弹的前线，当兵的吃饱肚子打赢仗才是王道，敌人的刀枪子弹可是从来不听你解释的啊。郭嵩焘没带过兵，他不会这样想。

左宗棠急了，对郭嵩焘进行催逼。郭嵩焘这下崩溃了，他要有能力办好，早就办好了，不用你催。根据他"思想超强，行动乏力"的特点，反过来埋怨左宗棠"用心太酷"，老催要军饷是将自己往死里逼，而不看实际情况等等，不听解释。（"不察事理，不究情势。"）

左宗棠着眼办事，看重结果。他很反感别人猜他的心。郭嵩焘猜他"用心太酷"，他觉得转移了话题，以想当然的猜想作为事实。自己用心没有很酷，而是很善。

以理论与思想见长的郭嵩焘，做巡抚做得问题越来越多，时间越长麻烦越大。不久，他与总督瑞麟又严重不和，笔墨官司打到皇帝那里。皇帝当然没时间去调查，左宗棠恰好在做闽浙总督，兼以钦差大臣身份督办福建、浙江、广东三省军务，是郭嵩焘的上级，查办的任务，自然又落到左宗棠身上。

左宗棠也不看私情，只根据郭嵩焘的举报，逐一仔细核实，不但查清了瑞麟被举报的问题，还调查出瑞麟两条贻误广东军务的新证据，这些都定作"渎职罪"，要受到应有的处罚。郭嵩焘原本指望，左宗棠这次可以尽心帮自己一把了。没想到左宗棠没有任何偏袒，不但没有趁机在给同治皇帝的奏折里吹捧郭嵩焘，反而毫不隐讳地向皇帝全面客观地评价了郭嵩焘，然后建议给他换工作。

左宗棠在汇报材料里说：郭嵩焘为人勤恳，做事谨慎，为人廉洁。不但如此，他的谨慎已经到了过头的地步，因此既不敢办事，也办不好事，随机应变地处理事情的策略，也不是他所擅长的。

那怎么办呢？左宗棠建议，朝廷派自己的老部下蒋益澧取代郭嵩焘担任广东巡抚，而请求将郭嵩焘召回北京，另作任用。

左宗棠此时用心如何，不得而知。从坏的方面猜测，他在对郭嵩焘落井下石；从好的方面猜测，他在对郭嵩焘进行挽救。战争让文人走开。左宗棠亲眼看见过，浙江巡抚王有龄一家几百口怎么集体自杀于家屋中，弄得屋内血满如池塘。他心里最清楚，郭嵩焘当巡抚很吃力，也很勉强，他有在皇帝身边工作多年的经验，去北京更有利于施展才华。

但郭嵩焘不这样想，他一直想做巡抚。巡抚是封疆大吏，地方实权派，比在皇帝身边做秘书自由得多，也有成就感得多。左宗棠请求朝廷将他调回北京，郭嵩焘自然一肚子气，这进一步强化了他对左宗棠"用心太酷"的结论。那段时间里，他梦里都在盼左宗棠过来向自己道歉。

但左宗棠不但不认为自己错了，反而认为自己是真正对郭嵩焘负责。两人想法各异，郭嵩焘越想越郁闷，他无力强迫左宗棠道歉，只好写日记来发泄。有一天晚上，他梦见左宗棠来见自己，说非常后悔得罪了他，不停地打巴掌自我责备，郭嵩焘心理稍微宽舒了点。但醒来才发现是南柯一梦，郭嵩焘更加失落。

左宗棠这时靠战功在清廷已经树立了威信，他的建议举足轻重。最后结果是，蒋益澧成功取代郭嵩焘。朝廷工作是回不去了，1866年，郭嵩焘负气罢官，回到湖南，在长沙城南书院教书、讲学。他崇拜思想家王船山，创办了思贤讲舍，以弘扬王船山学说为己任。

郭嵩焘在思贤讲舍隐居近十年。1875年，军机大臣文祥想起郭嵩焘，举荐他进入总理衙门，随后得朝廷重用，作为中国历史上第一位外交官派出，担任驻英公使，1878年兼任驻法公使。

但郭嵩焘还是摊上了大事，这次跟左宗棠毫无关联。1879年，因为思想过于深刻超前，郭嵩焘指出中国落后根源在国家体制，中国应学习西方先进的民主政治制度。他写成日记出版了，这引起清廷上下恐慌，被紧急从法国召回，驻英法大使由曾纪泽取代。郭嵩焘从此被清廷荒废，蛰居乡野，郁郁终生。

郭嵩焘回到湘阴后总是认为，20年来，左宗棠建议清廷给自己换工作，是下半生官运落魄的开始。郭嵩焘在失落中对左宗棠怨恨积压日深。而左宗棠1877年12月被拜相封侯，喜讯很快传回湘阴，郭嵩焘想起文庙灵芝一事，更加羡慕嫉妒恨，刺激巨大而深刻。

左郭关系由此彻底闹翻，隔断通信16年。

左宗棠这边，对郭嵩焘也有一事耿耿于怀。1878年，左宗棠收复新疆进展大顺，英国政府找到中国驻法国公使郭嵩焘，对他说，阿古柏如果建立一个伊斯兰教的国家，对中国未尝不是一件好事。郭嵩焘认为有道理，就向总理衙门建议。左宗棠一听，怒不可遏。他当即答复总理衙门：阿古柏问题纯粹是中国内政问题，与英国或其他国家没有任何关系，所以这个问题不在总理衙门管辖范围，而在我的管理范围。如果英国真想在中亚建立一个伊斯兰教的国家，那么应该考虑到印度北部去搞，而不能老盯着中国的新疆打主意。

左宗棠觉得郭嵩焘这次在英国与阿古柏之间扮演了一个丑角。他既不背后议论，也不写日记，更不在梦里批评郭嵩焘。他在北京一个公共场合里找到机会，当着许多人的面告诉郭嵩焘，一个中国人，被英国人利用，而忘记了本民族利益，应该感到羞耻。

郭嵩焘对左宗棠旧恨未消，这次被责骂，又添加一道新伤。郭嵩焘十分生气，决定今生不再见左宗棠。

郭嵩焘被激怒后，他很难再客观理解左宗棠。他不知道，左宗棠表扬人也是这么干的，当着许多人的面，不加掩饰地说出来。

1882年1月，左宗棠从两江总督任上回长沙，专门登门拜访郭嵩焘。他们不但是儿时伙伴，现在也是儿女亲家。郭嵩焘还没有原谅左宗棠，所以拒绝见面。左宗棠急了，站在门口说：老郭，我们都是快要死的人了！难道还要将那些过节带到下辈子去吗？郭嵩焘这才从屋里走出来，但见面态度依然不冷不热。

与左宗棠豁达不同，郭嵩焘记仇。左宗棠死后，郭嵩焘心中依然疙瘩，他送的挽联，这种心迹表露无遗："世需才，才亦需世；公负我，我不负公。"

"才亦需世"是暗示没有郭嵩焘在樊燮事件中营救，在咸丰皇帝面前举荐，左宗棠没有出头之日。"我不负公"是明确宣布，自己到死仍不原谅左宗棠。

隔阂如此之深，到底隐藏一段怎样的是非曲直？

简单地说，缘于价值观的冲突。左宗棠的价值原则是"公大于私，法大于情"。而郭嵩焘在某种程度上反过来了，至少他坚持认为，"私有时大于公，情有时大于法"。

郭嵩焘是中国第一任外交官，也是近代走出中国看世界第一人，飘逸高远的郭嵩焘，他的思想力、眼界，百年内没有几个中国人可以跟上。但他确实如左宗棠所说，不是做巡抚的料。这一点曾国藩也看出来了，他说郭嵩焘"乃著述之才，非繁剧之才"。郭嵩焘著书立说是天才，处理官场关系、搞军事、政治斗争，是庸才。左宗棠正是看死了这一点，活活将他从广东巡抚的位置上拖了下来，免得他卷身官场旋涡，身败名裂。

同是读书人，左宗棠是"军事家加政治家"型，而郭嵩焘则是"书生加思想家"型。形象地说，左宗棠是一只老鹰，郭嵩焘是一只鸽子。

郭嵩焘艺术家气质很浓。他情感十分细腻，对外界非常敏感，情绪起伏非常剧烈，整个人给人的感觉，如他的字"筠仙"，仙风道骨。他与"燕颔虎颈"的农夫一样的蛮牛左宗棠站到一起，差异感立刻就出来了。

今天再看，左宗棠对郭嵩焘的批评，事实证明全说对了，公正客观得惊人。只是，作为艺术气质强烈的当事人郭嵩焘，情绪化掩盖了理性，很难接受现实而已。

但在国家利益面前，试图要左宗棠以亲家、乡亲、老朋友的关系，为自己网开一面，来帮自己说话，今人也很难接受。这不就是"官官相护"吗？官场搞人际关系网，重私不重公，对人不对事，老百姓深受其害。拿公共权力做私人交易，比腐败还可恶、可怕。如果权力来自于上级或某个人，就只需对上级或某个人负责，需要感恩并回报，这与现代法治精神无疑完全背道而驰。孟子说："民心所向，天必应之"，民意即天意，统治者权力来自于民。

难道左宗棠就没任何错吗？

与郭嵩焘"思想上的理想主义"同类，左宗棠有"公大于私，法大于情"的理想主义毛病。不错，郭嵩焘并不适合做巡抚，他行动力跟不上思想力，弄得左宗棠打仗很被动。但毕竟郭嵩焘对左宗棠有"既救命，又保荐工作"的恩，如果左宗棠对郭嵩焘也完全按原则来，那么人情就完全被原则葬送了。

关键还有，郭嵩焘当年如果不是出于人情考虑，而完全本于国家理性，按照原则办事，他可以不闻不问，左宗棠可能早就没命了。左宗棠毕竟生活在"情大于法"的社会，原则性与灵活性把握失当，他的变通能力在这里欠缺。

这样就可以看出，左宗棠在事业上坚持现实主义，人情上相信理想主义；郭嵩焘则是人情上的现实主义，事业上的理想主义。这种观念的差异，是导致两人交恶的根源。

左宗棠值得称道的，是客观但不绝情。他回长沙时主动请见比他小6岁的郭嵩焘，当然有登门道歉的意思，自己的脾气是差了点，也不是低不下头。

但郭嵩焘又不这么想：你现在拜相封侯，衣锦还乡；我出使英法归来，正被全民喊打。（时人做对联讽刺郭嵩焘："出乎其类，拔乎其萃，不容于尧舜之世；未能事人，焉能事鬼，何必去父母之邦？"）"红人"见"黑人"，岂不是给我压力？所以勉强见面后，郭嵩焘心里一直不舒服，他逢人笑话左宗棠现在人模人样。毕竟郭嵩焘进士出身，而左宗棠只是个举人。他从与人嘲笑左宗棠中，找到一点心理平衡。这种文艺腔、书生意气，可以一笑而过。

左宗棠并不是不懂还人情，他拒绝在国事上还，坚持私情用私人方式还。当年因樊燮事件卷入"生死门"，潘祖荫救了自己一命。做陕甘总督时，左宗棠送他3000年前周康王时的文物"大盂鼎"一对。这事曾轰动中国，潘家藏有宝鼎的消息不胫而走，求见大鼎及求铭文拓本的人络绎不绝，有人或诱以重金，或企图强取豪夺。1951年，潘家后代将这对宝鼎捐给了国家，留下一段历史佳话。

左宗棠送给潘祖荫的鼎

左宗棠做得过分的地方，是一直没有还郭嵩焘人情。或许他认为，两人关系太近了，多年老友，又是同乡，还是亲家，相互还在攀比、较劲，谁也不愿意低头认输，不用还这个世俗的人情。偏偏郭嵩焘又很看重。左宗棠的心胸并不比郭嵩焘宽广到哪里去，也难怪重情的郭嵩焘耿耿于怀，至死还在惦记。

通过左宗棠与郭嵩焘这种奇特关系，我们可以看出：左宗棠得罪朋友，因个性刚直，不隐恶伪善，又坚持"公大于私，法大于情"。这将人情化中国丑陋的一面，不留情面地撕开，叫当事人情何以堪！

在历史的当时，这算是不近人情；百年后再看，以个性立世，坚持"公大于私，法大于情"，也正是左宗棠的伟大之处。

晚清官场人物峰起，为什么单单一个左宗棠特立独行？他这些性格、风格，到底怎么养成的？

草野人生

左宗棠家南宋时从江西迁居湘阴柳庄，已有700多年。湘阴在南朝刘宋元徽二年正式置县，属长沙府。在湖南属政治、经济、文化核心区域；湖南地域性格，在这一圈最为凸显，影响也最深远。

从家庭出身来看，左宗棠是"乡绅世家"。

乡绅的来源，主要是：考上科举但不愿当官的；读书但没有考过科举的；有文化的中小地主；退休回乡或长期赋闲居乡养病的中小官吏、宗族元老等。这是一类独特的群体，他们在乡村社会有广泛的影响力。

乡绅属于"士"的分支。

科举考试分秀才、举人、进士。秀才指"才之秀者"，是有点才；举人指"被荐举之人"，是很有才；进士指"可以进授爵位之人"，是太有才。

很有才的举人还没有资格直接做官，太有才的进士才可以直接进身为士。

士一生就一个任务，做官。属于"职业官员"。努力可以做士大夫、变诸侯。再上去，没有了。官做得再好也不能提拔当皇帝。

乡绅则对士的任务来了一个反向：读书，但不做官。

地地道道的乡绅，与政府的关系比较松散。鲁迅说"京派帮忙，海派帮闲"。乡绅是"既不帮忙，也不帮闲"。在乡村社会，他们担起民间自治的责，做民间代表的头。

如果说士是国家的智囊，是"天智星"，乡绅则是民间的智囊，是"天闲星"。

闲散的乡绅，似官而不是官，近民又不是民。他们脚跨门槛两边，退一步就做了民，进一步则成了官。

不进不退，则是乡绅。在集权的帝国中，乡绅最宝贵的财富，是身份相对独立，拥有一些自由。

从26岁宣布放弃科举考试，到去安化陶家设馆授徒，40岁之前，自由民左宗棠，一边读书，一边教书，是一个标准的乡绅。

用今天眼光来看，乡绅就是无党派、在野派人士。但在封建社会里，他们始终处在在野派位置，充当统治集团清议派角色，自由议论国家大事。

国家出了大事，不怕民间议论，就怕民间没人来议论。不要小看这些无党派、在野派、清议派：天下无大事，他们像叽叽喳喳的麻雀，成不了气候；天下一旦出了大事，他们有可能摇身脱掉麻雀外衣，变成高空雄鹰。

左宗棠经历过由麻雀变雄鹰的过程。这也是由乡绅自身的特点决定的。因为乡绅地位比农民高级，不用花时间忙种田拉车的粗活，他们有的是时间瞎琢磨。反正民间闲人一个，没政治任务，思想没压力，琢磨最容易闪灵光。

左宗棠自己就认为，他的学问，全是在空闲时琢磨出来的。"古人经济学问，都在萧闲寂寞中练习出来。积之既久，一旦事权到手，随时举而措之，有一二桩大节目事办得妥当，便足名世。"

乡绅将想法一行动，麻雀可能变雄鹰，从路人甲变领衔主演。第一次鸦片战争失败后，左宗棠议论时政，就是跃跃欲试，"天闲星"想做"天智星"。

乡绅的劣势，是进一步做士难，退一步做农民也难。但只要有社会关系，能够"通天"，则比官员更能运用真本事，反倒可能脱颖而出。左宗棠够幸运，贺长龄、胡林翼、陶澍、林则徐，都被他碰上，对他开了"天窗"，让他从窗口出发，越走越远越光明。

"知屋漏者在宇下，知政失者在草野，知经误者在诸子。"左宗棠站在民间，还有一个最大的优势恰恰在于，比一般士人接地气。

接地气则可以懂人，懂社会，做事实在，动手能力强。治国平天下不是做学问，不能靠背书就可以实现。最需要的是动手做。除了实践，还是实践。

当年，浙江巡抚王有龄自杀前主动让位，陕甘总督杨岳斌扛不住了称病休假，都是能力跟不上，左宗棠先后顶着他们的位置，迎难而上，靠的全是实力。

左宗棠论真才干、真本事，同时代确实难有人可及。不因为他真是什么神秘莫测的天才。他的能力，靠48岁前乡绅生活与幕僚生涯的反复锤炼。

左宗棠自己认为，他的能力主要得益于湖南底层艰苦生活的磨砺："吾湘之人，厌声华而耐坚苦，数千年古风未改。惟其厌声华，故朴；惟其耐坚苦，故强。惟其朴也，故塞而鲜通；惟其强也，故执而不达。"

左宗棠自己也想不到，民间的生活经历，让天分超人的他，走了另一条由边缘切入主流的道路。他处在边缘时刚好有充足的时间，去经历，去体验，去吸收长存民间的地域性格真气。这些经世致用的学问，在晚清王朝摇摇欲坠时，是最有力的挽救武器。无用之学，作用果然远超过四书五经。

左宗棠个人成长中，具体是怎么形成"好战、憋屈、自卑、叛逆、倔强、自强、极端情绪化，宁为玉碎、不为瓦全，狂放、一鸣惊人、好走极端"这些性格特质的？

首先源自穷苦。左宗棠生在家道急剧衰落的"乡绅世家"，困窘的家境，穷形即显尽相。

俗话说，"自古磨难出英雄，从来纨绔少伟男"，穷苦人家饱受憋屈、自卑，都盼走富贵运。左宗棠被家人说成是"牵牛星降世"，说穿了只是一种美好寄托。

少年左宗棠的成长，穷苦与自卑，不是过去式，而是现在进行词。这很容易造成边缘与自卑的文化心态。战神蚩尤、楚王熊绎、楚庄王熊侣，楚大夫屈原，都有过这种心态体验。

叛逆心与倔强劲，只有穷苦与自卑才可以激发出来。显然，这是一种"负能量"。

"负能量"的刺激，几乎贯穿了从少年到青年左宗棠心理与人格定型的全过程。从科考落第到倒插门周家，左宗棠享受的不是金榜题名在湘阴文庙前骑高头大马的荣耀，而是一连串不幸的心灵打击。

对一个自尊被严重刺激过的人来说，打击只会强化自尊。自卑与自尊，如影随形。

左宗棠的自尊心强大到几乎过敏。印证是李鸿章说他"胸有鳞甲"，左宗棠自己则说，"穷困潦倒之时，不被人欺"。自卑者防范意识很强，他"虑事太密，论人太尽"的特点，就是在这种心态里形成的。

"负能量"的积聚，靠不断的人生打击。对害怕打击的人来说，挫折是万丈深渊；对敢于直面失意的人来说，挫折是一块跳板。

左宗棠"燕颔虎颈"，不怕打击。失败压不垮的他，"负能量"就像岳麓山下那个"自卑亭"，开始成为巨大的动力，激发他转化出"正能量"。

这有一个逐渐转化的过程。

自尊到过敏的男人，自我意识会强烈到无以复加。过强的自我意识，提醒人时刻区分"人、我"。这就是人本能中的独立意识。

独立见自我，就不会压抑性格，而选择直来直去，这就是刚直。

刚直的左宗棠朋友不多。连最好的朋友胡林翼也要忍不住批评他，"刚烈而近于矫激，面折人过，不少宽假，人多以此尤之"。但刚直的人，有一种难能可贵的优点：真实、义气、有责任心、敢担当。左宗棠刚好可以免去人三鬼四的交道，不浪费一点精力，交到一些真心有大才的朋友。

朋友过少，容易孤独。孤独感会强化叛逆心与倔强劲，在倒插门那12年里，不断被人嘲笑、否定，让左宗棠内心生出一股无比强大的心力。

这股心力是一种在憋屈中养成的气，杂糅着怨恨、愤懑，冲满了攻击性。用到打仗上，可以造成气势如洪，带兵靠胆魄与气势就能取胜。楚军、西征军、恪靖定边军主要靠让敌人魂飞魄散的气势取胜，是左宗棠个性应用进军队的体现。

这种心力转化换来荣誉，就是慈禧夸奖他的，"外国人怕尔声威"。后人也因此评价左宗棠，"绝口不谈和议事，千秋独有左文襄"。

左宗棠一生处处见"我"。"独立、自我"，已经溶入血液。

自然人都是以自我为中心的。以别人为中心，这是文明教化的结果，超越了人的本能。

但中国传统的核心，教导人要有超越性，"舍己为人"，这就是中国文化核心价值观中的"群体意识"。

左宗棠用自己的言行，颠覆了中国传统。

反传统而行的左宗棠，更像一个"原子式"的个人，与野性、自由的气质结合，就形成了一种外向的文化人格。

无论收复新疆，还是援越抗法，或者荷枪实弹闯外国租界，都是左宗棠外向文化人格的表现。他从传统的反面，弥补了中国传统文化人格的巨大缺陷。

"士人风骨"最重要的一点，就是求真相、认死理，这就是湖南俗话中的"霸蛮"。

"霸蛮"有利有弊。但没有"霸蛮"精神，做不成大事。章士钊就曾热情地称赞这种精神特质："湖南人有特征，特征者何？曰：好持其理之所自信，而行其心之所能安；势之顺逆，人之毁誉，不遑顾也。"

"霸蛮"精神需要一种强烈的自信来支撑。

有强烈个体意识的左宗棠，直接表现出来自信。一个连举人都险中的人，坚定认为自己是当代诸葛亮。但左宗棠的自信并不盲目，而是对自己的缺点也看得同样清楚。他在家书中与长子左孝威说，"吾以婞直狷狭之性，不合时宜。"

这就是自知之明。看清自己的优点，也知道背后的缺点，可以规避许多错误。"婞直狷狭"事实并没有在事业中拖后退，对左宗棠一生成功反而产生了巨大的推动力，属于"正能量"。

"狂者进取，狷者有所不为"，左宗棠自己怎么看待年轻时的狂放呢？晚年，他以一个苦事历尽、难事做尽的老人经验，这样总结："三十以后，读书渐多，阅世渐深，知区区之存于心中，自以为是者，仅足以傲今无足指数之人，而于古之狂狷，实未逮也，则愿力耕读书以自勉其所未至。"他承认自己年轻

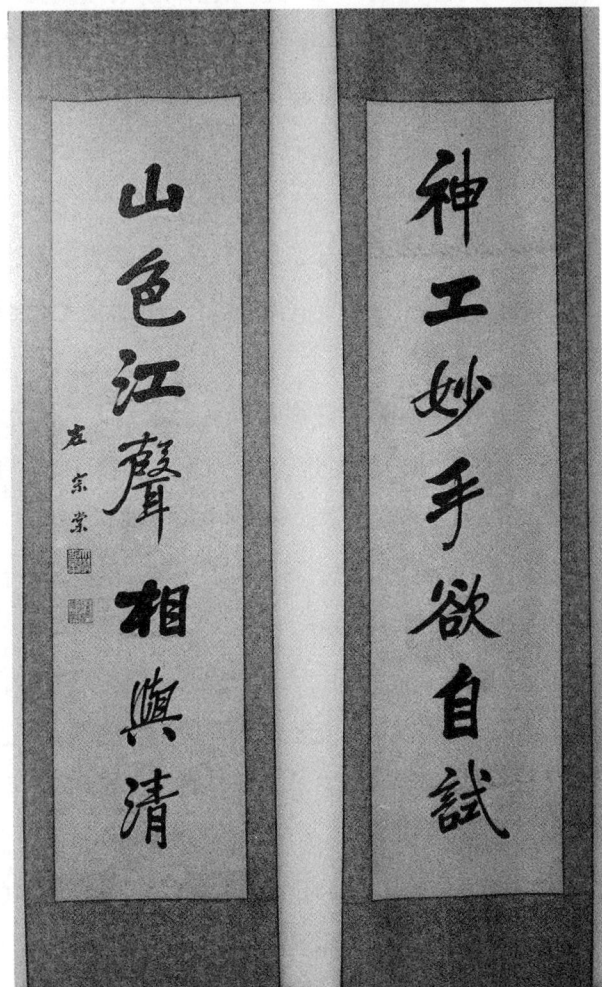

左宗棠书法

时确实狂放。但他用实践证明，年轻时狂一点，对成才大有帮助。

左宗棠知道，个性有人喜欢、有人恨，他怎么看待自己个性一生？

他十分豁达，说：我这个人，平生与这个世界的人，总是磕磕碰碰，说不到一块。但我从来不强行要求别人按我说的做，我也不愿意委屈自己来将就别人。对一切毁损我的，赞誉我的话，我都像聋子一样听不到，瞎子一样看不到。毕竟用话毁损我，又不能真正做到损害我；赞誉我，也不能多带一点什么给我。毁损我不能掩盖真实的我，我为什么要在意？赞誉我反倒可能夸奖过了头，变得好像在夸奖别人了；都不是我自己了，我为什么要在意？至于"千秋万世名，寂寞身后事"我也懒得去理会，如果要我做个自我评价，我就给自己取个谥号，就叫"忠介先生"！⑤

这种率直的口气，与做《述志令》的曹操有几分相似。"设使国家无有孤，不知当有几人称帝，几人称王？"曹操实在、从不打官腔，碰到有机会就说真话。"神龟虽寿，犹有竟时；腾蛇乘雾，终为土灰。"有了这种对宇宙人生深刻的哲学洞察，才会有"是非审之于己，毁誉听之于人，得失安之于数"的自信与洒脱，才敢自我调侃给自己取个谥号。

左宗棠一生传奇的经历启示我们，人的一生，会遭遇无穷无尽的失败、挫折和沮丧。直面人生的丰富与复杂，扪心自问，我们会发现，纯之又纯的正能量事实在个人身上不存在。正能量往往来自负能量，负能量发挥得恰当，往往可以转化成正能量。

左宗棠在18岁那年，本有许多种可能。但长沙棚户区旧书摊的几本小书，偶然改变他的轨迹，也改变了中国的命运。左宗棠所以能取得空前绝后的事功，在于他的个人性格、特质，包括他有意识地研究的"时务"，都暗合了晚清时代的需要。他生活在一个需要英雄、同时也产生了英雄的时代。

事实上，任何一个时代，只要有人将它发挥到极致，能够与时代需求合拍，都可以创造出左宗棠式的传奇。

这也是左宗棠留给今天我们的启迪。

左宗棠备受人争议的是他的个性。但如果抽掉了"婞直狷狭"，左宗棠与曾国藩、李鸿章的差别就近了。正是这些个性、正气、真气、正负能量交相激荡，让"实干个性官员"这个极富色彩的政坛词汇，在今天有点生猛地逼进我们的视野。

2012年7月16日初稿写就

2013年1月18日第二稿改完

2013年8月9日第三稿改定

注：

① "熟人社会"是费孝通先生提出的概念。通俗讲就是"圈子社会"。背景和关系，是熟人社会的典型话语。"熟人社会"亦称"关系社会"、"后门社会"。它的特点：强调人治，不主张法治；办事凭人与人之间关系的生熟程度、感情深浅程度；责、权、利的界线较为模糊；他人的权利容易被侵犯；在公共事务中论资排辈、任人唯亲、徇私舞弊。只有在现代社会中，由于社会变迁，社会空间越来越大，人们成为陌生人，法律才有产生的必要。只有当一个社会成为一个"陌生人社会"的时候，社会的发展才能依赖于契约和制度，人与人之间的交往才能通过制度和规则，建立起彼此的关系与信任。契约、制度和规则逐步发育，法律就自然地成长起来。

② 于右任在《悼汉武帝陵》一诗评价："绝大经纶绝大才，罪功非在戍轮台。百家罢后无奇士，永为神州种祸胎。"

③ 见《左宗棠家书》。他复信给与威宽勋同四子道："吾前在湘幕，久专军事，为当道所忌。官相遂因樊燮事，欲行构陷之计。其时诸公无敢一言诵其冤者。吴县潘公祖荫，直以官文有意吹求之意入告，蒙谕垂询，诸公乃敢言左某可用矣。潘盖得闻之郭筠仙也，筠仙与我交稍深，其与潘公所合，我亦不知作何语，却从不于我处道及只字，亦知吾不以私情感之，此谊岂近人所有哉？！惟戊午之岁，曾以召对之语示我。顷于箧中检得，记其大概以示汝曹。俾知文宗皇帝之求贤如渴，圣德度越古今，而汝父之感激驰驱，不容已也。"

④ 湘阴文庙始建于北宋庆历八年（1048年），几经兴废。现有建筑为清

乾隆九年（1744年）重建，由"玉振金声"冲天坊、泮池、状元桥、太和元气坊、大城门、大成殿及厢房组成。湘阴的传统，考上举人、进士的读书人，都可以获得从状元桥上骑高头大马经过的荣耀，全县有声望的人都要来捧场，民众会挤满来围观。湘阴这种重文的传统，跟当地出过不少名人、伟人，有一定的关系。现在已经有点破败，2011年笔者前去观瞻，见到正在修缮。

⑤ 左宗棠的两段原话是："平生性刚才拙，与世多忤（wǔ，抵触，不顺从）。然不强人就我，亦不枉书己徇人，视一切毁誉、爱憎，如聋瞽（gǔ，盲人）之不闻不睹，毕竟与我亦毫无增损也。""毁我者不足以掩我之真，誉我者转失其实耳。千秋万世名，寂寞身后事；吾亦不理，但于身前自谥曰'忠介先生'，可乎？"

后记

近七年来，我数十次去到左宗棠故居。但前面几年，我一直没有动写左宗棠的想法。

每次走近左宗棠，我就想起一个老头子。

老头子生于1918年，20岁那年，他从台儿庄血战的死人堆里爬出来。1978年后，他跟人说起打日本："台儿庄山下密密麻麻，我端起机枪在山上扫，也不晓得打死好多，反正鬼子一个都没上来了。"

我小时候喜欢养狗，7岁那年，冒险偷偷翻过10多座丘陵，差点将自己走丢了，才找到舅外婆家，捧回一条小黄狗。每天放学兴冲冲回家喂，但养不到3天，就只看到小狗尸体。

老头子一锄头甩过去，打死了。

据说，他正在地里干活，鞋子突然不见了，猜测肯定是被狗衔着玩，丢了。

老头子就是我的爷爷。从我懂事到成年，没敢跟爷爷正面谈一次话。

从战场如河血流中冲杀出来的人，他们的霹雳脾气，钢铁意志，没有一种语言可以传神出来，我已经见识过了。

左宗棠说的没错，"主兵之人如秋官然，生气少，而杀气多。"

但了解左宗棠多了，他跟我爷爷不同。

爷爷的父亲是一个教书先生，30多岁已病死。抗战爆发后，日本侵入湖南衡阳，一把火将我风石堰的老家烧得片瓦不剩，姥姥带着爷爷三兄弟躲兵，逃到了今天的白地市。

迁徙客居偏僻异地，耕读传家连根拔断。爷爷大字不识，一介武夫，凭霹雳脾气，钢铁意志，在战火中屹存，繁衍出一大家族。

父亲从小在军人的铁血意志中成长。他写得一手好字，但因为爷爷是国民党，所以从小受压制。父亲后来学武，功夫过人。他先后做过石匠、农民、工头、商人。

父亲的力气与性格，有点像西楚霸王项羽。

我大约5岁起，就被父亲拉去地里干活，陆续做各种繁重的体力活。父亲爱看电视，说成龙拍电影，太浪费劳力了，放到农村干活，一个抵十个。

父亲这些观念，一度影响我到18岁。这种农民的本能，很接近战国墨子的"非乐、节用"思想。

我成为读书人，可能跟母系家族有关。外公家族，从性格到气质，完全相反，都是文化人。军人与文人家庭结合，我从先天遗传，到后天家教，接受的多是些对立的、相反的观念。

三代人下来，积累到我，家庭已经殷实，环境已经许可，条件可以读书。但湘南闭塞，山重水复，要走出去，谈何容易？可想而知，我的求学遭遇，与左宗棠大致一样。

7岁那年，一个游历乡下的道人经过村里，饶有兴趣地将我上下打量，丢下一句话："这个孩子将来不是一般的人物"。说完幽灵一样消失。话很快传开了，害得村人猜测、议论纷纷。

事实上，两种完全对立冲突的气质遗传，在我的成长中一直看不出优势。小学逃学、初中留级、高考落榜，20岁前十分不顺。因为数学奇差，多年打击很大。好学生与坏学生，同时存于一身。高中时我拿过全校第一名，学得最好的是物理，最值得称道的是作文。

但高考应试扭转了我的轨迹，在我的心里狠狠抽下一鞭，贴下不无屈辱的标签。少年心气与挫折跌宕，成了我沟通左宗棠的第一块"心灵场"。

左宗棠在社会底层的生活经历、体验，打动了我，也触痛到我。他在乡村社会蓄养的清气，作为书生霸蛮而不野蛮的气质，也让我感到很近。

每个人都有自己的路径，起点决定路径。起点接近的人，路径自然延伸下去，会有某种相交、重合。也因此，思想、观念、看法，会有某些相似。这是我深入了解左宗棠，他逐渐又唤起我内心那些沉睡观念的原因。

早年粗野乡村生活积蓄的自然清气，在后来遭遇侵蚀时我有意识地保护。用《湘声报》记者专访时的说法，"几乎在有点刻意地保持与这个世界的距离，站在民间观察社会，反倒比在主流内时更能看清社会"。体制内外的生活经验，内心未灭的这点火苗，让我清清楚楚看明白了左宗棠。

这大概是我写《左宗棠》的一些巧合机缘了。

左宗棠晚年时曾与妻子周诒端有过一段自己死后读书人作评立传的预言。周诒端忧虑地说，你不喜欢那些夸夸其谈，以道德、文章炫耀的名士，等你死后，恐怕没有人来写你好话呢（"不喜华士，日后恐无人作佳传耳"）。左宗棠听到后笑了笑，回答说，我才懒得管呢。文章说好说坏，我还是这个样子。不可能作者评好或论坏，就可以改变事实的我，我请求写我的后人，不在"华士"里，我只求那些我不求也会主动来写我的人。（"笑答云：'自有我在，求在我不求之人也'。"）

我算是左宗棠的"不求之人"。

我明白，周诒端的担忧，基于文化圈的一个"潜秘密"：世界毕竟是读书人掌握了舆论、话语权。左宗棠"不喜华士"，厌恶名士派头，得罪了绝大部分文化人。

我写左宗棠，是因为我本能地、发自内心地认同他的价值观。如果硬要追问原因，大约是我们曾经都是"寒士"，没有名士世家那些繁文缛节，不要靠"华士"的外衣，也不在乎所谓虚名。

本书用史家笔法、文学手法，意在通过细致完善的故事，客观陈述多种版本，尽量接近历史真实，尽力展现一个真实可信的左宗棠，让今人能有所借鉴。

本书所选史料，有正有野。选取的标准，一是故事内容合了人物性格，二是故事情节符合人物的发展路径。

本书体例，受过黄仁宇《万历十五年》，易中天《品三国》启发。黄仁宇自嘲作品体例"四不像"。我自知天性有点异端。说得好听点，总在别人想不到的地方有创新；说得难听点，天马行空，非驴非马，卿本炼丹，奈何阴错阳差，做成了火药。

怎么保证内容符合历史真实、接近事实真相呢？

我想起著名学者易中天的一句话："任何人都不能担保他说讲的历史绝对真实。即使他亲眼所见，亲耳所闻，亲身所历，也不能担保绝对可靠，后人描述历史，难免如盲人摸象，只能部分地相对地复原，努力地接近历史。"

版本纷乱芜杂，为了接近史实，我尽量选取左宗棠的自述。但原话就靠得住吗？也未必。出于尊重他人，或自我谦虚，人都会说"善意的谎言"。记录下来，真相往往会被添油加醋、锦上添花；谎言最后总会以讹传讹、乱花迷眼。这就需要作者来判断。

只能说，根据这三条原则，接近真实的左宗棠。

勉强归类，这也算得上我写"湖南人系列"的第三本。《湖南人怎么了》写的是面，《经营天下的湖南人》写的是线，《左宗棠》写的则是点。

点像长夜里的一盏灯火。"天不生仲尼，万古如长夜"，天既生左宗棠，长夜如凌晨。

左宗棠没有局限在地域，他是"国际左"，就像曾国藩是"中国曾"一样。左宗棠与曾国藩的争执，不是内斗，而仅仅是因为都生在湖南，故事紧联。

湖南人本身就是一个非地域概念。"惟楚有才"包括湖北人；屈原祖籍不在湖南，柳宗元陕西人，范仲淹河北人；湖湘学派集大成者朱熹是福建人、张栻四川人；明初"江西填湖广"，今天大部分湖南人祖籍在江西。

湖南土地虽然是固定的，湖南人则来自五湖四海。湖南人性格致命缺点是"保守闭塞、固步自封"；湖南土地所以充满活力、一直有进取能力，在于湖南人"心忧天下、兼收并蓄"。

唐浩明总结湘潭人物，有正才、霸才、逸才、异才，出闺才。在我看来，湘阴左宗棠就事功属于雄才，就思想则属于异才。

湖南人一直在变。无论是《周易》说"用无常道，事无轨度，动静屈伸，唯变所适"，还是岳麓书院云"治无古今，育才是急，莫漫观四海潮流，千秋讲院；学有因革，通变为雄，试忖度朱张意气，毛蔡风神"，都说出了"世易则事易，事易则备变"的真理。

变化中的每一代人都有自己独特的气质。正如我的父亲不同于我的爷爷，我又不同于父亲一样。不论这是进化，还是变化，人的气质终归是时代烙下的。在中国城市化率突破50%的今天，"耕读传家"的传统正在自然消失，"工读传家"、"商读传家"的风气正待养成。隔着时代，人多少会有隔膜，我选择用当代人的眼光去看左宗棠。

写书是个体力活。本书从写到改，前后两年，不分日夜。这种身体底子，是少年时跟父亲干农活打下的。劳动面前，一切道理变得如此简单，而这正是左宗棠说的"一艺一伎"。

最后郑重感谢杨东梁先生对书稿悉心和专业的审定。

徐志频于湖南

2013年8月9日

左宗棠大事简表

0岁

1812年11月10日（清嘉庆十七年十月初七），在湖南省长沙府湘阴县左家塅出生。

4岁

1816年，祖父左人锦将全家老少全部迁居长沙，设馆授徒。左宗棠随父亲左观澜迁往长沙左氏祠，与长兄左宗械、二兄左宗植同在祖父左人锦的私塾中读书。

5岁

1817年，左宗棠开始系统学习《论语》、《孟子》。这年9月，祖父左人锦去世，父亲左观澜代课，教3个儿子。

8岁

1820年（清道光元年），左观澜正式教左宗棠学做应试科考的八股文。

14岁

1826年，左宗棠参加湘阴县童子试，考取全县第一名。

15岁

1827年，左宗棠参加长沙府试，考试成绩列全长沙府第一，为照顾一名老者，发榜时名列第二。按照流程，下一步骤是再参加学政主考的院试。院试得到第一名的称为"案首"，通过院试的童生叫秀才，秀才才算有"功名"。左宗棠因母亲生病放弃考试回家，未能取得秀才资格。5个月后，母亲病故；左宗棠需守孝3年，不能考试。

17岁

1829年，于长沙棚户区旧书摊上偶然买到了顾祖禹的《读史方舆纪要》，顾炎武的《天下郡国利病书》，齐召南的《水道提纲》。从这时起，兴趣发生转移，不愿再在八股文上浪费时间，开始全身心研究经世致用学问，立志做当代诸葛亮（"今亮"）。

18岁

1830年正月十八，父亲左观澜因病去世，左宗棠需为父亲守孝3年，不能参加秀才考试。

10月，江宁布政使贺长龄因母亲去世，回到长沙为母亲守孝。左宗棠前去他家里借书阅读而认识，贺长龄第一次见左宗棠大为惊叹，称他为"国士"。

19岁

1831年，左宗棠考入长沙城南书院。跟研究经世致用学问的贺熙龄（贺长龄的弟弟）学习。因父母相继过世，长兄左宗棫也在1823年去世，三个姐姐已经全部出嫁，家里仅剩左宗棠与左宗植，谋求生计已经成为大问题。他靠学校的奖金和同学们的资助，勉强挺过一年。因品学兼优，贺熙龄对他格外器重。

20岁

1832年5月，左宗棠为父亲守孝满25个月（3个年头），可以参加考试。他既可以考秀才，也可以考举人。他借108两银子，买到监生资格，凭这个资格，9月参加乡试，中第18名举人（副榜第一名）。乡试结束后，还没有发榜之前，因为穷苦到了饥寒交迫，左宗棠与周诒端结婚，去湘潭桂在堂开始倒插门生活。

21岁

1833年正月，去北京参加会试，沿路写了《燕台杂感》组诗，忧虑新疆形势。4月发榜，左宗棠落榜。回湖南后，上书湖南主考官徐法绩，要求他在湖南开讲经世致用课程。回到左家塅后，左宗棠将父亲的家产全部送给了侄儿左世延，自己从此寄居在湘潭周家。这年8月，长女左孝瑜出生。

22岁

1834年，从桂在堂里分居"西屋"，另起炉灶。第一次有了自己的小家，左宗棠难掩兴奋，在门口大书对联明志："身无半亩，心忧天下；读破万卷，神交古人"。这年12月，次女左孝琪出生。

23岁

1835年，左宗棠第二次进京参加会试。考官阅卷后左宗棠被选取为第15名。但湖南录取多出一名，而湖北少了一名，左宗棠因年龄最小，按年龄排序，名字被放在湖南籍考生最后，不幸被圈掉，改为"誊录"。左宗棠自认为是当代诸葛亮，将来必做大事，放弃"誊录"，空手返乡。

24岁

1836年，应湖南巡抚吴荣光邀请，主讲渌江书院，专论经世致用学问。这年，他将22岁时写的"身无半亩，心忧天下；读破万卷，神交古人"对联挥毫写就，挂在书院内。每天讲学后回湘潭，晚上抽空自画中国地图。同年，纳张茹为妾。

25岁

1837年，两江总督陶澍回乡探亲，路过醴陵，与左宗棠见面，结为忘年交。这年3月，三女左孝琳出生，9月，四女左孝瑸出生。

冬，左宗棠去北京，参加第三次会试。

26岁

1838年，第三次会试落榜，发誓不再参加会试。见榜后去南京两江总督府拜会陶澍，陶澍当面托孤，结为亲家。回乡后，继续研究舆地学、读农书，写下《广区田图说》。

28岁

1840年春，因陶澍去世，来到安化小淹陶家，设馆授徒，教陶澍儿子陶桄读书。自己则勤奋苦读，侧重研究新疆问题与江浙海防，内容无所不涉猎，为日后出山打下扎实的知识基础。

29岁

1841年，左宗棠得知鸦片战争中国大败，愤懑无比，做感事诗四首，对列强入侵强烈愤慨，对腐败清廷进行清议抨击。

31岁

1843年，左宗棠利用在陶家教书3年所得900两白银，在湘阴柳家冲买地70亩，建柳庄。第二年9月，全家从湘潭迁回湘阴，自号"湘上农人"，过上乡绅生活。

34岁

1846年，在柳庄过乡村生活，编成《朴存阁农书》。同年8月，长子左孝威出生。

35岁

1847年4月，次子左孝宽出生；同年8月，长女左孝瑜嫁给安化陶桄。与陶澍正式结为亲家，让左宗棠在官场名声大震。

36岁

1848年，湖南突然遭遇汹涌洪灾，左宗棠发起建立"仁风团"义仓。家人全部病倒，左宗棠作"男呻女吟四壁空"自嘲。左宗棠为谋生计，到长沙徽国朱文公祠设馆授徒，带了5名学生，陶桄仍跟他学习。

37岁

1849年，左宗棠为谋生计，继续在长沙徽国朱文公祠设馆授徒。

38岁

1850年1月3日，与林则徐湘江夜谈，纵论天下大事，直到天亮。林则徐事业托孤，寄望左宗棠完成自己未竟的边疆事业。赠诗"苟利国家生死以，岂因祸福避趋之"，成为左宗棠日后收复新疆最强劲的精神动力支点。林则徐成为左宗棠日后为官的榜样。

40岁

1852年（清咸丰二年）6月，太平军席卷至长沙，左宗棠与郭嵩焘共同携全家隐避于白水洞。随后，胡林翼、江忠源力荐，湖南巡抚张亮基三顾左庐，左宗棠第一次出山，入主湖南幕府，解了长沙之围。"内清四境，外援五省"，初步造成"中国不可一日无湖南"的大格局、大气象。

41岁

1853年6月，随张亮基去湖北幕府，成功将太平军驱逐出境。随后，张亮基调任山东巡抚，左宗棠辞归，10月25日回居白水洞。

42岁

1854年4月，应新任湖南巡抚骆秉章力邀，开始第二次入主湖南幕府。家眷寄居湘潭周家。这时开始，大权独断，成为湖南官场事实上的一把手，"湖南不可一日无左宗棠"的局面开始形成。

45岁

1855年，胡林翼、骆秉章出资帮助，左宗棠全家迁居长沙司马桥。9月，四子左孝同出生。

48岁

1860年1月，因"樊燮事件"，左宗棠置身刀口浪尖，命悬一线。离开骆秉章幕府，去北京参加会试，被胡林翼派人秘密阻回。

6月，因祸得福，以四品京堂候补，襄办两江总督曾国藩军务。随后历时两个月，建成楚军。9月22日，率楚军从长沙金盆岭出发，增援江西。11月初，到达江西景德镇，首战大败太平军。本命年，"当代诸葛亮"大梦从理想开始照进现实。

49岁

1861年（清同治元年）1月27日，被授三品京堂候补。4月，大败太平军劲敌李世贤部于乐平。12月29日，进攻杭州。

50岁

1862年1月24日，补授浙江巡抚。胡雪岩主动前来资助。战争之余，着手浙江建设，带头在浙江整顿吏治、搞节俭，以解决形式主义、官僚主义、享乐主义和奢靡之风。

51岁

1863年5月5日，提升为闽浙总督，兼任浙江巡抚，接近了做当代诸葛亮的大梦，践行"飞黄腾达之日，不被人嫉"的个人格言。

52岁

1864年3月30日，攻下杭州，坐实浙江巡抚。4月17日，赏加太子太保衔，并赏穿黄马褂。10月，受封一等伯爵，调集军队开进福建。10月16日，仿造的第一艘蒸汽轮船，在杭州西湖试水。

54岁

1866年2月6日，左宗棠亲自带兵扎营在广东嘉应州，第二天，太平军弃城逃跑。2月8日，太平军残部全部覆亡。赏双眼花翎。7月14日，创办福州船政局，中国海军的创始人。9月25日，调任陕甘总督。左宗棠三请沈葆桢出山主持船政。11月从福州出发，组织楚军，前往平捻。

55岁

1867年3月，以钦差大臣身份，督办陕甘军务。定下"先捻后回，先秦后陇"方针。

56岁

1868年2月，左宗棠抵山西。西捻军自河北正定至保定，逼近卢沟桥，左宗棠与李鸿章爵位全削。6月，楚军在海丰、吴桥打败捻军。8月16日，西捻军全军覆没，左宗棠恢复官爵。晋升太子太保头衔。11月26日，开始全力平定陕甘回民变乱。通过"剿抚兼施、以剿求抚"政策，解决了西北问题。

58岁

1870年3月，夫人周诒端在长沙司马桥去世，左宗棠闻讯悲痛欲绝。9月，主持成立西安制造局，制造武器弹药。年底，攻占了金积堡。

59岁

1871年在西北发动军民大规模栽种柳树、杨树、榆树，随后10多年里，共栽种1千万株以上，全身心建设"环境友好型"大西北。

60岁

1872年8月，将洋务办进大西北，创办近代规模较大的军用企业——甘肃制造总局。

61岁

1873年，上书总理衙门，指出"欲杜俄人狡谋，必先定回部；欲收伊犁，必先克乌鲁木齐"。

9月，长子左孝威在家中病故，年仅27岁，左宗棠连日心神恍惚。

62岁

1874年8月，晋升为东阁大学士，成为事实上的内阁宰相，实现了当代诸葛亮大梦。

63岁

1875年（清光绪元年），海塞防务相争，李鸿章为首，激烈反对左宗棠。左宗棠上书"万言书"，以识时务、能担当、敢作为的气魄，赢得慈禧的信任支持。5月3日，以钦差大臣的身份督办新疆军务，负责解决收复新疆全境事宜。

6月，俄国总参谋部军官索斯洛夫斯基冒充商人，窥探西征军情报。

64岁

1876年4月7日到达肃州，在城南设置西征军大本营。8月18日收复乌鲁木齐。9月13日，威妥玛诱惑李鸿章出面，企图使西征军从新疆撤回，遭左宗棠反对，失算。

65岁

1877年计划筹建甘肃呢织总局。

5月29日，阿古柏被部下毒杀。7月7日，英国外交部照会郭嵩焘，玩弄缓兵之计，郭嵩焘上当。

8月17日，首次向清廷奏请将新疆改设行省。

阴历十二月，封为二等恪靖侯。

66岁

1878年，再次向清廷奏请将新疆改设行省。

年底，清廷授权崇厚为钦差大臣，去俄国谈判收复伊犁。

67岁

1879年4月，得知朝廷派崇厚谈判，左宗棠提出具体谈判意见。

7月，在肃州开金矿。

年底，甘肃呢织总局部分机器从国外运到。

68岁

1880年年初，崇厚回国，被判死缓。

5月26日，左宗棠亲自率军离开肃州，出嘉峪关向哈密挺进，抬棺上阵，决心武力收复伊犁。8月20日，朝廷命他入京陛见，11月初，左宗棠动身。曾纪泽利用左宗棠造成的大兵压境的气势，顺利从俄国手中收回伊犁。

新疆全境至此收复，"中国不可一日无左宗棠"变成事实。

第三次向清廷奏请将新疆改设行省，并提出建省具体方案。至此连续三次奏请朝廷新疆建省。

9月16日，甘肃织呢总局正式开工生产。

69岁

1881年2月27日，入值军机处，任总理衙门大臣，管理国防部、外交部事务，正式成为国家领导人。
10月28日，任命为两江总督兼办理南洋通商事务大臣。

70岁

1882年2月12日，接任两江总督，开始兴修水利、整顿海防、开发矿业、兴办洋务、筹划反法侵略。反思中国文化弊端在"以义理为本，艺事为末"，实践并推广"商督商办"洋务理念。

72岁

1884年6月13日，左宗棠再次入值军机处，因年事已高，清廷恩准他在福建上班。

6月18日，法国入侵，大西南与海防全线告急。

9月7日，为援越抗法，被任命为钦差大臣，督办福建军务。创办恪靖定边军。12月4日，到达福州。

11月17日，新疆按左宗棠要求如愿建省。刘锦棠被清廷任命为首任新疆巡抚。

73岁

1885年初，左宗棠旗下的恪靖定边军与冯子材部大败法国于镇南关、谅山，取得中法战争镇南关-谅山大捷。法国茹费理内阁被迫倒台。

7月底，写下《清专设海防全政大臣折》，建议设"海防全政大臣"，明确告诉后人：中国的未来在海洋。

同日，紧跟着又奏《台湾紧要请移福建巡抚镇摄折》，建议移福建巡抚驻台湾，奏请台湾改设行省。

9月5日凌晨，左宗棠病逝于福州。

11月1日，灵柩运抵湖南长沙。

1886年12月10日，左宗棠遗体安葬在湖南善化县八都杨梅河柏竹塘（今长沙县跳马区石门乡柏竹村）。

注：本简表参照湖南人民出版社1985年出版的杨东梁著作《左宗棠评传》制定。

《湖南人怎么了》

书号：9787515312040
定价：35.00元
出版：中国青年出版社

认识湖南人　欣赏湖南人
解读湖南人　反思湖南人
不可不读！

为历史湖南画像，为转型湖南指路，为未来湖南设计

"惟楚有才"，还是"四面楚歌"？敢为天下先，还是擅长窝里斗？

今日湖南，凭什么再起？

《左宗棠的正面与背面：为官有术，做人有道》

书号：9787515339658
定价：48.00元
出版：中国青年出版社

个人生存与奋斗指南
企业团队组织生活手册
政府公务员、
军队官兵智慧借鉴

正面霸道　背面王道

暮气的清朝，为何最终成就了英雄、将军、宰相左宗棠？

一件件讲透，左宗棠收拾军队官场的科学、独特、智慧计谋，

一页页浸透，左宗棠选才用人治家的九术、仁义、圣人情怀。